李伯森◎主编

# 中国殡葬史

第八卷
民国

马金生　冯志阳　姜海龙　著

社会科学文献出版社

本书出版受中央财政重大专项资助

# 《中国殡葬史》编撰委员会

**总顾问** 刘庆柱

**主　任** 李伯森

**副主任** 袁　德　张齐安　肖成龙（常务）

**委　员** 刘魁立　陈高华　史金波　宋德金　徐兆仁　刘一皋　刘　军
　　　　　宋大川　杨　群　徐思彦　王贵领　于海广　余新忠　徐吉军
　　　　　陈华文　张国庆　闵祥鹏　路则权　宋亚芬　徐福全　钮则诚
　　　　　尉迟淦　刘易斋　杨国柱　丁新豹　邓开颂　闫志壮　左永仁
　　　　　王　琦　孟　浩　王　玮　李　欣　光焕竹　姜海龙　冯志阳
　　　　　王瑞芳　裴春悦　马金生（常务）

# 《中国殡葬史》审定委员会

**主　任** 刘庆柱

**委　员** 刘魁立　徐兆仁　杨　群　徐思彦　刘　军　刘一皋　宋大川
　　　　　王贵领

# 《中国殡葬史》编审办公室

**主　任** 李伯森

**副主任** 肖成龙（常务）　马金生（常务）

**成　员** 刘　娟　胡道庆　景力生　周传航　王颖超　刘　杨　张　楠
　　　　　曾寒柳

# 主编简介

**李伯森** 1965年生，山东诸城人，中国民主建国会会员，1988年毕业于上海财经大学财政专业，现任民政部一零一研究所所长、民政部生态安葬重点实验室主任。主要科研成果：2003年以来，组织完成91个国家科研项目（课题）；组织制修订32项国家和行业殡葬标准；组织完成"十一五"国家科技支撑计划项目"殡葬领域污染物减排和遗体处理无害化公益技术研究与应用"，其中作为课题第一责任人，主持完成"殡葬园区生态规划与生态建设关键技术研究"课题；主持完成科技部下达的"建立善后保证金制度、完善社会保障体系"国家软科学课题；组织完成国家环保公益"殡葬行业污染控制与环境技术体系研究"重大专项；组织开展"十二五"国家科技支撑计划"殡葬行业节能减排技术与规范"项目、"中国殡葬文化与科技公共服务网络平台建设"（2014～2017）、"殡葬文化建设"等国家财政重大专项等科研工作。在着力加强殡葬自然科学和软科学的并重研究，着力开展殡葬标准化体系建设，着力进一步推动科技成果转化和推广应用，着力搭建多功能、宽领域的科技创新平台建设，着力抓殡仪场所环境监测和产品质检工作，着力开展殡葬文化建设、拓宽殡葬研究新领域等方面，为提升我国殡葬科研的整体水平做出了突出贡献。

# 本卷作者简介

**马金生**　1979年生，河北滦县人，历史学博士，民政部一零一研究所副研究员，主要从事殡葬政策与文化研究、医疗社会文化史研究，著有《发现医病纠纷：民国医讼凸显的社会文化史研究》一部，先后主持国家哲学社会科学基金后期资助项目、中国博士后科学基金面上资助项目、中国软科学项目和财政部、民政部课题多项，在《史学理论研究》、（香港）《二十一世纪》、《国外社会科学》、《日本学刊》、《史林》、《浙江学刊》等刊物发表学术论文20余篇。

**冯志阳**　1980年生，湖北当阳人，历史学博士，上海社会科学院历史研究所助理研究员，主要从事中国近代史领域专题研究，主编《南开人在上海》一书，在《史林》等刊物发表学术论文多篇。

**姜海龙**　1979年生，黑龙江鸡西人，历史学博士，武汉大学历史学院讲师，主要从事中国近代社会文化史研究，在《河北学刊》、《文史哲》等刊物发表学术论文多篇。

# 目 录

导 论 ·············································································· 001

## 第一章 殡葬观念 ······························································ 019
### 第一节 传统殡葬观念的延续及其批判 ······························ 019
### 第二节 科学文明的殡葬观念 ·········································· 026
### 第三节 指向阶级、国家与民族的殡葬观念 ························ 033
### 小 结 ······································································ 043

## 第二章 殡葬制度 ······························································ 044
### 第一节 《礼制》、《服制》中的殡葬条款 ···························· 044
### 第二节 社会公众人物的殡葬制度 ···································· 048
### 第三节 《丧礼》的制定 ················································· 062
### 第四节 军人的殡葬制度 ················································ 074
### 第五节 殡葬服务设施管理制度 ······································· 087
### 小 结 ······································································ 095

## 第三章 殡葬礼俗 ······························································ 096
### 第一节 农村传统殡葬礼俗的延续 ···································· 096

| 第二节 | 城市殡葬礼俗的新旧杂糅 | 107 |
| 第三节 | 政治盛典："国父"孙中山的葬礼 | 126 |
| 第四节 | 政府力量与殡葬习俗的嬗变 | 142 |
| 小　结 | | 158 |

## 第四章　殡葬礼俗的奢华风尚 … 159

| 第一节 | 上海的大出丧 | 159 |
| 第二节 | 其他地区的大出丧现象 | 169 |
| 第三节 | 社会等级与炫耀性消费 | 175 |
| 小　结 | | 182 |

## 第五章　祭　祀 … 183

| 第一节 | 民间社会中的私祭 | 183 |
| 第二节 | 国家层面的祭天与祀孔 | 191 |
| 第三节 | 对著名政治人物的公祭 | 197 |
| 第四节 | 对烈士的公祭 | 205 |
| 第五节 | 抗战时期国民党、共产党对黄帝陵的公祭 | 211 |
| 小　结 | | 218 |

## 第六章　殡葬服务设施 … 219

| 第一节 | 殡仪馆、寄柩所 | 219 |
| 第二节 | 火葬场 | 225 |
| 第三节 | 现代公墓 | 230 |
| 第四节 | 名人墓 | 245 |
| 第五节 | 革命烈士墓 | 256 |
| 小　结 | | 273 |

## 第七章　少数民族的殡葬习俗 ……………………………………… 274
### 第一节　殡葬习俗的"汉化"倾向 …………………………… 274
### 第二节　外来宗教对殡葬习俗的影响 ………………………… 285
### 第三节　部分殡葬习俗的消亡、简化与革新 ………………… 289
### 第四节　较为普遍的殡葬高消费 ……………………………… 293
### 小　结 …………………………………………………………… 304

## 第八章　殡葬组织 ………………………………………………… 305
### 第一节　殡葬合作组织 ………………………………………… 305
### 第二节　慈善类殡葬组织 ……………………………………… 311
### 第三节　营利性殡葬组织 ……………………………………… 324
### 第四节　殡葬同业公会 ………………………………………… 333
### 小　结 …………………………………………………………… 355

## 结　语 ……………………………………………………………… 356

## 参考文献 …………………………………………………………… 363

## 索　引 ……………………………………………………………… 370

## 后　记 ……………………………………………………………… 376

# 导　论

## 一　时代背景

民国时期，是中国传统社会向现代社会的转型时期。伴随着延续两千多年的帝制的覆灭，传统的等级观念受到了平等、民主观念的强烈冲击。在内忧外患、风雨飘摇的时代，人们为如何建立一个文明独立的现代民族国家而上下求索。这一时期的社会经济，处于从传统的自然经济向现代商品经济过渡阶段。由于发展的不平衡，沿海与内地的经济差距、城市和乡村的二元对立越来越显著。此外，西方的科学思想理念和传统文化发生激烈碰撞与交融，并产生着重要的社会影响。所有这些都给中国民众的日常生活带来了诸多变化。特别是在东部沿海的大城市之中，这种变化尤为明显。当然，由于民国时期尚处于艰难的社会转型期，现代社会经济文化的影响力毕竟有限，传统的社会生活习俗依然有着强大的生命力。对于大多数人来说，传统社会的价值观念和生活习惯，依然在其日常生活中具有着主导性的力量。中西并存、新旧杂糅，构成了民国时期的时代底色。这种时代底色，体现在人们吃穿住用行和生老病死等日常生活的方方面面。民国时期的殡葬历史，也由此呈现出色彩斑斓而复杂多样的时代面相。

### （一）现代政治的发展及其影响

民国时期在政治领域对殡葬礼俗产生重大影响的，主要包括以下几个方面：从帝国到民国的转变，持续高涨的革命运动和连绵不断的战争。

首先，从帝国到民国的转变是民国政治区别于王朝政治的最大不同，也给民国的殡葬礼俗带来了有别于传统的重大变化。1911年10月10日爆发的武昌起义，敲响了中国两千多年帝制的丧钟。由西方政治伦理孵育而出的辛亥革命，一开始便对传统时代的等级制发起了挑战。据当时在武昌从事新闻工作的蔡寄鸥回忆："起义之后，人人讲平等，所有起义的同志，都能够以身作则，不许喊老爷，不许喊大人，不许坐轿，尤其不准坐四人大轿。"武昌城内的轿子，一度销声匿迹。[1] 南京临时政府成立后，于1912年3月2日以临时大总统孙中山的名义，发布《令内务部通知革除前清官厅称呼文》：

> 官厅为治事之机关，职员乃人民之公仆，本非特殊之阶级，何取非份之名称？查前清官厅视官之高下，有大人、老爷等名称，受之者，增惭；施之者，失体，义无取焉。光复以后，闻中央地方各官厅，漫不加察，仍沿旧称，殊为共和政体之玷。嗣后各官厅人员，相称咸以官职。民间普通称呼则曰先生、曰君，不得再沿前清官厅恶称。

"大人"用于尊称官员，始于雍正初年，起初只是称呼督抚、钦差大臣；道光以降，"上至京官四品以上，下至翰林编修七品，皆呼大人"，时间一长，知府、直隶州同知也被称为"大人"了。"老爷"之称，乾隆年间还专指"内而九卿，外而司道"者，久而久之，则知府、知县皆称"老爷"，甚至"未授官之举人、贡生、僻地之生监，以及家居平日着长衣者，都被称为老爷"。[2] 显然，"大人"、"老爷"等称呼背后，体现的是上尊下卑的等级制观念，而取消这些称呼则意味着，民国政府至少在形式上致力于平等观念的推广和普及。

从帝国到民国，政治制度的架构固然是翻天覆地的变化，如国家元首由世袭产生变为选举产生。对于普通民众而言，更让他们切身感受到实实在在的变化是，各种带有等级制色彩的规定和限制纷纷消失了。"大人"、"老爷"等称呼的取消是一例，服制上等级限制的取消又是一例。传统服制等级森严，身份、地位的差异在服饰上都可以表现出来。进入民国以后，这种服饰上的等级制被打破，人们可以随心所欲地选择自己的服饰，以致又出现了"中国人外国装，外国人中国装"，"男子装饰像女，女子装饰像男"，平民模仿官僚，官僚穿起民服，"妓女效女学生，女学生似妓女"的怪现象。例如在南京，"妇女衣服，好时髦者，每追踪于上海，亦不问其式样大半出于

---

[1] 转引自严昌洪《中国近代社会风俗史》，浙江人民出版社，1992，第230页。
[2] 参见罗检秋《近代中国社会文化变迁录》第3卷，浙江人民出版社，1998，第24页。

妓女之新花色也。男子衣服，或有模仿北京官僚，自称阔佬者；或有步尘俳优，务趋时髦者"。① 在服饰上学步妓女和俳优，可见当时人们在衣着上的等级观念已经烟消云散。平等观念虽然在民国的政令法律中被一再重申，作为一种制度的等级秩序也不再具有合法性，但是人们在现实社会中身份、地位的差异带来的实际上的不平等现象依然存在。更重要的是，对于不少人而言，他们追求的并非平等，而是自己能够成为"人上人"。民国政府取消了等级制度的各种强制性规定，反而为他们打开了方便之门，使得他们可以"享用"在等级时代只能做"非分之想"的各种礼仪服饰。前述平民模仿官僚服制可谓一例，但表现得最为突出的是殡葬礼仪。

传统时代的丧葬礼仪，有着严格的等级区分。比如，葬礼中由多少人抬灵柩，即用杠人数多寡便是一个鲜明的标志。按规定，清制皇帝是128人皇杠，王、贝勒是80人大杠，公、侯、伯和一、二品大员是64人杠，三至五品是48人杠，六至八品是32人杠，九品及凡有顶戴之官员是24人杠，一般平民最多只能享用16人杠。② 进入民国后，许多达官贵人的殡葬仍使用杠夫抬灵的方式，于是用杠人数的多寡就成为一个很有意思的现象。如1913年，逊清皇室将光绪帝梓宫奉安崇陵时，使用的是128人皇杠；③ 1916年，袁世凯在北京④的盛大出殡，使用的是80人大杠；⑤ 1917年，盛宣怀在上海的大出丧，使用的是64人大杠；⑥ 1926年，湖北督军兼湖北省省长萧耀南在武汉的大出殡，使用的是64人"独龙杠"；⑦ 1928年，国民政府为陆军上将林修梅在长沙举行的国葬典礼，使用的是128人大杠；⑧ 1929年，国民政府为孙中山举行奉安大典，使用的是64人大杠；⑨ 1936年，国民政府为段祺瑞在北京举行的国葬典礼，使用的是80人大杠；⑩ 1940年初，日伪当局为吴佩孚在北京举行的大出殡，使用的是64人大杠。⑪ 上述人物的用杠人数，最少也是64人。但是想要从中寻找到一定的标准是不可能的。如果说作为一省督军的标准是64人，相当于清代一、二品官员的

---

① 转引自严昌洪《中国近代社会风俗史》，第240页。
② 《钦定大清会典》卷54，"景印文渊阁四库全书"第69册，台湾商务印书馆，1986，第486、487页。
③ 参见周吉平《北京殡葬史话》，北京燕山出版社，2002，第320页。
④ 为叙述方便，全书统称北京。
⑤ 《袁世凯出殡纪》，《申报》1916年7月2日。
⑥ 《盛杏孙出殡之盛况：应有无不有，不应有亦有》，《申报》1917年11月19日。
⑦ 《萧珩珊出殡记》，《申报》1926年3月7日。
⑧ 《林修梅举行国葬盛况》，《申报》1928年6月23日。
⑨ 参见周吉平《北京殡葬史话》，第373页。
⑩ 《段祺瑞的葬礼》，秦虹编著《名人丧葬逸事多》，河南大学出版社，2005，第74页。
⑪ 《吴佩孚的葬礼》，秦虹编著《名人丧葬逸事多》，第98~157页。

督抚，那么相当于皇帝的总统袁世凯，为何又只是80人大杠？从来没有做过总统的段祺瑞，为何又能与袁世凯平起平坐，"享用"80人大杠？曾做过临时大总统并在南京国民政府成立后被奉为国父的孙中山，只是64人大杠，而陆军上将林修梅却是128人的皇杠。这些都表明，民国时期的用杠人数多寡已经毫无标准可言。即使是一般平民百姓，"只要有钱，丧事想怎办就怎办，只要好看就可以，由杠房出主意，讲阔气，闹排场，走到街上，浩浩荡荡"。① 民国初年号称"江西首富"的周扶九父子在上海去世后，周家专门聘请天津德兴杠房承办举丧事宜。周扶九用杠夫84人，其子用杠夫32人，加上轮班杠夫，"统计德兴杠房由津来沪人役三百零二人，费五千元"。② 一般富裕人家也是如此。苏州人顾颉刚曾记载其祖母殡仪的细账，其中"灵柩开三十二名"。顾颉刚认为，这个出殡仪仗已很铺张，而在其表伯看来，不过是"普通排场"。顾颉刚因而感叹，于此"可见苏州风俗矣"。③ 民国在形式上废除了等级制度，传播了平等的观念，却无力改变不平等的现实，更无法在朝夕之间转变人们充满等级意识的思想观念，遂造成了殡葬礼仪的混乱无序和奢华风尚。

其次是不断高涨的革命运动。民国诞生于辛亥革命，不久又有国民党的二次革命。后来正是借助国共合作推动的国民大革命，国民党得以取代北洋军阀掌握全国政权，最终共产党又通过继续革命推翻了国民党在大陆的统治。可以说，整个民国时期就是一个不断革命的时期。辛亥革命在很大程度上被视为一场绅士革命，表明辛亥革命的社会动员范围相当有限，大概只局限于城市社会中的精英阶层。二次革命的动员范围则更为有限，因而很快失败了。与上述两次革命不同，"国民大革命"仅就其字面含义便能体会出，这次革命要动员的范围是全体国民。事实上也正是如此，在这次革命过程中，工人、农民、学生以及市民等都受到了不同程度的动员，尤其是南方地区。北伐战争之所以摧枯拉朽般摧毁北洋军阀的统治，与国民大革命的社会动员范围之广有着密不可分的联系。国民大革命将国民党推上了统治地位，而国民党则反过来迅速镇压工农革命，于是共产党扛起继续革命的大旗，更为彻底地对工农群众进行深度动员。共产党这一次社会动员的规模和力度都是空前的，而其取得的成效也是空前的。在民国这个不断革命的历史时期，随着革命的不断深入，社会动员的广度和深度不断加强，进行动员的技术手段也层出不穷。其中，有一项举措贯穿始终，即召开追

---

① 张官鼎：《解放前北京的葬礼和杠房业》，《北京文史资料选编》第14辑，北京出版社，1982，第218页。
② 《周扶九父子大出丧记》，《申报》1922年4月23日。
③ 参见徐吉军《中国丧葬史》，江西高校出版社，1998，第568、569页。

悼会。辛亥革命之前，追悼会在沿海城市的出现和流行，很大程度上就是缘于革命党对于社会动员的需要。到了国民大革命时期，国共两党借助孙中山葬礼以及五卅运动等契机，通过为孙中山、五卅烈士等举行追悼会，一再进行大规模的社会动员。共产党在继续革命的过程中，在普通人民群众中推广开追悼会，将殡葬仪式的社会动员功能扎根于最广阔的社会基层。由此可见，革命的巨大张力对殡葬礼俗演变所产生的具体而微的深刻影响。

再则是连绵不断的战争。民国的诞生虽然没有经历太多战争，但整个民国时期几乎就是在战争中走过的。北洋军阀之间的混战，可以说是其走向衰落最重要的内因。两次北伐战争几乎席卷了整个中国，国民党就此在名义上统一了中国，然而国民党新军阀之间的战争很快又打响。与此同时，国共之间的内战始终没有平息过。国内政局还在纷纷扰攘之时，日本又步步紧逼，先是通过九一八事变鲸吞东北，然后又是通过各种挑衅之举蚕食华北，最终在七七事变后开始全面侵华战争。经过八年艰苦卓绝的抗战，终于赶走了日本侵略者，紧接着又开始了更大规模的第二次国共内战。纵观民国时期的战争，可以说是规模越来越大，参与的人力、物力也越来越多。这些大规模战争的直接后果，就是大量人员的集中死亡。而对于大批战死人员身后事的处理，也成为民国殡葬一个很重要的问题。另外，各政治集团为鼓舞各自阵营的士气，需要通过各种方式表彰这些死难之士。其中，让这些阵亡将士享有哀荣便是一个非常重要的表彰方式。为死难烈士召开追悼会自不用说，大量兴建忠烈祠、烈士公墓和烈士陵园也因此成为比较常见的现象。自古以来，中国历代王朝皆有忠烈庙、昭忠祠的设立，用以奉祀忠烈之士。民国成立之初，为了纪念辛亥革命的死难烈士，民国政府便在各地号召兴建忠烈祠。南京国民政府成立后，曾先后两次通令全国筹建忠烈祠，用以祭祀和褒扬在历次战争中为国捐躯的死难烈士。1943年完工的南岳忠烈祠便是国民政府鉴于阵亡官兵"暴尸疆场"的惨况而修建的。其墓葬区中有着多处集体公墓，如国民革命军陆军第三十六军第六十师集体公墓中，便葬有2128具烈士遗骸。此外，国民政府还大量兴建"烈士公墓"，如1935年兴建的国民革命军阵亡将士公墓，1945年修建的云南腾冲国殇墓园等。其中，腾冲国殇墓园是滇缅战区现存规模最大也最具代表性的抗战烈士陵园。中国共产党在自己的管辖区域也通过兴建陵园来安葬英烈，激励士气。晋冀鲁豫烈士陵园，便是一座颇具代表性的陵园。陵园的兴建从1946年一直持续到1950年，在财力、物力异常紧缺的解放战争期间，晋冀鲁豫边区政府仍然拨发大量款项进行陵园建设，由此可见中国共产党对于烈士陵园建设的重视。

民国政治相对于传统时代发生了天翻地覆的变化。其中，从帝国到民国的转变是最根本的一点，因而它也对包括殡葬礼俗在内的社会的方方面面产生了深刻影响。由于从帝国到民国的转变过于剧烈，原有的社会秩序趋于崩解，而新秩序的建立尚需时日。在这个过渡时期，不同的政治集团为了各自不同的政治目标厮杀搏斗，革命和战争遂成为民国政治的最大特色。正如本卷相关内容所述，这也深刻影响并塑造了民国时期殡葬礼俗的演变和特色。

### （二）经济的发展及其影响

诚如《剑桥中华民国史》所言，"要概述从清末到人民共和国成立这段时期的中国经济史，调子必然是低的。在1949年以前的年代，看不到趋于总产量持续增长的'起飞'，及其带来个人福利增长的可能性，绝大多数中国人至多不过勉强维持生存而已"。民国时期的经济主要由两部分组成，一部分是居于主导地位的农业，其生产总值占全国总产值的65%，另一部分则是包罗万象的非农业。根据学者1933年的统计（关于民国经济，一般多使用战前数据，1936年或者1937年6月），非农业部分中包括工厂、手工业、矿业和公用事业在内的工业产值占10.5%，居第二位；第三位是商业，占9.4%。"其他部门排列如下：运输5.6%；金融、个人劳务和房租5.6%；政府行政2.8%；建筑1.2%。"在工业产值中，手工业占67.8%，工厂占20.9%，矿业占7%，公用事业占4.3%。"在估计为4691万的全部非农业工作人口中，有1213万（25.9%）受雇于手工业，113万（2.4%）受雇于工厂，77万（1.6%）受雇于矿场，4万（0.09%）受雇于公用事业。"[①] 由此可见，现代工业在民国经济中的比重相当有限，随现代工业而发展的产业工人的数量也非常有限。

但这并不影响民国时期城市人口的快速增长，城市人口的增长率是人口平均增长率的两倍。《剑桥中华民国史》在论述"经济趋势"时，曾这样概述人口增长状况：

> 在19世纪期间，城市居民的总数增长很慢，增长率比总人口的增长率大不了多少；然后在1900至1938年间比较快，几乎是人口平均增长率的两倍。在1938年，人口5万以上的城市共有大约2730万居民，占5亿人口的5~6%。同样是这些城市，在20世纪初大约有1680万居民，占4.3亿人口的4~5%。这个差别表明所有的大城市的年增长率大约是1.4%。但中国6个最大的城市——上海、北京、

---

① 参见〔美〕费正清编《剑桥中华民国史》上卷，杨品泉等译，中国社会科学出版社，1993，第35~106页。

天津、广州、南京、汉口——在 30 年代每年以 2~7% 的增长率发展。[①]

虽然城市人口在总人口中的比重一直很小，增长的速度似乎也有限，三十多年只提高了一个百分点，但相对于此前的增长速度与人口平均增长速度，民国时期的城市人口快速增长仍然是一个令人瞩目的现象。尤其是在中国这样一个人口大国，哪怕城市人口的比重只提高了一个百分点，城市人口增加的绝对量也是相当惊人的。在 20 世纪的前三十多年间，中国较大城市的居民人口净增长了 1000 多万，增长率达 62.5%，并且城市越大，人口增长得越快。

以上海为例。如果将太平天国初期到上海解放前夕的近一百年时间作为一个阶段（约从 1852 年到 1949 年），并且将其分为前后两个时期，亦即以 1852 年到辛亥革命前夕的 1910 年为前期，1911 年到 1949 年为后期，那么，在前期 58 年中，整个上海地区的人口从 54 万余人增长到 128 万余人，净增长了 74 万人，平均每年净增长约 1.3 万人。而在后期 39 年内，上海地区的人口从 128 万人增长到 545 万人，净增长了 417 万人，平均每年净增长 10 万余人。也就是说，后期的年人口增长数是前期的近 8 倍。再从相对增长率来看，旧上海前期人口每年平均净增长率为 2.41%，而后期人口每年平均净增长率为 5.79%，也大大超过了前期。[②]

上海人口大规模增长，是大量移民涌入的结果。如前文所述，民国期间战争不断，为躲避战火，很多人纷纷迁往相对安全的大城市。例如第二次国共内战期间，上海人口由 1945 年的 330 余万剧增到 1949 年初的 540 余万，"在短短三年左右时间里净增加了 208 万余，这是上海百年来所没有先例的，也是世界城市人口史所少见的"。[③] 上海如此，北京、天津、汉口等其他大城市，在民国时期的人口增长亦是如此。

除了战争迫使大量人口迁移至城市外，城市经济的快速发展，也提供了越来越多的就业机会，吸引着大量人口迁移到城市定居。这一过程，又与中国的工业化进程相辅相成。中国工业化的进程，虽然由官方主导的洋务运动开启，但洋务运动着眼的主要是军、重工业，投资大，收效慢，很难引起民间资本的兴趣，因而在很长一段时间内曲高和寡，对中国社会经济的影响相当有限。真正开始搅动中国工业化进程的，是

---

① 〔美〕费正清编《剑桥中华民国史》上卷，第 40 页。
② 参见邹依仁《旧上海人口变迁的研究》，上海人民出版社，1980，第 7 页。
③ 参见邹依仁《旧上海人口变迁的研究》，第 5 页。

民间投资的轻工业大规模兴起。

中国的轻工业产品，主要是在外国工业品超高利润的刺激下生产的，因而中国的轻工业工厂也多开设于对外贸易繁盛之地，即沿海地区，尤其是上海。一战期间，中国工业迎来了第一个黄金时代。在这一时期，发展最为迅猛的是棉纺、面粉等轻工业，而这类轻工业刚好又是劳动力密集型产业，因此导致城市人口爆炸式增长。还是以上海为例。1910年时上海的人口是128万余，到了1915年就达到200万余，短短四五年间，人口几乎增长了一倍。[①] 从全国范围来看，至1936年初，一些主要沿海城市的工厂占全国已登记工厂的70.75%，资本额占全国资本总额的70.49%，工人数占全国工人总数的76.99%。其中，上海一市的工厂数占全国工厂总数的31.39%，资本额占39.73%，工人数占31.7%。[②]

人口大量聚集于城市，这种聚集效应本身也提供了巨大的商机，如衣、食、住、行，以及医疗、教育、娱乐等，都需要得到不同程度的满足。在农村社会，乃至传统时代的城镇社会，人口规模有限，人们互相熟识，生老病死诸多大事在同族、同村、同行、同业的熟人圈子中，通过互助即可解决。在人口众多的现代城市社会，人们互为陌生人，遇有婚丧嫁娶诸事，便只能委托专业的社会化服务机构代办。再加上城市空间有限，分配到每个家庭的空间就更为有限，对于城市里的大多数人而言，居住空间显然不可与农村相提并论。大量人口的集聚，使得专业化服务成为可能。

二战期间，殡仪馆在上海的爆发式增长，充分说明了这一点。1938年2月，国泰殡仪馆成立；1938年3月，万安殡仪馆成立；1938年4月，中华殡仪馆、世界殡仪馆成立；1938年6月，大众殡仪馆成立；1938年10月，乐园殡仪馆成立；1939年3月，大华殡仪馆成立；1940年9月，上天殡仪馆成立；1941年1月，南市殡仪馆成立；1942年1月，安乐殡仪馆成立等。据1944年的"上海特别市殡仪寄柩业同业公会会员名册"可知，至1943年底参加同业公会的殡仪馆共有21家，其中18家成立于抗战爆发后。之所以如此，即如前文所述，是由于抗战爆发后大量人口涌入"孤岛"租界，使租界中的人口数量在短短几年间剧增，而租界的房屋数量根本不可能得到同样的增长，因此导致屋少人多的状况特别严重。"每逢家人死亡，以无隙地举丧，即在里弄内草率从事，且交通梗阻，灵柩不能运回，四处堆积，既不雅观，又碍卫生，本会会员有鉴于斯，为适应社会环境之需要起见，遂有殡仪馆、丙舍、寄柩所等之创

---

① 参见邹依仁《旧上海人口变迁的研究》，第90页。
② 参见孙果达《民族工业大迁徙——抗日战争时期民营工业的内迁》，中国文史出版社，1991，第1页。

设,代为殡仪寄柩。"[1]

殡仪馆的出现,体现的是城市社会的逻辑,是陌生人之间社会化服务需求的产物。同样,公墓和火葬场的出现,也是城市社会发展的必然逻辑,如节约城市空间,保障公共卫生等。甚至可以说,现代殡葬与传统殡葬的差异,在很大程度上其实是城市社会与农村社会的差异。就此而言,现代新式丧仪在民国年间的出现和推广,与城市社会在民国年间的迅猛发展有着密不可分的关系。

必须指出的是,在现代殡葬礼仪于城市社会逐渐推广的同时,中国更广大的农村地区的经济状况不但没有改善,反而更趋困难。随着农村人口的不断增长,人均耕地面积从20世纪初的3.15亩降到了三四十年代的2.94亩。[2] 在耕种技术和亩产量没有显著提高的情况下,人均耕地的减少意味着收入的减少。再加上兵荒马乱、自然灾害、苛捐杂税、帝国主义侵略以及土地占有不均、农村金融缺乏等因素,民国时期的农村社会最重要的特点便是日趋贫困化。曾组织领导多次农村调查的陈翰笙认为:"中国沦为半封建半殖民地后,农民的生活程度和经济地位还不如在纯封建制之下"。提倡乡村建设的梁漱溟也认为:"民国以来,中国农村日趋破坏,农民的日子大不如前"。[3] 有学者在研究了农家的收支状况后指出:"无论从哪一方面,基本可以得出中国农民的生活处于生存线附近,农村富有的阶层尚能维持温饱,少量大地主可以过得比较舒服,但是处于经济水平下层的大多数农民只能在生存线附近苦苦挣扎"。[4] 在这种情况下,农民为了举办丧事不得不联合起来互相帮助,而这正是民国时期农村丧葬合作组织大量出现的经济背景。

### (三)新文化的发展及其影响

对于民国时期的知识分子来说,五四运动所揭橥的科学与民主,一直是其梦寐追求的核心价值。五四运动之后,人们对科学的认识已不再处于晚清时期器物层面的阶段,而是"一种广义的世界观和方法论,一种包括破除迷信、打碎偶像、崇尚理性、注重逻辑实证等精神在内的至上价值观念"。[5] 这种科学至上观念的发展,在20世纪二三十年代达至巅峰。知识界不仅围绕何谓"科学"发生过激烈的争论,还进行了

---

[1] 《上海市殡仪寄柩运葬商业同业公会档案》,上海档案馆藏,档案号:S440-1-19。
[2] 参见〔美〕费正清编《剑桥中华民国史》上卷,第89页。
[3] 参见李金铮《中国近代乡村经济史研究的十大论争》,《历史研究》2012年第1期;侯建新《二十世纪二三十年代中国农村经济调查与研究评述》,《史学月刊》2000年第4期。
[4] 参见韩文艳《民国时期农村生活水平评估》,复旦大学历史地理研究中心博士学位论文,2013,第165页。
[5] 参见郑师渠总主编、黄兴涛分卷主编《中国文化通史·民国卷》,中共中央党校出版社,1999,第45页。

较大规模的科学普及活动。在这一文化背景下，与现代西方文明有着重大差异的传统习俗，自然成了西化知识分子重点批判和改造的对象。

作为民国时期最具影响力的两大政党，国民党和共产党对科学也有着相当程度的推崇，并有着各自角度的理解。奉行三民主义的国民党在对科学的理解上，很大程度上更具工具理性的特征。南京国民政府更倾向于将科学视为一种用于自然科学知识系统建构的理性主义态度，并以之进行科学主义研究。[①] 因此，在对待传统的态度上，南京国民政府更多的是对传统进行部分纠正与改造，而不是动辄予以全盘否定。特别是其对儒家传统道德与伦理的维护，使与儒家具有密切关联的传统习俗变革有着程度不同的保留。这在1930年代曾经轰动一时的新生活运动中，有着集中体现。南京国民政府对传统的这一相对保守的价值取向，不仅影响着其自身的文化政策，同时也对习俗改造产生了重要影响。

以马克思主义意识形态为指导的中国共产党，是民国时期影响力仅次于国民党的现代政党。因旗帜鲜明地宣扬唯物主义，反抗阶级压迫，中国共产党自1921年建立之初便具有鲜明的革命色彩。在苏区和敌后革命根据地，共产党进行了以革命为宗旨的移风易俗活动。正如毛泽东所指出的，"政权、族权、神权、夫权，代表了全部封建宗法的思想和制度，是束缚中国人民特别是农民的四条极大的绳索"。[②] 为了砸烂封建宗法思想和制度的枷锁，共产党在革命根据地推行了一系列破除封建风俗和习惯的活动。比如，为了实现男女平等，根据地政府努力推动妇女解放，注意多方保障妇女权益，鼓励女性走出家门，投身反对封建的革命洪流中。在生产生活方面，积极组织群众开展卫生和防疫运动。特别值得一提的是，为宣传无神论，破除封建迷信，"革命政权除通过各级组织进行广泛的思想教育外，还发动进步群众砸神像、禁鬼神、扔祖牌、驱神汉"。[③] 对于以祖先崇拜、鬼神崇拜为核心的传统殡葬活动来说，相关行为无疑更具冲击力。共产党领导的苏区和根据地政府所推行的破除封建习俗和习惯的活动及其制度建设，突出地体现了其政党文化特征。

当然，尽管民国时期的科学观念曾经广为传播，但其实际影响面还是相对有限的。在新文化运动和五四运动时期，科学的观念和行为更多地仅限于西化知识分子群体。南京国民政府成立之后，这种状况有所改变。相对来看，与将科学作为一种世界

---

① 参见郑师渠总主编、黄兴涛分卷主编《中国文化通史·民国卷》，第46页。
② 《湖南农民运动考察报告》，《毛泽东选集》第1卷，人民出版社，1991，第31页。
③ 参见郑师渠总主编、黄兴涛分卷主编《中国文化通史·民国卷》，第700~701页。

观和方法论加以理解并应用的共产党相比，国民党对传统习俗改造的力度明显要小很多。

### （四）近代科学技术的发展及其影响

晚清时期的"师夷长技以制夷"，开启了近代中国学习西方科学技术的序幕。自晚清以迄中华人民共和国成立将近一百年的时间内，中国人对西方科学的认识和学习从器物层面逐渐深入到了思想层面。特别是民国初期"科学救国"、"实业救国"的思想理念，不仅给中国的经济和文化带来了重要影响，同时也在很大程度上推动着现代科学技术的发展，并取得了不小的成就。这一时期的建筑、工程材料、印刷、防腐等技术的发展，为殡葬活动增添了诸多新的时代特色。

与木结构、瓦屋顶为典型特征的传统建筑不同，在西方建筑理念的影响下，民国时期的建筑技术和形式发生了相当大的变化。在19世纪末到1930年代，中国的建筑理念一度色彩纷呈，流行过折中式、古典式、摩登式和仿古式等建筑理念。[①] 这几种建筑理念注重吸收西方不同时代建筑之长，并不同程度地对中国传统建筑理念有所保留。特别是1930年代的仿古理念，提倡以钢筋混凝土的建筑技术再现中国传统的建筑形式，主张中外并蓄、古今兼收，得到了南京国民政府、专家和社会人士的广泛认同。在这一时期的上海、广州、天津、汉口和东北部分城市之中，涌现了一批体现仿古理念的典型建筑。亦中亦西、中西兼顾的建筑风格，可谓民国时期建筑的最大特色，这在典型陵墓的建造上也有着集中体现。比如中山陵便是仿古理念的经典之作。

建筑理念和技术的发展，与工程原料技术的更新是互为表里的。与建筑技术发展相适应的，是这一时期水泥业的繁荣发展。辛亥革命之后，在建筑技术上，混凝土和钢筋混凝土结构在大城市的典型建筑中，得到广泛的应用。民国时期实业经济的代表人物如刘鸿生、周学熙等都曾先后经营过水泥业，并取得了骄人的成就。以周学熙为例，其所经营的启新水泥厂生产的马牌水泥因质量上乘曾声名大噪，驰销全国。马牌水泥，被应用到包括中山陵在内的诸多典型建筑中。与周学熙的马牌水泥相对应，刘鸿生生产的水泥以象牌命名，两者之间，还发生过激烈的市场竞争。[②] 显然，水泥制造业的快速发展，对现代陵墓建设具有重要的支撑作用。

还在晚清时期，中国的印刷技术即有稳步发展。与此同时，外国在华印刷业对中

---

① 参见潘谷西主编《中国建筑史》，中国建筑出版社，第397~414页；王俊杰《民国历史建筑的文化价值性探析：以近代南京建筑为例》，河南大学艺术学院硕士学位论文，2013。
② 参见王燕谋《中国水泥发展史》，中国建材工业出版社，2005，第72~91页。

国的报刊出版也产生了重要影响。① 到了民国时期，大城市中的印刷业愈发趋于繁荣。其中，作为近代新闻中心的上海，在1930年代迎来了新闻出版印刷的鼎盛时期。②当时的上海拥有全国最多的现代印刷企业，通过采用国际先进的印刷技术，每天出版着数以百计的报纸刊物。其中，既有如《申报》、《新闻报》等主要以记述时事或者评论为主的报刊，也有为迎合社会各阶层不同需求而专门编辑印刷的各色读物。现代印刷技术的发展以及由此带来的出版印刷业的繁荣，同样给丧葬活动带来了多方面的影响。作为最为重要的资讯载体，报刊刊载讣告、唁电日渐习以为常。与此同时，各殡葬服务机构，也开始利用近代媒介进行业务宣传和推广。除此之外，民国时期大城市中的大出丧活动，很多作为重要的猎奇事件，被媒介报道和转载。这不仅为后人了解当时的丧葬状况提供了可能，也在当时引发了连锁反应，在一定程度上助推这一奢侈风尚的进一步发展。

近代防腐技术出现于19世纪中期的欧洲。其中，法国的贡献尤为突出。福尔马林液的发明，使组织防腐成为可能，并最早在欧洲的皇室成员中试用。另一项与丧葬活动具有直接关系的，是火葬技术在近代的迅速发展。随着西方文明对中国的影响越来越大，这两项技术也在清末民初传入中国。尽管对于正处于转型期的中国来说，这两项技术的应用还仅限于特定地区、特定领域和特殊人物，但对民国殡葬史来说，亦扮演着不可忽视的角色。

## 二 学术史回顾

学术界有关民国时期殡葬史研究的专门性研究，至今仍然空白。有关殡葬礼俗的著作并不少，但大部分是通论性著作，如《中国丧葬与文化》、③《中国丧葬礼俗》、④《中国葬俗》、⑤《中国丧葬史》、⑥《丧葬史》、⑦《殡葬文化学——死亡文化的全方位解读》、⑧《事死如生——殡葬伦理与中国文化》⑨ 等。此外，还有一些区域通论性著

---

① 参见〔加拿大〕季家珍（Joan Judge）《印刷与政治：〈时报〉与晚清中国的改革文化》，王樊一婧译，广西师范大学出版社，2015，第22页。
② 参见张树栋等《中华印刷通史》，上海社会科学院出版社，2000，第489~490页。
③ 罗开玉：《中国丧葬与文化》，海南人民出版社，1988。
④ 徐吉军、贺云翱：《中国丧葬礼俗》，浙江人民出版社，1991。
⑤ 邓卓明、邓力：《中国葬俗》，重庆出版社，1992。
⑥ 徐吉军：《中国丧葬史》。
⑦ 陈华文：《丧葬史》，上海文艺出版社，1999。
⑧ 王夫子：《殡葬文化学——死亡文化的全方位解读》，中国社会出版社，1998。
⑨ 王计生主编《事死如生——殡葬伦理与中国文化》，百家出版社，2002。

作，如《四川丧葬文化》、①《江浙汉族丧葬文化》、②《北京殡葬史话》③ 等。这些通论性著作，几乎所有注意力都集中在对中国殡葬传统的介绍与阐释上，甚少对民国时期的殡葬进行专门研究。

在上述通论性专著中，徐吉军的《中国丧葬史》设专章对"民国时期的丧葬"进行讨论，是极为少见的。作者以"丧葬礼俗的新旧并用"对民国时期的殡葬进行定位，这一点也几乎是相关领域学者的共识。王夫子在《殡葬文化学——死亡文化的全方位解读》中也专设"民国时期的殡葬变化"一章讨论西方文化的传入所引起的中国传统殡葬的变化。周吉平的《北京殡葬史话》介绍了北京殡仪馆、火葬场和现代公墓的简史，这些新式殡葬场所与设施的建立折射了"近代以来丧葬礼俗的变迁"。

除了以殡葬为主题的专著外，诸多以风俗、民俗为主题的著作也涉及了民国时期的殡葬。邓子琴的《中国风俗史》④ 设专章探讨了"民国风俗"，分别列举了新式丧礼和旧式丧礼的各项仪式，指出"民国初年，丧礼亦新旧并用"。邓著将国民政府于1943年制定的《北泉议礼录》中的丧礼部分全文节录，为此后学者讨论民国时期的殡葬礼俗提供了方便。

### （一）城市社会殡葬礼俗的变迁

严昌洪的专著《中国近代社会风俗史》总结传统丧礼的特点是"厚葬久丧"，并认为传统丧礼带来了诸多消极影响：与民主、科学观念相抵触；"通过厚葬久丧，死人仍保持着对活人的权威和影响"，阻碍了思想解放；"浪费钱财和时间"，阻碍了社会生产力的发展。作者指出由于西俗东渐的影响，传统丧礼中出现了一些新的因素，但没有在该书中进一步展开论述。⑤ 此后，严昌洪专门写了一篇论文，对民国时期丧葬礼俗的变革进行了探讨。⑥ 这是迄今民国时期殡葬史研究中最为全面和深入的一篇文章。论文介绍了北洋政府和国民政府通过颁布《礼制》、《礼制案》和《国葬法》等法规，并通过公职人员丧礼改革的示范，向民间社会提倡新式葬礼；同时，又对传统殡葬礼俗中影响突出、危害严重的弊端，如长期停柩、含有封建色彩或迷信性质的仪仗、厚葬久丧等采取禁革措施。这些措施虽然很难对民国葬俗的改变迅速产生效果，

---

① 霍巍、黄伟:《四川丧葬文化》，四川人民出版社，1992。
② 何彬:《江浙汉族丧葬文化》，中央民族大学出版社，1995。
③ 周吉平:《北京殡葬史话》。
④ 邓子琴:《中国风俗史》，巴蜀书社，1988。
⑤ 严昌洪:《中国近代社会风俗史》，第39、40页。
⑥ 严昌洪:《民国时期丧葬礼俗的改革与演变》，《近代史研究》1998年第5期。

但是由于时代的变迁和社会的发展，新式葬礼的一些改革因素仍逐渐渗透到民间，使得各地的殡葬礼俗发生了程度不同的变化。多年之后，严昌洪出版专著《20世纪中国社会生活变迁史》，用专章"丧祭制度的有限变革"阐释民国时期殡葬礼俗的演变，其主要观点、主要内容仍源于《民国时期丧葬礼俗的改革与演变》一文。①

梁景和的论文《五四时期丧葬礼俗的变革》主要介绍了五四新文化运动时期，精英知识分子对传统殡葬习俗的批判（主要集中在"守三年之丧"、"土葬和风水"、丧礼的"虚伪"及"靡费"等方面）和对新式丧礼观的提倡（主要包括"实行火葬制"、"实行短丧"、反对"风水之说"、革去一切"虚伪、烦琐和靡费之形式"等方面），以及在这些观念影响下民间殡葬礼俗的一些具体变化，如摈弃传统巫术、风水术和佛道超度等内容，丧礼节俭、丧服变革、改土葬为火葬及殡葬礼仪方面的一些变革等。对于这些变化，作者有着清醒的认识："就全局而言，这种变化是极其有限的"，"在新旧丧葬礼俗并存的情况下，事实上旧的丧葬礼俗更为普遍"。②葛玉红的论文《清末民初丧葬习俗的演变述论》注意到中国传统殡葬习俗在清末民初的显著变化（殡葬从简、迷信减少，出现了缠黑纱、鞠躬、开追悼会、奏乐、殡仪馆、公墓等西式文明习俗），也认为这种变化缺乏广泛性，但"它在中国近代丧葬习俗演变中却占有重要地位，是中国近代丧葬习俗发生变革的开端"。③陈明锋的论文《社会转型视野下民国新式丧葬礼俗的实施》主要从"推行公墓制"、"提倡火葬，建立殡仪馆"、"开追悼会，倡导国葬和公葬"和"采用形式简明的讣闻"等方面介绍新式殡葬礼俗相关的实施情况。④

上述研究的共同特点指出了中国传统殡葬礼俗在民国时期的变革，以西方丧礼为模本的新式丧礼开始出现，但还没有大范围普及。民国时期是中国殡葬习俗发生剧烈变动的时期，因而不少研究者关注这一时期殡葬习俗的变迁，但相关研究往往只关注新生事物的出现和传播，而对传统殡葬习俗的演变缺乏研究。尽管对传统殡葬习俗已经有了较多叙述，但这种叙述基本上是在农耕社会的背景下展开的，也就是说厚葬久丧的传统殡葬习俗基本上发生在乡村社会。传统中国的城市社会，是否也是这样一种殡葬习俗，还需要进一步探讨。近代殡葬礼俗的形成，某种程度上可以说是城市社会的产物。因而，民国时期新旧式殡葬礼俗并存，与其说是传统与现代的新旧差异，不

---

① 严昌洪：《20世纪中国社会生活变迁史》，人民出版社，2007。
② 梁景和：《五四时期丧葬礼俗的变革》，《首都师范大学学报（社会科学版）》1997年第4期。
③ 葛玉红：《清末民初丧葬习俗的演变述论》，《学术交流》2004年第7期。
④ 陈明锋：《社会转型视野下民国新式丧葬礼俗的实施》，《贵州文史丛刊》2008年第1期。

如说是城市社会与乡村社会的差异。

## （二）乡村社会的殡葬礼俗

对于民国时期广大乡村社会而言，城市社会已经出现的新式殡葬礼俗几乎没有影响，这体现了城市社会与乡村社会的本质差异。

董江爱的论文《近代华北农村丧葬礼制的特点及成因》认为，近代华北农村"基本上延续了古代丧礼"，总体特征为"繁文缛节的厚葬久丧"，具体表现为"丧事花费多"、"报丧声势大"、"举丧仪式繁"、"祭祀礼节多"、"守丧时间长"等五大特点。文章还对华北丧葬礼制产生的原因进行了分析。[1] 徐畅的论文《近代中国农村的丧葬互助组织》专门对农村的殡葬互助组织进行研究，视角独特，别具一格。由该文可知，农村的殡葬互助组织在民国前便已有之，广东称"长寿社"，山东称"丧社"，这些组织在民国以后更为广泛，"几乎各省农村都有"。[2] 邓红、陈善本的论文《民国时期皖北农村丧葬礼俗互动述论》，对皖北农村"繁琐的丧礼程序"进行了详细介绍，并分析了此种殡葬礼俗产生的根源、特点及社会功能。[3] 傅建成的论文《民国时期乡村丧礼与变迁》认为从总体上看，民国时期乡村婚丧礼俗都带有浓重的传统色彩，是传统中国社会礼俗的继续，但随着社会的变迁，也出现了带有时代特色的变异内容。[4]

上述研究都指出民国时期农村的殡葬礼俗基本上延续了传统，并对这些传统礼俗的细节进行了描绘，具有人类学意义上的学术价值。

## （三）区域研究

艾萍的博士论文《变俗与变政——上海市政府民俗变革研究（1927～1937）》并非专门探讨民国殡葬礼俗，但用专节"双轨制下的整合效应——丧葬礼俗的演变"对上海殡葬礼俗在民国期间的演变进行了探讨，其关注点主要集中于公墓制度的引入与推广，对火葬场、殡仪馆、追悼会略有涉及。[5] 周吉平的《北京殡葬史话》虽非研究性著作，但对民国时期北京的火葬场和殡仪馆有所关注，提供了不少史料线索，为进一步研究提供了便利。

---

[1] 董江爱：《近代华北农村丧葬礼制的特点及成因》，《晋阳学刊》1997年第3期。
[2] 徐畅：《近代中国农村的丧葬互助组织》，《民俗研究》1999年第2期。
[3] 邓红、陈善本：《民国时期皖北农村丧葬礼俗互动述论》，《河北大学学报》2006年第4期。
[4] 傅建成：《民国时期乡村丧礼与变迁》，《党史研究资料》2002年第12期。
[5] 艾萍：《变俗与变政——上海市政府民俗变革研究（1927～1937）》，华东师范大学博士学位论文，2007。

另外，还有一些硕士论文如《民国山东丧葬习俗研究（1912～1937）》、[①]《清至民国时期关中丧葬习俗研究》、[②]《清至民国时期陕北丧葬习俗研究》[③] 等，对各自关注地区的殡葬习俗在民国时期的演变及其原因进行了考察。这些研究丰富了关于民国时期殡葬习俗变革的研究，但也都有一个共同的缺憾，即没有对农村与城市进行区分。根据专门针对农村的研究，可以知道民国时期华北、皖北等地区农村的殡葬礼俗几乎是延续传统，而更属于内陆的陕西关中、陕北等地区却发生了变化。这也提醒我们，在对民国的殡葬礼俗进行研究时，不能笼统言之，而应该有所区分，特别是对农村与城市进行区分。

### （四）专题研究

在专题研究上，学界对公墓的探讨相对集中。陈蕴茜、吴敏的论文《殖民主义文化霸权与近代中国风俗变迁——以近代上海公墓为中心的考察》，叙述了西方公墓在上海的兴建，殖民者在公墓问题上与华人的冲突，以及在此影响下华人公墓的兴起与发展，并进一步探讨了西方文明对近代中国人日常生活及观念转变的影响。[④] 法国学者安克强的论文《上海租界公墓研究（1844～1949年）》着重考察了上海租界公墓管理方面的有关事务，通过对公共租界工部局和法国租界公董局如何制定死亡人口政策，以及如何利用各种特权确定安葬死者的场所等问题的分析，揭示了殖民主义在上海的运作情况。[⑤] 谢世诚、伍野春、华国梁的论文《民国时期公墓制的创建与演变》主要介绍了国民政府对于推行公墓制的努力及其效果，并分析了民国时期公墓制发展缓慢的原因：政治与军事的干扰、财政支绌、积习难改。[⑥] 艾萍的论文《双轨制下民国公墓的创建——以上海为个案》叙述了在华洋两种制度并存的双轨制环境中，租界公墓制以"合理的地理位置、普遍的服务对象、科学的殡葬方式、现代的管理体制、简单的丧仪"引发国人对都市中传统冢舍的重新思考。上海市政府通过禁革冢舍与建设公墓双管齐下，将殡葬设施的建设和殡葬事务的管理纳入整个市政建设规划中，但由于社会心理对于公墓制的接受仍需一个较长时期，使得上海市政府主导的殡葬改革

---

[①] 李春雷：《民国山东丧葬习俗研究（1912～1937）》，山东师范大学硕士学位论文，2011。
[②] 龙耀华：《清至民国时期关中丧葬习俗研究》，陕西师范大学硕士学位论文，2007。
[③] 王林林：《清至民国时期陕北丧葬习俗研究》，延安大学硕士学位论文，2009。
[④] 陈蕴茜、吴敏：《殖民主义文化霸权与近代中国风俗变迁——以近代上海公墓为中心的考察》，《江海学刊》2007年第6期。
[⑤] 安克强：《上海租界公墓研究（1844～1949年）》，《中国海洋大学学报》2008年第5期。
[⑥] 谢世诚、伍野春、华国梁：《民国时期公墓制的创建与演变》，《民国档案》1995年第2期。

并没有如预想的那样迅速取得明显成效。① 关于民国时期公墓的研究比较多，质量也比较高，但基本上集中在上海，而且研究目的不在公墓本身，而是借助公墓制的演变考察华洋并存的上海社会是如何运作和变迁的。

追悼会方面，主要有瞿骏的论文《辛亥革命时期的集会与城市公共空间——以追悼会为中心（1911～1912）》② 和刘长林的论文《仪式与意义：1919～1928年间为自杀殉国者举办的追悼会》③ 等。这两篇论文，主要探讨追悼会在各种政治力量建构各自英雄系谱并进行社会动员方面的作用和意义。其他还有《陕北苏区山村里的鲁迅追悼会》、《西安召开孙中山逝世追悼会始末》、《毛主席"为人民服务"的教导永远不能忘——张思德追悼会纪实》等史料性质的文章，为深入研究民国时期的追悼会提供了素材。

有关国葬、党葬方面的论文，主要有《民国时期的国葬制度》、④《"党葬"孙中山：现代中国的仪式与政治》、⑤《国葬与国家民族认同——以孙中山遗体及其安葬为中心》⑥ 等，对民国时期的国葬、党葬制度进行了探讨，且主要集中在孙中山的葬礼上。事实上，民国时期以国葬之礼待之的著名人物还有黄兴、蔡锷、谭延闿等，对于这些著名人物的葬礼还有深入研究的必要。

关于中山陵的研究，论文主要有《建造中山陵：现代中国的工程政治》、⑦《开放的纪念性：中山陵建筑精神的表达与实践》、⑧《警钟长鸣——中山陵建造始末》、⑨《中山陵征地考》、⑩《民国时期中山陵园梅花风景的建设与演变》、⑪《杨杏佛崇廉筹建中山陵》⑫ 等，从中山陵建造到中山陵景区的演变，以及中山陵的政治意义都有专门研究，相当全面。

在著名人物殡葬观上，李纳森的论文《胡适与五四时期的丧葬礼仪改革》一方面

---

① 艾萍：《双轨制下民国公墓的创建——以上海为个案》，《华中师范大学学报》2012年第3期。
② 瞿骏：《辛亥革命时期的集会与城市公共空间——以追悼会为中心（1911～1912）》，《华东师范大学学报》2008年第2期。
③ 刘长林：《仪式与意义：1919～1928年间为自杀殉国者举办的追悼会》，《学术月刊》2011年第3期。
④ 张学继：《民国时期的国葬制度》，《民国春秋》1998年第2期。
⑤ 李恭忠：《"党葬"孙中山：现代中国的仪式与政治》，《清华大学学报》2006年第3期。
⑥ 高冬琴、蔡世华：《国葬与国家民族认同——以孙中山遗体及其安葬为中心》，载《"孙中山与中华民族崛起"国际学术研讨会论文集》，天津人民出版社，2006。
⑦ 李恭忠：《建造中山陵：现代中国的工程政治》，《南京社会科学》2005年第6期。
⑧ 李恭忠：《开放的纪念性：中山陵建筑精神的表达与实践》，《南京大学学报》2004年第3期。
⑨ 宋一飞：《警钟长鸣——中山陵建造始末》，《党史纵横》2000年第1期。
⑩ 李恭忠：《中山陵征地考》，《江苏社会科学》2004年第4期。
⑪ 程杰：《民国时期中山陵园梅花风景的建设与演变》，《南京社会科学》2011年第2期。
⑫ 李荣华：《杨杏佛崇廉筹建中山陵》，《人民论坛》1994年8月号。

论述了胡适对于传统殡葬礼仪的批判，认为胡适关于"丧葬礼仪改革的总方向是简单化"；另一方面对胡适母亲丧礼中的"全面改革"进行了细致介绍和阐释。[1] 罗昌繁的论文《〈国故论衡·正赍送〉考述》[2] 则考察了章太炎的殡葬观（认为殡葬以朴质从简为宜），关注点也是殡葬礼俗的变动。

---

[1] 李纳森：《胡适与五四时期的丧葬礼仪改革》，《求索》1997年第3期。
[2] 罗昌繁：《〈国故论衡·正赍送〉考述》，《黄山学院学报》2011年第2期。

# 第一章
# 殡葬观念

殡葬观念，是指特定历史时期人们对于殡葬的一般认识，包括生死观、对殡葬仪式的看法、对殡葬意义的认知等。总体而言，殡葬观念既是由殡葬这一独特社会实践中生发而来，又从属于大的社会文化系统并与之息息相关。因此，在民国时期殡葬观念的讨论上，一方面要注意殡葬观念本身内在的连续性，又要看到大的社会文化系统的变化所带来的影响，以及这两者之间的平衡和相互涵化之处。民国时期，正值中西文化交汇与剧烈碰撞时期。欧风美雨的涤荡，使传统中国社会发生了深刻的变化。一方面，诚如费正清等西方学者提出的"冲击－反应模式"所言及的那样，帝制晚期的中国在西方坚船利炮与制度观念的冲击下，逐渐发生了诸多现代转化。但又必须看到，晚清至民国期间种种现代转化，在空间与时间上并非一个整体，而是呈现出多个世界的样态。具体而言，既有守旧与趋新的差异，也有官方与民间的巨大分歧。在区域的空间上，租界的声光化电反衬着内陆乡村的近似一成不变。同为通衢大都市的通商口岸，也因为多个世界的作用力，呈现出各有千秋的局面。另一方面，民国虽为趋变的新时代，但也有其"不变"的一面。传统中国的巨大惯性，使得几千年延续的社会风俗观念，很难在一朝一夕之间骤变。所以，民国社会文化的特点具有极为复杂的多元性。现代力量的兴起、传统观念的延续、地区间发展变化的不平衡，凡此种种，彼此交织在一起，共同构筑了民国时期的特色，对这一时期的殡葬观念产生着重要影响。

## 第一节 传统殡葬观念的延续及其批判

正如有学者所指出，中国传统殡葬礼俗中所表现出的生命观念"是潜存于人们内心的一种二元对立的文化意义结构。这种二元性可以表述为生与死、人与鬼、子孙与祖先、阳世与阴间的对立并存"。[①]也就是说，中国历史上相当时期内的殡葬观念与行为，都是围绕着人们这一深层次的生命文化意识而展开的。民国时期，一般民众的生命观念在相当程度上仍未脱离其传统特征。鲁迅在1936年去世前曾写过一篇杂文《死》，在这篇文章中，他对当时国人一般状态下的生命观念做过如下总结：

> 大约我们的生死久已被人们随意处置，认为无足重轻，所以自己也看得随随便便，不像欧洲人那样的认真了。有些外国人说，中国人最怕死。这其实是不确的，但自然，每不免模模胡胡的死掉则有之。
>
> 大家所相信的死后的状态，更助成了对于死的随便。谁都知道，我们中国人是相信有鬼（近时或谓之"灵魂"）的。既有鬼，则死掉之后，虽然已不是人，却还不失为鬼，总还不算是一无所有。不过设想中的做鬼的久暂，却因其人的生前的贫富而不同。穷人们是大抵以为死后就去轮回的，根源出于佛教。佛教所说的轮回，当然手续繁重，并不这么简单，但穷人往往无学，所以不明白。这就是使死罪犯人绑赴法场时，大叫"二十年后又是一条好汉"，面无惧色的原因。况且相传鬼的衣服，是和临终时一样的，穷人无好衣裳，做了鬼也决不怎么体面，实在远不如立刻投胎，化为赤条条的婴儿的上算。我们曾见谁家生了小孩，胎里就穿着叫化子或是游泳家的衣服的么？从来没有。这就好，从新来过。也许有人要问，既然相信轮回，那就说不定来生会堕入更穷苦的景况，或者简直是畜生道，更加可怕了。但我看他们是并不这样想的，他们确信自己并未造出该入畜生道的罪孽，他们从来没有能堕畜生道的地位、权势和金钱。[②]

从这段文字可以看出，一般民众尽管普遍"怕死"，却又面临着生命朝不保夕的困境。这自然与民国处于乱世有关系，但也并未脱离"好死不如赖活着"等传统观念的影响。作为生命在另一个世界的延续与存在的方式，人们相信"死后会变成鬼"，并与这个世界具有极为密切的联系。"鬼的衣服，是和临终时一样的，穷人无好衣裳，做了鬼也决不怎么体面"，这种观念依然是传统厚葬观念的诱因，同时也是"事死如事生"观念的集中体现。正是这一传统的生命观念，导致了"数千年来，人们曾不断

---

① 郭于华：《死的困扰与生的执着：中国民间殡葬礼仪与传统生死观》，中国人民大学出版社，1991，第182页。
② 张弘主编《鲁迅散文全集》，时代文艺出版社，2013，第326~327页。

地将宝贵的生产器具、生活用品、大量的金银珍宝,甚至活牲活人埋入地下"。[1]正如后面的章节所显示的,隆丧厚葬的观念和行为,甚至成了民国殡葬史的一个突出特点。此外,在佛教观念的影响下,人们相信会有来世和轮回。换句话说,为了更好地安置生命,佛教、道教等宗教因素依然在民国时期的殡葬观念中占据着非常重要的地位。生和死、阳间与阴间两个世界间的这种有机联系,对殡葬活动所产生的影响,显然是多方面的。比如,除了厚葬之外,由这种观念催生的相当发达的风水观念,在民国时期仍颇有市场。普通民众依然深信墓地的选择,对其祖先、家庭和家族所具有的重要意义。甚至有研究指出,如果不清除对祖先"事死如事生"的观念,任何旨在破除风水迷信的行动都将是徒劳的。[2]

总之,数千年来深植百姓内心的生死观念,依然在一般民众中具有宰制性力量。因此,围绕着这一生命观念而展开的殡葬观念与行为,也同样在民间社会占据着主导地位。所不同的是,伴随着时代的发展,传统的殡葬礼俗正在发生着某种程度的变异而已。在城镇之中,尤其如此。民国太原县士绅刘大鹏,在《退想斋日记》中对山西乡村的殡葬活动便有着诸多记载。比如,1921年2月17日的日记中,有"里中丧家"一条:

> 里中丧家,今日午后僧人诵经,夜上法台,谓是超度亡人,且免死者之罪。习俗虽非,而究莫能化也。里人凡家赀稍裕者,人死必延僧诵经,否则多讪笑之。[3]

1941年4月13日的日记记载道:

> 下底村丧家遣轿迎予前往题主,旗锣伞扇,乐工八个,导引到了丧家,赞礼生二名……先吃早饭,近午方才题神主。既成,始行出丧,又加八个和尚诵经,送到新茔,僧又绕墓讽诵经。下葬以后,抬主轿回,两个礼生在家行初虞祭礼。祭毕而宴,十二碟、四会碗、十大碗。席罢,始散而归。[4]

---

[1] 参见郭于华《死的困扰与生的执着:中国民间殡葬礼仪与传统生死观》,第79页。
[2] 参见陈怀桢《风水与葬埋》,《社会研究》第1卷第3期,1937年,第11页。
[3] 刘大鹏:《退想斋日记》,山西人民出版社,1990,第286页。
[4] 刘大鹏:《退想斋日记》,第569页。

1930 年 3 月 17 日的日记记载道：

> 里人办理母丧，违礼而行者甚多。当此之时，丧礼全废，人皆不知为何物。治丧背礼，望谁来诘，可慨也已。①

实际上，这三则日记记载的都是刘大鹏所生活的乡村世界中发生的殡葬事件，事件记载的背后反映的则是民国山西乡村以及日记主人刘大鹏的殡葬观念。第二则日记描述的是一个乡村殡葬的具体过程，包括题神主、出丧、和尚诵经、下葬、初虞祭礼、宴请等各个环节。不难发现，其中所传达的殡葬观念还是传统的一仍其旧，与明清时期并无二致。这显示了殡葬观念在乡村的延续。第一则日记是刘大鹏针对乡人殡葬中诵经活动的批评，认为过多诵经没有必要。不过，他对乡人喜好诵经的批评，恰恰从反面证明于一般乡村庶众而言，诵经超度亡者实为其殡葬观念中根深蒂固的一部分。第三则日记则是接续第一则日记的批判，表达刘大鹏对 1930 年代乡村殡葬礼制毁坏的担忧，也从另一个侧面展现了山西乡村殡葬观念的变迁，即在一定程度上开始脱离传统殡葬礼制观念。

如果说刘大鹏的担忧和不满，体现的还是守旧士人对传统殡葬礼俗日渐破坏的忧虑，那么，民国殡葬观念的另一个层面，则来自趋新知识分子对传统殡葬礼俗的尖锐批判。值得注意的是，这种对传统殡葬礼俗的批判，本身也构成了民国殡葬观念的重要组成部分。

按照时人的看法，传统的殡葬活动在诸多方面有着不可取之处。"吾国殡葬制度，古礼失之虚伪，世俗又加以迷信。遂至不合人情，有悖物理之状态。"②这是在总体上对中国传统的殡葬制度进行了否定。其中"虚伪"、"迷信"诸般词语，显然是受到近代以来西方文明输入的影响。特别是"迷信"一词，其背后所隐含的是用现代科学价值观来衡量传统殡葬观念。传统殡葬观念与制度的不可取之处，具体包括"习俗之日趋虚浮，财物之无谓消费，土地之减少生产，迷信之难于破除……他如社会秩序，公众卫生，民族心理，以及人民职业各方面，所受之不良影响，亦非浅鲜"。③概括而言，相关批评可涵盖为社会心理、经济和公共卫生三个面相。

---

① 刘大鹏：《退想斋日记》，第 407 页。
② 景藏：《丧葬制度》，《东方杂志》第 17 卷第 8 号，1920 年，第 4 页。
③ 崔德化：《革新丧葬之我见》，《无锡教育月刊》1936 年第 2 期，第 45 页。

关于社会心理层面的批判，大多质疑传统殡葬的"虚伪性"，意即其过度彰显了"孝"的观念。批评者指出，传统殡葬之所以表现得较为夸张而失去情感的真实性，主要是"因关系儒教中最重之孝字，已罔敢倡言改革"。[①]在表达孝意的前提下，儒家文化尚文而注重缘饰，发展出一套丧仪制度来表现"孝"，但在日益僵化的过程中实则远离了人情本意。比如代哭制，就虚伪至极。至于其他如"厚棺重殓、华夏阡表、七七丧期、守孝三年等等礼节，究竟于死者何益？"这种孝子之道，充塞在整个社会民众的心理层面，不仅于殡葬无益，且在伦理观念上也是错误的。更有激进的批评者进一步将之与民国的"心理建设"联系在一起，认为此种虚饰的社会心理不利于训政之下的现代、健康的社会心理建设。此外，传统殡葬中某些"迷信"的举措，在一些批评者看来也会阻碍社会思想的发展。"因为人民智识上的不发达，把自然的因果规律，错解作宗教上偶像所产生的力量。如在丧时有和尚道士念经拜忏，葬时之相地停柩等等无主义的迷信举动，实足以阻滞人民思想的发展。"[②]

从经济层面对传统殡葬观念的批判，是最为集中的。下面这首《殡葬崇俭歌》，便表达了对传统厚葬观的不满：

（一）来也赤裸裸，去也赤裸裸，自由复自在，想还求什么。（二）棺材是囚笼，寿衣是镣锁，犯了什么法？虽死也难躲（三）我虽不怕死，只怕出孝子，孝子厚葬我，全家要饿死。（四）出丧给人看，无钱怎么办，驮债办丧事，办了已讨饭。（五）我今心已决，难免有协妥，未死先筹备，遗嘱不可缺。（六）几块薄皮板，凑个薄皮材，省钱而轻便，亲友可自抬。（七）穿我旧时衣，放进新棺材，当时葬下去，十元够哀哉。（八）中华四万万，年死一千万，每人省百元，便省十万万。（九）要想活的好，便须死的对。如果死要脸，难免活受罪。[③]

这首亦庄亦谐的殡葬歌，是从两个层面展开对厚葬的批判的。其一，从个人角度讲，由于传统重孝的虚饰性表现，厚葬会导致个人贫穷负债，造成生活的沉重负担。其二，从国家层面来看，若能崇尚节俭，减少殡葬支出，则对国家财富的积累也是极为有利的。非独如此，批判者认为，传统厚葬除了在殡葬中因讲求虚饰耗费大量钱

---

① 景藏：《丧葬制度》，《东方杂志》第17卷第8号，1920年，第4页。
② 蒋希益：《中国丧葬仪式研究》，《民众周报》第179期，1931年，第9页。
③ 《丧葬崇俭歌》，《兴华》第33卷第30期，1936年，第24页。

财，导致家庭、国家蒙受巨大损失之外，广建坟墓在经济层面也极为不合理。"一方面是虚靡太甚，每年消耗在迷信上几许，又如丧时损失不计，死人还要占了极大一块墓地，于耕作上当然不便利，生产物自然也减少了，以中国土地现状来说，坟墓占地已经很广了。再经若干时，中国不变成了坟中国吗？其危险孰甚？"①

关于坟墓在经济层面的危害，时人主要从以下两个方面来分析。其一，坟墓存在对社会的妨害。"坟墓对于社会之害，不外乎劳民伤财。盖人死既需棺木入殓，又必外加砖石，以为保持永久。计凡亲朋故友，必相率而送葬吊亡。即小康之家，恐难应付。且因有坟地纠葛，以致涉讼而倾家荡产者，比比皆是。其他当丧葬时，亦有欲炫耀乡里，铺张扬万者，适使盗贼生觊觎之心。于是掘坟劫物之事发现矣。一片孝亲之心，反致墓毁骨曝，其愚顽可笑又可怜。"其二，坟墓存在对农政的不利之处。"甲、坟墓侵占土地。以单位论固属无几，然积少即成多。试观宁路一带，两旁青冢垒垒，农田面积因此缩小。乙、散布杂草种子。因坟地无人樵采，则杂草丛生，居高临下，分散种子，最为利便。丙、窝藏野兽。犴狸、刺猬之属，常穴居于坟墓之内，俟瓜果成熟时，黑夜结队而窃食，妨害农田，实非浅鲜。丁、农田以内坟墓纵横，不易计算面积，一切农具不能运用自如，且管理亦不方便。"②

在社会心理与经济层面之外，妨碍公共卫生是批评者认为传统殡葬观念习俗需予革新的另一个理由。首先，针对人死后的停棺习俗，批评者认为："吾国一般人死之不即殓，或殓不速葬，无论保尸法如何周妥，制棺之术如何精良，谓其不无有碍卫生。"这里主要指人死后停在厅堂之中，不惟给生者造成一定的恐怖，且由于死者停放时间过长，会滋生病菌，容易使人患病。其次，是针对人死后的坟墓埋葬方式，因疏于管理，容易引发瘟疫。"至于一般墓葬，从无一定深度之限，荒丘败冢又乏负责整理之人，腐臭病菌流毒非浅，居民繁众之区，危害尤甚，其影响民众卫生，民族健康。"③至于更直白者则指出："一种秽气充塞道途，每当春夏，最易发生瘟疫，于公共卫生，实大有妨碍。"④

对传统殡葬观念的批判，还包括在其扰乱社会秩序、培养无用之职业等方面，在此不一一赘述。当然，多数批判者在对传统殡葬的种种弊端予以抨击后，也拿不出替

---

① 蒋希益：《中国丧葬仪式研究》，《民众周报》第179期，1931年，第9页。
② 唐孟友记《吴耕民先生讲"中国丧葬制度之弊端及其改良之意见"》，《一农半月刊》1925年第9期，第9、10页。
③ 崔德化：《革新丧葬之我见》，《无锡教育月刊》1936年第2期，第48页。
④ 蒋希益：《中国丧葬仪式研究》，《民众周报》第179期，1931年，第9页。

代传统的新办法，仅仅提出节俭办丧、减少排场等改良性建议，其中又以改良葬法作为解决问题的关键。"吾国应采火葬制，于通都大邑设立火葬场。"[①] 又如一位议者在论述取法东瀛的火葬有种种优长之处后，还特别提出深葬和特葬的概念，希以弥补传统土葬和浅葬的不足。

在葬法的讨论之外，一些地方也秉持新的殡葬理念，成立了新的殡葬协会组织。如 1933 年，河北省平乡县后李庄合作社就成立了殡葬合作组织，规定入社会员互相帮助，杜绝吃喝之风。"因旧俗遇有丧葬，既须备办酒席，招待来宾，又须忙碌多日，筹备殡仪，耗财费时，竟有因以破产失业者。会于四月二十八日，开第五次社员全体会时，议决组织丧葬联合会，订有章程。规定入会会员，以该社社员为限，遇有会员中有丧事者，即由全体会员代为抬埋，不许吃丧家一饭一菜，如故意不到者，罚洋二元，充作公共储金。五月十六日，该社司库王广训君，为母发丧时，即由众会员全体踊跃参加抬棺，至坟地将各事办妥时，仅在午未之间。事毕散去，各自回家吃饭，毫不叨扰。以后遇有会员有丧葬事时，即由王君承值，持牌指挥。一俟邀集会员办理完竣后，再将此牌交由丧家领去。"[②] 这个殡葬合作社的章程在民间社会的移风易俗中颇具代表性，兹录文如下：

> 第一条、定名。本会定名为平乡县后李庄殡葬联合会。第二条、宗旨。本会以殡葬互助为宗旨。第三条、组织。本会以后李庄信用合作社全体社员组织之。第四条、区域。本会以本村各社员家为义务范围区域。即以本合作社事务所为会址。第五条、资格。本会会员资格，以本合作社社员为合格。第六条、存立时期。本会以本合作社存立时期为标准。第七条、殡葬牌。本会制有轮流殡葬牌一块。殡葬之家，俟丧事毕，将此牌领去，以备会员遇有殡葬事时，持牌办理后，交由下家收存，依次类推。第八条、规约。本会会员遇有发丧之事，听凭执牌者指挥，不得延误，如开号令，故意不前者，罚洋二元，作公共储金。第九条、工作。本会会员到齐之时，点名毕，众会员进灵棚将棺抬上架子，俟亲族祭毕，抬起就走，至坟上将各事办完，各自回家，不能许吃丧家一饭一菜。第十条、施行。本章程自大会议决之日实行。[③]

---

[①] 唐孟友记《吴耕民先生讲"中国丧葬制度之弊端及其改良之意见"》，《一农半月刊》1925 年第 9 期，第 10 页。
[②] 《后李庄社改良丧葬》，《合作讯》1933 年 7 月，第 868 页。
[③] 《后李庄社改良丧葬》，《合作讯》1933 年 7 月，第 868 页。

从章程来看，平乡县后李庄的殡葬联合会打破了传统的一家一族的血亲殡葬观念，以村庄为单位成立互助组织，同时在操办过程中也摒弃了传统殡葬的宴请、厚葬之风，可视为乡村对传统殡葬观念批判和改良的实践典范。就整体而言，民国时期整个社会的殡葬观念是多元的，传统的力量在广大内陆乡村一直顽强地延续着，变化不多。新的观念逐渐兴起，首先的表现便是对传统殡葬观念的批判和适度地改良。

## 第二节　科学文明的殡葬观念

受晚清以来西方文明持续深入的影响，西方的殡葬观念逐渐为某些人群所接受，开始融入中国人日常的殡葬中，并混合为一种被标榜为文明殡葬的新理念。值得注意的是，正如民国社会文化的复杂多元一样，西方殡葬观念的进入、传播与接受，同样是多元的。某种程度上，受西式殡葬观念的影响而形成的新式殡葬理念，主要存在于沿海地区与大都市之中，这与农村和内陆传统殡葬观念为主流的状况，形成鲜明对照。

西式殡葬新观念，对于皈依基督教的中国信徒来说具有特别意义，中国信徒也促进了此种观念的传播。晚清以来，随着西方坚船利炮而来的传教士，在中国传教和兴办各种文化慈善事业。到了民国时期，西方基督教在中国已经拥有众多信徒。皈依上帝的中国信徒在殡葬观念和殡葬仪式上，由于受到宗教的强烈影响，完全接受了西式的殡葬观念，从而与中国本土的传统殡葬观念判然有别。

以1929年《李冠秋女士丧葬记》为例：

> 冠秋女士是镇江美以美会李春蕃教区主理之十女，年甫十四，品学兼优，性质和平，自四岁时即赴崇实女中幼稚园毕业，由幼稚园而升小学，再升初中，今已初中二年级，在校颇得师长与同学的欢心，在家尤得父母兄姐的喜悦。于本年四月二十七号身染热症，遂赴宝盖山妇幼医院就诊，虽经医生诸般诊治，然女士之病毫不见轻，不幸于五月二号早四点钟竟辞世归天。次日在崇实女校举行丧事礼拜，学校全体出席，女布道人员全体参加，至晚四时安葬于跑马山本会茔地。[①]

---

[①] 李锡章：《李冠秋女士殡葬记》，《兴华》第26卷第18期，1929年，第32页。

显然，这则发布在报刊上的殡葬纪略，无论是对死者的一生追述还是遣词用句，都与中式殡葬模式大不同，"归天"、"礼拜"、"布道"等殡葬用语也昭示着其强烈的西式基督教色彩。如果说李冠秋的殡葬记尚属简略记之，那么《郑扬秀太太丧葬哀志》则极其详细地将民国时代基督徒的殡葬过程展示了出来：

> 郑扬秀太太，生长于檀岛，后由广东至上海，为救主堂堂董者有年，为人忠诚爽直，见义勇为，促成全国中华圣公会妇女传道服务团之组织……奈以年逾古稀，积劳过度，患中风之症，竟于二月十八日大齐第一主日晨四时许，遽然长逝于沪寓，享年七十有二。救主堂朱葆元牧师等，为之举行入殓礼于万国殡仪馆，时在二月二十日下午三时。由朱牧师主礼，到参礼者约二百人。由桂德华女士演讲，述及郑太太之硕德遗范，实为女界所钦佩而足为追随者也。礼毕，参见遗容，较生前稍清瘦，眼镜已除去，头旁置彼素常翻阅之《圣经》一本，是则郑太太入殓时之大概。二月二十五日下午二时半起，即移柩至救主堂，举行丧事礼拜，到卜舫济会长等圣品十人，由朱葆元会长主礼，戴调侯会长讲经，引《哥林多前书》十五章五十八节为题，大意谓在民元代朱牧师时，得认识郑太太，兹特提出郑太太之三大美德：（一）郑太太自来沪上，即认救主堂为其本堂，并忠心事之，始终勿懈，为堂董者有年，倡设圣经班，已有二十年之历史。观乎有些信徒，今日在此堂礼拜，下一主日在其他教会礼拜堂礼拜，而终若无国之民，不肯认一母堂而忠于一堂者，当效郑太太之良模。（二）郑太太不特忠心于一堂，亦忠心于全国教会，其最显著之凭证，即促成全国妇女传道服务团，及踊跃为陕西传道费用及主教基金捐募。（三）郑太太不特忠心于大事，亦忠心于小事，惟其能忠于小，方能忠于大，尝为杨行新堂捐助圣餐器皿，泗桥礼拜堂募捐，无锡广东村之探望等等；各地教会受其惠者，不胜枚举也。礼拜时，共摄一影，以留纪念。礼毕，圣品亲友来宾，多随柩至谭家桥圣公会坟地安葬。戴牧所引之经文云："所以我亲爱的弟兄们，你们务要坚固，不可摇动，常常竭力多作主工，因为知道你们的劳苦，在主里面不是徒然的"。于郑太，此方验矣。①

在这则哀志中所出现的万国殡仪馆、参见遗容、摄影等，皆是民国时代受西式殡葬理念影响的新事物。宗教信徒之外，西式殡葬理念对非教徒的影响主要在沿海地区

---

① 《郑扬秀太太殡葬哀志》，《圣公会报》第27卷第6期，1934年，第17页。

和大都市圈，譬如上海、北京、天津、武汉等地，影响的人群也主要集中在市民以及较有经济实力和社会地位的趋新人士。而西式丧礼之所以对趋新人士别具吸引力，还主要与其所倡导的科学文明的现代话语直接相关。

自近代西方科学话语输入中国之后，特别是进入民国时期，科学成为评判社会风俗、日常习惯、价值观等的一个重要衡量标准。1902年，马相伯制定《震旦学院章程》，规定课程遵守"泰西国学功令"，分文学（literature）、质学（science）两科，并注明质学就是日本"科学"。"科学"的科目有：物理、化学、数学、植物学、动物学、地质学、舆图学、卫生学、图绘、乐歌、体操等。自此尔后，在学科分类上以自然科学为主体的学问被通称为"科学"逐渐流行开来。1915年新文化运动时期，科学与民主成为最响亮的口号。1923年前后，以张君劢与丁文江为首的两大阵营，就科学能否支配人生观掀起了一场科学与玄学的大论争。民国时期，中医经常遭人否定的一个理由便是其"不科学"。可以说，民国时期的科学话语成为进行诸多社会判断的"通识"，科学的生死观也成为人们对生死问题的新认识。

所谓科学的生死观，是指论者将对生与死现象的讨论纳入纯粹的科学范畴中。"生死于人大矣哉，如何生？如何死？死后如何？皆吾人所不易解决之问题，抑亦吾人所不可不竭力以谋解决之问题。敢就生物学上一言之。"[①]从生物学角度探讨人的生死问题，首先是不把人当"人"看，而是追溯人在生物学上的意义。有关生死的生物学科普文章，多会讲到生命和生物起源的问题。"近世有机化学长足进步，推究生物的起源，必由于无机物。任何生物体，都是由碳水化合物、脂肪、蛋白质三者组成。"[②]在明确生命的起源问题之后，进而会谈及细胞的生成、细胞组织的更替、种族的繁衍、物种的进化、自然界的优胜劣汰等近代经典的生物学知识，将生死的话题限制在科学的议题之下。

把人的生死问题放在自然界生物进化的过程中去理解，可以彰显话题的科学性。以1922年《学艺》杂志上署名胡步蟾的《生物学上的生死观》、1932年《回浦潮》上署名邵西镐的《生物学上的生死观》、1932年《大陆》杂志上一位署名朱洗的作者连续五期刊发《科学的生死观》长篇系列文章为例，大都用大幅笔墨谈及生物学意义上人的衰老，认为"衰老的来源有种种，或系细胞核与细胞质之间平衡破裂，或系分

---

① 胡步蟾：《生物学上的生死观》，《学艺》第4卷第1期，1922年，第1页。
② 邵西镐：《生物学上的生死观》，《回浦潮》1932年第11期，第19页。

子环合的动作，或系内中毒的结果"；[①]与衰老相对的是人的生长和发育，"相当的温度是生长发育不可少的一种条件，相当的化学品与物理机械的影响，能使生物细胞做合规则的繁殖（即是发育），或是不合规则的发育（赘瘤或痈疽）……"[②]再者是探讨人类的寿命问题，以及构成寿命长短的生物学原因。"寿命长短之学说虽如上述。然而无论如何，既云生物，莫不有死。宇宙间无不死之生物，则可断言。"[③]在分析枚举寿命长短的原因之后，这些坚持科学生死观的科普文章也指出死亡的必然性。

关于死亡，是科普文章最后经常集中论述的问题。"所谓死亡，是构成生物体的原形质停止活动，生活作用不复发现时，谓之死。"[④]在科学生死观看来，人的死亡与其他生物一样，是生物体停止活动。正因如此，人的死亡并不具有神秘性和独特性，同时也是必要的。"但就生物学上而言，偶然的死固属不幸，自然的死实为必要。"[⑤]既然人必有一死，同时也只是生物学意义上的现象，持科学生死观者认为，人面对死亡，一要认识它的唯物性，不要神化也不要相信死后有灵魂之说。相反，要对死亡抱持乐观和积极的心态，不要恐惧。最后，既然能够科学地看待死亡，就要在人生短暂的时间内做有意义的事情。

民国时期的科学生死观，除了从生物学的角度将生死问题以科学话语进行表述，并使之成为科学知识普及的一部分之外，还进一步主张用科学的态度指导人生，将科学泛化为一种近乎意识形态的指导原则。1923年，科学与玄学论战的起因即围绕着科学能否指导人生观而展开。以张君劢、梁启超等人为首的玄学派认为人生观是科学无法指导的，其中暗含着对于西方学术文化和理性的审慎态度。相反，以丁文江、胡适等人为首的科学派认为科学可以很好地指导人生观。当年4月，丁文江写了万言文章《科学与玄学》，大力提倡科学与人生观并无界限，在丁文江看来，心理学和认识论是证明"科学可以统一人生观"的两种利器。他说："我要引胡适之《五十年来世界之哲学》上的一句话来做一个结论。他说'我们观察我们这个时代的要求，不能不承认人类今日最大的责任与需要是把科学方法应用到人生问题上去'。"[⑥]科玄论战中科学派的观念，实际上就是将科学奉为指导一切的原则，甚至包括人生观。

---

[①] 朱洗：《科学的生死观（二）》，《大陆杂志》第2卷第4期，1933年，第99页。
[②] 朱洗：《科学的生死观（三）》，《大陆杂志》第2卷第5期，1933年，第138页。
[③] 胡步蟾：《生物学上的生死观》，《学艺》第4卷第1期，1922年，第10页。
[④] 邵西镐：《生物学上的生死观》，《回浦潮》1932年第11期，第30页。
[⑤] 邵西镐：《生物学上的生死观》，《回浦潮》1932年第11期，第32页。
[⑥] 丁文江：《科学与玄学》，丁守和主编《中国近代启蒙思潮》（中），社会科学文献出版社，1999，第550页。

对生死的科学认知，与生物学的普及、科学思潮的兴起有着极为密切的关系，实际上殡葬观念和礼俗的现代变革，也多与科学生死观有一定的关联。民国时期提倡火葬、反对迷信、主张一切殡葬从俭、注重卫生，其观念的形成与实践，正是建立在科学话语笼罩下的生死观观念之上。公墓、殡仪馆、火葬由此也在一定程度上成为科学文明的殡葬观念的代名词。

首先来看一下作为科学文明载体的现代公墓。公墓是近代中西文化交流中的舶来品。西方现代公墓的建立对近代中国人的殡葬观是一个巨大的冲击，一方面，中西双方在最初很难认同彼此的殡葬观念，西方人以科学、现代、卫生等诸多类似霸权式的殖民思维轻视华人的土葬、停棺、坟丘等殡葬方式，并指斥其为落后和不文明，而华人也很难接受不同的陌生人埋葬在一起、不回归故土以及火葬的方式。居于高势位的西方殡葬文明又的确具有整洁、卫生、优美的特点，迫使中国人不得不学习这种舶来之品。不仅如此，公墓的推广，打破了传统家族墓地的形式，冲击了传统的宗族和宗法制度，反映的是一种有别于传统农业社会的现代城市的生活方式。

这种科学文明的殡葬观念，在民国时期的媒介中多有介绍。比如，登载于1930年7月16日《宝山民众》上的一篇题为《公墓的好处》的文章，便将公墓所具有的科学性、文明性大力阐扬。《宝山民众》由宝山县通俗教育馆编辑、宝山县教育局发行。从其刊载的内容来看，显然是一份启发民智、推行国家政策的报纸。在这篇文章中，作者列举了现代公墓所具有的五大优点。

一是"省地"。作者指出田野里东也一个、西也一个"大大小小的坟山"，"触目皆是"。如果要估计起来，大约有十分之二三的土地"已给死人占了去"。坟山既不能种庄稼，还会将好的地方"弄得零零碎碎"，"不能作别的建筑"。如若由政府出面建设公墓，"一地方的人，死了都去葬在那里，每人只占数方尺的地皮，那不可以省筑许多坟山，省出许多地来呢？"

二是"省钱"。"行公葬，不必拣地皮，也不必筑高大的坟山，可以省下许多钱来做别的事。"

三是"好看"。传统的埋葬方式，不仅将地面弄得高高低低，很不好看，同时时间一长坟墓还容易杂草丛生，成为放牧的牧场。有的甚或被动物打洞，坍塌毁坏。而公墓则不然，规划得井然有序，"我曾经到有公墓的地方像南通等处去看，一望过去那许多小小的坟墩，密接在一起，十分整齐，真好得很！"此外，公墓中还栽植树木，甚是美观。作者慨叹："死而有知，葬在这种地方，真是称心适意啦。"

图1-1　海军将士公墓

资料来源:《海军公报》1936年第82期,第32页。

四是"平等"。推行公墓制度,能够消泯贫富等级的差别,"无论贫富贵贱,男女老幼,都葬在一起,很可以表示出平等的精神。"

五是"卫生"。公墓推行后,"无论什么人,都可以去葬,地面上不致有露天的棺材。死人的臭味,不会发散出来,可以不致酿发瘟疫,公墓在卫生上也有益处的。"

作者之所以写这篇文章,是因为有人在宝山县县政会议上提案推行公墓制度。这不免让其颇受触动,在字里行间可以看出作者对公墓制度已着意很久,因此撰述此文,"一方面希望行政当局实现这个案子,一方面希望大家来赞成这个案子"。[①]作者对公墓的观感反映了他的殡葬观念,而这种观念是明显有别于传统的。经济、整洁、平等、卫生,所有这些观念,显然是受到科学、文明等现代性话语熏染的结果。特别是文中提出的公墓具有的平等观念,更是对传统的殡葬等级观念的冲击,体现着民主的时代风气。总之,在对公墓的态度上,作者主张的无论家族、不分老幼、不分等级的埋葬方式,无疑代表着现代文明的发展方向。

再以殡仪馆为例。民国时期殡仪馆的东来和逐渐被中国民众所接受,同样也是这一科学文明殡葬观念的体现。殡仪馆的产生本身与工业化密不可分,一方面,工业革命以来造成城市化运动突进,大量人口屯集城市,其个体死亡后的处理问题已经不能遵循传统农业社会靠一家一户及亲朋好友襄助的方式来解决。同时,为了维持城市秩

---

① 熏风:《公墓的好处》,《宝山民众》1930年7月16日。

序整洁、高效运转，专门解决这一问题的现代机构和组织便应运而生，这便是殡仪馆。殡仪馆与城市化、工业化以及现代组织，有着天然的血缘关系。作为工业化时代的组织和带有工业化时代烙印的人文关怀，殡仪馆提供的是专业化的、有偿的服务。殡仪馆的业务包括接尸、整容、着衣、停柩、入殓及出售寿衣、骨灰盒等一系列可能的项目。围绕着殡仪馆为核心的殡葬观念，实际上是都市化、工业化的死亡控制和处理方式。

关于火葬，无论是原始图腾时期，还是魏晋隋唐佛教流行之际，抑或是宋元明清以来东南地狭人多的区域，都有火葬的发生。不过，相对于以农耕文明为基、以儒家文化为价值体系的传统土葬习俗，火葬一直处在边缘和被禁止的尴尬地位。究其原因，传统的农业社会，土地不仅是最为宝贵的生产资源，也是人们意识深处中的人生归宿之地。在以土地为核心的农耕文明地基上建立起来的儒家伦理价值观，更是将土地、血缘、宗法、孝道、生死观统一为一个整体。在此种情势下，火葬不仅违背儒家的身体观，破坏慎终追远的孝道传统，其焚烧尸体的"残酷"情景也不能为小农经济的平静心态所接受。不过到了民国时期，在西方卫生观、科学观和文明话语的裹挟和塑造下，火葬成了文明、卫生的代名词，火葬观也进而成为殡葬改良者津津乐道之议题。尽管在民国时期，火葬并未广泛流行，但在先进知识分子以及大城市民众中，其影响依然不可低估。总之，殡仪馆、公墓、火葬场三者联合形成的现代殡仪链条，从遗体的专业化服务包括运尸、整容到入殓、安葬、追悼，现代的、专业的殡葬设施、服务、技术，不仅整洁高效，而且也容易使逝者家属在一定程度上获得解脱，特别是一些关键的带有视觉冲击的场景也被技术遮蔽，使得整个殡葬过程相较传统殡葬更容易被接受。

民国时期主要流行于都市的科学文明的殡葬观念，还表现在其他一些方面。譬如在丧礼上，新式的文明丧礼缩短了丧礼时间，不再守三年之丧，而是改为二十七日。在整个殡葬期间的各种繁文缛节也大

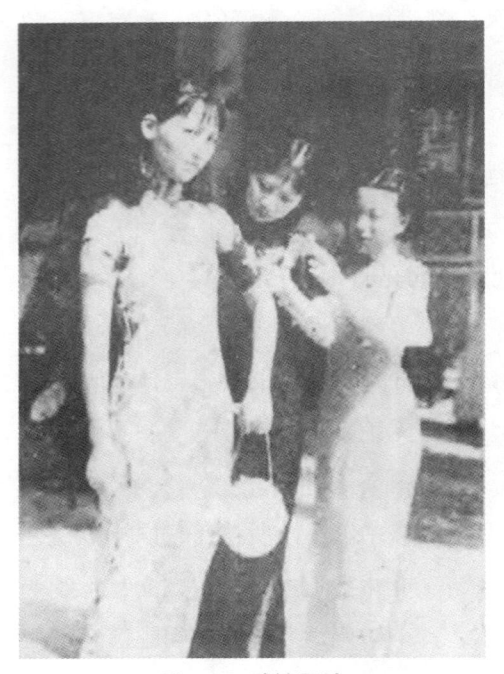

图1-2 臂缠黑纱

资料来源：《天津商业画报》第22卷第10期，1937年。

大简化，以适应于工业化时代的现代生活。在丧服上，以胸前佩戴白花、臂缠黑纱的简洁形式取代传统的斩衰、期功、缌麻之制，凡此不一而足。

## 第三节 指向阶级、国家与民族的殡葬观念

在中国传统文化中，"人固有一死，或重于泰山，或轻于鸿毛"、"舍生取义"、"杀身成仁"等生命观念，是儒家典型的实现生命价值的生死观。民国以来，由于处于内忧外患、民族危亡的关键时期，国内革命斗争风起云涌，民族解放运动更是如火如荼。在国内阶级斗争与民族解放战争的汹涌历史洪流中，各革命政党及受其影响的社会群体扮演了核心角色。由于受到西方现代政治以及政党自身意识形态的影响，传统的"舍生取义"、"杀身成仁"的生死观在时代的感召下得到了升华，无数革命先驱为现代中国的诞生而置生死于度外。为了纪念这些先辈、动员社会大众，国民党、共产党也制定了各种殡葬礼仪，从其政党的阶级属性和政党目标的角度诠释生命的意义和价值。于是，一种有别于传统的，具有浓厚的阶级性、政治性、民族性色彩的殡葬观念随之成型。

1905年，革命热血青年吴樾准备刺杀出洋考察宪政的五大臣。在此之前，他与皖人同乡陈独秀就谁去执行此次任务，曾有过一番争执。吴樾问陈独秀："舍一生拼与艰难缔造，孰为易？"陈答："自然是前者易，后者难。"吴樾说："然，则我为易，留其难者以待君。"①遂作易水之别，北上牺牲于帝都北京。1911年4月24日，即将参加广州起义的林觉民，写下了感人至深的《与妻书》，在信中他就自己即将赴死，写下如下的话：

> 吾至爱汝，即此爱汝一念，使吾勇于就死也。吾自遇汝以来，常愿天下有

**图1-3 林觉民烈士的遗像和遗笔**

资料来源：《小朋友》第333期，1928年，第1页。

---

① 转引自张湘炳《史海抔浪集——陈独秀并辛亥革命问题研究》，天津社会科学院出版社，1993，第176页。

情人都成眷属；然遍地腥云，满街狼犬，称心快意，几家能够？司马春衫，吾不能学太上之忘情也。语云：仁者"老吾老，以及人之老；幼吾幼，以及人之幼"。吾充吾爱汝之心，助天下人爱其所爱，所以敢先汝而死，不顾汝也。汝体吾此心，于啼泣之余，亦以天下人为念，当亦乐牺牲吾身与汝身之福利，为天下人谋永福也。汝其勿悲！①

吴樾"舍一生拼"刺杀五大臣而牺牲。林觉民"为天下人谋永福"毅然诀别至爱之妻，投身起义中，化为黄花岗七十二烈士忠魂之一。吴樾与林觉民的身份皆是革命党人，其慷慨赴死的理由皆是为了革命，革命最终造成的是中华民国的建立。事实上，自晚清至民国创建，有无数革命志士流血牺牲，他们秉持的是为革命而死的生死观。民国之后，由于革命仍然继续，战争不辍，这种以革命精神所标榜的生死观成为民国时期生死观中颇为特殊的一类。

应该说，革命生死观是清末民国之际的时代产物。以孙中山为首的革命党人，为推翻专制统治和建立民主共和的新式国家，必须不断奋斗并为之牺牲流血。民国肇建，推翻帝制的革命任务部分实现，但是彻底涤除专制、摆脱外来势力的控制等方面仍然任重道远。1925年，孙中山病逝前留下的遗嘱典型地反映了这种革命生死观：

余致力国民革命凡四十年，其目的在求中国之自由平等。积四十年之经验，深知欲达到此目的，必须唤起民众及联合世界上以平等待我之民族，共同奋斗。

现在革命尚未成功，凡我同志，务须依照余所著《建国方略》、《建国大纲》、《三民主义》及《第一次全国代表大会宣言》，继续努力，以求贯彻。最近主张召开国民会议及废除不平等条约，尤须于最短期间促其实现。是所至嘱！②

这份遗嘱的内容后来被概括为"革命尚未成功，同志仍需努力"，成了民国时期以革命为己任者生死观中一以贯之的观念，即人生的意义在于为中国自由平等而奋斗，为此革命任务可以牺牲生命。当时一份叫作《血路旬刊》的杂志发表了题为《革命者之生死观》的文章，其内容如下：

---

① 转引自郭延礼《中国近代文学发展史》第3卷，高等教育出版社，2001，第110页。
② 《总理遗嘱》，《孙中山全集》第11卷，中华书局，2011，第639~640页。

图1-4　黄花岗七十二烈士纪念碑晚景
资料来源：《天津商业画报》第22卷第10期，1937年。

我人生今日之世界，为革命之世界，可谓生得其时。

汤武革命，孔子且艳称之，彼不过帝王革命、英雄革命。而我则为人民革命、平民革命，乃前不及见后不再来之神圣事业。

先我而生者既不及见，后我而生者亦必深自恨晚，且不知若何羡慕。故今日之我其生也为革命而生，其死也为革命而死。我死得其所未有善于此时者。若此次革命乃必成之功业，又何惮而不为？又何死之可怕？人生百年终不免一死，死于牖下与死于疆场孰为荣誉？是在明生死之辩。故为革命而死者，为成仁为取义，非若庸庸碌碌之辈终日醉生梦死，无所表见。又非若匹夫匹妇之为，谅自经于沟渎，而莫之知也。

为国家效死重于泰山，我死则国生，我生则国死。生死之间在乎自择。以我人数十年必死之生命，立国家亿万年不死之根基，其价值之重可知。①

这篇文章对于革命生死观有一个相当富有层次而又清晰的概括。在文章的前两段，强调的是"为革命而生"。文章点出了民国是一个革命的时代，当此革命世界之际，为人民革命乃是生逢其时的伟大事业。文章的第三段强调的是"为革命而死"，死得其所，将个人的死亡与革命的意义连接起来，认为人终不免一死，但为革命而死的意义胜于庸碌之辈的醉生梦死。文章的最后一段，是将为革命而死上升为为国家而死，以民族国家的宏大意义来阐释为革命而死的最高境界。

---

① 《革命者之生死观》，《血路旬刊》第1卷第3期，1928年，第17页。

革命的生死观从为革命而死到为国家而死,将革命与国家的意义同一化,也是民国的时代要求。进入 1930 年代之后,随着日本侵华态势愈演愈烈,面对军人和有志之士,动员其为卫国守土尽责,传统的革命生死观又转化为为民族国家奉献生命。1937 年蒋介石发表庐山讲话号召全民族抗战之后,国民党上海市党部致电蒋介石表达抗战决心,其电文的副标题即是"与国同存亡"。

> 全市同胞公鉴:敌人方欲制我死命,国运已到危险境地,覆巢之下决无完卵,凡我同胞,在此国家存亡民族生死关头,皆应切实实行下列数项。一、人人以牺牲之决心,争取国家之自由民族之生存。二、人人准备以所有之资力物力,贡献于国家。三、人人准备以所有之知识技能,听候国家之征发调用。四、人人以悲壮之精神、镇静之态度,听候国家之指挥。五、扫除一切侥幸观念、自私心理、苟安习惯,视民族如家族、视国事如家事。六、确定我们国存与存、国亡与亡的人生观,确定我们生而辱不如死而荣的生死观。[①]

很显然,国民党上海党部表示抗战决心的电文,乃是民国革命生死观的延续和转化,只不过是因应时局,将为革命而死转化成为抗战保卫国家而死,其内在的观念并未发生变化。革命生死观,除了成为构建民族国家的重要一维之外,它也成为国葬、公葬、追悼会等公共和公开殡葬仪式能够实行的基础。

国葬,又称国丧,一般是指国家最高领导人去世后所举行的治丧活动。追溯其源,可以上溯至中国古代社会中君临天下的帝王及皇后逝后,所举行的最高规格的殡葬活动。现代国葬观念有别于传统的皇权政治文化中的国丧,更多传达的是国家对于有特殊功勋的公民的一种象征性表彰和褒扬。

1916 年 10 月、11 月,湖南籍的黄兴、蔡锷两人先后病逝于上海和日本。黄兴是缔造中华民国的功臣之一,其历史地位自不必详说。蔡锷则是 1915 年护国运动的发起者,享有"再造共和"的美誉。从两人逝世后的政治环境来看,正值中华民国摆脱帝制重归共和之时。为了表彰于共和有殊功的两位革命元勋,国会决定仿照日本模式,以隆重的国葬礼安葬黄、蔡二人。1916 年 12 月 18 日,北洋政府公布了民国也是中国历史上第一部《国葬法》。

---

[①]《市党部电蒋委员长表示沪民众抗敌决心》,《申报》1937 年 7 月 21 日。

从《国葬法》的内容来看，符合国葬条件的逝者必须是"有殊勋于国家者"。按照这个要求，黄、蔡二人当之无愧。对于国家有着特殊贡献者，即使"已经私葬"，"亦得依前项之规定，补行国葬典礼"。①这表明国葬并非仅仅是对逝者即行安葬的实态，更是一种政治荣誉，具有极强的象征意义和仪式性色彩。《国葬法》的其余条款则具体规定了国葬的程序、规格和实施方法。

图1-5　岳麓山上的黄兴墓（左）、蔡锷墓（右）

资料来源：王福鑫著《湖南墓园文化》，湖南人民出版社，第436、444页。

正是依据这部《国葬法》，黄兴与蔡锷于1917年先后被安葬于湖南岳麓山。黄、蔡二人之后，享受国葬待遇的便是孙中山。1925年3月12日，孙中山于北上商议国是期间病逝北京。作为中华民国的主要缔造者、前任大总统以及当世最具盛名的政治活动家，孙中山无疑可以享受国葬的待遇。按《国葬法》应由"大总统咨请国会同意或国会之议决"，但当时正式国会事实上已经解散，政治上呈现的是南北对立的局面。孙中山的国葬待遇由谁授予成了一个大问题。南方国民党人不愿意北京段祺瑞执政府授予孙中山国葬的名义。因此，围绕孙中山的国葬问题，又有人提出了由国民党人操办"党葬"。上海《申报》的一篇文章称："如欲举行国葬，则当由未来之正式政府举行，否则当由民党举行党葬。"②值得注意的是，孙中山作为著名的政治人物，其死后哀荣具有极强的政治文化意义。但其作为个人，也有从属于家庭的一面。就在国民党

---

① 《国葬黄蔡与国葬法案》，《申报》1916年11月25日。
② 《孙中山之身后问题》，《申报》1925年3月16日。

为孙中山操办党葬、国葬之前，其亲属则主张为孙中山在协和医院举行基督教葬礼。尽管这一私人性的葬礼遭到不少反对声，最后还是如期举行了。孙中山的葬礼可谓是集国葬、党葬、基督教葬礼于一身，体现了民国社会文化的多元性以及政治公开属性与私人宗教情怀的统一。

1930年9月，南京国民政府颁布第二部《国葬法》，以取代北洋政府时期的《国葬法》。从南京政府的《国葬法》来看，其与北洋时期并无太多不同之处，只是具体的表述稍有差异。比如，北洋政府《国葬法》的制定秉持的是三权分立原则，在决定是否应为某人举行国葬时，由国会定夺。而南京政府的《国葬法》则改为由国务会议（后改为行政院会议）决定，体现的是国民党训政下的一党治国原则。从南京国民政府统治后期享有国葬待遇的人士名单来看，基本是国民党党员。

第二部《国葬法》的出台，与时任国民政府行政院院长谭延闿的逝世有极大关系。1930年9月22日，谭延闿病逝。国民政府决定为谭延闿举行国葬，并由立法院通过了第二部《国葬法》。当时的报刊极为详尽地报道了谭延闿的国葬过程：

> 国民政府行政院院长谭延闿于九月二十二日因病逝世，政府以其为党国柱石，著有殊勋，特颁明令予以国葬。派行政院副院长宋子文、内政部长钮永建等六人，为国葬典礼委员，董理其事。并令财政部拨发治丧费用，一切典礼，务极隆崇。本月十七日，自成贤街谭宅移灵第一公园。是日上午九时，蒋主席与各中央委员、国府委员、各院部会长官职员，及各省市各团体代表，均前往执绋，沿途有各机关扎搭之素彩牌楼，共三十余座。本处全体代表及职员，亦前往执绋，并建素彩牌楼一座，上书"功在党国，惠敷边陲"八字，路旁观者如堵，素车白马，万人空巷。是日南京各机关团体学校以及各商店住户，均下半旗志哀，十八、十九、二十三日为公祭日期，与祭者极夥，灵堂设备庄严伟大，极尽生荣死哀之致。至于墓地已由国务会议决定在紫金山之马腰峰下，即总理陵之迤东地方云。①

从国葬典礼委员会、财政部拨发治丧费用到移灵公园、各政府机关成员参与埋葬紫金山，整个国葬过程充分体现出党国对于个人政治意义的认定。据统计，整个民

---

① 《谭院长丧葬消息汇志》，《蒙古旬刊》1930年第3期，第22页。

国时期享受国葬者约为30人，其中还有李仲麟、林修梅、程璧光、廖仲恺、卢师谛、黎元洪、段祺瑞、胡汉民、邵元冲、朱培德、唐继尧、刘湘、谢持、林森、蔡元培、张自忠、柏文蔚、陈其美、张继、郝梦龄、李家钰、覃振、戴季陶等。从这个名单上看，在严格意义上达不到国葬规格者亦有之。可见，何人可以享受国葬本身并没有一个严格的标准，而是与当政者的喜好及其所处的政治文化环境有关。

公葬在规格上低于国葬，但也是一种有别于私人、面向社会的殡葬方式。一般而言，享受公葬者或曾担任显要公职，或为社会文化领域的杰出人物。其逝世之后由所在单位、团体或社会群体发起治丧运动。民国时期诸多政界要人、文化名人的葬礼，多举行公葬。如1936年鲁迅先生逝世，其葬礼即由蔡元培、宋庆龄、沈钧儒等人组成治丧委员会，社会各界团体纷纷参与其中。当年10月19日10时，鲁迅遗体由大陆新村的家宅被移至上海万国殡仪馆，殡仪馆的吊唁大厅、走廊，挂满了挽联和挽幛。在为期三天的时间里，吊唁和瞻仰仪容者有近万人。10月22日，大殓之后由万国殡仪馆安葬在万国公墓。出殡队伍前导乃是画家司徒乔所画巨幅鲁迅像，两名青年手持"鲁迅先生殡仪"横幅，巴金、萧军等青年作家抬棺扶灵柩，灵柩车上覆盖一面由沈钧儒所书的"民族魂"白绸大旗。在灵柩车所经过之处，数千人自发或临时加入送葬队伍，并且佩戴黑纱白花，低唱挽歌。安葬仪式由蔡元培主持，各界人士纷纷讲话以为纪念。可以说，鲁迅的公葬典礼，不仅仅是对逝者进行安葬并表达崇敬之意，其本身已经成为当时上海文化界一桩具有象征意义的重要事件。数十年之后，这场盛大葬礼的余响，依然在以各种方式萦绕于当下。

再来看一个民国时期较为普通的政界人物的公葬。1941年，国民党浙江省党部监察委员顾佑民病逝于宣平。为了表彰顾氏尽瘁于党国事业，浙江省党部决定在宣平县对顾氏实行公葬。当时浙江国民党党报对这一公葬过程做了全程的报道：

> 本党部监察委员顾佑民氏，积劳成疾，于九月七日晚病逝宣平。省党部接电后，特派吴科长前往治丧，于九日大殓。顾委员致身革命数十年，对于农民运动，尤为努力，逝世后各方纷纷向遗属电唁，宣平各界举行公祭，以示崇敬，各节分志于后。①

---

① 本段及以下几段，见《监察委员顾佑民病逝宣平》，《党员知识》1941年11月号，第25~26页。

在对顾佑民实行公葬、公祭进行报道后，党报依次介绍了公祭、出殡、电唁的葬礼过程。首先是公祭：

九月十一日，宣平全县乡镇长集中城区，至顾氏寓所，举行公祭。十五日全县党政军教农工商各界联合公祭，地点在北门内中山台广场，到各机关团体学校代表及民众千余人，由县长叶家龙，率党部书记长王镇球，国民兵团副团长王一德主祭，礼节至为隆重。

其次是出殡：

顾氏遗柩，决定暂留宣平城外寺院，准备日后返运回原籍葬入祖坟。省党部并拟于短期间内举行追悼会，并发讣告。九月十五日晨，自寓所移柩至城外，由省执行委员会代表吴一飞，省监察委员会代表郑可琛，省党部同人家属代表周树莲，宣平县党部代表徐杰等四人扶柩，宣平党政军教及团体代表及各校学生数千人，执绋随送，颇极哀荣。

再者是电唁：

各方唁电颇多，兹择录数通于下：（一）中央监察委员会秘书处云，佑民同志致力党务有余，卓著勋劳，中央正殷倚畀，遽闻溘逝，怆悼良深，特此电唁，而望节哀。（二）省党部李主任委员及全体执监委员及秘书科长主任云，定电惊悉顾委员七日逝世，自闻凶讳，悼心失图，除派吴科长来宣治丧外，特电致唁，冀节哀思。（三）浙江省党部浙西办事处主任金越光云，佑民兄硕学宏才，献身革命，三十岁勤劳，功在党国，忽闻噩耗，弥深哀悼，除电省优恤外，特电奉唁，务祈节哀，并请礼安。（四）省政府黄主席李秘书长云，惊闻噩耗，怅望云天，同伸唁悼。（五）省政府浙西行署主任贺扬灵云，特电慰唁，至希节哀。（六）周仰松云，在旅程中惊悉佑公病逝，怨悼莫名，俟于诸旧友筹商一切未宣后外，谨先电唁。（七）朱惠清云，佑民兄尽瘁党务，勋献卓著，方期领导同志继续前进，遽闻凋谢，曷胜痛悼，特电吊唁。（八）吴志道云，佑公党国先进，劳苦功高，据返道山，不胜怨悼，专诚电唁。

综合以上公葬诸程式来看，对顾佑民一生的评价，实与其生前所致力的事业密不可分。通过公葬的组织者、参与人员以及公葬唁电的发出者，可以判定顾氏一生事业的重心当在为国民党党部而鞠躬尽瘁。他所获得的政治意义和公开的人生价值也在于此。这种意义和价值，通过公祭的过程淋漓尽致地展现了出来。鲁迅为文化巨子，顾佑民为浙江省党部重要成员，两者死后分别由各自团体依据其一生的意义和价值进行公葬，肯定其成就的同时也向社会传达出公共的政治文化意义。

民国时期尚有另一种政治现象，即五四运动开启的现代广场政治。五四之后，以学生、工人、商人等城市市民为主体的广场政治运动持续不断，譬如三一八惨案、五卅运动、"一二·九"运动等。由于这种广场政治运动具有突发性、群体性和易变性等特征，因此常常会导致流血冲突甚或是人员伤亡。以五卅运动为例，五卅惨案造成了顾正红等数十人的死亡。在运动之前，这些烈士分属学生、工人、商贩等不同社会群体。而由于这场政治运动，他们获得了一个共同的身份——五卅烈士，具有了强烈的政治文化意义。在某种意义上，这些死难烈士的安葬，也成为这场政治运动的一部分。五卅惨案之后，上海学工商各界成立了五卅烈士殡葬筹备处，对其进行了公葬：

> 本埠商学工三界因五卅被难诸烈士至今停棺未葬，惨案虽尚紧悬，灵柩亟须安土。爰由各马路商界联合会、全国学生总会、上海学生联合会工人代表会，各派代表二人，组织五卅烈士丧葬筹备处。办公处在吕班H十六号，业已开始办公。计主任林钧，文书蔡鸿幹、刘重民，交际王汉良、刘荣简，会计俞国珍，干事何寅、李瑞清。筹备期间为三个月，各职员分头接洽墓地及建筑工程，并定本月三十日烈士半周纪念，开会追悼云。①

1926年3月，五卅烈士殡葬筹备处将墓地择定于闸北方家木桥北首。1927年10月10日墓园初步建成，1928年5月30日五卅运动三周年之际公墓举行落成典礼。五卅烈士的公葬、公祭以及入葬公墓，遂成为五卅运动史的一部分，也成为后来凭吊者纪念和反复追述的历史记忆的一部分。

由于受到五四新文化运动的洗礼，共产党人的生死观也有着民国时期科学、卫生观念的鲜明印记，并以唯物主义的无神论来看待自然的生死，视死亡为必然的客观进

---

① 《五卅烈士丧葬开始筹备》，《申报》1925年6月11日。

程，进而在殡葬观念上支持简化、节俭的文明殡葬观。另外，共产党人为了中华民族的独立与解放上下求索，前仆后继，其革命的生死观更加具有指向阶级、民族和国家的文化特征。

1928年，共产党人夏明翰在白色恐怖中被捕，临刑就义前，他写下了四句就义诗："砍头不要紧，只要主义真。杀了夏明翰，还有后来人。"[①]这首流传颇广的绝命诗典型地反映了共产党人对生死的看法，即可以为"主义"而牺牲生命。此处的"主义"是指共产党人所信奉的消灭阶级压迫的共产主义。1939年，来华支援中国人抗日的加拿大籍共产党员白求恩因病逝世，中国共产党中央委员会在悼念的电文中称：

> 我全党同志，全国同胞，须知白求恩大夫实伟大的英国民族之光荣代表，英国民族的统治者是帝国主义的资产阶级，但这是少数人，英国民族之光荣的代表者，实是英国无产阶级与加拿大无产阶级及其领袖，英国共产党与加拿大共产党。而白求恩同志正是加拿大共产党派遣来华参加抗战的第一人，白求恩同志的这种国际主义精神，值得中国共产党全体党员的学习，值得中华民国全体人民的尊敬。[②]

这封悼念的电文传达出共产党人对于白求恩之死的意义解读。首先，肯定白求恩之死超越了普通的自然生命的终结，具有光荣伟大的意义。这种光荣与伟大是因为他是无产阶级的一员，所做的事情乃至生命的逝去是为了人民的抗战事业。再者，是将白求恩之死赋予了"国际主义精神"。毛泽东在《纪念白求恩》这篇名文中，也阐明了"国际主义"与"人民"的生死观："现在大家纪念他，可见他的精神感人之深。我们大家要学习他毫无自私自利之心的精神。从这点出发，就可以变为大有利于人民的人。一个人能力有大小，但只要有这点精神，就是一个高尚的人，一个纯粹的人，一个有道德的人，一个脱离了低级趣味的人，一个有益于人民的人。"[③]1944年，在为纪念张思德而撰写的《为人民服务》一文中，毛泽东进一步将共产党人的人民生死观进行阐释："人总是要死的，但死的意义有不同……为人民利益而死，就比泰山还重；替法西斯卖力，替剥削人民和压迫人民的人去死，就比鸿毛还轻。张思德同志是为人

---

① 胡雅各主编《中国革命史参考资料》，西北工业大学出版社，1990，第146页。
② 《中国共产党中央委员会电悼白求恩大夫》，《解放》第91~92期，1939年，第8页。
③ 《纪念白求恩》，《毛泽东选集》，人民出版社，1991，第660页。该文最初发表时名为《学习白求恩》。

民利益而死的，他的死是比泰山还要重的。"[①]为人民而死，死得其所的生死观成为共产党人对于生死看法的经典表达。

## 小　结

就民国时期的殡葬观念而言，其与民国社会文化的特色密不可分。抑或可以说，民国时期的殡葬观念本身即构成了民国社会文化的一部分。首先，民国社会多元化的特征反映在殡葬观念上，是多种殡葬观念并行，既有广大乡村内陆对传统殡葬观念的坚持，也有基督教徒对西式殡葬观念的遵循，更有受西式观念影响而兴起的科学文明的殡葬观念。火葬、殡仪馆、公墓、国葬、公葬在民国社会渐次推广和被接受，便体现出了殡葬领域的现代性转向。其次，民国社会处在国内革命斗争此起彼伏、民族解放战争如火如荼的特殊历史时期，在政党政治及其意识形态的影响下，指向阶级、政治和国家的殡葬观念逐渐形成。这种观念从根本上讲，即是现代民族国家与现代政治建设过程中的一种典型表现。

---

[①]《为人民服务》,《毛泽东选集》第 3 卷，第 1003 页。

# 第二章
# 殡葬制度

民国时期的殡葬制度，一方面极大地继承了中国传统丧礼的诸多部分，有着不变的一面；另一方面，由于受到自晚清以来西方文化的强力冲击以及逐步迈入现代生活的现实情势，这一时期的殡葬制度又呈现出诸多革新的气象，比如强调废除等级制、反对迷信、力倡节俭、实施国葬等诸多方面。民国政府制定的丧葬礼制，与民众根据自身生活环境而约定俗成的丧葬习俗，相互影响，彼此渗透，最终构成了这一时期独特的丧葬礼俗。民国时期殡葬制度的传承和变革，只有结合民间习俗和社会现实的变迁去理解，才能有更为深刻的认识。民国时期的政治变化频仍，自中华民国创立到南京国民政府时期，再到八年抗战直至1949年中华人民共和国成立，政局一直处在变化动荡之中。因此，民国政府的殡葬礼制，部分得到了贯彻实施，但也有相当部分并没有进入实施层面，因此产生的社会影响需予谨慎评估。

## 第一节 《礼制》、《服制》中的殡葬条款

1912年，中华民国临时中央政府在南京成立，孙中山就任临时大总统。民国肇始，以共和取代传统的皇权政治，万象更新而又百废待兴。摆在新生的民国政府面前的任务，首先是一系列有关国家仪轨象征的制定。比如，改用公历纪元、民国纪年以及推行阳历，取代前清王朝的干支纪年、帝王年号纪年与阴历等，以示大同，合乎世界潮流。除此之外，便是礼制与服制的制定，成为民国开国元年的大事。

传统的皇权政治文化中，改朝换代需要"改正朔，易服色"。民国新创，颁行何种礼制以指导国民日常的生活行为规范，使民众认同民国共和的理念同样是一件大

事。"民间昏丧宾祭之事必待礼制而后可行者，不能以军旅未息，一切屏绝而不为也。为焉而无所依据，则手足不知所措矣，民俗于是不安，民志于是不定，此可危之甚者也。"① 有鉴于此，建国伊始，便开始了《礼制》的制定工作。时人沈彭年认为："今日所最重要者，在立民国礼制之标识，期合于平等之主义而已。凡旧时规制为民国所必不当有者，则标明而废止之。民国所当有而其事又简单易行者，则特规定之。"② 换言之，民国礼制的制定应当体现民国的特质。

1912年8月17日，经过临时参议院数月的讨论，北洋政府颁布了民国第一部《礼制》，共两章7条，内容如下：

第一章　男子礼

第一条　男子礼制为脱帽鞠躬。

第二条　庆典、祀典、婚礼、丧典、聘问为脱帽三鞠躬。

第三条　公宴、公礼及寻常庆吊、交际、宴会用脱帽一鞠躬礼。

第四条　寻常相见用脱帽礼。

第五条　军人警察有特别规定者不适用本制。

第二章　女子礼

第六条　女子礼适用第二条、第三条之规定，但不脱帽，寻常相见用一鞠躬礼。

第七条　本制自公布日施行。③

从这部《礼制》的内容来看，其最大的特色有如下几处：一是在制定民国礼制纲要的时候，将男女的差别考虑进礼制的方案之中，分为男子礼与女子礼。二是从总的原则上废除了前清礼制中"跪拜"等反映等级制度的不合时宜的礼仪规范，代之以"脱帽鞠躬"这种简易、现代的礼制方式。三是在第二条中规定了男子在丧典中所行之礼是脱帽三鞠躬，而女子亦行三鞠躬之礼。寥寥数语，开启了民国政府制定丧葬礼仪与法规的序幕。

在《礼制》紧锣密鼓制定的同时，甫一进入民国的人们对于在各种场合着何种冠服较为茫然。早在1912年1月，有时人就政府行政人员与外宾交接时该穿什么样的

---

① 《请临时政府宜速订暂行礼制》，《申报》1912年3月21日。
② 《请临时政府宜速订暂行礼制》，《申报》1912年3月21日。
③ 《申报》1912年8月19日。

衣服问题，表达了制定《服制》的必要性。"商务总长王君上沪军都督书云，中央政府成立而冠服尚无定制，现担任行政职务者与外宾交接，仅服旧时便章殊不庄重。拟请转陈大总统早日宣布，凡须与外宾晋接者之冠服，期于中外一律，以表大同。如遇庆贺典礼或不须晋接外宾者，仍用绸缎冠服，亦须规定制度，庶昭郑重。"[1]鉴于社会的呼声和现实需要，民国政府开始制定有关冠服制度的法令。

1912 年 10 月 3 日，同样经过参议院数月讨论的《服制》方案，由临时大总统袁世凯向社会各界公布。该方案共有 3 章 12 条，兹录内容如下[2]：

### 第一章　男子礼服

第一条　男子礼服分为大礼服、常礼服二种。

第二条　大礼服式如第一图，料用本国丝织品，色用黑。

第三条　常礼服分二种。（一）甲种式如第二图，料用本国丝织品或棉织品或麻织品，色用黑。（二）乙种褂袍式如第三图。

第四条　凡遇丧礼，应服第二第三条礼服时，于左腕围以黑纱。

第五条　男子礼帽分为大礼帽、常礼帽二种。（一）大礼帽式如第四图，料用本国丝织品，色用黑。（二）常礼帽式如第五图，料用本国丝织品或毛织品，色用黑。

第六条　礼靴分二种。（一）甲种式如第六图，色用黑，服大礼服及甲种常礼服时均用之。（二）乙种式如第七图，色用黑，服乙种常礼服时用之。

第七条　学生、军人、警察、法官及其他官吏之制服，有特别规定者不适用本制。

第八条　有公职者于应服礼服时，不适用第三条第二款及第六条第二款之规定。

### 第二章　女子礼服

第九条　女子礼服式如第八图，周身得加绣饰。

第十条　凡遇丧礼，应服前条礼服时胸际缀以黑纱结。

### 第三章　附则

第十一条　关于大礼服及常礼服之用料，如本国有相当之毛织品时得适用之。

第十二条　本制自公布日施行此令。

---

[1]《请定冠服制度》，《申报》1912 年 1 月 19 日。
[2]《新制酬世大全》，广益书局编印，1936，第 12～15 页。

## 附　图

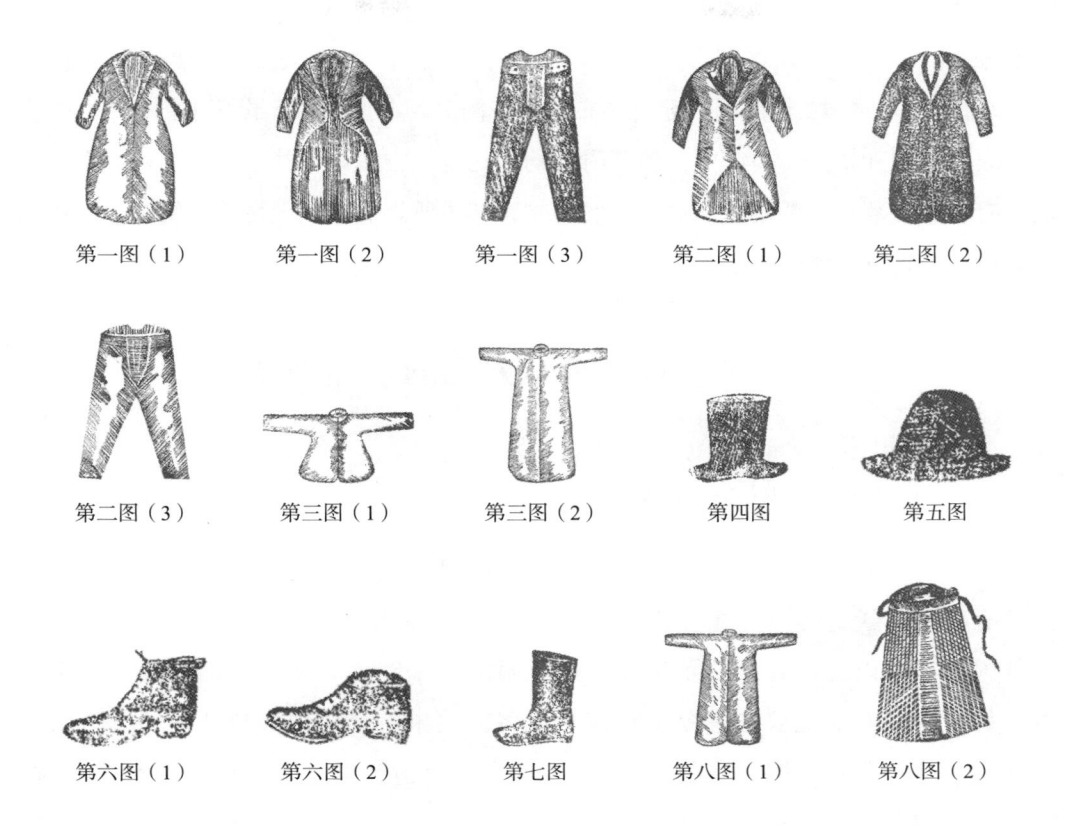

第一图（1）　　第一图（2）　　第一图（3）　　第二图（1）　　第二图（2）

第二图（3）　　第三图（1）　　第三图（2）　　第四图　　第五图

第六图（1）　　第六图（2）　　第七图　　第八图（1）　　第八图（2）

1912年的民国《服制》从其内容来看，与传统的服制有较大区别。首先，废除了等级制度，体现国民人人平等的精神。传统服饰的式样、色调与质地皆有严格的等级限制，平民与官吏、贵族之间在穿衣戴帽上有着等级分明和尊卑有别的区分。这部《服制》开创了官民可同服的新风尚，所规定的男女礼服、常服适用于全体国民。其次，体现了民国过渡时代的特征，中西服式混合杂糅，新旧并行。在常礼服中，既可以选择西式的着装，也可以穿长袍马褂为代表的中式衣着。不过，在大礼服的选择上，则是第一次以官方法令的形式将西式服装定为礼服，显示了西风东渐在民国社会的影响。再者，是对服装原料需本国生产的强调。事实上，在《服制》制定过程中，对于应该采用何种原料，曾经在参议院内部引起巨大争议，各方辩论的结果是以维持国货、振兴民族经济为宗旨，故于服装原料一再强调使用本国丝织品与棉纺织品。最后，这部新的《服制》在总的原则上规定了丧礼之时所穿礼服，男子"于左腕围以黑纱"，女子于"胸际缀以黑纱结"。如严昌洪所言："这一规定在实际生活中既改变了向吊客散'孝帕'或白布的风俗，又冲击着斩齐缌麻之丧服制度。"[1]臂缠黑纱与胸戴黑纱结（后来改为白花），后来成为社会流行的丧礼服饰，直至今天。

总体而言，1912年民国初建时颁布的《礼制》与《服制》，虽然并非专门针对丧葬的政府法规和条令，但其中涉及新时代的丧礼行礼方式和丧礼冠服，故可以看作民国所有有关丧葬法令的滥觞。更为重要的是，其中所贯彻的民国特质和精神，也影响到此后具体丧葬法令的制定。

## 第二节 社会公众人物的殡葬制度

### 一 《国葬法》及相关法规细则

1916年10月、11月，湖南籍的黄兴、蔡锷两人先后病逝于上海和日本。北洋政府决定以隆重的国葬礼安葬黄、蔡二人。"查东西各国对于有功国家之人均得予以国葬，所以表彰先哲昭示来兹，虽隆报之仪繁略不无或异，而旌扬之意中外本属从同。拟遵从优议恤之令请将前黄上将前蔡中将隆以国葬典礼。"具体而言，国葬黄、蔡主要是仿照日本的模式，"查日本公爵伊藤博文及有栖川宫行国葬时，欧美各国均派代表，东京及各县均同时行遥拜礼。盖国葬与私葬不同者，私葬时与祭者必至灵右，国葬不然，不过国家对于死者行一种奠礼而已，固不问其灵在何处也"。[2]

在北洋政府模仿日本国葬伊藤博文，参考英国安葬其君主及诗人、法国公葬其大文豪的先例，准备国葬黄、蔡的同时，"又闻国会议员张善与等咋亦提出国葬法案，其案要旨凡得享国葬典礼必两项资格：一为有大勋劳于国家经国会议决者。二为对外战死者"。[3]经国会近一个月的讨论，《国葬法》于1916年12月18日公布，内容如下：

> 第一条 中华民国人民有殊勋于国家者，身故后经大总统咨请国会同意或国会之议决，准予举行国葬典礼。

---

[1] 严昌洪：《民国时期丧葬礼俗的改革与演变》，《近代史研究》1998年第5期。
[2] 《国葬黄蔡与国葬法案》，《申报》1916年11月25日。
[3] 《国葬黄蔡与国葬法案》，《申报》1916年11月25日。

已经私葬者，亦得依前项之规定补行国葬典礼。
第二条　国葬经费五千元，由国库支出。
第三条　国葬墓地，由国家于首都择定相当地址，建筑公墓，或由死者遗族自行择定茔地安葬，均由国家建立碑铭，以表彰之。
第四条　关于葬仪及修墓一切事宜，由内务部派员办理。
第五条　予国葬典礼者，由大总统亲自或派员致祭。
第六条　举行国葬之日，所在地之官吏均往与祭，同时全国官署及公共团体均下半旗，设位遥祭。
第七条　殡葬时，所在地及经过地方之官署及公共团体均下半旗，并由国家派遣军队军乐护送。
第八条　本法自公布日施行。[①]

北洋政府公布的《国葬法》共有8条，开篇第一条规定了国葬资格，符合国葬条件的逝者是"有殊勋于国家者"，并不见得是国家最高领导人。其次，法案规定提请国葬的程序，或由大总统提议经国会同意，或者由国会直接议决通过。该法案中"已经私葬者，亦得依前项之规定，补行国葬典礼"的条款，说明国葬并非仅仅是对逝者即行安葬的实态，更是一种政治荣誉，具有极强的象征意义和仪式色彩。这实际上表明了国葬与私葬本质的不同，私葬是为了使死者确实安葬，同时寄托家人友朋的哀思，而国葬是一种隆重的国家纪念仪式，这是民国之前所未曾有过的。

1927年，南方的国民革命军通过北伐，推翻了北洋势力的统治，在南京建立了新的国民政府。1930年10月7日，国民政府发布第二部《国葬法》，1916年北洋政府的《国葬法》被废止。新的法案内容如下：

第一条　中华民国国民有殊勋于国家者，身故后依本法之规定举行国葬。
第二条　国葬之举行由国民政府国务会议决定之。
第三条　国葬经费经国民政府国务会议议决由国库支出之。
第四条　依本法第二条之规定决定，举行国葬时由国民政府派员组织国葬典礼办事处，筹办国葬事宜。

---

[①]《政府公报》第345号，1916年12月19日。

第五条　国葬之仪式由国民政府以命令定之。

第六条　国葬举行之日，凡公务人员均须臂缠黑纱，全国停止娱乐，各机关各团体及商店民居均下半旗以志哀悼。

第七条　本法自公布日实行。①

第一位按照1930年《国葬法》安葬的民国政要是谭延闿。谭延闿于1930年9月22日去世，为其准备国葬的同时，第二部《国葬法》也随之由南京立法院通过。

自1930年推出至1949年间，《国葬法》又经过四次修订。1936年7月13日第一次修正公布，彼时正值著名学者章炳麟逝世。"国府九日令。宿儒章炳麟，性行耿介，学问渊通，早岁以文字提倡民族革命，身遭幽繁，义无屈挠……应即依照国葬法特予国葬，生平事迹存备宣付史馆，用示国家崇礼耆宿之至意。"② 1937年4月23日再次修正公布，两次修订更改的内容主要在如下两方面：一是在第一条何人适用于国葬时，其表述修改为："中华民国国民有特殊勋劳或伟大贡献，足以增进国家地位、民族光荣或人类福利者，身故后得依本法之规定，举行国葬。"二是规定为举行国葬应设立国葬墓园，除特殊情形外，国葬均应葬于国葬墓园。1947年12月5日《国葬法》第三次修正公布，规定国葬墓园内应立祭堂，于每年植树节日，由政府派员致祭。1948年11月26日第四次修正公布，将"国民政府"均依法改为"总统"，派员致祭日改为每年民族扫墓节日，其余大致同前。1948年最后一次修订的《国葬法》共12条，内容如下：

第一条　中华民国国民有特殊勋劳或伟大贡献，足以增进国家地位、民族光荣或人类福利者，身故后得依本法之规定，举行国葬。

第二条　国葬应经行政院会议以全体委员无记名投票过半数以上同意议决举行，由总统以命令公布之。

第三条　国葬费用经行政院核定，由国库支给之。

第四条　办理国葬时，应设立国葬典礼办事处，其组织通则由内政部拟订，呈请行政院核定之。

第五条　国葬仪式，由总统以命令行之。

---

① 《立法院通过之国葬法》，《申报》1930年9月28日。
② 《国府明令　国葬章炳麟》，《申报》1936年7月10日。

第六条　国葬举行之日，由总统派员致祭，全国下半旗志哀。

第七条　内政部应会同首都所在地市政府，于首都择定地点，设置国葬墓园，呈请行政院核定之。

第八条　国葬墓园内应立祭堂，于每年民族扫墓节日由总统派员致祭。

第九条　前条墓园及祭堂之设计、建筑、墓位及碑碣之式样，由内政部会同首都所在地市政府拟订，呈请行政院核定之。

第十条　国葬墓园之管理警卫等事宜，授权首都所在地市政府办理之。

第十一条　凡国葬均应葬于国葬墓园，如愿择地另葬者，应经行政院核准，由受国葬者之家属领费自行安葬，但仍应于国葬墓园内建立碑记。

第十二条　本法自公布日施行。①

围绕着国葬及《国葬法》，国民政府又出台了一系列相关的法令规范，共同构成了一套系统的有关国葬方方面面的法规与仪式，兹分别介绍如下。

（1）《国葬仪式》

1930年，国民政府《国葬法》出台之后，围绕着国葬谭延闿一事，依据《国葬法》第五条之规定，又出台了《国葬仪式》10条，用以规约国葬期间各种仪式，以隆国葬典礼。1937年7月29日，国民政府公布了修正的《国葬仪式》，共有16条，其内容如下：

第一条　参加国葬典礼人员，应于国葬日指定时间齐集灵祠所在地。

第二条　起灵前中央执行委员会、中央监察委员会、国民政府各派代表十人，各院部会署长官、国葬典礼办事处正副主任、亲友及家属举行移灵。典礼由行政院院长主持。其秩序如下（一）典礼开始（二）全体肃立（三）奏哀乐（四）主祭就位（五）献花（六）恭读诔文（七）向灵榇行三鞠躬礼（八）默哀三分钟（九）奏哀乐（十）礼毕起灵。

第三条　灵车覆以党旗、国旗。

第四条　起灵时由附近要塞鸣礼炮十九发。

第五条　灵榇前后行列如左：

第一行列　骑兵官长一员，乘黑马执军旗；开道骑兵二名，乘黑马背枪；护

---

① 《国葬法》，《上海市政府公报》第10卷第5期，1949年，第67页。

旗骑兵二名，乘黑马背枪分执党旗国旗（党旗在右、国旗在左）；骑兵二名，乘黑马背枪护旗；军乐队、明令亭、铭旌、花圈、挽词、遗像亭、骑兵（抱战刀）。

第二行列　步兵军乐队、步兵（枪口向下）。

第三行列　海军军乐队、海军（枪口向下）。

第四行列　警察乐队、警察队（枪口向下）。

第五行列　军乐队、京外党政军各机关代表、京内党政军各机关代表、各团体学校代表、外宾、步兵（枪口向下）。

第六行列　各国代表、中央执行委员会、中央监察委员会及国民政府代表、各院部会署长官、国葬典礼办事处正副主任、亲友。

第七行列　灵车、家属车、步兵（枪口向下）。

第八行列　骑兵殿后（抱战刀）。

以上各行列内之骑兵、步兵、海军、警察队之人数由国葬典礼办事处临时定之。

第六条　灵榇经过时，军警应行最敬礼，民众一律脱帽肃静致敬。

第七条　送灵人员自先头部队到达国葬墓园后，即以次分左右相向，作二行停止于灵榇经过时，军警应行最敬礼，余脱帽鞠躬致敬。

第八条　灵榇抵国葬园后，中央执行委员会、中央监察委员会、国民政府代表、各院部会署长官、国葬典礼办事处正副主任、亲友及家属恭扶灵榇入祭堂，举行安葬典礼，仍由行政院院长主祭。其秩序如下（一）典礼开始（二）全体肃立（三）奏哀乐（四）主祭就位（五）献花（六）恭读诔文（七）向灵榇行三鞠躬礼（八）默哀三分钟（九）恭扶灵榇入墓门（由各院部会署长官、国葬典礼办事处正副主任、亲友及家属恭扶）（十）奏哀乐（十一）葬毕礼成。灵榇安葬毕，送灵人员应各就指定地点向墓行三鞠躬礼，辞归。

第九条　灵榇安葬时由国葬墓园附近要塞鸣炮十九发。

第十条　灵榇安葬时，航空委员会派飞机示敬。

第十一条　送榇人员均应于左臂缠黑布一道，志哀。

第十二条　凡依国葬法第七条规定，择地另葬者不适用本仪式。

第十三条　择地另葬者，应于安葬之日在国葬墓园内建立碑记，并由中央执行委员会、中央监察委员会、国民政府各派代表十人，各院部会署长官、京内各党政军机关、各团体学校代表、亲友家属或代表，举行国葬，立碑致祭。典礼由行政院院长主祭，其秩序如下（一）典礼开始（二）全体肃立（三）奏哀乐（四）主祭就位（五）献花（六）恭读诔文（七）向碑行三鞠躬礼（八）默哀三分钟（九）主祭报告受国葬者之事略（十）奏哀乐（十一）礼成。

  第十四条 前条所定典礼由国葬墓园管理处办理之。

  第十五条 择地另葬者移葬时，各地军队机关应派军警护送，各机关长官应亲自送柩，各团体各学校得派代表参加。

  第十六条 本仪式自公布日施行。①

由上述内容来看，修订后的《国葬仪式》对国葬的各个环节进行了巨细无遗地规定和说明，标志着相关仪式经多次修订日臻成熟。

（2）《国葬墓园条例》

根据《国葬法》第八条之规定，应专设国葬墓园。1936年7月13日，国民政府首次公布《国葬墓园条例》，共10条。条例规定国葬墓园应设于首都郊外，其地点由南京市政府选定，呈由行政院核转国民政府核准备案；凡是依据国葬法举行国葬者，应依本条例之规定，安葬于国葬墓园；有特殊情形不能安葬于国葬墓园之中的，经国民政府核准，得树立墓碑，以资纪念等。1937年4月23日，国民政府公布经过修正的《国葬墓园条例》，较之1936年的条例有所删减，共7条，其内容如下：

  第一条 本条例依国葬法第八条之规定制定之。

  第二条 国葬墓园由国民政府指定地点设立之。

  第三条 国葬墓园之设计、建筑、管理、警卫等事宜，应设国葬墓园管理处办理。其组织规程由内政部拟定呈请行政院核定之。

  第四条 国葬墓园之墓位，由国葬墓园管理处规划，呈由内政部核转行政院转呈国民政府备案。

  第五条 国葬坟墓碑碣等之式样，由国葬墓园管理处拟订呈由内政部核转行政院备案。

  第六条 国葬墓园内应立祭堂，于每年植树节日由国民政府委员致祭。

  第七条 本条例自公布日施行。②

---

① 内政部总务司第二科编《内政法规汇编·礼俗类》，第15~16页。
② 内政部总务司第二科编《内政法规汇编·礼俗类》，第16页。

《国葬墓园条例》颁行后,其具体执行情况已难察考。不过,有关资料显示,到了1947年12月5日,《国葬墓园条例》被国民政府废止。

(3)《国葬墓园管理处组织规程》

根据《国葬墓园条例》第三条之规定,南京国民政府内务部又制定《国葬墓园管理处组织规程》,于1937年4月30日由行政院公布,共10条,规定了墓园管理处的人员组成,内容如下:

第一条　本规程依国葬墓园条例第三条之规定制定之。
第二条　国葬墓园管理处直隶于内政部。
第三条　国葬墓园管理处设主任一人,简派由内政部主管司司长兼任,副主任一人荐派。
第四条　国葬墓园管理处设左列二组:一总务组、二工程组。
第五条　总务组设文书、会计、庶务、警卫各股;工程组设建筑、园艺各股。
第六条　总务组工程组各设组长一人,由内政部委员派充。
第七条　国葬墓园管理处设处员十二人至十六人,分掌各股事务。于必要时得延聘工程师及酌用雇员。
第八条　国葬墓园管理处应需警卫名额,由首都警察厅拨用。
第九条　国葬墓园管理处办事细则另定之。
第十条　本规程自公布日施行。[①]

(4)《国葬墓园建筑委员会组织章程》

1937年5月26日,由南京市政府与内政部共同公布《国葬墓园建筑委员会组织章程》,以建设国葬墓园。该章程共11条,内容如下:

第一条　内政部、南京市政府为筹建国葬墓园起见,特设国葬墓园建设委员会。
第二条　本会附设于内政部,其执掌如左:一、关于国葬墓园之设计事项。二、关于国葬墓园建筑工程之指导事项。

---

① 内政部总务司第二科编《内政法规汇编·礼俗类》,第16页。

第三条　本会委员由中央执行委员会秘书处、国民政府参军处、行政院秘书处各派代表一人，内政部、南京市政府各派代表二人充任之。前项委员互推一人为主任委员。

第四条　主任委员总理本会一切事务，并为会议时主席。

第五条　本会每月开会一次，如有重要事项得开临时会，均由主任委员召集之。

第六条　本会议决案，应录送内政部、南京市政府办理。

第七条　本会设专门委员五人至九人，由内政部、南京市政府会同聘请之。

第八条　本会所需技术及事务人员，由内政部、南京市政府职员中调用，必要时并得延聘工程师。

第九条　本会不对外行文，所有文件往来，以内政部、南京市政府名义行之。

第十条　本会于国葬墓园建筑完竣后撤销之。

第十一条　本章程自核准公布之日施行。[①]

（5）《国葬典礼办事处组织通则》

根据1937年修订的《国葬法》第四条之规定，是年4月30日，由行政院颁布《国葬典礼办事处组织通则》，以法规的形式规定了国葬典礼的具体执行机构——国葬典礼办事处的组织原则，其内容如下：

一、本通则依国葬法第四条之规定制定之。

二、国葬典礼办事处设主任一人，特派副主任一人，简派秘书二人，其中一人简派，一人荐派。

三、国葬典礼办事处分总务、典礼、招待三组。每组设组长一人，干事若干人，办事员若干人。

四、国葬典礼办事处职员，除第三项所定人员外，应向国葬墓园管理处尽量调用之。

五、国葬典礼办事处经费，以二千元为限，由国库支付之。

六、国葬典礼办事处职员，均为无给职，但得酌给车费。

七、国葬典礼办事处，于国葬事宜办竣即撤销之。

---

① 内政部总务司第二科编《内政法规汇编·礼俗类》，第16~17页。

八、国葬典礼办事处办事细则另定之。

九、本通则自呈毕核准公布之日施行。[①]

(6)《修正国葬先哲逝世日纪念典礼条例》

1933年9月19日,国民政府公布《修正国葬先哲逝世日纪念典礼条例》,以此纪念"有殊勋于国家"的国葬者。该条例共5条,内容如下:

第一条　凡有殊勋于国家,经照国葬法举行国葬者,其逝世日依本条例之规定,举行纪念典礼。

第二条　纪念典礼应由国葬坟墓所在地政府最高机关,领导当地各机关于墓前举行之。

第三条　纪念典礼仪式如下(一)开会(二)奏哀乐(三)唱党歌(四)向国旗、党旗、总理遗像及国葬先哲遗像行三鞠躬礼(五)主席恭读总理遗嘱(六)默念三分钟(七)主席报告国葬先哲事略及其逝世经过(八)奏哀乐(九)散会。

第四条　举行纪念典礼之日,全国各机关、各团体、各学校、各工厂、商店均下半旗以志哀悼。

第五条　本条例自公布日施行。[②]

值得注意的是,在现代民族国家中,纪念仪式成为民众日常生活中国家认同的重要组成部分。民国肇建之后,各种关涉政治的纪念日被确立,如国耻纪念日、总理纪念周、植树节、劳动节、三八妇女节等。在诸种纪念日中,国葬先哲逝世纪念日颇为重要。一方面,这一纪念日的设定是为了彰显被葬者对于国家的贡献,于被葬者而言是一种政治荣誉;另一方面,通过纪念国葬先哲,也形成一定的政治崇拜和政治认同。"即使在纪念先哲的仪式中,孙中山也同样是崇拜的对象。"[③] 在《修正国葬先哲逝世日纪念典礼条例》中,第三条关于纪念典礼的仪式有"(三)唱党歌(四)向国旗党旗总理遗像及国葬先哲遗像行三鞠躬礼(五)主席恭读总理遗嘱(六)默念三分

---

[①] 内政部总务司第二科编《内政法规汇编·礼俗类》,第17页。
[②] 内政部总务司第二科编《内政法规汇编·礼俗类》,第17页。
[③] 参见陈蕴茜《崇拜与记忆:孙中山符号的建构与传播》,南京大学出版社,2009,第179页。

钟"这样几项内容,不难看出,在纪念国葬者的同时,也如陈蕴茜所言是形成一定程度上的孙中山崇拜,并将以孙中山为核心的国民党党国体制的认同,不断向参加追念的人强化。所以,《修正国葬先哲逝世日纪念典礼条例》既是民国国葬系列法案的一环,也是构成民国政治实践的一维。

从 1916 年第一部《国葬法》出台到 1948 年《国葬法》第四次修正案公布,以及围绕着国葬墓园、国葬仪式、国葬纪念而先后出台的系列法案,形成了民国时期关于国葬的相对完备的法规与法令。

## 二 公葬与公祭法规

与国葬一样,民国政府围绕着公葬也先后出台了诸多法令法规,用以保障公葬的庄严肃穆,褒扬公葬者为国家做出的贡献。1937 年 4 月 12 日,国民政府行政院公布《公葬及公葬墓园暂行条例》,在国家层面出台了正式的公葬法规。该条例共 8 条,内容如下:

> 第一条　凡中华民国国民有勋劳于国家,身故后经行政院会议议决,呈请国民政府明令举行公葬。但本人家属如声明不愿接受公葬者,得自行安葬。
> 第二条　凡公葬者应依本条例之规定,营葬于公葬墓园。
> 第三条　公葬墓园得设于各省市政府所在地。
> 第四条　公葬墓园由各该省市政府设置,咨请内政部备案,前两条所称之市系指直辖市而言。
> 第五条　举行公葬由行政院指定所在地之省或市政府筹办之,其经费不得过五千元。
> 第六条　公葬墓园之设计、建筑、管理、警卫等事宜,由各该省市政府办理之。其坟墓面积及墓碑式样,应由各该省市政府核定之。
> 第七条　公葬墓园应于每年植树节日,由各该省市政府派员致祭,其典礼另定之。
> 第八条　本条例自公布之日施行。[①]

根据《公葬及公葬墓园暂行条例》的规定,能够享受公葬者,需"有勋劳于国

---

[①] 内政部总务司第二科编《内政法规汇编·礼俗类》,第 17～18 页。

家"。条例第二至第八条内容，分别说明公葬者应安葬于公葬墓园以及墓园所设位置、公葬经费、致祭典礼等。对比《国葬法》的相关内容，发现两者在内容上基本雷同，公葬条例可以看作国葬法规低一规格的翻版。

根据《公葬及公葬墓园暂行条例》第七条规定，1937年6月18日，行政院又公布了《致祭公葬墓园典礼》，用以指导各地公葬致祭，该条例共6条内容，兹列如下：

第一条 本典礼依公葬及公葬墓园暂行条例第七条之规定制定之。
第二条 各省市政府于每年植树节日，派员致祭所属公葬墓园，依本典礼行之。
第三条 致祭公葬墓园，由各该省市政府所派人员主祭，当地各机关团体、学校均另派代表陪祭。
第四条 受公葬人之家属得参加典礼与祭。
第五条 致祭秩序及位次依公祭礼节之规定。
第六条 本典礼自公布日施行。[①]

与国葬祭奠一样，公葬致祭于每年特定时间举行，表示对死者的哀思纪念，由地方政府人员、各机关团体和逝者家属参加。除此之外，公开的祭奠在一定程度上也是通过纪念来教育参祭人员，彰显一定程度的政治文化意义。这就需要在致祭现场有严格的仪式，而非简单的悼念死者的活动。为此，国民政府于1937年6月22日公布了《公祭礼节》，[②]并附有公祭位次图，以指导各地公祭活动。

第一条 凡举行公祭，除法令别有规定外，依本礼节之规定。
第二条 公祭依左列之秩序：
一、祭礼开始。二、全体肃立。三、奏哀乐。四、主祭者就位。五、陪祭者就位。六、与祭者全体就位。七、上香。八、献花。九、恭读祭文。十、行祭礼三鞠躬。十一、主祭报告致祭事典。十二、演讲。十三、奏哀乐。十四、礼成。
前项第五、第六、第十一、第十二各款规定得因致祭时实在情形酌量改变或从略。
第三条 公祭位次依附图之规定。
第四条 本礼节自公布日施行。

---

① 内政部总务司第二科编《内政法规汇编·礼俗类》，第18页。
② 内政部总务司第二科编《内政法规汇编·礼俗类》，第53页。

## 附　图

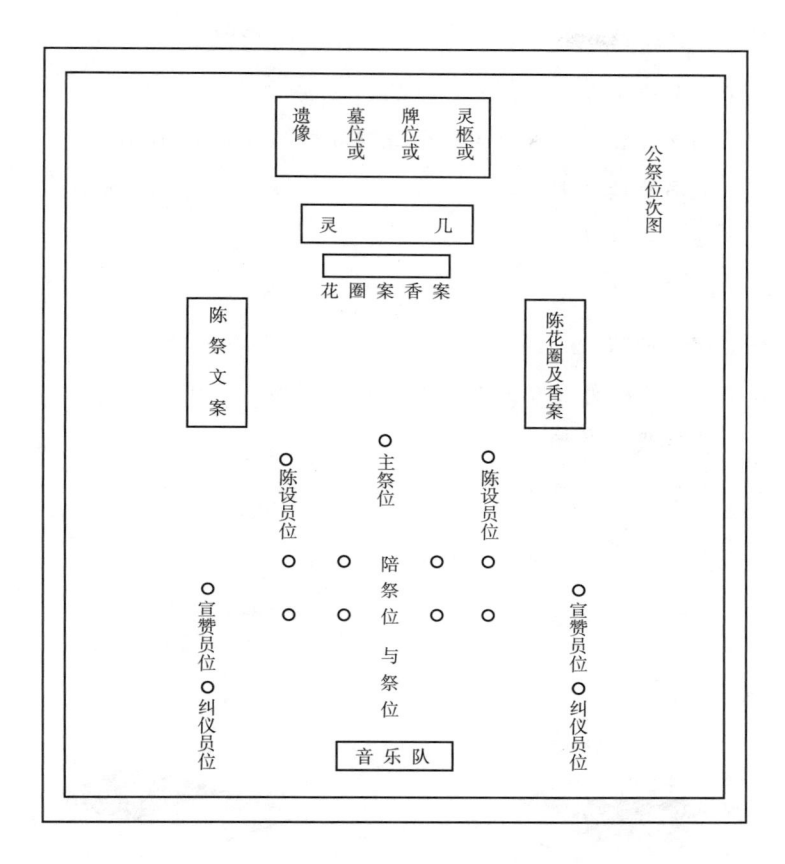

```
                        公祭位次图

         ┌─────────────────────────────────┐
         │    灵    牌    墓    遗          │
         │    柩    位    位    像          │
         │    或    或    或                │
         │                                  │
         │         灵    几                 │
         │      花圈案 香案                 │
         │                                  │
         │  陈                    陈        │
         │  祭                    花圈      │
         │  文                    及        │
         │  案                    香案      │
         │                                  │
         │      ○         ○              │
         │      陈  主    陈              │
         │      设  祭    设              │
         │      员  位    员              │
         │      位        位              │
         │      ○    ○   ○              │
         │          陪                    │
         │  ○   ○ 祭 ○   ○              │
         │  宣       位    宣              │
         │  赞    与       赞              │
         │  员    祭       员              │
         │  位    位       位              │
         │  ○              ○              │
         │  纠              纠              │
         │  仪              仪              │
         │  员              员              │
         │  位              位              │
         │         音 乐 队                │
         └─────────────────────────────────┘
```

《公祭礼节》共有 4 项内容，核心是第二、第三条。在第二条内容中规定了公祭之礼的具体环节，从祭礼开始到礼成，其间有全体肃立、奏哀乐、上香、献花、恭读祭文、行三鞠躬礼等诸多仪式。第三条内容是将公祭时各相关人员与场地摆设的位次图做一标准模式，供实际公祭时参考。各地公祭的具体仪式可以根据实际情况调整，如《公祭礼节》中演讲、主祭报告致祭事典等可根据情况酌情增减。

追悼会是近代以来出现的新的丧葬仪式，与公祭一样，其本身也具有相当程度的公开性，与私人丧葬仪式有别，大多用于国家政府机关及各社会团体对逝者的公开纪念与缅怀。国民政府对于追悼会的仪式与会场位次图，也制定了相关的法令，这便是 1935 年 7 月 10 日，由内政部咨发各省市的《追悼会仪式》[①]，其内容如下：

---

① 内政部总务司第二科编《内政法规汇编·礼俗类》，第 54 页。

（一）开会。

（二）全体肃立。

（三）奏哀乐。

（四）向党国旗、总理遗像及受追悼者遗像行三鞠躬礼。

（五）主席恭读总理遗嘱。

（六）默哀三分钟。

（七）献花圈。

（八）读追悼词。

（九）主席报告开会意义及受追悼者之事略。

（十）各界代表致词。

（十一）奏哀乐。

（十二）礼成散会。

附　图

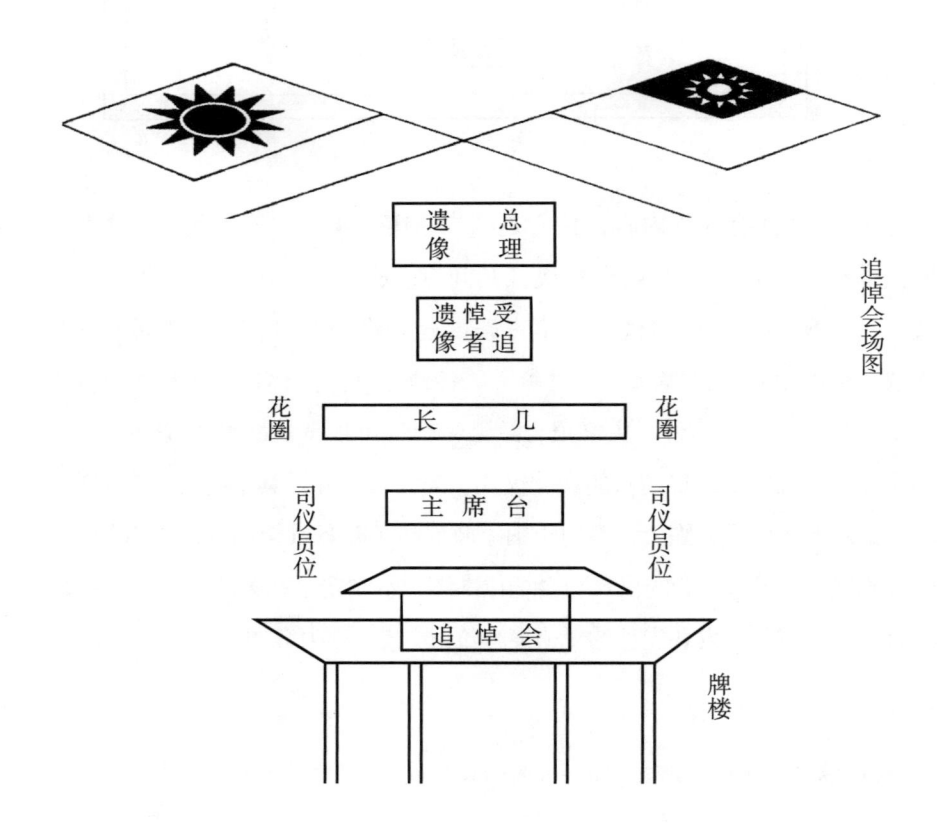

追悼会场图

从《追悼会仪式》中可以看出，整个仪式是以国家和社会名义向死者致以哀思的礼仪过程。在这个过程中，国民政府将与国民党有关的象征符号很自然地嵌进追悼会的仪式中。根据追悼会仪式规定，国民党党旗与中华民国国旗被放在追悼会最上亦即最醒目的位置，紧挨其下的是孙中山遗像，再其次才是受追悼者的遗像。党国旗、总理遗像、追悼者遗像摆放位次的不同，昭示着一种政治秩序。而在具体的追悼过程中，也要先向三者行三鞠躬礼，然后恭读总理遗嘱，在这些象征性的仪式之后，才是具体的追悼活动。

1943 年，考试院院长戴季陶等在重庆北碚缙云山下北温泉就民国礼制进行讨论，通过《中华民国礼制》草案，世称《北泉议礼录》。在《北泉议礼录》五礼之一的凶礼篇中，除了适用于个人的普通丧礼之外，特别设有"特典"一节，用以规定与国家有关的各种丧葬礼节，包括国民政府主席亲奠、国葬法、国葬仪式、公葬法、追悼会等。其中，除明确指向国葬的仪式法规之外，其他几项皆是有关公葬与公祭的法规。"特典"第四目是有关公葬的法规，内容如下：

一、中华民国国民有勋劳于国家者，身故后，奉国民政府明令举行公葬时，由国民政府派员，或由地方政府与受葬者之亲友主持葬礼。
二、凡公葬者，营于各省市政府所在地之公葬墓园。
三、公葬所在地之机关学校及人民团体，应派代表参加公葬典礼。
四、公葬之移灵典礼，由省市政府长官主祭，余如国葬礼之仪节。
五、灵榇经过之处，军警应行敬礼，民众一律脱帽致敬。
六、公葬之安葬典礼，由省市政府长官主祭，余如国葬礼之仪节。①

凶礼篇第三节是有关追悼会的规定，内容如下：

凡有贡献于国家社会者身故后，其所属机关学校团体同人及其亲友得举行追悼会，其仪节如次：一、开会。二、全体肃立。三、主席就位。四、奏哀乐。五、献花。六、向遗像行三鞠躬礼。七、主席报告死者行谊。八、致追悼词。九、讲演。十、家属谢礼。十一、奏哀乐。十二、散会。②

---

① 国立礼乐馆编《北泉议礼录》，北碚私立北泉图书馆印行部，1944，第 41 页。
② 国立礼乐馆编《北泉议礼录》，第 41~42 页。

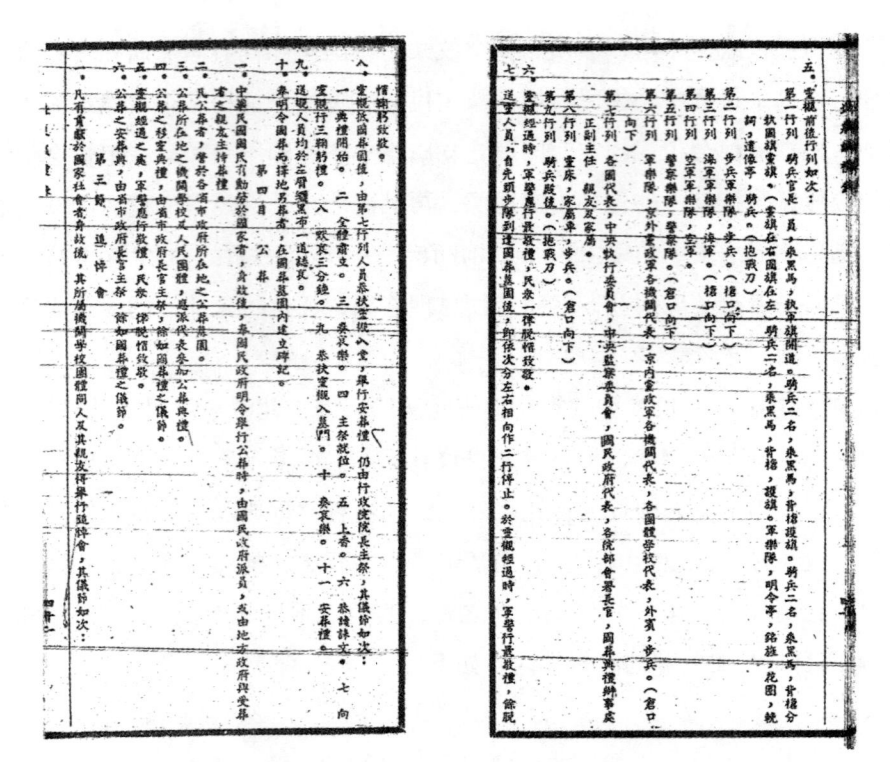

图2-1 《北泉议礼录》中的公葬法

相较于1930年代制定的公葬法规，1943年《北泉议礼录》中的公葬，在立法理念上并无太大不同，只是细节上稍有变动。关于追悼会的规定有一定的变化，即去除了悬挂党国旗以及总理遗像、宣读总理遗嘱等具有党国象征意义的仪式符号，更多的是对死者的追悼和纪念。

从民国时期有关丧葬法规法令的制定过程来看，虽然在个人丧葬礼仪上一直存在着礼俗相异、地域不同、法规前后矛盾等诸多难以解决的问题，但在涉关国家、社会层面指向公共空间的丧葬法规（比如国葬、公葬、公祭、追悼会等），却能够系统地制定，并且吸收现代理念，其中相当部分得到贯彻执行。

## 第三节 《丧礼》的制定

### 一 北洋时代礼制馆与《丧礼草案》之议

民国创建之后，为了规范礼制，曾在1912年先后出台了《礼制》与《服制》等法案。相对于民国社会的变动和中西、新旧的杂糅，以《礼制》与《服制》为代表的简易礼制大纲，显然不能满足现实的需要。有鉴于此，时任政事堂国务卿徐世昌创立了礼制馆。"伏思治定制礼，往代所崇。况民国肇兴，事同开创，欲将厘定通礼，尤必贯通新旧，符合国情，因革当审夫时宜，权衡宜衷于至当。"[①]礼制馆于 1914 年 7 月 1 日开馆，其任务是延聘通儒，制定民国礼制，分类编辑吉、凶（即丧礼）、嘉、宾、军五礼。

政事堂礼制馆在 1916 年停办，前后存在约两年的时间。其停办的原因与护国运动及袁世凯称帝失败有关。在近两年的时间内，礼制馆相继制定出《祭祀冠服图》、《相见礼》、《关岳合祀典礼》、《忠烈祠祭礼》、《祀天通礼》、《祭祀冠服制》、《祀孔典礼》等专门礼制。这些专门礼制的制定既在一定程度上反映了民国社会的特质，同时也保留了传统礼制中相当多的内容，特别是由于正处在袁世凯复辟帝制时期，礼制馆诸多礼制的制定与传统的皇权政治文化又有着千丝万缕的关系。护国运动胜利后，礼制馆很快就宣告废止。

政事堂礼制馆废止之后，1917 年夏，北洋政府内务部礼俗司承担继续编定礼制的重任。1920 年秋，国务院、内务部会同设立制订礼制处，但当年冬天就因为经费支绌而被裁撤。1925 年，北洋内务部呈准设立礼制编纂委员会，至 1927 年 9 月礼制馆奉令设立后，礼制编纂委员会解散。从 1916 年至 1928 年，先后四次成立礼制编订机构，前后纂订之礼制案不下十余种，有公布于众的，也有已经成文因发生政变而中止的。礼制馆本身跌宕起伏的命运也是民国政治和文化激荡变动的一种写照。

1927 年 9 月成立的礼制馆，虽然在 1928 年 6 月随着北洋时代的结束而裁撤，但在一年多的时间内，有鉴于民国社会丧葬礼俗混乱、中西交错的现实，"民国不纲，礼教废弛，致我民壮而昏者不知何以娶，老而死者更不知何以葬，已十六年于兹，孟子云，惟送死可以当大事，丧礼岂容一日或缺，虽我国文明最古，旧制尚可沿用，究因时隔势殊，宜于昔不宜于今者实多"，[②]因而编订《丧礼草案》，并在礼制馆内部对该草案进行讨论。由于该草案尚未来得及公布，北洋政府即宣告瓦解，过往研究甚少予以关注，兹将其内容详录如下：

---

[①]《礼制馆开馆记》，《申报》1914 年 7 月 6 日。
[②] 中国第二历史档案馆编《北洋政府档案》第 157 辑，第 350 页。

## 袭章

陈沐浴巾栉舍具。

案：士丧礼，沐巾一、浴巾二。注：巾二者，上体、下体异也。疏：士礼同用绤，并引玉藻云"上絺下绤"，彼据大夫以上，今拟于本句下加注，沐巾一、浴巾二，用絺用绤听。

## 小敛章

复一禅一皆以缯。

案：通礼三品以上复三禅二。五品以上复二禅一。六品以下复一禅一。今酌用复一禅一。礼意固为已备，然附身、附棺术等其无憾，必限以复一禅一，子心或有未尽，至贫者敛手足形亦可以葬，此固未能概论也。

## 大敛章

以绛帛为铭旌，长七尺，题曰：中华民国某君某甫之柩（有官于某君上书某官，妇则书某君配某妇）。

案：旧礼内丧，书某封某氏，今妇人无封而易以某君配某妇，如夫犹生存连带而书恐遭俗忌。

## 成服章

凡斩衰三年菅履竹杖。

案：《丧服传》："苴杖，竹也。削杖，桐也。"疏：为父所以杖竹者，父者，子之天。竹圆，上象天。为母杖桐者，桐之言同内心同之。于父又削之，使方者取母象于地。自父母同服斩衰而杖亦无别，然考民间习惯有竹父木母之谚，尚与古制相合，今拟仍分用竹桐以示区别。

若三岁以下遗弃子不知本宗，即后所养家姓氏，入校出仕者为养父母之服同。

案：旧礼系应考出仕者与为养父母句下注，并令辍考解任，语意重在辍考解任，今小注既删，则入校出仕句似不可节。

## 朝夕奠章

丧主以下诣案前，依行辈行礼（已为亡者之卑幼再拜同辈再鞠躬，原再拜者听尊长一鞠躬，凡行礼时卑幼为一起，同辈为一起，尊长为一起）。

案：旧礼纯用再拜，今改全依行辈行礼，则拜与鞠躬之义已概括在内，小注似可不用。

## 治葬具章

仪后各视其宜。

案：旧礼仪后各眡其品，隆杀自有范围，今无品级可言，故以宜字代之。然窃见富豪之家一殡之费殆数千金，此于附身附棺之义毫无所取。若体先人遗意，以赗余分散戚族或充公益，岂然广孝思于无尽丧，与其易也，宁戚于后宜之中，似应示以限制，为遣奠章役人举鉴不逾四十八人之例。

## 题主章

是日择宗亲善书者一人题主。

案：指葬日而言，吾学录以近日丧礼，皆于出殡前一二日行题主礼，于丧次留之，惟祝之告辞则曰："形系窀穸，神返堂室"，丧次柩犹在堂，于义嫌不充分，不如将告主一节，留待葬日行之，或将丧次告辞略为修改。[①]

通观上述《丧礼草案》，不难看出，其规定的丧礼程序与内容，大多沿袭了清代丧礼。从袭章、小敛章、大殓章、成服章到题主章，基本上是传统丧礼的再版。不过，这部《丧礼草案》也在一定程度上简化了传统丧礼的程序，去掉了一些繁琐的程式。此外，由于民国废除了等级制度，因此传统丧礼所体现的等级差别，在这部草案中基本都去除了。在小敛章部分，传统丧礼根据品官等级不同，有"三品以上复三禅二。五品以上复二禅一。六品以下复一禅一"的规定，而这部草案取人人"复一禅

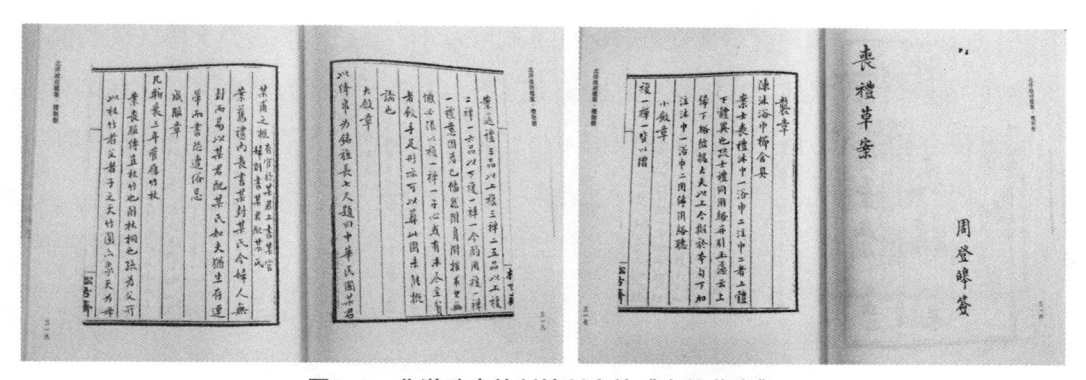

图2-2 北洋政府礼制馆制定的《丧礼草案》

资料来源：中国第二历史档案馆编《北洋政府档案》第157辑，中国档案出版社，2010，第317～324页。

---

① 中国第二历史档案馆编《北洋政府档案》第157辑，第317～324页。

一"。在大殓章中，如若是妇人，则书"某君配某妇"，一改传统的"某封某氏"之写法。

在对《丧礼草案》进行讨论时，礼乐馆内部人员对其中一些规定又提出了补充和修改意见。一是认为应该增加提倡节俭之意的内容，旨在改变丧葬大吃大喝的陋习。"我国普通习惯，几等丧礼于宴会，盛筵将事，观者为美，哀痛未闻，及以毁家供醉饱。为尽孝子之分量，奢而失礼，此风俗之大弊也。"礼乐馆书记员褚庆兰提议增加"示以制限"的文字。"查丧礼草案亲宾奠吊赙节，载延客待茶之文，是已早为鉴及，而示以制限也乎。窃谓事不明为规定，人犹受制习俗，似宜于待茶句后，增加必需食客以食时，品类务从简素。"[1]二是针对《丧礼草案》中男女丧服丧期不同而提出异议。"五服等杀，本以明亲疏，惟于夫妇，则显然大不平等。"[2]传统社会男尊女卑，体现在丧服丧期上是以男子为尊为重。民国提倡男女平权，因此，在讨论《丧礼草案》时，有人提出应修订有关男女丧服丧期的规定。"民国改建，女权伸张，是为无可避免之事实，一代之兴，有一代之礼，此时万不可再拘守成规，对夫妻及妻族之丧服，允宜酌量损益，借资救济，不惟可以昌明人道，由不平而使之渐趋于平。"[3]这体现了鲜明的民国特色。

1928年北洋政府的《丧礼草案》在整体上比较"趋古"，但有一定程度的简化和革新。随着北洋政权的垮台，这部《丧礼草案》并没有真正实施。

## 二 1928年《丧礼草案》

1928年，南京国民政府成立后，时任礼制服章审订委员会委员及大学院院长的蔡元培和内政部长薛笃弼，鉴于各地丧俗纷乱陈旧，大多沿袭旧有礼俗，其中迷信和陋俗交织，为了移风易俗，形成新的丧葬习俗，遂主持制定了《丧礼草案》。这部新的《丧礼草案》，有着与北洋政府的旧草案截然不同的风貌。

由礼制服章审订委员会与内务部联合制定的《丧礼草案》，共有7条外加一附则，其内容如下：

---

[1] 中国第二历史档案馆编《北洋政府档案》第157辑，第351页。
[2] 中国第二历史档案馆编《北洋政府档案》第157辑，第355页。
[3] 中国第二历史档案馆编《北洋政府档案》第157辑，第356页。

一、报丧。

死者殁后，家属通知亲友，或用讣帖，或登报。

二、亲殓。

1.告殓，丧主行告殓礼，向死者行三鞠躬礼。2.陈殓具。3.入殓。4.盖棺。5.丧主向灵前行三鞠躬礼，亲友向灵前行一鞠躬礼，丧主谢襄殓者行一鞠躬礼，礼成。

三、受吊。

来宾至灵前行三鞠躬礼。行礼时奏哀乐。礼毕，丧主致谢行一鞠躬礼。

四、祭式。

1.序立。2.奏哀乐。3.主祭者就位。4.参灵，向灵前行三鞠躬礼。5.献祭品（限香花、酒果），奏乐。6.读祭文。7.辞灵，向灵前行一鞠躬礼。8.奏哀乐，礼成。

五、别灵。

甲、来宾辞灵礼：1.就位。2.奏哀乐。3.向灵前行三鞠躬礼。礼毕，丧主致谢行一鞠躬礼。

乙、丧主辞灵礼：1.就位。2.奏哀乐。3.向灵前行三鞠躬礼。

六、出殡。

铭旌在前，次挽联、花圈，次乐队，次像亭，次送殡者，次丧主，次灵柩。（挽联、花圈、乐队、像亭等，不用者听。）

七、葬仪。

甲、丧主行告窆礼：1.就位。2.奏哀乐。3.读告窆文。4.行三鞠躬礼。

乙、丧主祭奠礼：1.就位。2.奏哀乐。3.向墓前行三鞠躬礼。

丙、送葬者参墓礼，同上。礼毕，丧主致谢行三鞠躬礼。

附则：

殓服：礼服或军服。附身以衾为限，不得用金玉、珍玩等物。

丧服：白衣、白冠。

一、旧俗所用僧道建醮，一切纸扎冥器、龙杠衔牌及旗锣伞扇等，一概废除。

二、纪念死者可用遗像，载明生卒年月及年岁等，如用神主、题主旧礼应即废除。

三、丧事从俭，奠仪、挽联、挽幛、赙仪、花圈等为限。此外，如锡箔、纸烛、纸盘、冥器等物，一概废除。[①]

从这部《丧礼草案》内容来看，其最大的特色在于趋新和简洁实用，适合民国以来的现代都市生活。在报丧部分，草案规定"家属通知亲友，或用讣帖，或登报"，尤其"登报"是近代以来的新形式，是在晚清报纸大规模兴起之后才有的新现象，将之写进《丧礼草案》，颇为"现代"。在亲殓、受吊、祭式等部分，也和传统丧礼的规定大异其趣，在保持对逝者哀思和敬意的前提下，尽量简化繁杂的礼节和规矩，所使用的也都是"鞠躬礼"这种现代礼制。事实上，这反映了新文化运动以来，以蔡元培、胡适等为首的新式知识分子关于丧葬礼俗的观念，是其革新精神的体现。1918年，胡适的母亲去世，胡适即以身作则。

这部《丧礼草案》的革新精神，也在草案最后的附则中体现出来。附则5条内容皆是有所实指。对于死者所穿殓服的规定，实际上是反对"穿金戴银"的铺张浪费；丧服上"白衣、白冠"的规定，是废除传统丧服"斩衰、齐衰、大功、小功、缌麻"的五服制度，做到尽量简洁质朴；而"僧道建醮，一切纸扎冥器"及"神主、题主"、"锡箔、纸烛、纸盘"的废除，在从俭的前提下，也是反对迷信、破除旧礼的观念所致。1928年由蔡元培等人制定的新《丧礼草案》，属于《民国礼制草案》的一部分，尽管最终并未能公布实行，不过在民间社会中还是有很大的影响力，各地的县志中常见对《丧礼草案》的引用，民国人所编著的社会礼仪实用录中也常见1928年《丧礼草案》的相关内容。

## 三 《北泉议礼录》中的丧礼

1943年，抗日战争进入相持阶段的后期，国民政府于是年重启关于民国礼制草案的讨论。5月，"教育部创设国立礼乐馆于北碚，以毓琇承之"，[②]任命顾毓琇为礼乐馆馆长，就1938年教育部与内政部所拟订的礼制草案进行讨论。10月3日，由考试院院长戴季陶召集和主持，在重庆北碚缙云山下北温泉再次就民国礼制进行讨论，到会人员有戴季陶、陈立夫、周钟岳、顾毓琇、丁惟汾、狄君武、贾景德等。经过约十天的讨论，制定了《中华民国礼制》。北泉会后，将其收入会议记录《北泉议礼录》中，并出版发行。

---

① 石苇编《应用文全程》，长风书店，1946，第62~64页。
② 国立礼乐馆编《北泉议礼录》，第1页。

《中华民国礼制》按照传统礼制将礼分为吉礼、凶礼、嘉礼、宾礼、军礼五部分，外加一个阐释制礼原则的总纲，共六部分。其中的凶礼部分，即是有关丧礼的规则。凶礼的开篇阐述凶礼制礼原则为：

> 周官凶礼所以哀忧，丧礼所以慎终锡类，荒礼所以救患分灾吊恤之礼，以哀、祸、灾、寇、乱皆主于哀戚矜敬，无取缛节繁文。世变代异，则礼从其宜，明权制变，而义归于一。因革损益之际，其意至慎，而为用可知。是以三年之丧，古今一也。而开常禁，育人民，周礼荒政，特许多昏。时有常变，则礼有经权，达矜恤之意，赴救患之功，求理之通也。兹篇分丧礼、恤荒二章，而于制经权应世变之道，盖未尝不慎思之焉。①

从凶礼制礼原则来看，其遵循两大原则，一是"古今一也"，即维系中国社会伦理中不变的部分；一是"世变代异，则礼从其宜"，即增加变的部分。根据变与不变结合的制礼原则，《北泉议礼录》中有关普通丧礼的内容，以"丧礼以丧服、丧期定其隆杀，以男女、亲疏定其礼数"为指导，②制定了丧礼草案，共8目，其内容如下：

第一目 始丧

一、始丧。家属为死者净浴、易服、安置尸床，行礼举丧，立丧主。
二、家属即去华服，遣人向亲友报丧。

第二目 入殓

一、将殓。家属为之易礼服毕，家属及亲友以次瞻视遗容，行告殓礼。然后升尸入棺盖封。自始丧至入殓，不得过三日。
二、既殓设帷置案，立死者灵位或遗像，家属依丧服及丧期目之规定，分别成服。

第三目 讣告

一、既殡，家属讣告亲友其式如次：
一（讣告尊亲属之丧用之）

---

① 国立礼乐馆编《北泉议礼录》，第37页。
② 国立礼乐馆编《北泉议礼录》，第37页。

先〇〇 { 从亲属关系分别称谓如　〇　〇　公
　　　　　　　　　　　　　　　　　　　　　于中华民国〇年〇月〇日〇时逝世距生于
　　　　　先祖父先祖母先父先母　〇〇太〇〇

民国前
　　　〇年〇月〇日〇时享年〇〇岁〇〇等遵礼成服敬谨治丧兹择于〇月〇日〇时设奠
民　国
〇月〇日〇时出殡安葬于〇〇谨此哀告

　　　　　　　　　　　　　　　　　　　　　　　　　称谓〇〇〇等哀启

（注：一、父在不称太夫人。二、称谓为孤子哀子等）

　　　　　　　　　二（讣告同辈或配偶之丧用之）

先〇〇〇 { 从其关系分别称谓如　　　　　民国前
　　　　　　　　　　　　　　　　于〇年〇月〇日〇时逝世距生于　　〇年〇月〇日〇时
　　　　　先兄或先弟先夫先妻　　　　　民　国

享年〇〇岁兹择于〇月〇日〇时设奠〇月〇日〇时出殡安葬〇〇谨此泣告

　　　　　　　　　　　　　　　　　　　　　　　　　　　〇〇〇泣告

　　　　　　　　　三（讣告晚辈之丧用之）

亡〇 { 从其关系分别称谓
　　　　　　　　　　　〇〇年〇〇岁于〇年〇月〇日〇时去世兹择于〇月〇日〇时设奠
　　　如亡男亡女或亡媳

〇月〇日〇时出殡葬于〇〇谨此泣告

　　　　　　　　　　　　　　　　　　　　　　　　　　　〇〇〇泣启

二、讣告应以近亲至友为限，如死者有勋劳于国家社会，得撰状附送。

### 第四目　家奠

一、出殡前家属举行家奠，其仪节如次：

一、奠礼开始。二、丧主及有服者以次就位。三、上香。四、献奠品。五、读奠文。（不用者略）六、向灵位行礼。七、举哀。八、礼成。

### 第五目　吊奠

一、亲友吊奠之仪节如次：

一、奠礼开始。二、吊奠者就位。三、奏哀乐。（不用者略）四、上香。五、奠祭品。六、读祭文。（不用者略）七、向灵位行三鞠躬礼。八、默哀。九、家属谢礼。十、礼成。

二、亲友闻讣，得致书唁丧主或死者家属，以文简情挚为主。

### 第六目　出殡

一、举殡时，先立木主，家属就木主前行移灵礼，乃撤幛升柩启行，其序如次：一　仪仗。（如铭旌等类不用者略）二　灵位或遗像。三　执绋者。四　重服亲属。五　灵柩。六　家属。死者之功绩纪念品或其遗物足资观感者，并得列于仪仗之后。

二、出殡事执绋者全体肃敬，柩所过处，遇之者应脱帽致敬。

### 第七目　安葬

一、柩至葬所，家属及执绋者就柩前行安葬礼。执绋者行礼，家属谢礼毕，移柩入圹，掩土封墓，家属再向墓行礼。

二、凡死者应速安葬，如有特殊情形，得延至三个月内举行，但至迟不宜超过五个月。①

《北泉议礼录》丧礼草案中第一至第七目的内容是从生者逝去到安葬整个过程的礼仪规定，包括始丧、入殓、讣告、家奠、吊奠、出殡、安葬7个环节。整体而言，已大大简化丧礼程序，显示了民国的时代特色。比如在行礼方面，采用鞠躬、默哀、脱帽致敬等礼节，在整个安葬过程中也去掉了明显带有迷信色彩的繁琐的礼仪形制，并要求从速安葬，反对铺张浪费。不过，《北泉议礼录》丧礼草案中也保留了不少传统丧礼的程序，有些甚至不太"合时宜"。比如在始丧中的"立丧主"，实际上是中国古代的丧葬风俗，一般而言，"立丧主"指确定主丧人，是传统宗祧制度的体现。民国的法律已经明确规定不再实行宗祧，而1943年的丧礼草案却重拾"立丧主"旧俗。

丧礼草案的第八目内容主要是关于丧服与丧期问题。相对于此前多个丧礼草案，《北泉议礼录》中关于丧服与丧期的说明最为详细，对各种丧服与丧期均有明确规定，其内容如下：

---

① 国立礼乐馆编《北泉议礼录》，第37~38页。

## 第八目 丧服及丧期

一、丧服分斩衰、齐衰、大功、小功、缌麻五等，各分正服、义服，以麻制用。

二、五等之服其丧期如次：

甲、父母之丧斩衰三年，正服。（首尾二十七月而除。凡国有大兵、大灾、大疫时从荒礼。）祖父母、伯叔父母、姑、兄弟、姊妹、子女之丧齐衰期，正服。（首尾十三月。）媳之丧齐衰期，义服。曾祖父母之丧齐衰五月，正服。高祖父母之丧齐衰三月，正服。从兄弟姊妹、兄弟姊妹之子女、孙子女之丧大功九月，正服。孙媳之丧大功九月，义服。伯叔祖父、祖姑、从伯叔父、从姑、从兄弟子女、兄弟孙子女小功服五月，正服。伯叔祖母、从伯叔母、兄弟之妻之丧小功服五月，义服。女之子女、曾孙子女、玄孙子女缌麻三月，义服。

乙、母之父母之丧大功九月，正服。母之兄弟姊妹之丧小功五月，义服。母之祖父母之丧缌麻三月，正服。母之兄弟姊妹之子女、姑之子女之丧缌麻三月，义服。

丙、夫妻之丧齐衰三年，义服。（首尾二十七月而除，凡国有大兵、大灾、大疫时从荒礼。）

丁、夫父母之丧齐衰期（首尾十三月），义服。（妻嫁夫从夫居者，对于夫父母之丧期与夫同。）夫祖父母、夫伯叔父母、夫之姑之丧大功九月，义服。夫兄弟及其妻、夫姊妹之丧小功五月，义服。夫高祖父母、曾祖父母、夫伯叔祖父母、夫祖姑之丧思（缌）麻三月，义服。

戊、妻父母之丧齐衰期（首尾十三月）义服。（夫赘于妻家从妻居者，对于妻父母之丧期与妻同。）

三、为人后者，为其本生父母，齐衰三年，降服。

四、认领之子女，对于父母及生母，斩衰三年，正服。

五、养子女对于养父母之丧，服丧期与婚生子女同，义服。

六、前妻之子女，对于继母之丧，为大功九月，义服。（愿服斩衰三年者听。）

七、前夫之子女，对于同居继父之丧，为大功九月，义服。

八、婚生子女，对于所认领子女之生母之丧，为小功五月。但以其与父永久共同生活者为限，义服。

九、本章未规定丧服丧期之亲属，曾受死者之扶养或监护者，得服小功五月之丧，义服。

十、对于未成年之死者丧服丧期降一等。但已结婚者不在此限。

十一、出殡后服丧期未满者，除行礼时外改用素服。但应于左肘以上缠黑布一道志哀，服丧期满，应行礼释服。

十二、凡因非常事故，服丧期已满而后扶柩回籍安葬者，启殡及安葬时仍用丧服，丧毕乃除。

十三、服斩衰三年之丧，在二十七月以内停止婚嫁。在职务上有特殊情形者，及国有大兵、大灾、大疫时从荒礼。

十四、公务员有父母之丧者，得辞职守制。其不得请者，得在任给假治丧、坚辞者听辞职。①

关于丧服与丧期，历来是丧礼中最难规定之处。民国时期新旧交替，社会风俗的变化各地不一，国家政令法律又与民间习惯之间多有抵牾。因此，究竟应如何规定丧服与丧期，社会各界人士多有争议。从《北泉议礼录》关于丧服与丧期的规定来看，其较多借鉴传统丧礼习俗，颇有"复古"之意。根据亲疏关系，以斩衰、齐衰、大功、小功、缌麻这种传统的五服制度来规定丧服，也是延续"披麻戴孝"的旧式丧礼。在五服丧服制下，又详细地制定了不同亲疏关系应着的丧服以及应守的丧期。不过，男女之间的等级差别和一夫多妻的制度，显然不能适应民国男女平等的理念和法律的规定。"男女平等，订于约法，与旧俗盖殊，本宗外家，原有差别者，今不得不重加规定也。"②因此，关于男女之间的丧服与丧期，调整为互相平等的"夫妻之丧，齐衰三年，义服"，而非沿袭旧制的斩衰与齐衰之别。其在丧服与丧期的最后一条规定，公务人员遇父母之丧得辞职守制，这实际上是来自传统的"丁忧"，在民国社会的政治实践中很难落实，草案制定者显然意识到这一点，因此又规定"其不得请者，得在任给假治丧"。

综而言之，1943年《北泉议礼录》中的丧礼草案，吸收了民国历次丧礼草案的内容。不过，由于《中华民国礼制》于1943年11月讨论制定，颁布于1944年，从1944年至1949年，正值抗战进入尾声以及国共内战时期，国民政府无暇顾及礼制在全国的推广和实践。随着1949年国民党败退台湾，这套丧礼草案也随告终止。民国不同时期的丧礼草案，最终都未能很好得到贯彻实践，一方面是因为局势动荡，很难

---

① 国立礼乐馆编《北泉议礼录》，第37~38页。
② 国立礼乐馆编《北泉议礼录》，第37页。

有一个相对平和的环境诉诸推行；另一方面，则是当时正处在国家与社会的转型时期，各地礼俗不同，没有政府长期、强力的推广，则很难真正落实到民间社会中。

## 第四节　军人的殡葬制度

### 一　《海军丧礼条例》

北洋政府为武人秉政，因此尤为注意军人的丧葬。1913年2月24日，以临时大总统令的形式公布了由时任海军总长刘冠雄主持制定的《海军丧礼条例》，这在民国历史上颇为特殊。

1913年的《海军丧礼条例》与《海军制服令》先后颁布，构成北洋政府关于海军礼制建设的一部分。《海军丧礼条例》[①]（简称《丧礼条例》）共7章35条，详尽阐述了海军丧礼各方面的规定。条例第一章为总则，共6条，内容如下：

第一章　总则

第一条　凡现役海军军人及召集中之续备役、后备役海军军人，其丧礼均照本条例行之。但死者当犯法受刑中，不在此限。

第二条　凡丧礼以死者之长官为主丧。

第三条　准尉官以上之丧，主丧者应于死者同级或下一级军官中指定一人或数人为丧礼干事。但无此项军官，得以上一级军官充之。

第四条　丧礼干事受主丧之指挥，掌一切丧礼事宜。

第五条　葬分水葬、陆葬二种。但水葬限于不能陆葬时行之。

第六条　丧礼分左列五种：

一、半旗

二、发引炮或发引枪

三、卫队

四、葬炮或葬枪

五、丧章

---

[①]　《政府公报》第289号，1913年2月25日。

总则第一条规定了适用《丧礼条例》的人群范围，即现役或预备役海军军人，但触犯刑法者不在此例。第三、第四两条规定了丧礼参与人员的组成，以死者上级为主丧者，以死者同级或下级为丧礼干事，具体操办丧礼诸事。第五条规定了丧葬的形式分为水葬和陆葬两种。水葬是海军丧礼中所特有的形式，据说最早起源于北欧海盗，为海上古老的葬礼形式。近代以来，随着大航海时代的到来，远洋航行和海军远征使海员在航海途中逝去不可避免，因此海葬或水葬逐渐成为一种丧葬形式。不过，晚清民国之际中国的海军并不发达，其在丧礼条令中因袭世界海军的通行做法，但又特别标明"水葬限于不能陆葬时行之"。第六条将海军将士丧礼过程的主要内容列举出来，分为半旗、发引炮或发引枪、卫队、葬炮或葬枪、丧章5个方面。

《丧礼条例》的第二章，主要说明和规定丧礼中关于下半旗的诸项事宜，内容如下：

### 第二章　半旗

第七条　当军舰应悬海军旗、舰首旗之时，将各该旗章半下为半旗。若死者为司令或舰长，应同时将其旗章半下。

第八条　半旗依第一表之规定，自得讣时或死者殁时起行之。

第九条　本国军舰与外国军舰同泊一港内，得外国军舰照会应悬半旗致吊之时，即以相当期间举行半旗。

第十条　军舰遇有左列各官丧礼，应于当日悬半旗至日没为止：

一、军舰停泊地方，有本国现役陆军将官及召集中之续备役、后备役陆军将官之丧礼时；

二、军舰停泊外国地方，有本国驻扎外交官或领事官之丧礼时。

第十一条　无论死者随殓随葬与否，半旗只于第八条规定之时际行之。但行水葬者，限于葬时行之。

此章内容共有5条，从不同方面规定了"半旗志哀"的各种礼节。第八条主要说明下半旗的时间为"得讣时或死者殁时"开始，第十一条补充说明水葬下半旗是在死者丧葬时开始。第九、十两条说明除本军舰或者非海军之外的下半旗礼适用范围。其中第九条是说本国军舰与外国军舰同泊一港内，得到外舰通知有逝者应下半旗时，也应同降半旗表示哀悼。第十条是说军舰停泊之处，有本国陆军将官逝去，理应下半旗志哀；军舰泊于外国港口，有本国驻外外交官与领事官逝去，亦应下半旗志哀。从"半旗志哀"的规定可以看出，下半旗是海军丧礼中颇有仪式感的一个重要场面，其适用的范围除了本国海军，也用于表达与外国海军同行之间的彼此吊问以及对本国军政人员的致哀。"半旗志哀"起源于近代西方远洋航海之中，成为海上表达哀思的仪式象征。与此同时，这种海上礼节也传入陆地，并且融入近代民族国家的政治活动之中。时至今日，"半旗志哀"成为全世界对重要人物逝去表达哀悼的一个通行方式。

《丧礼条例》第三章，就丧礼时如何发引炮或引枪有详细的规定，其内容如下：

### 第三章　发引炮或发引枪

第十二条　发引炮每发应距隔一分钟至五分钟，其发数依海军礼炮条例附表所定。

第十三条　海上勤务将官之丧，其柩移出本舰载上舢舨时，由本舰或同泊港中之一舰施放发引炮。若该处有可放礼炮炮台，其柩抵岸时，该炮台亦应施放。

第十四条　陆上勤务将官之丧，其柩迁出丧家时，由丧礼地港中所泊军舰之一施放发引炮。若该处有可放礼炮炮台，该炮台亦应施放。海上勤务将官之丧，其柩出发地如在陆上，亦适用本条之规定。

第十五条　舰长之丧，其柩移出本舰载上舢舨时，由本舰施放发引炮。

第十六条　军舰遇有左列各官丧礼，应于其柩迁出丧家时，施放发引炮。但一港内泊有军舰数艘，则只一舰行之：

一、军舰停泊地方，有本国现役陆军将官及召集中之续备役、后备役陆军将官之丧礼时；

二、军舰停泊外国地方，有本国驻扎外交官或领事官之丧礼时。

第十七条　发引枪每发应距隔一分钟至五分钟，由丧礼本舰之卫队或另编队伍施放，以三发为限。准尉官以上之丧无受发引炮资格者，在海上于其柩由本舰移往陆上时，在陆上于其柩迁出丧家时，施放发引枪。

《丧礼条例》第四章是关于丧礼中如何使用卫队的说明，第五章是关于落葬时如何鸣发葬炮或葬枪的规定，内容如下：

## 第四章　卫队

第十八条　卫队于出殡时分列柩之前后，掌道中卫护之事，但其护送路程，不得逾一日以上。

第十九条　卫队之人数，依第二表之规定。如人数不足，得由主丧临时酌定。

第二十条　军舰在外国，遇有本国驻扎外交官或领事官出殡时，应按死者官阶酌定人数多寡，派遣卫队护送。

第二十一条　司令及舰长出殡，如在海上应将其旗章悬诸载柩舢舨之首，在陆上则由卫兵一名捧行于卫队之先。

第二十二条　在外国举行出殡时，应以卫兵一名捧海军旗以行。

## 第五章　葬炮或葬枪

第二十三条　葬炮每发应距隔一分钟，其发数依海军礼炮条例附表所定。

第二十四条　将官及舰长陆葬，于其柩下坟时，由卫队施放葬炮，水葬则由本舰施放。

第二十五条　葬枪每发应距隔一分钟，陆葬由卫队成排施放，水葬由本舰卫兵或另编队伍施放，以三发为限。海军军人之葬无受葬炮资格者，其柩下坟或水葬时，施放葬枪。

值得注意的是，《丧礼条例》中有关卫队、葬炮或葬枪等的规定，其实大多数是舶自于西方的葬礼模式。众所周知，传统的中国军队建制中，是重陆轻海的。及至晚清，西方侵略者挟坚船利炮自海上而来，其所优长之处正是与海洋有关的远洋航行、地理大发现、全球贸易市场以及先进的舰船装备相关，其所攻击的正是"天朝上国"对于海洋的轻视和蒙昧。泰西文明与东方的碰撞，使国人开始注重海军的营建，北洋水师的应运而生便是例证。若不以最终的胜败论英雄，可以说晚清以来中国海军的礼制、军服和各种条令，大多仿效西方模式，其西化的程度远胜于陆军。以军服为例，1882年夏，北洋水师在参考英国海军军服的基础上，拟定起草并颁行了中国第一部海军服装规范《北洋水师号衣图说》。又如水师军官的夏季军帽则完全学习西方，采用进口的圆顶草帽，帽子上钉一道黑飘带，文字为英文的"大清帝国海军"。就《海军丧礼条例》而言，其从法令立意到具体形式，也以西方因素居多。这种以西式葬礼模式为主的海军葬礼，非独只是面向海军将士，对社会的影响也很大。特别是卫队、引枪、葬炮、葬枪以及军乐队的形式，被社会上一些趋新葬礼甚至是中西结合的葬礼所使用，在一定程度起到移风易俗的作用。

《丧礼条例》第六章是关于丧章使用黑纱的规定，这也与民国的《服制》规定是吻合的，第七章附则是就前六章规定之外的特殊情况进行说明，内容如下：

### 第六章　丧章

第二十六条　丧章以黑纱为之。殡葬行列中之旗章、乐器及卫队与送丧者之左袖，俱应被丧章，式如第一至第四图。

### 第七章　附则

第二十七条　海军军人之丧，若不即葬，应以柩至殡所为丧礼之终。嗣后葬时，不再举礼。但得于停柩时依第五章各条之规定，施放葬炮或葬枪。

第二十八条　凡丧礼如有特别原因，不能照本条例施行时，由主丧者酌量省略之。

第二十九条　不能施放发引炮或葬炮时，得以发引枪或葬枪代之。

第三十条　遇有本国极高文武官长之丧，依海军礼炮条例其人有受礼炮资格者，得由所在海军资深官参照本条例及海军礼炮条例，适宜酌定礼式。但应即时报告海军部，或临时由海军部以部令规定行之。

第三十一条　遇有外国丧礼必须致吊时，所在海军资深官得参照本条例及海军礼炮条例并外国成例，便宜处置。但应即时报告海军部，或由海军部临时以部令规定行之。

第三十二条　本条例所称外交官、领事官，系依海军礼炮条例有受礼炮之资格者。

第三十三条　凡休职、停职者之丧礼，依陆上勤务军人例行之。

第三十四条　同时同地有两人以上之丧，依官职等级之高下，次第各行应行之礼式。但其间至少须距隔三十分钟。等级相同时，先对于资深者行之。若有两人以上同时合行丧礼，但依等级较高者之应行礼式行之。

第三十五条　本条例自公布日施行。

从民国历史来看，按照《海军丧礼条例》进行安葬的多为当时的海军大员。1915年，北洋海军上将郑汝成在镇守上海时，被陈其美派刺客暗杀。郑汝成灵柩运回北京进行安葬，据《申报》记载，北洋政府在筹备郑的葬礼时，所拟定的丧葬礼节和办法中多次提及《海军丧礼条例》。"应请大总统特派海军总长前往奠醊，其礼节另行规定……护送卫队按照《海军丧礼条例》之规定，应派卫队二营，应由海陆军两部分派兵队，先期齐集车站。灵榇到时，列队先致敬礼，并在灵榇导引。海军部军乐队先时至车站迎候，并随卫队护送至先农坛，其应被丧章，按照《海军丧礼条例》办理。"[1] 1918 年，加入同盟会追随孙中山、曾任民国海军总长的程璧光，于广州被暗杀。他的葬礼也是依据《海军丧礼条例》进行的。"程总长功在民国，今既逝世，查《海军丧礼条例》，应下半旗二日，昨已通饬各机关自二月二十七日起至三月一日止，照例举行以志哀悼。"[2]

1929 年，南京国民政府曾对 1913 年的《海军丧礼条例》进行一定程度的修订，但基本维持了原条例的主体部分，未做大的改动。作为北洋时期针对海军军人并具有相当社会影响力的《海军丧礼条例》，是民国时期关于丧葬的重要法规法令。

相比于海军，人数更为庞大的陆军是否有专门的丧礼条例呢？就目前所见，1930 年 4 月，南京国民政府军政部依据《海军丧礼条例》，拟订了陆军丧礼暂行条例草案，送立法院讨论，并于当年 5 月 3 日获得通过。8 月 8 日，国民政府公布了《陆军礼节条例》，条例的第四篇即是丧礼篇，共分为 5 章，分别是通则、祭奠、仪仗兵及送葬队、吊炮或吊枪、丧章。此后，《陆军礼节条例》又先后在 1935 年、1942 年、1943 年、1944 年进行了修订，其中关于丧礼部分并无太大变化。

## 二 烈士抚恤褒扬法规

民国时期，内忧外患，战乱频仍。针对历次战争特别是 1937 年全面抗战之后阵亡将士的抚恤、褒扬与纪念，成为民国政府日常行政事务中不可或缺的内容。围绕着对阵亡将士的抚恤与纪念，民国政府出台了诸多法规法令。

1912 年，中华民国初创。当年 2 月，南京临时政府成立临时稽勋局，由冯自由出任局长。临时稽勋局直隶国务总理，掌办有功于中华民国者的调查、褒扬及抚恤等事项。其具体职权是"稽查开国前各处倡议殉难者、开国时为国尽瘁身亡者、开国时关于各地方战事宣力著功者、开国时于军事、建议策划或奔走运动成绩卓著者、开国前后输资助公者"。[3] 对于已故革命志士及其遗族的调查与抚恤，是临时稽勋局职责的

---

[1] 《郑故使灵榇到京之办法》，《申报》1915 年 11 月 27 日。
[2] 《程璧光被刺三纪》，《申报》1918 年 3 月 7 日。
[3] 张宪文等编《中华民国史大辞典》，凤凰出版社，2002，第 1368 页。

重要组成部分。3月，南京临时政府颁布《陆军部规定陆军官佐士兵恤赏表》，这是民国时期最早公布的一部军人抚恤法规。在该法规中，规定阵亡者按照军衔一次发放抚恤金，士兵从下士到上士为150-200元不等，此外，对阵亡士兵的父母妻小也有相应的安排。9月18日，北洋政府公布《陆军平时恤赏暂行简章》，分总则、剿办内乱伤亡之恤赏规则、因公伤亡之恤赏规则、积劳病故之恤赏规则、恤赏规则等五章。10月18日，北洋政府又公布《战时陆军恤赏章程》，规定对于阵亡、阵伤致废、因公殒命、积劳成疾者分不同等级发放抚恤金，并对遗族予以照顾。与此同时，北洋政府着手海军抚恤立法，拟制完成了《海军赡恤法草案》和《海军给予令草案》。

1927年，南京国民政府成立后，于是年7月公布了《国民革命军战时抚恤暂行条例》，适用对象为战时伤亡的官兵，不久又制定公布《陆海空军平时抚恤暂行条例》和《陆海空军战时抚恤暂行条例》，继续完善对军人的抚恤法规。进入1930年代，国民政府针对军人的抚恤立法更加专门化，出台了《空军抚恤暂行条例》、《陆军抚恤暂行条例》、《海军平战时抚恤暂行条例》，分别从平战时的区别、抚恤金的发放方式、抚恤金发放等级、对亡者亲属的照顾等层面进行严格和详细的规定。

1937年全面抗战爆发，蒋介石于7月17日在庐山发表抗战讲话，称地无分南北、年无分老幼，人人皆有守土抗战之责。伟大卓绝的八年抗战由此开始。对日的全面抗战是近代以来中华民族一次最大的对外军事战争，无数抗战将士牺牲在为国守土的疆场上。针对如何抚恤、褒扬阵亡将士，使亡者之魂得以安息，同时振奋整个民族的抗战精神和意志，国民政府陆续公布了多项关于抗战阵亡者的抚恤法规，择其中重要者简要介绍如下。

（1）《人民守土伤亡抚恤实施办法》

1938年4月，迁都重庆的国民政府行政院公布了《战地守土奖励条例》，鼓励全民族奋起抗战。10月14日，根据《战地守土奖励条例》，国民政府行政院又公布《人民守土伤亡抚恤实施办法》，共15条，内容如下：

　　第一条　本办法依《战地守土奖励条例》制定之。
　　第二条　凡人民及一切人民武装抗敌组织（包括壮丁队、义勇壮丁常备队、别动队、便衣队、义勇军防护团、人民自卫军及其他一切人民武装抗敌组织）之份子因守土而伤亡者，其抚恤依本办法之规定办理。
　　第三条　凡合于战地守土奖励条例第一条第三、第六两款之规定而有左列情形之一者应予以抚恤。

一、参加抗敌战斗临阵伤亡者。

二、扰乱敌人后方及侦查敌人行动因而伤亡者。

三、协助军队工作或执行军队命令因而伤亡者。

四、保卫村镇抗拒敌人因而伤亡者。

五、因其他抗敌行动而伤亡者。

第四条　因前条各款原因受伤或亡故者依照左列规定抚恤之。

一、亡故者除给予其遗族八十元之一次恤金外，并给予每年五十元之年抚金。

二、受一等伤者除给予七十元之一次恤金外，并给予每年四十元之年抚金。

三、受二等伤者除给予六十元之一次恤金外，并给予每年三十五元之年抚金。

四、受三等伤者除给予四十元之一次恤金外，并给予每年三十元之年抚金。

前项二、三、四各款所称伤等按照陆军平战时抚恤暂行条例第十三条之规定检定之。凡领导民众守土抗敌具有特殊勋劳因而伤亡者得专案呈请从优抚恤。

第五条　依前条第一项第三款、第四款规定，领受一次恤金后三个月以内，发现其伤势加至较重伤等者，得依同条同项第二款或第三款之规定加给年抚金。

第六条　依第四条第一项第二款至第四款规定，领受恤金及年抚金后，发现其伤势减轻或痊愈者，自发现之日起，其年抚金得改依同条第三款或第四款之规定，给予或停止之。

第七条　依第四条第一项第三款规定，给予恤金核定后未逾两个月内，因伤发而死亡，或依同条同项第二款规定给予恤金核定后，未逾六个月因伤发而死亡者，自死亡之日起，改依同条同项第一款之规定，给予遗族年抚金。

第八条　年抚金之给予期限如左。

一、第四条第一项第一款之情形，其遗族年抚金给予以十年为止。

二、第四条第一项第二款至第四款之情形，以五年为一期，期满后得呈请继续给予。未逾五年而亡故，其子女未成年者，得续给遗族五年年抚金。

第九条　应受年抚金之遗族其顺序如左。

一、死亡者之妻及子女（再醮或出嫁者不在内，下仿此）。

二、妻丧及子女俱无者，给其父母。

三、父母俱无者，给其祖父母及孙。

四、上列遗族俱无者，给其未成年之胞弟妹。

同一顺序有二人以上时，应按人数自行平均分配之。

第十条　人民守土伤亡抚恤，由受抚恤人及其亲属，或当地人民十人以上联署填其请恤事实表（附式一），呈请该管县市政府核查确实后，拟定办法呈请省政府核准办理，转咨内政部备案。

在院辖市则呈由市政府核定行之，转咨内政部备案。

第十一条　省政府核定抚恤办法后，即填发抚恤令，令经由原呈请机关送达恤金受领人。恤金受领人接到抚恤令后，即得向该管县市政府领取恤金及年抚金，但须取其保结并呈验抚恤令。

在院辖市则由市政府填发其恤金，向财政局请填之。

第十二条　抚恤令（附式二）分为存根备查通知及抚恤令四联，省政府于填发抚恤令时，应将存根留查备查一联送达审计机关，查核通知书一联发交财政部，转发抚恤金受领人，请领时与抚恤令核对无讹，即行发给。除通知书存具留查外，应册报省政府转审计机关查核。

在院辖市则由市政府填发通知书于市财政局。

第十三条　人民守土伤亡抚恤金由省库支给一次恤金，财政厅于转发恤金通知书之同时，即将应发金额一并附发给年抚金者。财政厅应于每年一月至三月、七月至九月两期汇发县市政府转发。

在院辖市抚恤金由市库支给，即由市财政局直接发给之。

第十四条　本办法所未规定者，得参考陆军平战时抚恤条例办理。

第十五条　本办法自公布之日施行。①

《人民守土伤亡抚恤实施办法》是抗战期间国民政府出台的最为重要的针对抗战阵亡者的抚恤条令。该条令结合了民初以来关于军人伤亡抚恤法令的各项规定，并将适用对象扩大到所有为抗战而死的人民。法令的第二条规定了享受抚恤的人群范围，即"人民及一切人民武装抗敌组织"之分子。换言之，凡为抗战而伤亡的军民，皆在抚恤范围内。法令的第三条，具体规定了抗敌伤亡者的诸种情形，包括战争中的阵亡伤残者、敌后侦察的牺牲受伤者、协助军队执行任务的伤亡者、保乡抗敌而伤亡的人民等，都在抗战伤亡人民的名单内。第四至第八条法规，是关于如何发放抚恤金的具体细则。从法令内容来看，对抗敌伤亡者发放抚恤金，分为一次性抚恤金和常年抚恤金两种，抚恤金的数额

---

① 内政部总务司第二科编《内政法规汇编·礼俗类》，第41～42页。

则根据当时及其后的伤亡情形而定，亡者享受最多数额的抚恤金，伤残者根据创伤等级程度而定为数等。第九条法规是关于如何向抗战死亡者遗族发放抚恤金的阐释。第十至第十四条法规，则具体地规定了如何申请抚恤以及领取抚恤的相关问题。

《人民守土伤亡抚恤实施办法》出台之后，国民政府在中央成立了抚恤委员会，与内政部、军政部、教育部联合开展相关抚恤活动。在地方上，各省市县政府，依据该实施办法抚恤抗战中的伤亡者。譬如，1941年3月《申报》报道安徽省抚恤境内7名因抗战而牺牲的民众："立煌镇陵县居民叶植万、张安发、崔绍柿、邓良友、方玉堂、朱先玉、叶俞氏等七名，因侦察日情及参加部队作战壮烈牺牲，皖省府特依照《人民守土伤亡抚恤实施办法》，各给予抚恤金，以励来兹。"①

（2）《抗敌殉难忠烈官民祠祀及建立纪念坊碑办法大纲》

抗战期间，国民政府除颁布抚恤法规安抚因抗敌而伤亡的军民，也出台诸多政策对抗战忠烈进行隆重的安葬、纪念和褒扬，以示崇仰之意，进而激发全民族抗战的精神，《抗敌殉难忠烈官民祠祀及建立纪念坊碑办法大纲》以及依据该法第十条制定的《忠烈祠设立及保管办法》，是其中最为重要的政策法令。

忠烈祠的设立，并非始自抗战时期。中国古代为了表彰忠臣烈士，历代皆有忠烈庙、昭忠祠或忠烈祠的设立，用以奉祀忠烈之士。1912年民国初立，为纪念革命烈士，以孙中山为首的革命党人特别将其崇祀忠烈祠，以示纪念和褒扬。从现有史料来看，彭家珍是中华民国临时政府下令崇祀忠烈祠较早的革命烈士。彭家珍是清末著名的革命志士、同盟会会员。武昌首义之后，满洲少壮贵族成立了以铁良、良弼为首的宗社党，对抗革命，意图自救。1912年1月26日，彭家珍以炸弹暗杀良弼，本人也伤重不治。为了表彰彭家珍为革命牺牲的精神，3月，"陆军部请赐恤彭烈士家珍，并崇祀忠烈祠，已蒙孙总统批准"。②

1933年9月13日，国民政府内政部出台《烈士附祠办法》，规定"凡为国民革命而牺牲之烈士，除专设纪念祠供祀外"，在"事迹表著地、死难地，或原籍之烈士祠内附祠供祀"。③ 1936年5月，国民政府军事委员会又制定《历次阵亡残废受伤革命军人特别优恤办法全案》，在其所附的《各县设立忠烈祠办法》中规定："凡抵御外侮、北伐……各战役死亡官兵之原籍属于某县者，即于某县忠烈祠专祀之。"又指

---

① 《皖省府抚恤守土阵亡人民》，《申报》1941年3月31日。
② 《请赐恤彭烈士家珍》，《申报》1912年3月30日。
③ 绥远省政府秘书处编《烈士附祠办法》，《绥远省政府年刊》（1933年），第162页。

令各县将文庙、乡贤祠旁原有昭忠、忠义等祠或庙改建为忠烈祠,祭祀自北伐战争以来历次战役死亡之官兵。全面抗战爆发后,1938年11月,蒋介石在南岳召开军事会议,会上各战区将领反映战场士兵伤亡惨重,许多士兵的尸骨得不到掩埋,几乎是暴尸疆场,引起蒋介石的重视。一方面,抗战阵亡将士为国捐躯,连尸骨都不能入土为安,无法向逝者及其亲属交待;另一方面,阵亡将士尸骨不能得到有效安置,对于军队的士气也是极大的打击,侵华日军素来对阵亡者的安葬极为重视,也会因此轻视中国抗战军队。在蒋介石的持续关注下,1940年9月20日,行政院颁布《抗敌殉难忠烈官民祠祀及建立纪念坊碑办法大纲》以及《忠烈祠设立及保管办法》,用以纪念褒扬抗战阵亡将士。

《抗敌殉难忠烈官民祠祀及建立纪念坊碑办法大纲》共11条,内容如下:

第一条 抗敌殉难忠烈官民之祠祀及建立纪念坊碑,依本大纲行之。

第二条 抗敌殉难忠烈官兵有左列诸事之一者,得入祀忠烈祠,并得建立纪念碑及纪念坊:

一 身先士卒冲锋陷阵者。
二 杀敌致果建立殊勋者。
三 守土尽力忠勇特著者。
四 临死不屈或临阵负伤不治者。
五 其它抗敌行为足资矜式者。

第三条 抗敌殉难忠烈人民有左列事项之一者,得入祀忠烈祠,并得建立纪念碑:

一 侦获敌人重要情报者。
二 组织民众帮助军队工作或执行军队命令者。
三 剿杀敌人或汉奸者。
四 破坏敌人重要交通路线者。
五 焚毁敌人仓库者。
六 破获敌伪间谍组织者。
七 被掳不屈者。
八 救护抗敌官民者。
九 组织民众实行国民公约者。

十　其他忠勇抗敌者。

第四条　凡合于前二条规定各款情事之一者，得由其事迹表著地、殉难地或原籍地之公正人民或乡邻亲属，填具详细事迹表，呈由各该县（市）政府调查属实后，呈请省政府，转咨内政部分别核准入祀，或建立纪念坊碑。

抗敌殉难忠烈官兵，应由其原属部队填具事迹表，并造具清册报由军政部，转咨内政部核准。

事迹表及清册格式，由内政部定之。

第五条　各级地方政府应随时查访，遇有合于第二条、第三条规定各款情事之一者，应详具事实，比照前条规定程序办理。

第六条　忠烈祠设于省市（包括院辖市及省辖市）县政府所在地，乡（镇）亦得设立之。纪念坊碑建立于事迹表著地、殉难地或原籍地。

忠烈祠及纪念坊碑之建立经费，由地方政府支出之。

第七条　国民政府于首都所在地，建立忠烈祠，并得特准建立专祠、专坊或专碑。首都忠烈祠及专祠、专坊、专碑之建立经费，由国库支出之。

第八条　忠烈祠之入祀及纪念坊碑之建立，由内政部于核准时定之。

忠烈事迹特著及建有特殊勋绩者，入祀首都忠烈祠，并得同时入祀各省市县忠烈祠。入祀首都忠烈祠者，应经国民政府明令行之。

保卫地方建有功绩者，入祀省忠烈祠并得同时入祀原籍市县忠烈祠。

其他忠烈入祀原籍县市（院辖市或省辖市）忠烈祠。

第九条　忠烈祠应祀古代名将及革命先烈。

第十条　忠烈祠设立及保管办法另定之。

第十一条　本大纲自公布日施行。①

在 11 条法令内容中，以第二、第三条法规最为重要，其分别规定得入忠烈祠褒扬的官兵、人民的适用条件，共枚举了 15 种抗战杀敌的情形。在大纲中，还特别提及要于首都建立忠烈祠，用以举行全国性的纪念和祭祀，但由于种种原因，最终未能建成。而在当时国统区辖制的范围内，各省市县根据《抗敌殉难忠烈官民祠祀及建立纪念坊碑办法大纲》，纷纷设立忠烈祠，用以纪念抗战牺牲者。各地的忠烈祠，具体依据与大纲同日颁布的《忠烈祠设立及保管办法》所建。该条令共 13 条内容，兹录如下：

---

① 内政部总务司第二科编《内政法规汇编·礼俗类》，第 50 页。

第一条　本办法依抗敌殉难忠烈官民祠祀及建立纪念坊碑办法大纲第十条之规定订立之。

第二条　国民政府所在地、各省（市）政府及县（市）政府所在地，均应设立忠烈祠一所，乡（镇）公所所在地如有公共寺庙亦得设立之。

第三条　设立忠烈祠，得就公共祠庙改建，但应事先商得各该祠庙负责人之同意，并报内政部核准行之。

第四条　各地忠烈祠成立后，当地原有类似忠烈祠之祠庙，得由各该官署酌予归并，呈报内政部备案。

第五条　烈士牌位之式样及尺度如左：

一　牌位一律蓝底金字，边缕花纹，上加额下设座。

二　牌位中直书烈士姓名，有衔者具衔，左书年龄、籍贯，右书殉难事由。

三　牌位尺度以国定市用尺为标准，长二尺，横宽五寸，两边各宽一寸五分，额高二寸，座高三寸。

四　如烈士人数过多时得分排书，每牌十排，每排十名。

第六条　忠烈祠应征集下列物品，开室陈列以供瞻仰：

一　烈士遗像。

二　烈士遗物。

三　有关烈士之文牍。

四　有关烈士之摄影。

第七条　忠烈祠内或附近得斟酌情形开设花圃或公园。

第八条　各地忠烈祠应于每年七月七日依公祭礼节举行公祭。首都忠烈祠由内政部部长主祭，省（市）忠烈祠由省政府主席或市长主祭，县（市）忠烈祠由县（市）长主祭，乡（镇）设忠烈祠者由乡（镇）长主祭，当地各机关法团均须参加。

第九条　各地忠烈祠保管机关规定如左：

一　首都忠烈祠由内政部保管之。

二　省（市）忠烈祠由省政府民政厅或市社会局保管之。

三　县（市）忠烈祠由县（市）政府保管之。

四　特殊行政区（如威海卫管理公署及设治局等）忠烈祠由各该官署保管之。

五　乡镇设有忠烈祠者，由乡镇公所保管之。

第十条 忠烈祠之保管经费列入预算。

第十一条 各地忠烈祠保管机关，应于每年年终将保管实况呈报上级政府，转咨内政部备查。如有特殊情形，并应专案具报。首都忠烈祠保管实况由内政部报由行政院，转报国民政府备案。

第十二条 忠烈祠不得占用或处分。

第十三条 本办法自公布日施行。①

从条令内容来看，忠烈祠的建立并不是安葬抗战阵亡的官民，而是建造一个纪念场所，用以纪念和褒扬逝者。因此，在条例内容中规定征集烈士的遗像、遗物、文牍等可供瞻仰的物品，结合牌位等，共同构筑一个纪念空间。法规也规定了自首都以至全国各省市县乡都要建立忠烈祠，可以专门设立忠烈祠，也可以改造当地的公祠庙宇作忠烈祠，并且尽量将其营造成具有公园性质的现代仪式空间。忠烈祠以纪念与褒扬为第一理念，法规也规定了每年依公祭礼节进行祭奠。

## 第五节　殡葬服务设施管理制度

### 一　公墓管理法规

公墓是近代中西文化交流中的舶来品。自晚清以来，随着西方人不断涌入中国，也将公墓制度带入沿海通商口岸。早在1866年，上海公共租界工部局在卫生处设公墓股，这是上海第一个殡葬行业的行政管理机构，工部局随后公布了《公墓章程》，就公共租界内的公墓管理制定了诸多法规。1918年的《东方杂志》曾经摘要刊登了工部局的《公墓章程》。北洋政府曾于1922年颁布了《坟山特别登记章程》，共35条内容。

南京国民政府成立后，将推行和管理公墓视作移风易俗、构建现代殡葬文明的重要手段，并开始制定全国性的公墓法规。1928年，时任浙江省民政厅厅长的朱家骅率先在浙江省发出制定公墓法规的倡议，"浙江民政厅长朱家骅氏、鉴于吾国旧习人民迷信风水，乃拟具浙江省公墓条例"。②朱家骅在提案中称，推行公墓有打破迷信、发展农林、以利民生的好处。"查公墓制度风行欧美，法良意善。近来我国广东

---

① 内政部总务司第二科编《内政法规汇编·礼俗类》，第51页。
② 《浙江省公墓之提案》，《申报》1928年5月25日。

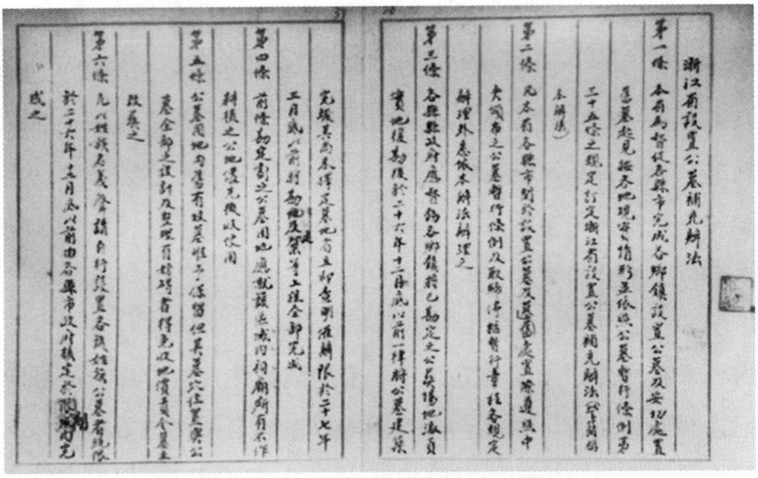

图2-3 1929年浙江省设置公墓补充办法
资料来源：原件存中国第二历史档案馆。

等省，既已仿行于先。而吾浙最近政纲亦有提倡公墓之条。为矫正旧时弊习及节用土地、公共卫生起见，自宜设法筹办，逐渐推行，既除人民风水之迷信，又可免肥沃之地多为死人占踞，而变为不毛之土，使农林日益衰落、生产日形减少，民生问题大受影响。"[1]根据朱家骅的提案，浙江省制定了公墓条例，严令各市县政府自条例公布日起一年以内，均须依照条例，筹设公共墓地。

浙江省出台公墓条例的经验，很快被国民政府所采纳和吸收。1928年10月，内政部联合卫生部、浙江省政府共同制定公墓条例，并向全国颁发，这就是1928年的《公墓条例》，该条例共16条，内容如下：

　　第一条　各市、县政府，应于市、村附近选择适宜地点设立公共墓地。
　　第二条　私人或私人团体设立公共墓地者，须呈经市、县政府之许可。
　　第三条　公墓须设于土性高燥地方，并须于下列各地保持相当之距离。
　　（一）工厂、学校及各公共处所；
　　（二）住户；
　　（三）饮水井及上下水道；
　　（四）铁路、大道；
　　（五）河塘、沟渠距离限度，由各市、县政府斟酌当地情形定之。

---

[1]《浙江省公墓之提案》，《申报》1928年5月25日。

第四条　公共墓地须划分地段，建筑公路，栽植花木，并于其周围建筑坚固围墙。

第五条　公共墓地之图案及墓与碑碣之式样，由市、县政府定之。

第六条　各墓面积及深度，由市、县政府斟酌当地情形及土质定之。

第七条　各墓之距离，左右不得过六尺，前后不得过十尺。欲于墓之周建设垣围者，其垣围所占地面不得超过前项距离二分之一。

第八条　公共墓地得划分收费区与免费区两种。但收费区面积，不得超过全墓地三分之一。收费区征收地价，应按面积计算，其价额由市、县政府定之。

第九条　公共墓地由市、县设立者，须由市、县政府按墓编号派员管理。由私人或私人团体呈请设立者，须由呈请人编号管理。管理规则由市、县政府拟定，但须呈报该管民政厅备案。

第十条　葬者之姓名、籍贯及殁葬年、月、日须刊载之于墓碑。墓碑如有损坏，管理人须通知墓主自行修理。通知后逾年仍不修理，认为有妨碍时得撤除之。

第十一条　各墓除由墓主自行扫除外，每年秋冬间应由管理人扫除一次。

第十二条　墓及墓碑并基地所植花木，不得践踏、拆毁。公墓地内不得狩猎及放牧牲畜。

第十三条　凡公墓非墓主自愿并呈准，该管市、县政府不得起掘。

第十四条　公墓由私人或私人团体设立者，关于第五条、第六条、第八条第二项、第九条第二项规定各事项，须由原呈请人呈经该管市、县政府核定之。

第十五条　各特别市地方设立公共墓地，由特别市政府准用本条例各规定行之。

第十六条　本条例自公布日施行。[①]

这部《公墓条例》规定各市县政府和私人以及私人团体均可筹建公墓，实际上是要求各地应筹建公墓，并制定了公墓及公墓建设的具体办法。其中第一、第三条明确规定公墓应设于各市县附近，但需要距工厂、学校、水源等有一定的距离，以达到卫生、整洁的要求。甚至墓与墓之间的距离、墓地占地面积、收费区与免费区的设置，条例都做了较为详细的规定。

内政部《公墓条例》出台之后，各省市根据该条例的规定，纷纷出台了适用于当地的公墓管理办法，推进各地公墓建设。1928年11月，国民政府卫生部成立，具体负责公墓推进的事宜由内政部转入卫生部。卫生部发文要求各地选择合适地点建成

---

① 陈明光编《中国卫生法规史料选编（1912~1949）》，上海医科大学出版社，1996，第579页。

一二公墓进行管理，对于私人添葬和暴露的浮棺采取迁入公墓或者禁止私自营葬在市区周围。不过，卫生部的行政命令并没有取得预想中的成效，命令颁布之后，各地上报营建公墓者不多，国民政府中央层面对于公墓建设推进的热情，在《公墓条例》颁布的最初时期，遭遇到地方消极的应对，全国仅有上海、西安、天津、杭州、武汉等大城市落实条例，大力推行公墓。

1936年10月30日，国民政府行政院根据各地情形，对《公墓条例》进行了修订，颁布了《公墓暂行条例》。与《公墓条例》相比，暂行条例的规定更加详备并更具可操作性。《公墓暂行条例》共7章36条，其内容如下：

### 第一章　总则

第一条　设置公墓，依本条例之规定。

### 第二章　设置公墓

第二条　各市政府（院辖市及省辖市。下同）应选择适宜地点，设置公墓。各县政府应就所属各区乡镇分设公墓。

第三条　团体或一姓宗族或个人，呈市县政府之许可得设置公墓。

第四条　设置公墓，应将左列各款呈报省政府核准，转咨内政部备案，院辖市政府径咨内政部。

一　设置地点；

二　设计详图；

三　经费及预算；

四　各项章则；

五　设置人及管理人名单。

依本条例第三条设置之公墓，应报由市县政府核转。

第五条　设置公墓，应于不妨碍耕作之山野地为之。

第六条　设置公墓，应不妨碍军事建筑及公共卫生或利益，并与左列各地保持相当距离：

一　学校、工厂、医院、户口繁盛区或其他公共处所；

二　饮水井或饮用水之水源地；

三　铁路大道、要塞或堡垒地带；

四　河川；

五　贮藏爆炸物品之仓库。

第七条　公墓之用地，得依法呈请征收之。

第八条　各市县应行设置公墓之数目，及每一公墓之面积，应由各市县政府依辖境人口数量，酌定比例，分期分地完成之。

第九条　公墓内应栽植花木，建筑道路及泄水设备，并得于其周围设置墙篱。

第十条　公墓内应依面积之大小划分区段，每段内应依墓穴数目，划分墓基。每一墓基之面积，不得超过二百平方市尺，但两棺以上合葬者，得酌量放宽之。

第十一条　墓穴应妥为封固，墓面如超出平地，至高不得过四市尺。墓穴之深度及碑碣式样，由市县政府核订之。

第十二条　公墓地区内，得建筑祭堂及停柩处。

第十三条　公墓地区内，得附设火葬场。火葬办法另定之。

第十四条　设置公墓，得依墓基等次征收租金，以后每隔二十年征收一次，但不得超过第一次租金额二十分之一。

第十五条　墓基租金数额应预为订定，呈请经省政府核准，转咨内政部备案，院辖市政府径咨内政部。依本条例第三条设置之公墓，征收墓基租金数额，应报由市县政府核转。

第十六条　市县政府设置公墓，应设免费墓基地段，依本条例第三条设置之公墓，得设免费墓基地段。

## 第三章　营葬

第十七条　市县政府设置公墓后，应报告指定该公墓所属区域，嗣后在该区域内营葬者，除法令有规定外，应于公墓内为之。

未设置公墓区域，暂准自由营葬，但不得违背本条例第五、六两条之规定。

第十八条　市县政府对于前条暂准营葬之坟墓，得办理登记。前项登记不得征收费用。

## 第四章　公墓管理

第十九条　公墓内棺柩或尸体，非经官署核准不得起掘。

第二十条　公墓不得收葬未经官署发给拾埋许可证照之棺柩或尸体，但未有发给许可证照办法之地方，不在此限。

第二十一条　公墓内无主墓之棺柩或尸体，得由管理人呈经市县政府之许可，起掘火葬或合葬之。前项火葬或合葬之棺柩尸体，应明定起掘期间，于一年前公告之。免费墓基地段内之棺柩或尸体，经过二十年后，得依前两项之规定，起掘火葬或合葬之。

第二十二条　公墓之一部或全部因地形变更，或其他特殊情形，须迁移者，应呈经省政府核准，转咨内政部备案，院辖市政府径咨内政部。

第二十三条　公墓应设置管理人，管理规则由市县政府核订之。

第二十四条　公墓应备簿册，登记左列事项：一、墓基号数。二、葬期。三、受葬者之姓名、性别、籍贯及生死年月日。四、营葬者之姓名、籍贯、住址及与死者之关系。前项营葬者之姓名及住址有变更时，应即通知公墓管理人。

第二十五条　公墓内墓穴及碑碣如有损坏，管理人应即通知墓主或有关系之营葬人，自行修理。

第二十六条　公墓应随时扫除，保持整洁。

第二十七条　公墓管理人，应于每年春秋二季，将公墓办理情形，呈报市县政府查核。

第二十八条　市县政府应于每年年终，将辖境内公墓办理情形，呈报省政府查核，转咨内政部备案，院辖市政府径咨内政部。

## 第五章　旧墓处置

第二十九条　依本条例第十七条第一项规定，公告指定区域内之旧墓，经该管市县政府查明，有左列情形之一者，应迁葬于公墓内。一、坟墓地点足以妨碍军事建筑及公共卫生或利益者。二、田亩中之坟墓足以妨碍耕作者。三、浮厝或露棺。

第三十条　依前条规定，应行埋葬之棺墓，市县政府应明定迁葬期间，于一年前公告之，并于棺木所在地树立标志，墓主如逾期未迁，市县政府应代迁葬于公墓内，其没有火葬事者并得依法合葬之。

第三十一条　依本条例第二十九条第一、二两项规定之应迁葬之坟墓，如墓主不愿迁葬，应于前条迁葬期内，向市县政府声请特别登记。特别登记征收费用，登记后并得征收年捐。前项费用及年捐数额应报经内政部核准。

第三十二条　凡有关名胜古迹，经呈请核准之坟墓，得不适用前两条之规定。

## 第六章　罚则

第三十三条　违背本条例第十七条第一项之规定者，市县政府除处以三十元以下之罚款外，并得限期勒令迁葬于公墓内。

第三十四条　依本条例收入之捐费罚款，充作市县政府设置公墓经费。

#### 第七章　附则

第三十五条　本条例未规定事项，应由各省政府、院辖市政府另定补充办法，并报内政部备案。

第三十六条　本条例自公布日施行。[①]

1936 年的《公墓暂行条例》，其主体是公墓设置、公墓管理与旧墓处置三大部分。在公墓设置的 15 条内容中，除了详尽列举各种相关规定外，对于应行远离的区域，增加了军事堡垒及爆炸危险品地两项。而对于公墓墓基、墓穴的高度、征收租金也都有明确的规定。在公墓管理的各项条款中，规定了棺柩处理、墓穴登记在册、公墓墓穴及墓碑的维修和扫除以及政府备案的各项办法。对于旧墓处置的办法，暂行条例也有具体说明。为了更好地推行《公墓暂行条例》，内政部又先后出台了《解释公墓暂行条例实施疑义》《解释公私茔墓应距市区或公路若干里疑义》等补充性文件，详细解答了各地关于暂行条例的疑惑。

1944 年 3 月，国民政府内务部又制定了《推行公墓制实施方案》，同时废止了《公墓暂行条例》。相比于《公墓暂行条例》，后者在内容上变化不大，各省又根据这一新的法规，分别制定适合本地的公墓实施方案。

### 二　地方殡仪馆管理规则

民国时期在国家层面目前没有看到出台过有关殡仪馆管理的专门法令法规。不过，在殡仪馆设立较多的几个大都市中，政府都各自颁布了适用于本市的殡仪馆管理规则。1933 年，上海市政府颁布《上海市管理殡仪馆规则》，共 14 条内容，兹录如下：

第一条　凡在市区内建筑或设立殡仪馆，应先填具声明书，呈请卫生局查明核准后，始得向工务局请领营造或修理等执照。

第二条　殡仪馆内部设备应呈请卫生局，按照下列各条视察合格后，准予注册给照，营业注册时应交执照费洋一元、印花税一角。

第三条　殡仪馆地点宜在空旷之处，其墓地四周应有围墙。自屋身至四面围墙均应有八公尺以上距离之园地，此项园地上除须多种树木外，不得添搭任何建筑物。

---

① 内政部总务司第二科编《内政法规汇编·礼俗类》，第 19~20 页。

第四条　殡仪馆不得附段丙舍，其暂行停柩待葬之房屋至多不得过三间，每间停柩不得过五具。

第五条　馆内应设施术室、焚毁炉或消毒池，以便尸体防腐消毒及焚毁一切曾与尸体接触之衣着等物。前项施术室、焚毁炉等构造式样及设备与消毒方法应报由卫生局查核准许后方得办理。

第六条　殡仪馆于接洽代办收殓时，应向接洽人索取曾在本市卫生局登记之医院所出诊断书，如系因患传染病而死者，应即按照本规则第十二条之规定妥为防卫，以免再由尸体传布病菌，致滋疫害。

第七条　殡仪馆于收进尸体时，即将死亡者地点、姓名、性别、年龄、籍贯及死亡原因等项分别登簿填表，按月将表连同死亡证书呈报卫生局。

第八条　凡尸体进馆后须用消毒药水洗涤，如患传染病（即伤寒或类似伤寒、斑疹、伤寒赤痢、天花、鼠疫、霍乱、白喉、流行性脑脊髓膜炎、猩红热等九种）死亡之尸体搬运时，应用一张厚布包袱将尸体缜密包裹。到馆后应即严重消毒，速予棺殓，所有用过之衣服、被褥及曾与尸体接触之物件均须烧毁或严行消毒。

第九条　施术后之尸体不得在馆内露置十日以上，尸棺寄存不得过一月。

第十条　殡仪馆应受卫生局之监督，并得随时派员视察指导改良。

第十一条　所有馆内职员、工役由卫生局按时派人种痘及施行传染病预防注射，不得拒绝。

第十二条　如有违犯本规则者，得由卫生局处以百元以下之罚金或停止其营业。

第十三条　本规则如有未尽事宜，得随时修正之。

第十四条　本规则自市政府公布之日施行。[①]

该规则内容涉及殡仪馆的注册、建造、营业、内部设备以及卫生防疫等多个方面，可以视为民国时期较早的比较完备的关于殡仪馆的地方法规。1934年，上海市政府又对该规则进行了修正，颁布了《修正上海市管理殡仪馆规则》。不过，修正案与原管理规则相差不大，仅将第八条"应用一张厚布包袱将尸体缜密包裹"，修改为"应用二张厚布包袱将尸体缜密包裹"；将第十一条"所有馆内职员、工役由卫生局按时派人种痘及施行传染病预防注射"，修改为"所有馆内职员、工役每三年种痘一次，

---

① 《上海市管理殡仪馆规则》，《上海市政府公报》1933年第128期，第102～103页。

每年应受传染病预防注射"。①1936 年 11 月，南京市政府也颁布了《南京市管理殡仪馆规则》，共 17 条内容，对照《修正上海市管理殡仪馆规则》，两者的表述基本相同，不同之处是南京市政府增加了不得妨碍公共安宁的规定："殡仪馆内每晚九点后，严禁僧道尼姑等诵经、尸属号泣，及音乐爆竹类声音发出，以免妨害公共安宁。"②

综而言之，南京国民政府在理念上接受了近代西方的文明丧葬观念，在中央层面大力提倡公墓建设，认为其具有利于民生、卫生、破除迷信等诸多好处，为此而颁布了多部公墓管理条例。在管理殡仪馆层面，虽未出台国家法令，但主要都市都颁布了相关的管理规则。事实上，通过推进公墓、殡仪馆建设及颁布公墓法令与殡仪馆管理规则，在进行现代殡葬制度建设的同时，也在一定程度上起到了层层推进以国家为中心的现代政治管理体制建设的效果。

## 小 结

1912 年出台的《礼制》与《服制》，开启了民国殡葬法规法令制定的序幕。《礼制》第二条中规定了男子在丧典中所行之礼是脱帽三鞠躬，女子也行三鞠躬之礼。《服制》在总的原则上规定了丧礼之时所穿礼服，"男子于左腕围以黑纱，女子于胸际缀以黑纱结"。臂缠黑纱与胸戴黑纱结（后来改为白花），后来成为社会流行的丧礼服饰，直至今天。有关《丧礼》的制定，终民国时代一直在草案制定之中。北洋时期，就有 1916 年、1928 年关于《丧礼草案》的制定，在大多延续传统社会丧礼程序与丧服、丧期的规制的同时，对于男女平等诸观念也有所考虑。南京国民政府时期，由时任礼制服章审订委员会委员及大学院院长的蔡元培和内政部长薛笃弼，联合主持制定了《丧礼草案》。这部新的《丧礼草案》，有着与过去截然不同的风貌。1943 年，戴季陶在重庆北泉主持修订《中华民国礼制》，再次制定和修正《丧礼草案》，《北泉议礼录》中的丧礼，既有"复古"之意，又有所革新，亦是新旧杂合的产物。

民国有关殡葬法规法令制定的一大特色是涉关国家层面的国葬、公葬、公祭、追念先哲、追悼会等法规法令的陆续出台和完备详密。民国时期，内战与对外战争长期持续，针对军人丧礼、抚恤、纪念的各种法规的出台，也是这一时期的一大特色；此外，在涉关普通人的殡葬仪式与公墓管理等方面的法规法令也日益专业化和细化。

---

① 《修正上海市管理殡仪馆规则》，《上海市政府公报》1934 年第 143 期，第 145～146 页。
② 《南京市管理殡仪馆规则》，《南京市政府公报》1936 年第 171 期，第 26～27 页。

# 第三章
# 殡葬礼俗

民国时期的殡葬习俗有着较大的地域差异，这主要体现在内陆农村和沿海城市的差别上。农村的殡葬习俗承袭传统，除了极少数知识精英的示范性改革外，罕有变化。但城市社会则不同，尤其是通商口岸的城市社会，在西方殡葬礼仪的示范下，部分中国人开始对某些西洋殡葬礼仪进行效仿，从而出现了新式殡葬礼仪。与此同时，传统殡葬礼仪在城市社会也得到了大量保留，因而使得民国时期的殡葬习俗表现出新旧杂糅的鲜明特色。在这个过程中，政府的态度也在引导和规范着殡葬习俗的演变，这一点尤其鲜明地体现在国民党掌政时期。共产党也在解放区示范并推广了新式殡葬礼仪。整个民国时期，规模最为宏大的葬礼是"国父"孙中山的葬礼，在国民党取得政权前，国民党借孙中山的葬礼进行了国民革命的社会动员；在国民党取得政权后，国民党又借孙中山奉安大典，向全社会展示了党国新权威的树立。

## 第一节 农村传统殡葬礼俗的延续

俗话说"十里不同风，百里不同俗"。中国广大的农村地区存在着各种各样的殡葬习俗，本节不可能将其一一呈现，只能挑选一些典型个案予以说明。相对于各种地方志的简单概括，民国时期的社会调查，和部分人类学家的详细记载更能直观地展现殡葬习俗的全貌，本节即是采用这两种材料，再结合部分地方志的记载以呈现民国农村乡镇里的殡葬习俗。

《北平晨报》1934年5月2日、16日刊登了一篇名为《莱芜的丧葬风俗》的文章，作者对山东莱芜地区的殡葬习俗进行详细调查，可以视其为北方农村地区殡葬习俗的典范。

丧礼从人临死时便开始启动,"眼看就要瞑目气绝,在这个当儿,家里人便赶快给他穿衣裳,因为据说:人死了后才穿衣服,死者便是个'裸体之鬼',穿也无益"。然后把尸体移到灵床上,男尸头朝南,女尸头朝东,在尸体的脸上蒙一页火纸,叫"蒙脸纸"。靠近头部放一张小桌,上面烧上香,摆上供,再束上一束秆草(即谷草),下面用碗盛满小米,将秆草束罩在上面,称"影神草";脚后点一盏豆油灯,不能熄灭,叫"长明灯"。还要用秆草编成一个筒状的小筐,里边搁上各样的粮米,叫"五谷囤子";再用一个小瓦罐盛放煮过的米饭,上面还用一双竹筷串住两个馒头,插在米饭里,叫"献食罐子"。这些都放在尸体的足端,等到出丧之日,再由人用两个筐挑着,叫"千斤担子"。以上是人死之时,对停尸房间的布置。布置完毕后,丧主便开始焚化纸钱,放声大哭,这叫"烧倒头纸"。

　　接着就是"成服",男戴孝帽,女戴褡头,手持哀杖,腰系麻绳。孝眷们按照规定各服其服后,便要致祭,再朝着尸体大哭。自此以后,孝子们便不能随便出门,而且每天要照例哭上几次,叫"嚎丧"。其间还有一项很重要的事情,即"指路"。孝眷们拿着纸扎的草人、草马,来到村外的路口焚烧,孝子爬上杌子高呼:"爹呀!上西方路咧!"喊几声后便跳下杌子,一起哭着回家。在开吊前,孝眷还必须一天三次"告庙",即两个人抬着一把椅子,上面放着死者的牌位,另有两人抬着一个梢桶,里边盛了米汤,再一人端了船盘,放着纸香等东西,"男一班,女一伙,哭着往土地庙去祭奠"。完事后,将梢桶内的米汤倒在地上回家,因而有地方称之为"泼汤",有的称之为"送浆水"。丧家定下开吊和发引的日期后,便分别派人前往各亲友家投递讣文,穷人用不起讣文,便派人口述,这称为"报丧"。各亲友闻讯,即来灵前吊唁。这时有吹鼓手在旁吹奏着哀乐,客人在鼓乐声中行祭奠礼。客行礼毕,由执事者高呼"谢客"二字,孝子便向客磕头致谢。管理收祭礼物的叫"外柜",而外柜一般有好几个执事,如"外柜司书"负责登记账簿,"提号"负责唱人名,"知客"负责引导来宾,"折摆"负责管理"贡献和收留来宾礼物"。再就是"殓棺",即死者的男女亲近扶持尸体入棺。死者的嘴里含一颗珠子或钱或饭,叫作"饭含";用镜子照着给死者洗脸,叫"净面";还要在死者的头上放一对金箔糊的元宝,脚上放一对银箔糊的元宝,叫"头顶金,脚踏银"。在发引的前天晚上,孝眷要把死者的牌位,用椅子请到街上,灵位前放张方桌,摆上致祭用具,孝子匍匐在灵位的旁边,各女眷都立在灵位的后边,较为疏远的孝眷则整齐地排列在方桌前的两边,作为"陪灵"。在此期间,各亲友及街坊都会备好祭品和纸钱,前来行礼。

这种仪式称为"送盘缠",表示死者快要离家,亲朋好友前来送别。仪式末尾还要请僧道念经,以超度死者。对于富裕家庭,在发引之前,还会举行"夕奠"仪式,即"用席扎成若干棚,再具帖请到六位大宾,他们赞严重的礼仪,叫孝子去行,手续冗烦"。将近出丧之时,丧家要预备筵席,招待"一切助理丧务的人们",席散后便是出丧。

所谓"出丧",即"发引",是丧礼过程中很关键的一环。出殡时,先合上棺盖,钉上钉子,放三声炮,叫"开丧炮"。然后抬起棺材,孝子在棺前哭泣,女孝则在棺后哀哭。与此同时,吹鼓手吹奏哀乐,引导抬棺者出发。这项仪式被称之为"起灵"。抬棺到了路口,送殡者再行叩奠礼;走一会,再行一次礼,称为"路祭"。首次路祭结束时,执事者会高呼一次:"有辞灵的客吗?"如有,便跪在灵案前磕头作揖,此即"辞灵"。宾客辞灵后,便不再跟随送葬队伍前往坟地。到达坟地后,孝子跳到坟坑里,先把长明灯、五谷囤、献食罐等,一件一件放在坟壁上预先挖好的小洞里,然后用小笤帚将坟坑打扫一遍,扫完后把笤帚从头上往后面抛。有的还要用火纸把坟坑烘一烘,叫"烘坟"。对于富裕人家,还有所谓"飨堂"一说。飨堂是在坟中的壁上挖一个大洞,用石或砖砌成辉煌的屋形,里面摆上些用锡做成的桌、椅、床、凳、酒具、食具等模型,称之为"飨堂馔"。做好这些事情后,孝子出了坟坑,执事者便指挥抬棺者将棺材安放于坟坑内,同时将此前准备的用各种彩纸和高粱秸做成的金银山、童男女、聚宝盆和摇钱树等"扎采"焚化,掩土以埋。死者入土已安,孝眷等便"撕毁孝帽,解下麻绳,丢掉哀杖,循原路回家,不许另走他路,更不许哭着回家"。孝眷回家后,一进屋门便吃此前预备好的豆腐,吃的时候,只吃上面的一层,且不准用筷子插透豆腐,若是插透便是福浅或无福,这称之为"迎福"。下葬后一天,孝眷要分头前往各亲友家去磕头"谢客"。下葬后第三天,孝眷要到坟地摆供烧纸,整理坟墓,这称之为"圆坟"。从下葬日起,七天一期,每期都要上坟,称为"烧七"。下葬满百日那天,孝眷到坟前"焚香供馔,烧化纸钱",磕完头即回家,这称为"烧百日"。至此,丧事才算结束。①

整个丧礼过程,既有常见的一些仪式,如"点长明灯"、"成服"、"报丧"、"开吊"、"殓棺"、"饭含"、"朝夕奠"、"发引"、"路祭"及"圆坟"、"烧七"等,也有"指路"、"告庙"、"送盘缠"等比较具有地方色彩的仪式。

---

① 素琴:《莱芜的丧葬风俗》,载李文海主编《民国时期社会调查丛编·宗教民俗卷》(下),福建教育出版社,2004,第42~45页。

民国22年（1933）的《顺义县志》曾对北京顺义地区的丧礼有简要概括：

> 人亡后，具衣衾于床，谓之"小殓"。妇女先往附近庙中告丧，谓之"报庙"。二日，送亡人入棺，谓之"大殓"。三日，具纸人、马车、牛等焚于路，谓之"接三"，一称"送路"。此后，择期开吊，即接受亲友吊唁也。有作佛事者，延僧道哹经。亲谊奠賻联幛、金纸等物，丧家裂帛答之。葬前一日，"晾杠"，陈列执事暨纸活，兼请文人成主，晚间堂祭。家人是夜陪柩，谓之"伴宿"。发引日，执事前导，亲友会送，幡幢相执，鼓乐合作，凡在制男女环柩前后。每行一处，多有亲朋路祭。坟墓皆同辈昭穆葬。

这一段文字不多，但从"小殓"、"报庙"、"大殓"，一直到"成主"、"伴宿"、"发引"和"路祭"等，却也将整个丧礼程序介绍得清清楚楚。在此后的"祭礼"中，还有葬毕三日之"圆坟"、"六十日祭"、"百日祭"、"周年祭"和"三周年祭"等环节。[①]该丧礼程序与莱芜地区的丧礼程序大体一致，只是在某些环节存在差异，如莱芜地区没有"成主"和"伴宿"这两个环节，而顺义地区则没有"送盘缠"等环节。还有一些环节，内容相近，名称却不同，如莱芜地区的"指路"和顺义地区的"接三"。此外，在丧礼程序上也有一些差异，如莱芜地区是先"开吊"再"殓棺"，而顺义地区则是先"大殓"再"开吊"。

南方农村地区的丧礼，与北方地区并没有多大不同，这在著名人类学家林耀华先生的名著《金翼》中有集中体现。《金翼》是林耀华根据他在家乡福建省闽江流域黄村及所在县乡镇的生活经历，以及他本人在1936年和1937年的两次田野工作后完成的

图3-1　"接三"的布置场景
资料来源：邵先崇著《近代中国的新式婚丧》，人民文学出版社，2006，第90页。

---

[①]《顺义县志》，民国22年铅印本，载丁世良、赵放主编《中国地方志民俗资料汇编·华北卷》，书目文献出版社，1989，第22页。

一本著作，描述了两个农村家族兴衰的历史过程。对于张氏家族在其女主人去世后所举办的丧事过程，林耀华有着如下的记述。

张太太弥留之际，一家之主张芬洲叫来了所有家人，包括唯一在世的儿子茂衡、三位儿媳、两个侄子以及收养的小孙子。"当一个人临终时，所有家人都应在场参加临终仪式，这一直是这里的传统。"张太太一过世，三位儿媳立即嚎啕大哭。茂衡作为逝者的儿子担任主祭人，用一张白纸蒙在亡母的脸上，用红毯盖住她全身，然后在其他人的帮助下，在床前设了一张"灵桌"，上面摆着一个香炉、一盏灯和一对陶罐。悼念的人在灯下轮流守着遗体。灯架是铁做的，用黑色的灯油，被称为"长明灯"。张芬洲将妻子逝世的消息派人通知亲属后，一些亲属便赶来哭丧。"哭丧是所有亲属的一种仪式性习俗，无论它是否意味着个人的悲痛。"道士被请来在堂屋举行一个仪式，他支起一棵"药师树"，树干插在地上，树枝朝四面八方伸展，上面装饰着点燃的蜡烛。在诵读祷文的时候，道士带着茂衡绕树一周。除了张芬洲之外，其他家人同样被带着绕树一周。堂屋里的装饰与平日截然不同，所有红色的东西全被换成白色。

第二天，三位儿媳为逝者净身、穿衣，即"小殓"。衣服必须是单数，有七件上衣和五条裙子，最外面是一件绣花长袍和一条漂亮的裙子。穿戴完毕，遗体被移到后厅，"灵桌"一并移过去。此后，更多的亲属和邻居前来表示慰问，他们都会掀开盖着的白纸，看逝者最后一眼。预先准备好的棺材被抬到后厅，棺材内壁要涂上清油防潮，底部要垫上棉纸，再铺上褥子。棺材的四个角上放上各种纸钱，即所谓的"棺纸"。"大殓"之前，逝者已经出嫁的侄女特地赶回来完成一个重要的仪式。她从张家门前流过的小溪里取了一小杯水，然后用一些蘸了水的纸钱三次掠过遗体。"这是一种仪式性的净身，通常由女儿完成，可张太太膝下无女，就由侄女代替。"接着就是"大殓"。入殓的时候，张芬洲安排所有的家人聚在后厅，其他亲属也在场。在场的所有人都举着点燃的香，张芬洲让茂衡抱着头，三个儿媳抱着脚，他自己则抱着身子，将遗体抬起来放入棺材，然后请一位木匠盖上棺盖，并钉上钉子。钉钉子的时候，所有人都跪在地上，道士一直在念经，并一路将圣水从堂屋洒到后厅以避邪。

逝者的亲属根据与逝者关系的远近，穿上不同的孝服。茂衡是儿子和主祭人，要戴孝三年，孝服不得缝边，腰系麻绳，手执孝杖，代表最近的关系；一般情况下，孙子只戴孝一年，孝服缝边，表示第二等级的关系，但因为代替他的父亲，即家中的长子，故也是穿戴第一等级的孝服；三个儿媳也穿一等孝服，麻布上衣和裙子，但不持孝杖。旁系的男女亲属和其他宗族的亲属，穿另外三个等级的孝服，时间分别是九个月、五个月和三个月。作为一家之主的张芬洲却不戴孝，"除悲痛之外没有其他仪式上的哀悼义务"。作为主祭人的茂衡，每天在"灵桌"前拜祭两次，晨祭在日出之时，暮祭在下午三点左右。"灵桌"后面设立了"灵龛"，龛是用纸糊在竹支架上做成的，里面正中挂着逝者的遗像，下面放着一个小竹凳，上面摆着她的一双鞋。"灵龛"前的"灵桌"上摆了更多的东西，除了原有的"长明灯"和"灵钱"，还有一个碗、一双筷子、一面镜子和一把梳子。拜祭时，茂衡跪在"灵龛"前投掷"灵钱"，询问灵魂的意愿。三位儿媳和孙子跪在主祭人后面，每人手持三炷点燃的香。这种拜祭要持续一百天，在此期间，茂衡和孙子不能理发。这时，堂屋和后厅之间的隔板被取下，换成一块白色的幔帐，这被称为"孝帘"，上面挂着亲朋好友表示悼念的卷轴和对联，关系最近的亲属赠送的挂在中间，关系较远的则挂在两边。

人死后第六天举行向阎罗王报告的仪式。道士带着两个助手将堂屋布置成"阎罗十殿"的样子，到处摆放着鬼怪。"地府"的中央有一座纸房子，里面住着一个模拟逝者的纸人，以及她的一对金童玉女。两边还放着一些纸糊的竹架，一个是"牛头"，一个是"马面"。披麻戴孝的茂衡，手持长幡象征性地跟着道士穿过"地府"。在此期间，锣鼓手始终为仪式伴奏。第二天，超度仪式开始，每七天一期，直到第七期"断七"共49天，都是由道士主持。接下来，张家给亲朋、邻居和熟人印发讣告，讣告上确定了公开吊唁的日子。于是，"公开吊唁的这一天，张家房子办了有史以来最大的一次聚会"。客人来到后，换上张家准备的白色丧服，在仪式主持者的引导下磕头行礼。在孝帘后面，张家上下除了张芬洲，都由茂衡领着磕头回礼。张家庭院内搭了白色天篷，篷内摆放着前来吊唁的亲友送来的礼物——香、爆竹、纸钱和纸元宝。墙上挂了更多悼念的卷轴和挽联，地上摆着纸糊的房子、马、牛、轿子、箱子等，撒满了各种纸钱。"这些都是献祭用的，通过祭火转换成阴间的用物和钱币，是以烟的形式送给逝者灵魂的物质援助。"

在"六七"，即张太太死后第42天的祭日，举行了一个叫作"送六七饭"的仪式。供品包括一甑饭、一壶酒、一碗羊肉，再烧一堆纸钱。据说直到这天摆米供之后，逝者才会意识到自己已死。当晚，道士要举行"鸭母渡江"的仪式：纸糊的母鸭浮在盛满水的盆里，边上是一盏蛋壳灯，道士在鼓乐声中，缓缓地推着鸭子游过去。"仪式与当地的一个传说有关，据说有一个女人的灵魂在过江时因得到鸭子的帮助而

·101·

被救赎。"第49天，即道教仪式的最后一天，张家举行了一系列仪式。首先是"破地狱"。人们搭起"阎罗十殿"，设立祭坛，道士身着盛装，头戴莲花形帽子，坐在祭坛中央。两位助手分立两侧，一手持木鱼，一手拿铜铃，不停地念经。祭坛前放了几张桌子，上面摆着一整套供品，都是珍馐佳肴。披麻戴孝的主祭人茂衡，一次次向前进香、哭丧和磕头，祈求逝者的灵魂能够享用这些供品。最后，道士起身一刀打碎了地上一个盖着纸人的瓷碗，象征着地狱之墙被打破，灵魂得到了救赎。第二项仪式是"过桥"。这项仪式在午夜举行，事先在庭院内搭起一座木头的"奈何桥"，道士举着布幡，领着茂衡按音乐的节奏一步一步地过桥，茂衡则捧着象征逝者的纸人。三位儿媳和孙子，举着象征逝者的金童玉女、牛头马面或其他财富的纸质模型，跟着茂衡过桥。"仪式过程中的音乐震耳欲聋，颇为振奋人心，用以抵抗所有想拉灵魂下水的恶鬼，帮助灵魂过桥进入另一个世界。"第三项仪式是"收箱"，是向亡灵敬献财物的仪式。在张家大门口，纸做的房子、粮仓、家畜、工具、纸币、银元以及其他贵重物品被付之一炬，作为寄送给亡灵的礼物。

在上述这些仪式结束后，张家的生活逐渐回归常态。逝者仍然躺在棺材里，在后厅等待下葬，然而家人对她在场的关注渐渐减少了。这体现了当地停柩待葬的风俗。林耀华对整个丧礼仪式评论道："张太太死后的一长串仪式，逐渐减少，这是为生者度过这一阶段和适应新的生活、新的角色和职责安排的。"[①]

与北方地区的殡葬仪式相比，福建闽江流域一个乡村的殡葬礼仪并没有表现出太多不同，也是从临终仪式开始，甚至在"蒙脸纸"、"长明灯"等细节上都保持了一致，然后是"小殓"、"大殓"、"成服"、"朝夕奠"、"作七"、"报丧"、"开吊"等仪式，最大的不同是福建的这个乡村丧礼没有"出殡"和"下葬"等环节，而这主要是因为丧家为寻求更好的风水宝地而停柩待葬。这种风俗在当时十分普遍，尤其以南方地区为甚。相对而言，福建乡村的这个丧礼中，道教仪式所占的比重很大，而这也并非地域差异的表露，更可能是贫富之间的区别。从这些道教仪式的内容来看，仅仅是布景搭台，便所费不赀，更不用说要付给道士及其助手的费用，而这样一种消费绝非普通农家可以承担的。

翻检民国时期的地方志，大多对于丧礼的记载比较简单，很多只是提一下当地较有特色的习俗，还有很多只是表示"丧礼衰经，皆如《家礼》"，[②]或"丧葬，士族各遵

---

① 林耀华：《金翼———一个中国家族的史记》，生活·读书·新知三联书店，2015，第98~106页。
② 《长乐县志》，民国铅印本，载丁世良、赵放主编《中国地方志民俗资料汇编·中南卷》（上），第764页。

朱子就《家礼》，①或"士绅之家，成主、家奠等事，大约遵用文公《家礼》，②或"其缙绅旧家率遵文公《家礼》，余多随同世俗，奉七日诵经，或致祭不等"，③或"初丧以至葬，或遵《家礼》，称家有无，不侈酒食"，④等等。这表明无论南北东西，各地的殡葬风俗能保持大体一致，儒家的意识形态作为传统文化的正统，以及各地士绅的表率作用都功不可没。与此同时，佛教、道教在民间广泛传播，因而使得各地的殡葬习俗中掺入了大量佛道因素。正因为儒释道在中国的传播范围都具有全面的普及性，因而才使得以儒释道为基础的殡葬习俗在全国各地也保持了基本的一致性。值得注意的是一些具有地方特色的仪式，如上述福建乡村丧礼中的"鸭母渡江"仪式，便是"与当地的一个传说有关"。类似这种地方特色，在全国其他地方也并不少见，如莱芜丧礼中的"送盘缠"。这表明各地的殡葬仪式是"大传统"与"小传统"相融合的结果，"大传统"决定了全国各地殡葬仪式的基本一致，而"小传统"则决定了不同地区殡葬习俗的差异性，即所谓"十里不同风，百里不同俗"。

  民国时期农村地区的殡葬习俗虽然基本上是承袭传统，少有变化，但也有少数知识精英在力所能及的范围内进行了改革的尝试，其中最为有名的便是胡适的丧礼改革。胡适母亲病逝于1918年11月23日，正值新文化运动如火如荼之时，而新文化运动中一个很重要的方面便是对传统殡葬习俗的批判。批判的火力主要集中在厚葬久丧、风水迷信和丧礼的繁琐虚伪等方面。针对"以厚葬其亲为荣"，墓葬"则必盛陈葬品，以慰先人地下之寂寥"的厚葬观念，鲁迅曾讽刺道："一个人变了鬼，该可以随便一点了罢，而活人仍要烧一所纸房子，请他住进去，阔气的还有打牌桌，鸦片盘。"⑤针对风水观念，五四新文化志士主要从四个方面进行批判：一是风水吉地往往会引起家族之间乃至家族内部的争夺，"不徒为家族之祸患，而又妨害国家之治安"；二是造成土地浪费，"攘可耕之田为墓地，忍听耕者之流离"；三是破坏风景，"若我中国锦绣之山河，悉以坟墓点缀之，荒冢累累"，"虽有风景，为之抹杀尽矣"；四是妨碍公众卫生，造成环境水土的污染。⑥针对传统殡葬礼仪中虚伪的表演成分，胡适称之为"作伪的丑态"，因而大加批判。在胡适看来，民初丧礼最大的问题之一，即

---

① 《枣阳县志》，民国12年铅印本，载丁世良、赵放主编《中国地方志民俗资料汇编·中南卷》（上），第464页。
② 《香河县志》，民国25年铅印本，载丁世良、赵放主编《中国地方志民俗资料汇编·华北卷》，第285页。
③ 《临汾县志》，民国22年铅印本，载丁世良、赵放主编《中国地方志民俗资料汇编·华北卷》，第645页。
④ 《乐山县志》，民国23年铅印本，载丁世良、赵放主编《中国地方志民俗资料汇编·西南卷》（上），第172页。
⑤ 转引自梁景和《五四时期丧葬习俗的变革》，《首都师范大学学报》1997年第4期。
⑥ 转引自梁景和《五四时期丧葬习俗的变革》，《首都师范大学学报》1997年第4期。

"在不曾把古代遗留下来的许多虚伪仪式删除干净"。①

胡适本来预定1918年11月27日在北京通俗演讲所发表题为"丧礼改良"的演讲，结果演讲未成，他倒要亲自实践"丧礼改良"了。这是一个注定要被社会各界瞩目的丧礼，恰如胡适的两个学生所说："适之先生向来提倡改良习俗，现在不幸遭大丧，我们很盼望先生能把旧礼大大的改革一番。"

胡适的丧礼改革首先从讣帖开始。旧式讣帖，如果是母亲，一般格式如下：

> 不孝某（孝子姓名）罪孽深重，不自殒灭，祸延显妣皇清诰封夫人某太夫人，恸于某年某月某日某时，寿终内寝。距生于某年某月某日某时，享寿几十几岁。不孝某随侍在侧，即日亲视含殓，遵礼成服，择期安葬祖茔。兹择于某月某日，在家设奠。谨此讣闻。哀子某某泣血稽颡，齐衰期服孙某泣稽首，期服侄某抆泪顿首，大功服夫兄某拭泪顿首，大功服侄某拭泪顿首。②

讣帖中所用的词语均有固定含义，如父亡称"孤子"，母死称"哀子"，父母皆死则称"孤哀子"。最悲痛的哭称"泣血"，一般是孝子用此词；比"泣血"轻的是"泣"，"期服平辈以下用此词"；比"泣"轻的是"抆泪"，表示哭的时间之长，"期服平辈以上用"；比"抆泪"轻的是"拭泪"，指哭的时间不长，"功服以下用"。同哭一样，同为磕头，"稽颡"、"稽首"、"顿首"和"拜"也存在着行礼程度从重到轻的显著差异，以区别亲疏等差。

胡适出京返乡前印好讣帖，内容如下：

> 先母冯太夫人于中华民国七年十一月二十三日病殁于安徽绩溪上川本宅，敬此讣闻。胡适、胡觉谨告。

胡适认为，这个讣帖革除了三种陋俗：一是"不孝某某罪孽深重，不自殒灭，祸延显妣"这一类的"鬼话"。在胡适看来，这类"鬼话"反映的报应观念，"在今日已不能成立"，人们出于无意识的习惯而"不能不用"。二是"孤哀子某某等泣血稽颡"之类"自欺欺人"的套话。三是"孤哀子"后面的"降服子"、"齐衰期服孙"、"大

---

① 胡适：《我对于丧礼的改革》，《新青年》第6卷第6号，1919年11月1日。
② 周吉平：《北京殡葬史话》，第10页。

功”、“小功”等亲族，和“拭泪稽首”、“拭泪顿首”等有“谱”的虚文。胡适非常不满地反问：“这一大群人为什么要在讣闻上占一个位置呢？”胡适认为，这是古代宗法社会遗留下来的风俗，现在“我们既然不承认大家族的恶风俗，自然用不着列入这许多名字了”。这一简便的讣闻格式，经过《新青年》的鼓吹后，得到广泛的效仿。

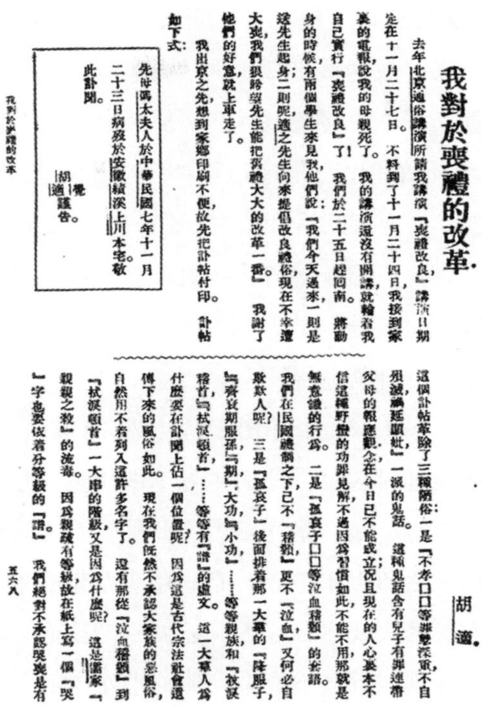

我對於喪禮的改革

胡適

去年北京通俗講演所請我講演「喪禮改良」，講演日期定在十一月二十七日。不料到了十一月二十四日，我接到家裏的電報，說我的母親死了。我的講演還沒有開講，就輪着我自己實行「喪禮改良」了！我們於二十五日趕回南。將動身的時候，有兩個學生來見我，他們說：「我們今天過來，一則是送先生起身；二則呢，適之先生向來提倡改良禮俗，現在不幸遭大喪，我們狠盼望先生能把喪禮大大的改革一番。」我謝了他們的好意，就上車走了。

我出京之先，想到家鄉印刷不便，故先把訃帖付印。訃帖如下式：

先母馮太夫人於中華民國七年十一月二十三日病歿於安徽績溪上川本宅。敬此訃聞。

胡覺　胡適　謹告。

這個訃帖革除了三種陋俗：一是「不孝□□等罪孽深重，不自殞滅，禍延顯妣」一派的鬼話。這種鬼話含有兒子有罪連帶父母的報應觀念，在今日已不能成立；況且現在的人心裏本不信這種野蠻的功罪見解，不過因爲習慣如此，不能不用，那就是無意識的行爲。二是「孤哀子□□等泣血稽顙」的套語。我們在民國禮制之下，已不「稽顙」，更不「泣血」，又何必自欺欺人呢？三是「孤哀子」後面排着那一大串的「降服子」，「齊衰期服孫」，「期」，「大功」，「小功」……等等親族，和「拭淚稽首」，「拭淚頓首」……等等有「譜」的虛文。這一大串人爲什麼要在訃聞上佔一個位置呢？因爲這是古代宗法社會遺傳下來的風俗如此。現在我們既然不承認大家族的惡風俗，自然用不着列入這許多名字了。還有那從「泣血稽顙」到「拭淚頓首」一大串的階級，又是因爲什麼呢？這是儒家「親親之殺」的流毒。因爲親疏有等級，故在紙上寫一個「哭」字也要依着分等級的「譜」。我們絕對不承認哭喪是有

我對於喪禮的改革　五六八

图3–2　《新青年》第6卷第6号刊发胡适的《我对于丧礼的改革》

胡适的第二项改革之举是不接受纸活、冥器、盘缎等用品。按照徽州习俗，有丧事，亲朋好友要送锡箔、纸活、香烛、盘缎等丧仪用品。锡箔和纸活送得多了，烧也烧不完，往往还要由丧家打折扣卖给店家。有人预估胡适家亲眷很多，定做冥器盘缎的一定不少，因而新开一家纸扎店，专做胡家的生意。不料，胡适到家之后，发了一个通告：

> 本宅丧事，拟于旧日陋俗略有所改良。倘蒙赐吊，只领香一炷，或挽联之类。此外如锡箔、素纸、冥器、盘缎等物，概不敢领，请勿见赐，伏祈鉴原。

通告与讣帖一起送出去，取得好的效果，“竟没有一家送那些东西来的”，那个新纸扎铺也只好关门。

第三项是不用和尚、道士。第四项是“抱定一个说老实话的宗旨”撰写“先母行述”，摈弃“寝苫”、“枕块”等诳语。第五项是改革受吊礼，“哀至即哭，哭不必做出种种假声音，不能哭时，便不哭了，绝不为吊客做出举哀的假样子”。

第六项是改革祭礼。旧俗祭礼，极其繁琐，丧家要请秀才做“礼生”，代主人做祭。祭完了，每个礼生可得几尺白布，一条白腰带，还可吃一桌“九碗”或“八大八小”。大户人家停灵时间长，几乎天天有祭，或是自己家祭，或是亲戚家“送祭”。

"家祭是今天长子祭，明天少子祭，后天长孙祭……送祭是那些有钱的亲眷，远道不能来，故送钱来托主人代办祭菜，代请礼生。"在胡适看来，这是"做热闹，装面子，摆架子"，"那里是祭"？！经胡适改革后的祭礼有两种，一是"本族公祭"，由族人亲自做礼生，程序包括：序立，就位，参灵，三鞠躬，三献，读祭文，辞灵，礼成；二是"亲戚公祭"，"把要来祭的亲戚邀在一块，公推主祭者一人，赞礼二人，余人陪祭，一概不请外人做礼生"，程序包括：主祭者就位，陪祭者分列就位，参灵，三鞠躬，读祭文，辞灵，礼成，谢奠。经此改革，"向来可分七八天的祭，改了新礼，十五分钟就完了"。

第七项是简化出殡。出殡向来是丧礼中特别隆重的一项仪式，丧家往往会竭尽所能铺排仪仗。胡适主导下的出殡仪仗相当简单，先是铭旌，次是灵柩，再次是主人随柩行，最后是送殡者。此外，别无其他排场执事。丧主穿麻衣，不戴帽，不执哭丧杖。之所以不戴帽，是"用表示敬意的脱帽法"。之所以不执哭丧杖，是因为古人居父母的丧要自己哀毁，要做到"扶而后能起，杖而后能行"的半死样子，故不能不用杖。现在既然不能做到那种半死样子，又何必拿那根杖来装门面呢？

第八项是取消点主礼，直接将神主一次性书写完成。第九项是不信风水之说，胡适自己找到一块坟地安葬母亲。第十项是实行短丧，这主要体现在服制上。胡适总共穿了五个多月的丧服，远远少于"三年之丧"的定制。胡适认为，丧期应无一定之规，"长的可以数年，短的可以三月，或三日，或无服"。在胡适看来，"现在居丧的人，可以饮酒食肉，可以干政筹边，可以嫖赌纳妾，可以作种种'不孝'的事"，"却偏要苦苦保存这三年穿素的'服制'"，显然是完全没有必要的。[①]

胡适对于丧礼的改革基本上遵循了三点原则。首先是删繁就简。这一点几乎体现在丧礼的各个环节，从讣帖到祭礼，从出殡到点主，等等。在胡适看来，礼仪由繁到简，是人类社会的自然进化，"现在的丧礼比古礼简单多了，这是自然的趋势，不能说是退化。将来社会的生活更复杂，丧礼应该变得更简单"。其次是去虚伪。这一点也随处可见，如讣帖中去除"泣血稽颡"之类的大话，受吊时不做举哀的假样子，出殡时不执哭丧杖等。再则是除迷信。这既体现在不接受纸活、冥器等用品上，也体现在不请和尚、道士上，还体现在不信风水上。

胡适对于丧礼的改革，集中反映了当时中国最西化的新知识群体在改革传统殡

---

① 以上几段，见胡适《我对于丧礼的改革》，《新青年》第6卷第6号，1919年11月1日。

葬习俗上的认知程度和实践力度。胡适的丧礼改革不可能一下子就扭转整个社会的风气，它的影响范围主要还是局限于看书读报的新知识群体，为他们进行示范，感召和鼓动新青年们依样而行。鉴于新知识群体和新青年主要生活在城市里，胡适的丧礼改革对于当时农村地区的影响恐怕相当有限。只有当那些受到五四洗礼的新青年们掌握国家政权后，他们才会给这个国家的殡葬习俗带来根本性的改变。

## 第二节　城市殡葬礼俗的新旧杂糅

民国时期城市社会的殡葬习俗承续了晚清以来的种种变化，这些变化主要表现为西式殡葬礼仪的渗透和影响。晚清时期，在中国通商口岸生活的洋人去世以后，一般即在其所居地安葬，因此在这些通商口岸很早便设立了专供安葬洋人的公墓。以上海为例。在上海开埠的第二年，英国人便建立了后来被称为山东路公墓的"上海公墓"，这是上海最早的外国公墓。到1855年，上海公墓便宣布满额，此后又陆续建立了浦东公墓、八仙桥公墓、涌泉路公墓等外国人公墓。[①] 外国人在中国下葬，自然要采用

图3-3　八仙桥公墓

资料来源：上海殡葬博物馆。

---

[①] 参见安克强《上海租界公墓研究（1844～1949年）》，《中国海洋大学（社会科学版）》2008年第5期。

西方殡葬礼仪，这就使得生活在通商口岸的中国人常常有机会见识与中国传统殡葬礼仪完全不同的西方礼仪。

1875年底，意大利驻沪领事在上海病逝，当即在上海安葬。先是在法租界天主堂殡殓，然后其灵柩由双轮马车送至八仙桥公墓。随柩护送者，由五名法国巡捕领队，次则"小孩十人秉烛徐行"，"另有中年人手持十字架，又神甫十数人分列左右，口诵经词，外有水师兵弁三百余人，暨各国领事水师官员人等数十人"。《申报》对这次葬礼进行了报道，称其"是亦丧仪之极盛也"。①1886年，瑞典驻沪领事在上海逝世，举行盛大出殡，"沪上中西新闻纸馆访事人"纷纷前往一观。在出殡队伍中"有西国鼓吹手一班，计二十四人，团兵一队，约二十余名"，还有"玻璃马车一辆，内放西国官商所送之各式花球，光耀夺目"，而灵柩则"放在双马车所拖之炮架上"。沪上各国领事同副领事、翻译，以及"各公廨大写办公各西人各西商，同挈眷属，或乘马车，或坐东洋车"前来送葬，"计有马车五十三辆，东洋车不计其数"。这场大出殡吸引了众多观者，使得英法巡捕的捕头亲自带领华洋巡捕沿路"驱逐闲人"，保持秩序。②

除了西方外交官员的葬礼之外，还有西方商人的葬礼。1893年，怡和洋行大班在上海病逝，由怡和洋行为其举办了一场盛大的葬礼。"柩前有印度捕二名乘马开路，继以团练兵五十名"，"乐工随其后，沿途奏乐"，"更有德国团练兵数十名，团练步兵约一百名，炮队数十名，马队二十余名，倒执洋枪，列队而行"。灵柩"载以四马炮车"，灵车后还有一辆马车专载各界赠送之花圈。送葬队伍除了逝者亲属和"怡和各伙友"外，沪上"各领事各商人，亦皆衣冠往送，俯首徐行，所过之处，线长至二里许"。据说，因为该怡和大班既是公共租界工部局首董、"团练兵队文统带"，又是"赛马场正董"，所以"各国之人皆执绋以送也"。在将灵柩从炮车上抬到石椁时，是由逝者亲属及"素有名望之官商八人"亲自动手。此外，怡和、太古、招商三公司各轮船皆"下半旗"以志哀。③

从上述洋人葬礼中可知，西方殡葬礼仪与中国传统殡葬礼仪的一些较为明显的差异：中国是从杠房聘请杠夫抬灵柩，而西方则是用马车、炮车运载灵柩；中国出殡时的仪仗极为繁杂，而西方则主要是花圈、花球；出殡前导，中国一般是"纸糊开路

---

① 《意国领事病故》，《申报》1875年12月29日。
② 《瑞员殡仪》，《申报》1886年6月27日。
③ 《举襄志盛》，《申报》1893年11月9日。

神",而上海的洋人则是以"印度捕二名乘马开路"。相同的是,中西出殡都有音乐,中国是鼓乐、清音,西方则是西乐。此外,中西出殡,无论官商,只要有可能,都有一些士兵参与其中。当然,中西之间殡葬习俗的差异绝不止于此,其他还有丧服等各方面的不同。其中,最大的差异就是西方殡葬礼仪简洁明了,而中国传统殡葬礼仪极为繁琐。然而,中国人对西方殡葬礼仪的学习和借鉴,却并不是化繁为简,而是在本来就十分繁复的礼仪中又增加了一些西方因素。传统中国的殡葬礼仪有着鲜明的等级色彩,为了区分不同等级,礼仪不得不规定得细致而繁琐。到了近代,西式礼仪中的某些因素在一些中国人眼里也成为彰显身份和地位的工具,与传统礼仪合而用之,更能发挥殡葬礼仪的社会功能。

早在1882年,上海公共租界里便有华人出殡,"用西乐二班,前八名,后四名"。《申报》对此进行了报道,并称"居家出殡,虽极隆盛,不过铭旌旗伞等事,初无足纪,而本埠间有雇用西乐者,则旧例所无,风气一变矣"。[1]普通人家出殡都用西乐,那官宦富商出殡用西乐的就更属平常了,如唐廷枢、薛福成等。[2]使用西乐者也并不局限于上海一城,如1896年天津海关道黄花农为其母出殡,便请有洋乐。[3]1908年时,苏州布政使为其夫人举丧,特从上海聘来一音乐队。[4]1909年,王文韶在杭州出殡,有"洋乐一起、洋鼓号二起"。[5]

除了西乐之外,花圈也逐渐出现在中国人的丧礼中。1897年,出使英、法、意、比四国大臣龚仰蘧任满回国,在上海逝世,其出殡仪仗中的西洋因素除了"西国吹弹手、炮队营之西乐各一班"外,还有"各国领事官、各西教士、各国富商"按照"西礼"赠送的"花十字架及花球、花圈等"。此外,"各领事署均下半旗,以志哀悼"。同年逝世的怡和洋行买办唐茂枝,也有"寓沪西商恭送花圈,以表诚意"。1899年逝世的巨商叶澄衷,其出殡仪仗中有"西乐一班,华乐数班,西人所赠花圈四十余枚"。[6]在北京,1909年张之洞出殡的仪仗中,灵柩前导中便有"外国人所送花圈"。[7]先是洋人给中国人的丧礼赠送花圈,渐渐地中国人自己也开始在丧礼中赠送花圈。

---

[1] 《西乐送殡》,《申报》1882年5月28日。
[2] 《举襄志盛》,《申报》1892年11月16日;《出殡盛仪》,《申报》1894年8月12日。
[3] 《申报》1896年4月27日。
[4] 《苏藩夫人出殡志盛》,《申报》1908年5月4日。
[5] 《王文勤公出殡志盛》,《申报》1909年5月16日。
[6] 《出殡盛仪》,《申报》1897年8月24、30日,1899年12月25日。
[7] 《张文襄灵柩回籍详记》,《申报》1909年11月11日。

1907年，张百熙在长沙出殡，"军界护送及持赠花圈者，亦颇不少"。①同年，上海商团公会义勇队排长黄勋伯出殡之时，有"花圈二十余架"。②1910年，松江清华女校为女校长杨安桢出殡，"全校女学生各执花圈步送"。③

此外，车载灵柩也开始出现。前述之黄勋伯出殡时，由洋人提供炮车，灵柩由商团公会义勇队"排长八人"抬上炮车。辛亥革命时期，沪南商团公会有成员被匪戕害，举殡时除了军队、乐队和花圈外，"商团公会各会友与商学补习会各会友，均排齐全队，各执倒枪恭送"，还"用马车载其被害时血衣一领"，灵柩则"用炮车驾马拖行"。④在这一时期出现的还有黑纱。为了追悼沪南商团公会在上海民军起义过程中先后阵亡的三位烈士，会长李平书知照全体会员："一例制服便服，右臂上均缠黑纱，以志哀悼"。⑤

追悼会的出现和流行，是民国前都市殡葬礼仪中最有影响的一种现象。1905年初，由于邹容在上海监狱中去世，沪上教育会同人便在愚园开会追悼。⑥在同年的抵制美约运动中，旅美华侨冯夏威在上海美国领事馆前服毒自杀，以死相争，上海、广州等均为其召开了追悼会。⑦也是1905年，惠兴女士为创办女学而自杀，"京师学界屡开追悼会"。⑧1906年，松江学界为沈某开追悼会，"到者数百人，先由发起人吴张两君报告开会，次由蔡君演说行状，次奠祭，次唱歌，次来宾马王两君演说，后由沈君尊甫春谭先生致答词"。⑨北京教育界为前管学大臣张百熙召开的追悼会，程序大同小异："先由发起人诵开会辞，次宣读上谕，次奏乐唱感悼歌，次来宾及发起人演说，次各人行礼。"⑩

在追悼会场的布置上，各地也相差无几，如张百熙的追悼会场，"先设文达遗像，绕以香花"，而上海华商体操会为三位会员召开的追悼会，"场内设一祭席，上悬三君照片"。⑪相对而言，上海商团公会为黄勋伯召开的追悼会，会场布置要丰富一些："先

---

① 《张文达公出殡纪盛》，《申报》1907年7月2日。
② 《义勇队排长黄勋伯君殡仪志盛》，《申报》1907年5月5日。
③ 《清华女校主出殡志盛》，《申报》1910年12月12日。
④ 《商团员出殡志盛》，《申报》1911年11月13日。
⑤ 《追悼死难会员》，《申报》1911年11月16日。
⑥ 《追悼邹容》，《申报》1905年4月5日。
⑦ 《冯夏威先生行状》，《申报》1905年8月23日；《粤人议开追悼会》，《申报》1905年10月28日。
⑧ 《戏价拟助女学堂经费》，《申报》1906年3月19日。
⑨ 《详记松江追悼会》，《申报》1906年7月30日。
⑩ 《教育家张文达追悼会纪盛》，《申报》1907年4月21日。
⑪ 《华商体操会开追悼会述略》，《申报》1907年2月4日。

由公会同人在操场搭盖彩篷，将黄君灵柩及照像供设中央，两旁陈列挽联、祭幛五十余事，花圈二十余架。"① 到了辛亥革命时期，沪军都督府在明伦堂为杨衢云、史坚如、秋瑾等革命烈士召开的追悼会，会场布置也是如此：会场正中设奠席，放置烈士照片，"会场围墙之上挂满祭幛、挽联，台阶下花圈堆积如山"。至于会议程序则是，先奏乐，次全体肃立，行三鞠躬礼，然后是沪军都督陈其美发言，接着是诵读祭文，最后由各界代表演说。②

有人曾总结清末追悼会的主要仪式有：摇铃开会—奏哀乐—献花果—奏琴（唱追悼歌）—述行状—读追悼文—奏哀乐—行三鞠躬礼—奏琴（唱追悼歌）—演说—奏哀乐—家属答谢（行三鞠躬礼）—闭会。这是复杂的一种，更简单的是：摇铃开会—报告开会宗旨—宣读祭文—宣读诔词—行三鞠躬礼—述行状—演说—家属答谢来宾—奏乐散会。③ 从上述追悼会实例来看，清末现实中的追悼会礼仪要更为简单，但不管怎样，追悼会中的许多环节，如奏乐唱歌、演说、行三鞠躬礼等，很明显都是受到了西方殡葬习俗的影响。

民国前，西乐、花圈、车载灵柩、黑纱、追悼会、鞠躬礼等西式礼仪已经在中国人的殡葬中开始出现，但这些西式礼仪并非对传统殡葬礼仪的整体性替代，更多的只是作为传统殡葬礼仪的一些小点缀。进入民国后，虽然政府提倡以西式礼仪为标准的新式殡葬礼仪，但大多并非强制性规定，因而大部分人仍按照传统殡葬礼俗行之。有学者翻阅了全部《中国地方志民俗资料汇编》中有关新丧礼的部分，发现"无论是北京还是全国其他地方，对新丧礼都是极少行之"。④ 相对而言，在都市里使用新丧礼的人会多一些，但也不是完全的新丧礼，而是半新半旧、不新不旧的殡葬礼仪。这种新旧杂糅式的殡葬礼仪，实际上成为民国年间殡葬习俗的最大特色。

1912年底，武昌各界为辛亥革命烈士彭楚藩举殡，其发引秩序如下：

一国旗，二军旗，三花牌，四军乐，五挽联，六僧人，七花亭（内盛烈士便衣像），八军乐队伍，九吹手，十僧人，十一彩亭（内盛烈士就义像），十二军界来宾，十三警界来宾，十四政界来宾，十五商界来宾，十六彩亭（盛烈士就义时

---

① 《义勇队排长黄勋伯君殡仪志盛》，《申报》1907年5月5日。
② 参见瞿骏《辛亥革命时期的集会与城市公共空间——以追悼会为中心（1911～1912）》，《华东师范大学学报》2008年第2期。
③ 参见周吉平《北京殡葬史话》，第102页。
④ 参见周吉平《北京殡葬史话》，第106页。

所着军服），十七学界队伍，十八吹手，十九彩亭（内盛烈士便服），二十僧人，二十一警界队伍，二十二彩亭（内陈烈士遗迹），二十三军乐，二十四军界队伍，二十五彩轿，二十六军乐队伍，二十七道人，二十八吹手，二十九彩亭（陈烈士牌位），三十亲友来宾，三十一吹手，三十二孝女，三十三灵柩，三十四烈士家属。①

出殡队伍一共有34项，其中第六、十、二十项都是"僧人"，还有第二十七项是"道人"，可谓僧道齐全。另有花亭、彩亭共六项，虽然盛放的是烈士的便衣像、就义像、军服、便服、遗迹和牌位，但终究还是借用了花亭、彩亭这种传统殡葬礼仪的常用仪仗。此外，还有"吹手"四项。这里的"吹手"与"军乐队伍"并列，显然表明此"吹手"并非西乐，而是传统殡葬礼仪中的"鼓吹"。相对而言，属于新式殡葬礼仪的只有国旗、军旗、军乐、挽联等寥寥数项。革命烈士的出殡尚且如此，其他可想而知。

民国首任正式大总统袁世凯的葬礼，可谓是民国新旧杂糅殡葬礼仪的代表。袁世凯去世后，停灵于中南海怀仁堂。怀仁堂门前搭了一座鲜花扎成的牌坊，新华门外搭了三座素彩牌坊，从景福门到停灵处插满了各种旌旗，如龙旗、凤旗、八卦旗等。被布置成灵堂的怀仁堂内外摆满了纸活冥器，如牌楼、享殿、轮船、汽车、马车、纸人纸马及各种日用器具，还有向丰台花厂定做的松鹤、松鹿、松亭、松人、松匾等，当然也有各界赠送的挽联。②停灵期间，北洋政府制定了八条丧事礼节：

（一）各官署海关军营下半旗二十七日，自六月六日起，出殡日下半旗一日；（二）文武官吏停止宴会二十七日；（三）民间辍乐七日，出殡及国民追悼日各辍乐一日，各学校均停课一日；（四）文官左臂缠黑纱二十七日；（五）武官及兵士于左臂及刀柄上缠黑纱二十七日；（六）官署公文封面纸面用黑边宽约五分二十七日；（七）官报封面用黑边宽约五分二十七日；（八）各省及特别行政区域与驻外使馆，自接电之日起择公共处所由长官率僚属设案望祭凡七日。③

---

① 《鄂省彭烈士灵柩回籍志盛》，《申报》1912年12月30日。
② 参见周吉平《北京殡葬史话》，第326、327页。
③ 《申报》1916年6月9日。

从这些礼节可以看出，袁世凯的葬礼简直就是清朝皇帝死后举行国丧的翻版。虽然一些仪式的内容，如下半旗、缠黑纱等都是来源于西方的新式礼仪，但是"停止宴会二十七日"、"民间辍乐七日"、"公文"和"官报"的封面都用黑边等内容，都有鲜明的传统印记，尤其是"二十七日"这个时间规定，因为清朝皇帝死后，即先要在乾清宫停灵二十七日。

停灵期间，代总统黎元洪曾率文武百官到怀仁堂祭奠，着礼服，缠黑纱，读祭文，行三鞠躬礼。同隆裕太后的葬礼一样，北洋政府也为袁世凯在北京先农坛召开了国民追悼大会。此外，还从广济寺等寺庙请了45个和尚，从雍和宫请了15个喇嘛，从白云观请了14个道士前来念经，并设立总统祭奠唪经日，代总统黎元洪亲自参加，驻华外交使团和清室也派代表参加。① 袁世凯在北京的丧仪执事由京城最著名的永利杠房承办，该杠房曾承办清帝、清后的丧事，"店里常备龙凤花纹的绣花绸缎"。袁世凯的灵柩使用的是带金顶黄缎生龙纹官罩和80人大杠。在清代，殡葬礼仪有着严格的等级区分，其中用杠人数多寡和有无官罩便是一个鲜明的标志。人数最多的当然是皇杠，达到128人，这在进入民国以后很少有人使用。1913年底逊清皇室将光绪帝梓宫奉安崇陵时，使用的便是128人皇杠。80人大杠是亲王、贝勒的标准。② 不

图3-4 袁世凯梓宫

资料来源：中国第二历史档案馆编《老照片·民俗风光》，江苏美术出版社，1997，第455页。

---

① 参见周吉平《北京殡葬史话》，第329~332页。
② 参见周吉平《北京殡葬史话》，第46页。

过，袁世凯出殡并没有使用128人的皇杠。即便如此，袁世凯的出殡仪仗也足以令人叹为观止：

一、五色向导旗十面；二、陆军仪仗队一团；三、海军军乐队；四、海军陆战队一排；五、道乐一部约六十人；六、撒纸钱（雇请京城最著名的"一撮毛"）；七、催押锣五队二十人；八、铭旌一座三十二人；九、香幡二十四把；十、金执事四十八名，分金立瓜、金天镫、金钺斧、金拳、三尖刀、斩马刀、青龙刀、象鼻刀、金轮枪、金镂枪、金伞枪等四十八种木制金漆仪仗；十一、花圈五十对；十二、大车一乘，内放袁氏生前所用各色器皿，均为皇帝所用之物；十三、十二章方旗十二队，分绘日月星辰山龙华虫宗彝藻火粉米黼黻十二色；十四、方伞两柄，分绘虎、狮；十五、圆盖两柄；十六、十二章团扇十二队，花纹及颜色与十二章方旗同；十七、幡伞六十柄，分黄、红、绿、白、紫五色，每色各十二把；十八、和尚、道士、喇嘛各十五名，持引幡、经幡和各种法器；十九、"清音"乐队十三人，有双管、双笙和九音锣等；二十、公府"清音"乐队约六十人；二十一、白素彩八抬彩亭一座；二十二、四抬祭牲台一座；二十三、松活四十八件，即松亭、松鹤、松匾、松人等；二十四、八抬进香亭一座；二十五、"金山"、"银山"十二对，纸糊冥器；二十六、虎头金牌十二对；二十七、金牌红牌十二对，上写肃静两字；二十八、黄鹰、细狗、骆驼、蒙古包十二对；二十九、八抬绿色魂轿一乘，供袁世凯牌位；三十、雪柳四十八名；三十一、总统府"华乐队"七十余名，奏民族乐曲；三十二、八抬大影亭一座，内立袁世凯遗像；三十三、座伞两柄；三十四、坐骑四匹，为袁世凯生前坐骑，分饰中、西式鞍鞯各两式；三十五、八抬"洪宪"皇帝宝座；三十六、八抬虎皮椅一座；三十七、冠服亭两座，分置大元帅及陆海军大礼服并缨冠各一袭；三十八、宝星勋章亭两座，内设袁世凯生前各种宝星勋章；三十九、"小拿"四十八名，各人背挎方盘，其中二十四盘内盛放袁世凯生前喜好的古玩玉器各一件，另二十四盘内盛仿前二十四盘古玩玉器的纸糊冥器；四十、挽联数十对；四十一、执绋人员四百余人，包括国务卿以下文武官员三百余人，清室代表和驻华外交使团百余人，均胸挂白花，臂缠黑纱，步行执绋；四十二、袁世凯生前侍卫武官侍从翊位使、文武承宣官，着孝服执绋而行；四十三、白布孝幛三架及丧主以下男家属百余人；四十四、八十人大杠；

**图3-5 袁世凯出殡仪仗队出中华门的情景**
资料来源：转自《荆门晚报》2015年5月25日。

四十五、卫士八十人，随灵柩而行；四十六、"后拥"四十八人，持后护刀、后护枪、后护扇、后护星、后护拳、后护铲、后护锤等四十八件；四十七、女孝属轿约一百余乘。[①]

显然，这些仪仗以传统为主，稍微能够展示一点民国气息的只是五色向导旗、陆军仪仗队、海军军乐队、海军陆战队、花圈和冠服亭盛放的大元帅和陆海军大礼服，以及执绋者的"胸挂白花，臂缠黑纱"。对于执绋人员，北洋政府规定，在京文武各机关都要各派四人执绋至车站，还要各派一人护送至彰德。"凡执绋及护送官员，均服制服；无制服者，准服燕尾服；均用黑领结、黑手套；有勋章大绶者，均佩勋章带大绶；左臂暨刀剑柄，均缠黑纱。"自北京至彰德，灵车沿途经过各车站，"各该地方官均率僚佐绅民人等，张幕具奠，礼服以待"，灵车到时祭酒并行三鞠躬礼。[②]灵柩到彰德后，又是一番吊祭、出殡，很多仪仗都是从北京运过来的，雇请当地人使用。此外，八十人大杠的杠夫以及僧道、扎彩、轿夫等都是从北京雇来。不同的是，这次还在出殡前请了徐世昌题主。直到将袁世凯的灵柩安放到墓室，并将纸糊的房屋、香幡、香亭、松亭和无数的纸钱等冥器一并烧掉，袁世凯的丧事才告终结。[③]

---

① 节引自周吉平《北京殡葬史话》，第335~339页。
② 《袁世凯出殡纪》，《申报》1916年7月2日。
③ 参见周吉平《北京殡葬史话》，第343、344页。

图3-6　袁世凯出殡队伍中的传统仪仗

资料来源：中国第二历史档案馆编《老照片·民俗风光》，第453页。

袁世凯的葬礼，从灵堂的布置到祭奠的礼仪再到出殡的仪仗，处处都展现出新旧杂糅的特色，不过礼仪中新式元素的比重远远小于传统元素。与彭楚藩的葬礼相比，袁世凯的葬礼可谓是传统殡葬礼仪的一次复兴。彭楚藩的出殡仪仗中，展现新礼仪的仪仗也不多，但是诸如旗幡伞扇、雪柳、魂轿、金执事以及纸活、松活诸冥器等传统经典仪仗，却全在袁世凯的葬礼中出现了。本节之所以不厌其详地对袁世凯的葬礼进行呈现，主要是因为袁世凯是民国时期的一个标志性人物，他的葬礼既是民国初年殡葬习俗和一般民众殡葬心理的集中体现，又不可避免地对此后的殡葬风俗造成了重大影响。

新旧杂糅的殡葬习俗并非仅限于北京、武汉，也不仅限于政治人物。苏州人顾颉刚曾记载其祖母殡仪的细账：

（1）买路担（2）开导马（3）路由马（4）马吹手六人（眉批：以下为辕门执事，前清时须三品以上大员向巡抚署投请者。现在巡抚署已没有，但执事却在丧仪中普遍用了，不必请而只须自己备了。）（5）马六冲（6）马八标（7）明角诰命蠹灯（8）黄牌二对（9）锡执事九对（10）军乐队六人（11）马伞（12）顶马（13）黄伞（14）附（兔）节（15）龙棍（眉批：附节、龙棍为神庙中物）

(16)宫扇（17）宫灯（18）提炉六档（眉批：自附节至此，共管十人。）（19）诰敕亭用黄绸帖架开四，以上第一节。（20）路神一对（21）四金刚二对（22）铭旌亭（23）矗灯（24）肃回牌（25）六冲（26）清道（27）头锣（28）衔牌□对（29）金瓜（30）龙开（31）锈旗（32）副音九众（33）香亭用贴架开四（34）绣幡五对（35）道士九众（36）菜亭用贴架开四（37）绣牌五对（38）对骑八位，刚按，此即红对子。（39）大音乐十人（40）照亭用贴架开四（41）绣伞十顶（42）禅门九众（43）显轿开四，刚按，"显"似当作"轩"。（44）奠字冲凤四个（45）祭奠牌五对（46）挽对（47）十番（48）祭文亭开四（49）经伞十顶（50）古装小细乐（51）神龛开四（52）送客，刚按，此系走送者，今不行久矣。自人力车行，送客有坐人力车者。（53）飞虎（54）二锣（55）本身衔牌，刚按，此为死者之衔牌。（56）素对骑八位（57）大伞（58）掌扇（59）军夜（60）马伞（61）顶骑（62）出白回红小清音（63）童子（64）执幡小僧、道（65）提明角灯（66）神轿开四，用洒花珠花篮，以上第二节。（67）孝衔牌（68）霎牌（69）掌礼（70）吹手（71）功布（72）军夜背大洋灯（73）马伞（74）提纸灯（75）梆锣（76）摆马（77）灵柩开三十二名（78）全白轿（79）白顶轿（80）客轿，以上第三节。读此，可见导子分三节：第一节之导子专为一诰命亭；第二节之导子专为一神龛；第三节之导子专为一灵柩。[1]

整个仪仗，除了"军乐队六人"外，其他都是传统仪仗。这样的出殡仪仗，与其说是新旧杂糅，不如说是在传统仪仗中增加了"军乐队"作为点缀。

相对而言，新旧杂糅的葬礼在上海体现得更为明显一些。以曾任上海总商会会长朱葆三的葬礼为例。朱葆三去世后，上海各界为其召开追悼会，并公赠私谥"诚惠"，由追悼会总主任方椒伯用军乐队一队，将私谥匾额装置花亭，送入朱宅，而"朱氏族众恭迎如仪"。出殡之前，政商各界人士纷纷前往朱宅吊丧，"凡与朱君有关系之公司团体，均下半旗以志哀悼"。[2] 其出殡仪仗如下：

（一）法国巡队、英国巡队；（二）救济妇孺会乐队；（三）路由牌；（四）丧旗；（五）堂名牌；（六）普益习艺所乐队；（七）旗队；（八）像车；（九）普善山

---

[1] 转引自徐吉军《中国丧葬史》，第568～569页。
[2] 《朱宅丧务四志》，《申报》1926年11月5日。

庄乐队；（十）牌队；（十一）团体送客；（十二）孤儿院乐队；（十三）私谥亭；（十四）警察厅马巡；（十五）警察厅乐队；（十六）防守司令部步兵队；（十七）奠图队；（十八）灵位车；（十九）贫儿院乐队；（二十）伞队；（二十一）送客；（二十二）闸北慈善团乐队；（二十三）众姓伞队；（二十四）花圈；（二十五）主车；（二十六）随马；（二十七）法公董局乐队；（二十八）法界商团；（二十九）灵柩车；（三十）灵幡；（三十一）孝帏；（三十二）送车。

此外，在出殡过程中，四明公所、上海总商会、钱业公会等曾经与朱葆三有过密切关系的机构团体纷纷沿路设祭。由于出殡仪仗刚好要经过四明公所，因而该公所"特雇工匠在大门扎就松柏牌楼，并于门内空场上搭盖精雅祭亭一座，内悬朱公遗像，两傍满扎鲜花，中设祭桌"。① 路祭又称"拦祭"或"公祭"，属于一种典型的传统殡葬礼仪。简单的路祭不过是在出殡路上摆上茶桌，放置饮茶用具，等灵柩来到桌前，亲自将茶端到孝子面前，请其喝茶。隆重一点的就是搭设路祭棚，更高级的还要在棚外扎设素材牌楼。路祭的作用，"一方面是对死者的悼念，一方面是慰问孝属"。② 朱葆三的葬礼既有追悼会这种新式"公祭"，又有路祭这种传统"公祭"，而且在追悼会上还有公赠私谥这种颇具古风的举动；在其出殡仪仗中，也是既有传统殡葬的旗幡伞亭，又有花圈、乐队以及英法巡队、马巡等西方殡葬中经常出现的仪仗，尤其是灵柩不是用人抬，而是用车运载。整体而言，朱葆三的葬礼可谓是新旧杂糅葬礼的代表。

上海也有以传统殡葬礼仪为主要特色的葬礼，如周扶九父子的大出丧。周扶九"以收买盐田、盐灶及引票，营业发达，积资至巨"，号称"江西首富"。他在沪去世后，与其子周薇阁同时举丧。"丧仪之特点，则为北京雇来之藏经亭、金银山亭，两座京派大乐（即呐叭凸锣），奏乐者均带前清红缨帽，雍和宫喇嘛僧人二十四人（费三千七百元），其首领喇嘛二人，红顶、黄缨、黄马褂。"灵柩用杠抬，"由天津德兴杠房承办"。"周扶九之柩棺，罩上绘藏经文，用夫八十四人，其子则加龙杠，用夫三十二名，统计德兴杠房由津来沪人役三百零二人，费五千元。""丧仪中之最惹人注意者，衔牌有覃恩、诰命、龙章、宠锡等字样，清帝及现总统所颁之匾额多方，某机关队士枪上刺刀，凡此种种，非前清遗老而兼民国豪商者，决不能有也。其余应有尽

---

① 《朱宅丧务五志》，《申报》1926 年 11 月 6 日。
② 参见周吉平《北京殡葬史话》，第 54 页。

有，笔难殚述。"①

确实如此，民国时期的绝大多数亡者身历两朝，其大部分生活经历是在清朝，而且还有不少人在清朝和民国都获得了政府授予的职衔和荣誉。当他们死后，要用出殡仪仗展示其一生经历时，前清仪仗与民国仪仗并举就是不可避免的了。这一点在1919年"衍圣公"孔令贻的葬礼上表现得尤为明显。在其出殡仪仗中，既有"八抬清室谕旨彩亭子"，又有"八抬大总统命令彩布亭子"；既有"袭封衍圣公牌"、"清授光禄大夫牌"、"赏戴双眼花翎牌"和"钦差大臣牌"，又有"一等大绶嘉禾章牌"、"一等大绶宝光禾章牌"；既有"玉堂富贵大花池子"、"金银山尺头元宝洋钱桌子"和"四抬仪卫阴宅冥器亭子"，又有"大电汽车"、"马车"和"洋车"；既有"八卦大旗"、"七星旗"，又有"五色国旗"、"大国旗"；既有"鼓乐"、"细乐"，又有"学堂军乐"等等，诸如此类。②

国民党掌握政权后，殡葬仪式的新旧杂糅现象依然如旧。这一点，尤其鲜明地体现在北洋时代民国要人的葬礼上。1928年7月19日，民国前总统黎元洪在天津盛大出殡，仪仗共有12组，其中第四组是"细乐、祭文亭"，第八组为"提炉、盘炉、比邱僧"，第十二组为"细乐、提炉、盘炉、经幡、罗汉

图3-7 《东方杂志》第30卷第10号刊登黎元洪出殡情形

---

① 《周扶九父子大出丧记》，《申报》1922年4月23日。
② 参见徐吉军《中国丧葬史》，第564～568页。

幡、比邱僧、喇嘛"等，属于传统葬礼中的常见仪仗；第一组为"国旗、乐队、丧旗、马警"，第二组为"乐队、仗仪队"，第五组为"挽联"，第七组为"花圈"，第九组为"乐队、陆军旗、海军旗、陆海军大元帅旗、马卫侍队、徒步卫侍队、遗容车"等，则又体现了新式殡葬礼仪的一面。尤其是以车载灵，"车仿一炮车样式制造，上置有人造枪四十八杆，里以国旗，殿以跟马"，而不是杠夫抬灵，这在当时还盛行抬灵的北方地区算是难能可贵。①

不仅显贵人物如此，普通平民也是如此。1929年版的《北平指南》上曾记载北京当时的"新丧礼"云：

> 新式丧礼，含殓殡葬，与昔无异，惟不延僧唪经，不焚化乌灵车马楼库等物，亲友吊唁，多赠花圈、挽联，祭悼，丧家撒孝，不用孝带，改以白纸花，头形似菊，男丧佩于左胸，女丧佩于右胸。出殡日仅设鼓乐，不用仪仗，即将挽联花圈之类，罗列柩前，葬后一切祭祀礼节，亦与旧同，但不焚伞及船桥，其能注重公共卫生者，则数日即葬，另择日，于饭庄或会馆开吊，门外设鼓乐，庭设缯花宝盖，灵前扎素彩如龛，吊者多三鞠躬（间有跪拜者）。富者更于门外扎花牌楼。丧家素服，大都沿用旧制，间有不著缟素而臂缠青纱者。

这种号称"新丧礼"的丧礼，实际上也是新旧杂糅式的丧礼。然而，即便是这种新旧杂糅的"新丧礼"，也只在少部分人中实行，"尤其是在官员的丧礼或国葬礼上使用的比较多一些"。北京的老百姓沿用旧丧礼的仍居多数，正如《北平晨报》所说："旧都民间风俗，自入民国后，改革者，固属不少，而婚丧节仪，照样保留着前代老样式，有钱阶级之阔佬，表现得尤其不惮烦。"②徐吉军的《中国丧葬史》也明确指出："民国时期的丧葬习俗，仍以传统的丧葬习俗为主。"③

必须指出的是，民国时期殡葬习俗的新旧杂糅还表现为，比较纯粹的旧式葬礼与比较纯粹的新式葬礼同时并存于民国的都市社会中。例如1940年初吴佩孚在北京的葬礼，几乎完全按照传统殡葬习俗举行。"首七"时的公祭"悉遵古礼"，"大有祭孔的意味"。由于吴佩孚晚年遁入空门，而且"显密双修"，因此其死后曾连续作了

---

① 《黎元洪出殡盛况》，《申报》1928年7月28日。
② 参见周吉平《北京殡葬史话》，第113、114页。
③ 参见徐吉军《中国丧葬史》，第556页。

**图3-8　吴佩孚灵堂**

资料来源：《老照片》第84辑，2012年8月28日。

"七七"49天的度亡法事，"其规模之大，是令人难以想象的，几乎北京著名的寺院、宫观的番、道、僧、尼、居士都云集于吴邸，为他诵经、礼忏、燃灯、施食，大作'身后功德'"。这些经忏法事除吴家自请的以外，还有许多是寺院、宫观主动送上门的，以及吴氏亲友、部属和各界名流赠送的。"仅从1940年1月1日起至14日两周不完全记载，即有20坛之多。"

吴佩孚葬礼的成主仪式也相当隆重，吴家以重礼恭请傅增湘为"鸿题官"，另请若干名流担任"鸿陪"、"鸿书"、"襄题"、"鸿赞"等。点主时，"先点外函，次点内函，均由傅氏执笔向东受生气，然后凝神想象吴氏神形予以加点，其朱点特用血，由孝子以针刺破中指，用笔蘸指血点之"。整个仪式"很有一番古国遗风，为三四十年代所未曾有者"。"七七"之际的家祭，也是"一切仪式悉遵古礼，庄严异常"，被论者认为"真是汉家古风儒礼的再现"。家祭之后，正式开吊，一时间"吴宅门前车马如云"。"开吊之日，吴宅竟日讽经达8棚之多。"起灵前的"伴宿送库"，使得北京市各界"再次掀起公祭吴氏的高潮"。各方面来宾吊唁者，"由朝至暮，从四面八方云集而至，车马喧腾，途为之塞"。"这天，经忏法事达11班之多。"

1940年1月24日吴佩孚大出丧的排场，"一如清代的皇杠"。事先由洒水车"在殡列即将经过的街道上喷洒净水，以防止尘土飞扬"。殡列之前有筑路工人，专门负责"填平沟壑，拆除障碍物，为大殡开道"。"吴氏的殡仪完全是老北京的传统形式"，

图3-9 吴佩孚孝属

资料来源：《老照片》第84辑，2012年8月28日。

"64人大杠大换班"，"民族传统仪仗五半堂汉执事、松活、纸活，五光十色，令人目眩，响器、僧道绵亘数里之长"。以开路殡仪为例，既有"倒背枪，左臂缠黑纱"的"治安军骑兵部队"在前开道，又有纸扎"哼哈"二将，纸扎开路鬼、打道鬼，纸扎"喷钱兽"、"喷云兽"，纸扎石碑，纸扎"武判儿"以及纸扎的地藏王菩萨。其他如松狮、松亭、松鹤、松鹿等松活，纸扎冥马队、纸扎冥汽车、纸扎八仙人等纸活，金立瓜、金钺斧、金天镫等金执事，各种旗幡伞扇，官鼓大乐、清音锣鼓和西乐队，喇嘛、和尚、尼姑、道士以及各界社会名流，应有尽有。盛大的出殡使得北京"几乎所有居民都自动跑到街上观礼，形成万人空巷之势"，"甚至有从天津、保定、石家庄，以及京郊四乡八镇前来看热闹的"。①

1936年的上海，鲁迅的殡葬礼仪又展现了比较完整的现代都市葬礼。鲁迅于1936年10月19日晨5时逝世于大陆新村九号，噩耗传出，当即有宋庆龄、胡风、内山完造、胡愈之等前往其住宅吊唁。鲁迅遗体"至午三时，始由万国殡仪馆派柩车往迎"，《申报》言下之意似乎表示殡仪馆派柩车往迎之时过晚。这一点也透露出，当时的上海社会若由殡仪馆举办葬礼，则人死后当天便由殡仪馆将遗体运往馆内。鲁迅遗

---

① 《吴佩孚的葬礼》，秦虹编著《名人丧葬逸事多》，第98~157页。

体被运到万国殡仪馆后,"在馆化装小殓,停置于二楼礼堂内"。沈钧儒、李公朴、邹韬奋、巴金、张天翼等闻讯纷纷前往吊唁,瞻仰遗容,并慰问遗属。随即成立由蔡元培、马相伯、宋庆龄、内山完造、史沫特莱、沈钧儒、茅盾、萧三等八人组成的治丧委员会,办理有关葬礼的一切事宜,并发出讣告:

> 鲁迅(周树人)先生,于一九三六年十月十九日上午五时廿五分,病卒于上海寓所,享年五十六岁,即日移置万国殡仪馆,由二十日上午十时至下午五时,为各界人士瞻仰遗容的时间。依先生的遗言,"不得因为丧事收受任何人的一文钱",除祭奠和表示哀悼的挽词花圈等以外,谢绝一切金钱上的赠送。谨此讣闻。

除讣告外,报纸还刊登了鲁迅的七条遗嘱。[①] 10月20日,社会各界人士前往万国殡仪馆进行悼念,而殡仪馆门两旁有很多招待者,指导来者签名,并引入礼堂行礼。做招待员的,并不是殡仪馆的员工,很多都是内山书店的职员。"礼堂已布置了

图3-10 鲁迅灵堂

资料来源:陈漱渝编《鲁迅画传(1881-1936)》,人民美术出版社,1981,第125页。

---

① 《我国文坛巨子鲁迅昨晨逝世,明午在万国殡仪馆大殓,廿二日运万国公墓安葬》,《申报》1936年10月20日。

花草松柏，十几个大的花圈，堆在鲁迅先生的遗像之旁。"鲁迅遗体放置在床上，"床的四周，放着很多鲜花与花圈"。①10月21日下午举行大殓，许广平、周海婴母子，周建人夫妇及其女儿，治丧委员宋庆龄、胡愈之、内山完造，以及友人郑振铎等30余人，在姚莘农主持下，行三鞠躬礼。更衣事宜，"由馆役主其事"。殓毕，由许广平、周海婴母子"扶首"，周建人父女"扶足"，安置棺内。②

在10月22日下午1时50分起灵出殡前，鲁迅棺柩仍是半盖，供往吊者瞻仰遗容。盖棺之前，鲁迅家属、治丧委员及亲友等30余人，"由姚莘农司仪，全体肃立静默，并行三鞠躬礼，继由司事将棺盖严封，礼成绕棺一周而退"。鲁迅灵柩由姚克、欧阳山、聂绀弩、胡风、吴朗西、巴金、靳以、黎烈文、张天翼、萧军等12人"扶柩出礼堂，移置柩车内"。送殡行列长达里许，前导为白布横旗，额题"鲁迅先生殡仪"，由蒋牧良、欧阳山掌执；紧随其后的是乐队、挽联队、花圈队、歌咏队、遗像车、灵车和遗属，以及或乘车或步行之执绋者。"步行约三小时"，至下午四时半抵达万国公墓，随即在纪念堂前举行葬仪："奏乐后，首由蔡元培致词，继由沈钧儒报告鲁迅事略，及宋庆龄、内山完造等相继演说，胡愈之读哀词，末行最后之敬礼，并静默

图3-11　为鲁迅抬棺

资料来源：陈漱渝编《鲁迅画传（1881-1936）》，第127页。

---

① 汶：《万国殡仪馆瞻仰鲁迅先生遗体》，《申报》1936年10月21日。
② 《鲁迅遗体昨午大殓，今午出殡万国公葬》，《申报》1936年10月22日。

志哀，唱挽歌，礼成"。最后，棺柩"安置穴内，石板盖上，全体致敬而散"。①从殡仪馆到公墓，鲁迅葬礼完整展示了现代城市葬礼的全过程。在这个过程中，殡仪馆承担了殡葬礼仪中的大部分环节：整理遗容、小殓、大殓、停灵吊唁等环节都是在殡仪馆完成，接运遗体以及灵车出殡也都是由殡仪馆负责，而在万国公墓举行的葬仪，更像是追悼会，属于公祭，应该是普通人难以享受到的待遇。

  鲁迅的殡葬礼仪之所以能够呈现出比较完整的现代形式，与当时的上海已经出现殡仪馆、公墓等现代殡葬设施分不开。甚至可以说，完整的现代殡葬礼仪的出现，是以作为配套的殡仪馆、公墓等现代殡葬设施的出现为前提的。当然，鲁迅及受其影响的新青年们，在思想观念上与传统的决裂，以及对现代文明的向往，才是鲁迅的殡葬礼仪表现为现代形式的根本原因。同理，袁世凯、黎元洪、吴佩孚、朱葆三以及大多数普通平民，采用新旧杂糅式的殡葬礼仪，或者完全传统式的殡葬礼仪，正是因为民国属于一个传统与现代并存的过渡时代，在大多数情况下传统的影响力更甚于现代，因而生活在这个时代的大多数人所拥有的思想观念也大都处于半新半旧、不新不旧的状态，或者更偏向于传统。况且，民国时期的绝大多数地区还都没

图3-12　1936年第121期《良友》报道鲁迅葬礼

---

① 《鲁迅昨日安葬，执绋送殡者六千余人》，《申报》1936年10月23日。

有出现与现代殡葬礼仪相配套的现代殡葬设施。就这样,在传统规则影响力依然强大,而新规则尚未树立权威,且全国大多数地区的现代殡葬设施几乎是空白之时,绝大多数人用一种折中新旧,甚至更偏向于旧的态度来对待殡葬礼仪,实在是再正常不过的事情。

## 第三节　政治盛典:"国父"孙中山的葬礼

孙中山是中华民国的"国父",因而其葬礼对于民国而言具有非同寻常的意义。民国时期,有许多显赫的政治人物举行了盛大的葬礼,如袁世凯典范式的新旧杂糅式葬礼,黄兴、蔡锷、谭延闿等在不同《国葬法》下的葬礼,等等。孙中山作为民国的缔造者,享用国葬典礼理所当然,但即便是国葬典礼也无法彰显孙中山的独特地位。事实上,作为国民党的创始人和"总理",孙中山的葬礼始终与国民党及其政权息息相关。

### 一　殡葬礼仪与社会动员——1925年的孙中山治丧活动

1924年底,在广州站稳了脚跟的国民党政权为伍廷芳举行国葬典礼,要求广州"所有各机关各学校均下半旗志哀,珠江军舰均鸣炮十七响致敬"。其送葬队伍是:骑兵队为先导,以下依次是"伍博士国葬典礼"之引道牌、大本营军步队、命令亭(内置孙中山命令)、粤军宪兵、粤军警卫军、湘军、伍廷芳遗像亭、滇军、桂军、海军、岭南大学银乐队、黄埔陆军学校学生军、陆军讲武堂学生、建国桂军军官学校学生、广东大学学生、童子军、宣传学校、真相剧社、牧师教徒,最后是伍廷芳遗灰亭,以及伍氏亲属和前来送葬的各界人士。作为孝子的伍朝枢着大礼服,送葬者均臂缠黑纱,各军队均行下枪礼。身为基督徒的伍廷芳在两年前逝世后便施行火葬,因而是"伍廷芳遗灰亭"。[①]在墓地举行的国葬典礼,行礼如仪:

(一)奏乐;(二)亲属向墓行三鞠躬礼;(三)孙大元帅代表就席;(四)来宾就席;(五)大元帅代表宣读祭文……(六)大元帅代表向墓行三鞠躬礼;(七)孝子答谢行三鞠躬礼;(八)来宾读祭词……(九)来宾向墓行三鞠躬礼;(十)

---

[①]《伍秩庸博士殡葬记》,《申报》1922年7月2日。

孝子向来宾答一鞠躬礼;(十一)大元帅代表胡汉民演说;(十二)部长林森演说;(十三)广东大学校长邹鲁演说;(十四)奏乐;(十五)安葬;(十六)茶会。①

完全由国民党一手操办的伍廷芳国葬典礼,相当于是1925年孙中山葬礼的一次预演。孙中山逝世当晚,国民党北京行馆即成立了约300人的治丧办事处,并以中国国民党中央执行委员会的名义遍发讣告。事实上,对于孙中山葬礼的操办权也有过一番争论。北京的非常国会很快便通过决议,认为"前大总统孙文有殊勋于国家,准予举行国葬典礼"。部分国民党员也赞成举行国葬典礼,因为国葬在当时已然是名义上最高规格的葬礼了。对于北京段祺瑞临时执政府而言,当然也乐见其成:"执政府对孙,当然拟用国葬。按国葬法为中华民国十四年来国会所制定之唯一法律,孙者亦国葬,则并蔡锷、黄兴为三人矣。唯国民党方面以广东大元帅府尚未取消,孙段两政府本属对立,若受执政府之命令举行国葬,是等于自行取消广州政府。"不少国民党人对于这一点当然很清楚,因而也不可能接受段祺瑞政府的国葬主张。国民党要将孙中山葬礼的操办权掌握在自己手中,更重要的原因是,孙中山的"身后丧事不仅仅是对孙中山个人的交代,而是关系到孙中山历史地位的型构和国民党政治资源的积累"。就此而言,"党葬"孙中山是国民党的最好选择,但是"当时国民党尚居于广东一隅,且内部矛盾重重,组织涣散","党葬"条件并不成熟,因此国民党回避国葬名义,为孙中山举办了隆重的葬礼和一系列声势浩大的治丧活动。②

首先是遗体防腐。根据孙中山的遗命,逝世当天便将其遗体迁入协和医院,实施防腐手术:"由心部微下方外皮开割,徐徐将心脏肠胃取出","当用药水洗涤,分别另储玻璃瓶内","复将先生腹内加以洗涤,排除毛细血

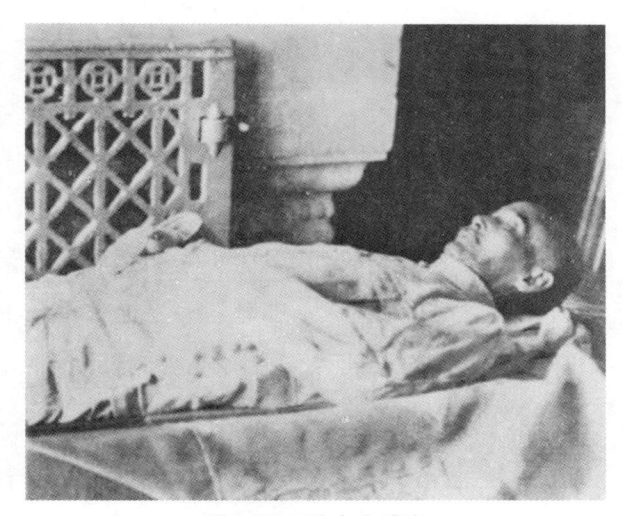

图3-13 孙中山遗容
资料来源:转自《羊城晚报》2012年4月2日。

---

① 《伍廷芳国葬记》,《申报》1924年12月14日。
② 参见李恭忠《"党葬"孙中山:现代中国的仪式与政治》,《清华大学学报》2006年第3期。

管内空气，注入福米林10%药液，再用药线缝好创口，仪容如生"。①对孙中山遗体的处理方式，显示了孙中山作为一个基督徒对于身体的认识："人的身体是基督的肢体，要在人的身体上荣耀上帝。"这种遗体处理方式，某种意义上与伍廷芳的火葬形式殊途同归。但这种处理方式，与中国传统的生死观、殡葬观是截然对立的。传统观念认为，"死"是生命的过渡和延续，"死"仅仅是人到了另外一个世界，人死后假如没有全尸，是不能在阴间正常生活的。于是，当《申报》将孙中山遗体的防腐处理详细报道之后，国民党要人徐朗西立即致信北京国民党，指责其凌迟孙中山："今乃开膛破腹，挖取心肝。蹂躏尸身，莫此为甚。以法律所不许，人情所不忍施之于常人者，竟加诸一国之元良。此其残酷荒谬为何如耶""近日沪上有中山死后凌迟之论，其语至痛，其理由至为充足。"但对于大部分国民党人而言，孙中山的遗体被赋予了建构民族认同的使命，他们希望借此"来凝聚中国人的民族国家认同"和实现国民党的政治目标，毕竟一个外表看起来栩栩如生的孙中山遗体，能够更加直观地展现孙中山的"虽死犹生"。因此，徐朗西之类的言论很快就在媒体上销声匿迹，大多数国民党人所持的民族主义话语构成了优势意见，轻而易举地将这些传统的生死观置于沉默的位置。②

接着是遗体入殓。棺材上方用整块玻璃制成，隔层为透明体，"开启上盖后即可瞻仰先生遗容"。"先生遗体，着民国大礼服，足穿皮鞋，内衣完全西式，头戴大礼帽，胡须仍为八字须，双眼紧闭。如突然一见，只以为先生为暂时入睡。"遗体入殓后，由孙科亲视含殓。随后，国民党要人纷纷赶往协和医院，瞻仰遗容。③然后是宗教祈祷仪式。在这一点上，孙中山家属与部分国民党人产生了争执。宋庆龄和孙科坚决要求在协和教堂举行祈祷仪式，部分国民党员认为，孙中山为国民党总理，若举行祈祷仪式，"不独玷辱孙氏，且玷辱国民党精神"。之所以产生争执，与1920年代兴起的非基督教运动有关。非基运动是当时反帝斗争的一个重要组成部分，而为孙中山举行宗教祈祷仪式有悖于当时社会的反帝情绪，也不利于塑造孙中山及其国民党的民族主义形象。④最后，国民党中央执行委员会裁定此举"为家族行动，与党无关"，

---

① 《孙中山丧礼详记》，《申报》1925年3月19日。
② 参见高冬琴、蔡世华《国葬与国家民族认同——以孙中山遗体及其安葬为中心》，侯杰主编《"孙中山与中华民族崛起"国际学术研讨会论文集》，天津人民出版社，2006，第450、452、453页。
③ 参见周吉平《北京殡葬史话》，第350、351页。
④ 参见高冬琴、蔡世华《国葬与国家民族认同——以孙中山遗体及其安葬为中心》，侯杰主编《"孙中山与中华民族崛起"国际学术研讨会论文集》，第452页。

故得以行之。其仪式依次是：奏乐，安放棺柩（汪精卫等手抬入场，"棺上覆以青天白日之国民党党旗及国民党新创之国旗"），主礼牧师宣训，奏唱宗教歌曲，赞礼牧师诵读《圣经》第二十四章，再奏宗教乐曲，主礼牧师致哀词，奏唱宗教乐曲，徐谦致唁词，孔祥熙代表家属致谢词，奏唱宗教乐曲，赞礼者施祷告礼，来宾低首祷告，奏乐，行锡安礼，再奏乐，礼成。① 再就是盛大出殡。其出殡顺序是：

（1）警察，约三百余人；（2）军乐队：执政府派军乐队一连，警察厅军乐队一队；（3）飞机三架，在丧仪行经各处绕空飞行；（4）送丧代表：国民追悼孙先生大会代表，京汉铁路工会代表，国民会议促成会代表，京师总商会代表，教育会、农会、各省法团联合会等数十团体代表，皆胸挂白花，臂缠青纱；（5）乐队：海军部、内务部乐队；（6）送丧代表：段祺瑞代表梁鸿志、段宏业，叶恭绰代表郑洪年，善后会议秘书长许世英，广东同乡会代表梁士诒，此外各部院署代表约五百人；（7）私人方面送丧者，约二三百人；（8）外交部军乐队；（9）各学校：燕大、北大、清华等大学及各中小学生男女学生教职员，约一千人；（10）护卫队，皆枪托向上枪口向下，以示志哀；（11）外人方面：以俄国、日本人士最多，约有数十人；（12）孙亲族：宋子文等十余人；（13）执绋人员：分为左绋、右绋，左绋为吴稚晖、于树德等八十七人，右绋为黄昌谷、李石曾等八十三人；（14）灵柩，由国民党员自己抬棺；（15）呼口号者：沿途有萧人鹄等呼"孙中山主义万岁！""国民革命万岁！""打倒帝国主义！""打倒军阀！"等口号；（16）孙夫人宋庆龄，乘青玻璃马车随柩后行；（17）护卫：宪兵一队。②

该出殡队伍，除了军乐队和飞机之外，基本上都是社会各界送丧者。这样一个仪仗简单却规模盛大的出殡，想要彰显的正是孙中山的社会影响力。在这个出殡队伍中有两点可谓别出心裁，一是抬棺者，二是呼口号者。治丧处决定不用杠夫，而是由国民党党员抬棺，以示敬意。"分三组二十四人轮流抬棺：第一组为张继、汪精卫、孔祥熙、林森、石青阳、宋子文、喻敏西、石蘅青；第二组为于右任、陈友仁、李大钊、白云梯、邹鲁、戴天仇、邵元冲、钮永健；第三组为李烈钧、姚雨平、郭复初、焦易堂、邓家彦、朱卓文、蒋作宾、林祖涵。"③ 由国民党党员亲自抬棺既是对孙中山表达敬意，也蕴含了国民党团结一致、共同努力奋斗的寓意，而对于具体的抬棺者而

---

① 《孙中山殡仪纪详》，《申报》1925年3月23日。
② 《孙中山殡仪纪详》，《申报》1925年3月23日。
③ 参见周吉平《北京殡葬史话》，第354页。

中国殡葬史　第八卷　民国

图3-14　孙中山出殡路上的群众

资料来源：转自《羊城晚报》2012年4月2日。

图3-15　孙中山灵堂

资料来源：转自《羊城晚报》2012年4月2日。

言，这也是党内地位的一种体现。在出殡队伍中专门设有"呼口号者"，显然是国民党借孙中山出殡之机，宣传国民革命，进行社会动员。这一方式在国民党日后主办的各类追悼会和公祭活动中一再出现，成为国民党进行社会动员的一种常用形式。

孙中山灵柩运抵中央公园，停灵于社稷坛大殿正中，上悬中山遗像及"有志竟成"横匾，两旁挂"革命尚未成功"、"同志仍须努力"对联，棺上盖以青天白日旗。公园头门扎素彩牌坊一座，上缀"天下为公"四字，社稷坛中央土台上竖立青天白日大旗一面，社稷殿正门上悬一松叶制匾额，题"国民救国"四字。一切布置完毕，然后开放给民众进行吊唁。治丧处在门内设签名簿两册，东为个人签名，西为团体签名。签名后分配给每人素花一朵、孙中山纪念相片一张、传单一张（印有《致国民党党员之遗嘱》和短文《孙中山遗嘱下之中国民众与世界民众》）。吊客每10人一班，入殿行礼，并瞻仰遗容。[①]类似这样的吊丧场所，国民党在全国各地多有设立。如，当孙中山逝世的噩耗传到上海后，治丧事务所即在莫利爱路二十九号孙宅，"设奠于客厅，中央悬中山遗像，来宾往吊者，先签名，每人发给黑纱一方，均至遗像前行三鞠躬礼，并由国民党上海执行部派人担任招待"。[②]国民党党员行礼仪式与普通民众不同：（1）屏息就位；（2）行三

---

[①]　参见周吉平《北京殡葬史话》，第355、356页。
[②]　《孙中山逝世之哀悼》，《申报》1925年3月14日。

鞠躬礼;(3)听读遗嘱;(4)退出门口,并分致黑纱。①相对于普通民众,国民党党员还有一个"听读遗嘱"的环节,国民党借此将国民党党员与普通民众区别开来,以强化国民党党员对于国民党组织的认同感和归宿感。

国民党各地党部还奉命召开追悼会。如上海特别区中国国民党四区某部"遵照中央执行部令"召开追悼会,"到五六十人,各分黑纱一幅,会场中悬孙先生遗像,上有'东亚明星'四大字,另书孙先生遗嘱一纸,并挽联二副"。会议程序:(1)奏乐;(2)全体列队;(3)行三鞠躬礼;(4)主席读祭文;(5)唱哀悼歌;(6)播放中山演说留声片;(7)散会。不同地区党部的仪式也略有差异,如上海国民党第五区某部召开的追悼会,先是"全体对遗像三鞠躬礼",接着是"宣读遗嘱,静默三分钟",然后是十多人演讲"总理功勋及其主义,一致谨遵遗嘱努力革命",最后散会。在上海国民党第三区分部召开的追悼会上,还有"报告孙总理一生历史"和"赠纪念品"的环节等。②

此外,各社会团体、学校等机构组织也纷纷自发召开追悼会。如民生协济会召集全体职员开会哀悼孙中山,其程序是:(1)全体向孙中山遗像行三鞠躬礼;(2)宣述孙中山"创造民国、提倡民族一切功绩";(3)致哀词;(4)议决通告各会员臂缠黑纱致敬,遵守遗嘱;(5)公推代表赴莫利爱路孙宅吊唁,并拟电稿电京哀悼;(6)会员发表意见;(7)振铃散会。③南方大学的追悼会仪式包括历述孙中山一生功绩,向孙中山遗像行三鞠躬礼,读遗嘱,读祭文,默哀五分钟,播放孙中山演说留声片,演说和分发孙中山遗像与该校追悼特刊。④

由上述可知,无论是国民党各地党部召开的追悼会,还是各社会团体、学校等召开的追悼会,仪式程序与民国初年礼制馆编订的新丧礼中规定的追悼会仪式程序相差无几,只是多了"读遗嘱"和"默哀"这两个环节。"读遗嘱"环节具有孙中山丧礼的强烈个人色彩,不具有在普通民众中推广的可能;但"默哀"环节的出现,则进一步丰富了新式殡葬礼仪的内容,能够更好地为丧礼营造一种沉痛、庄严的氛围。

在国民党掌握政权的广州,对于孙中山的悼念活动可谓全城动员。孙中山逝世

---

① 《孙中山逝世之哀悼(二)》,《申报》1925年3月15日。
② 《孙中山逝世之追悼(十)》,《申报》1925年3月24日。
③ 《孙中山逝世之哀悼(三)》,《申报》1925年3月16日。
④ 《南方之追悼会》,《申报》1925年3月30日。

当天下午，留守广州的国民党人就成立了大元帅哀典筹备委员会，举胡汉民、伍朝枢、廖仲恺、古应芬、杨希闵、谭延闿、许崇智、刘震寰、程潜、邓泽如、吴铁城等11人为筹备委员。大元帅哀典筹备委员会虽然设在国民党大本营广州，"但由于大批国民党中央委员聚集于北京，使其决策地位降低"。因为北京是孙中山的逝世地和灵柩所在地，"北京治丧处又基本囊括了当时的国民党中央执行委员会委员，可以说是国民党中央的治丧机构"，除了负责北京地区的治丧事宜外，"还担负起指导、规划和协调各地国民党追悼活动的任务"。①广州地区的治丧事宜则主要由大元帅哀典筹备委员会负责，其所议定哀典礼节如下：（1）各官署、军营、军舰、海关下半旗一月；（2）文武官员停止宴会一月；（3）民间辍业一星期；（4）文官左臂缠黑纱一月；（5）武官及兵士于左臂及刀柄上缠黑纱一月；（6）官署公文大小印章用蓝印色一月。与此同时，广州公安局通令全市"各戏院、影戏院、酒楼、茶居、天台娱乐场及民间私人住宅或公共场，一律停止演剧、歌曲、鼓乐、燃炮一星期，商店民居均须下半旗一月"，而国民党中央执行委员会则通告各党员应一律缠黑色臂章一月。②

图3-16 悼孙中山挽联

资料来源：转自《羊城晚报》2012年4月2日。

---

① 参见沙文涛《孙中山逝世与国民党北京治丧活动述论》，《中国国家博物馆馆刊》2012年第6期。
② 《孙耗到粤后之广州市》，《申报》1925年3月17日。

如此礼节，甚至超过了袁世凯逝世后的哀悼礼节，如袁世凯的举丧时间是27天，而广州为孙中山举丧则是一个月；袁世凯举丧时，只是要求民间辍乐7日，而广州国民党则是要求民间辍业一星期。

举丧期间，广东各界分别为孙中山致祭，先是"军政界及外宾"，再是"农工商善各界"，最后是"学界"。粤省军政界要人如胡汉民、谭延闿等以及驻粤英国领事、美国领事、苏联领事等均到场致祭。会场门首冠以黑白纱，门前悬有生花横额，题曰"革命之神"四字。会场四周满挂各界祭文挽联，祭坛中悬孙中山遗像，后方竖有国民党党旗，遗像下标贴孙中山遗嘱全文。致祭礼节为：（1）齐集士兵列队；（2）肃立；（3）奏哀乐；（4）读遗嘱；（5）读祭文；（6）俯首默哀一分钟；（7）三鞠躬礼；（8）再奏哀乐；（9）礼毕；（10）演说。举行祭礼之前，永丰舰鸣哀炮二十一响；举行祭礼前后，"有飞机盘旋空中，散放民党标语之传单"。在农工商善各界致祭之日，"省中工厂因工人前往赴祭，皆为之歇业一天，排字工人全体因赴会追悼，广州报纸受连带关系，亦停工一天"。①

最后，广州"军政学农工商各界"还联合召开了一次规模巨大的追悼会。会前将写有"中国境内民族一律平等"、"收回租借地"等孙中山格言的铁皮钉在各马路两旁的电杆上，并拉铁丝横悬青天白日小国旗。追悼日，"各机关商店居民皆下半旗，男臂缠黑纱，女襟缀黑花"。中午12时，广州"全市人民停止户内外一切工作，默静五分钟，由各军讲武堂学生、黄埔军官学生与入伍生及军事队、学兵队等分站马路两旁，担任纠察"。因为担心全城默哀时刻不能一致，乃规定三项默哀时间符号：

（一）默静准备符号：由电力公司于上午十一时五十七分先发电全市户内及街外电灯，放亮三分钟之久，其放亮时即为全市默静志哀准备符号；（二）默静起点符号：全市电灯放亮至正午十二时即行停息，其停息时即为全市默静志哀起点符号；（三）默静终了符号：全市电灯停息至十二时零五分钟即复行放亮，其复行放亮时即为全市默静志哀终了符号。

有了如此精细的安排，再加上众多学生兵在马路行担任纠察，因此"及时志哀，一律毫无参差"。"默静时，全城工厂、电汽车、轮船、火车等之汽笛，一齐发放。兵

---

① 《粤省各界追悼孙中山情形》，《申报》1925年3月26日。

舰则鸣炮，飞机盘旋空中，散放传单。一时鸣鸣隆隆，惊天震地。"追悼会场内的仪式则是：

（一）开会；（二）奏哀乐；（三）向遗像行三鞠躬礼；（四）奏哀乐；（五）默静志哀五分钟；（六）宣读祭文；（七）宣布孙先生事略；（八）演说；（九）高呼国民革命之口号；（十）巡行。

巡行时沿途散发各团体印制的传单，"计达百余种，如告学生书、告工人书、哀告广州青年、敬告国民及航空同人印送先生遗像等"，并一路高呼"打倒军阀"、"打倒帝国主义"、"中山先生不死"、"中国国民党不死"、"中国民族解放万岁"、"世界被压迫民族解放万岁"六种口号，高唱革命歌等。详细报道了这次追悼会的《申报》，都不由得感叹该追悼会"可谓空前之大追悼会也"。①

孙中山的葬礼在很多方面显示出了对传统殡葬习俗的革命，如对遗体的防腐处理、瞻仰遗容、举行基督教祈祷仪式、出殡时摒除传统仪仗、致祭时实行默哀等。这些"革命性"的殡葬礼仪经过媒体的大量报道，对人们的传统殡葬观念产生了巨大冲击。不过，孙中山葬礼对新式殡葬礼仪的示范效应，对于国民党而言，最多只是一个副产品，其最根本的目的，应该是展示和塑造孙中山的革命者形象，并为国民革命进行最广泛的社会动员。在操办孙中山葬礼的过程中，国民党尝试并运用了多种大规模社会动员的方式，如签名赠花、宣读遗嘱、高呼口号、散发传单和全城默哀等。这些方式有效地进行了社会动员，后来也逐渐成为国民党进行社会动员的常规手段。此后每年，国民党都会举行孙中山逝世纪念活动。更重要的是，孙中山的逝世及其悼念活动所激发出来的社会动员效果也令社会各界印象深刻，因此当五卅惨案等发生后，通过哀悼死者进行社会动员就成为当时的普遍之举。殡葬礼仪和社会动员如此紧密地结合在一起，也成为民国时期殡葬习俗的一大特色。

## 二 政治葬礼与秩序重建——1929年孙中山奉安大典

随着国民党于1928年在形式上统一全国，以及南京中山陵第一、二期工程的顺利实施，1929年1月14日，国民政府公布了总理奉安委员会组织章程和组成人员名

---

① 《广州市追悼孙中山之热烈》，《申报》1925年4月19日。

单。①奉安委员会由 28 名委员组成，主席委员蒋介石，时任国民党中常委、国民政府主席、陆海空军总司令，其余委员则由国民政府委员、各部部长、文官长、参军长、葬事筹备委员会常务委员、南京特别市市长组成，按先后顺序排名如下：胡汉民、谭延闿、王宠惠、蔡元培、戴季陶、林森、冯玉祥、张继、陈果夫、阎锡山、杨树庄、孙科、何应钦、张学良、赵戴文、王正廷、宋子文、王伯群、易培基、孔祥熙、蒋梦麟、薛笃弼、古应芬、何成濬、叶楚伧、林业明、刘纪文。这份名单"基本囊括了南京当局各位现职政要人物"，因此有学者表示："如此高规格的治丧机构，这在民国历史上是仅有的一次，可谓空前绝后。"②

奉安委员会专门制定了"奉安礼节"，包括"奉安礼节通则"、"奉移礼节（由北平碧云寺至浦口）"、"迎榇礼节（由浦口至中央党部）"、"公祭礼节（在中央党部）"、"奉安礼节（由中央党部至陵墓）"、"沿途致祭礼节（由北平至浦口）"和"专使外宾致祭礼节"。"奉安礼节通则"如下：

（一）国民政府将迎榇奉安日期，暨奉安典礼，明令布告全国，暨驻外各使领馆海外各侨胞，并由外交部通告各国；（二）全国下半旗七日志哀（五月

图3-17　奉安委员会浦口临时办事处
资料来源：《江苏档案》特刊2010年第3期。

---

① 参见郭必强《奉安大典的政治观察：以蒋汪为中心的讨论》，《南京社会科学》2010 年第 10 期。
② 参见李恭忠《"党葬"孙中山：现代中国的仪式与政治》，《清华大学学报》2006 年第 3 期。

二十六日至六月一日）；（三）全国停止宴会娱乐七日（五月二十六日至六月一日）；（四）凡党员、公务员一律左臂缠黑纱七日，军警刀柄并缠黑纱（五月二十六日至六月一日）；（五）奉安日（六月一日），全国各地方党政军警机关团体，一律举行公祭典礼（礼节单另附）；（六）奉安时（六月一日正午），鸣礼炮一百零一响；（七）奉安时（六月一日正午十二时），全国民众一律停止工作三分钟，静默志哀；（八）奉安时（六月一日正午十二时），全国交通一律停止三分钟；（九）参加典礼人员，均服礼服或制服，用领结、手套者一律黑色；（十）各地方党政军警各机关各团体，依照本会规定名额，各派代表先期莅京，敬谨参预典礼；（十一）灵榇经过地方，所有党员、公务员、军警、民众于灵榇经过时，应一律肃立敬礼。

至于"奉移礼节"、"迎榇礼节"、"公祭礼节"和"奉安礼节"等，具体步骤虽有差异，但基本上都包括"就位"、"肃立"、"奏哀乐"、"行三鞠躬礼"、"默哀三分钟"等环节，其他则根据内容不同增添相应环节，如"奉移"、"献花"、"读祭文"、"读诔文"和"总理家属、中央委员代表、国府主席、总理亲故代表、专使领袖恭移灵榇进墓门"等。在灵车"由北平至浦口"的路途中，所经各站，无论是否停车，均

**图3-18 奉安大典所用火车**

资料来源：《江苏档案》特刊2010年第3期。

有相关致祭礼节：

  总理灵车由北平南下，所经过须停之各大车站，各该地党政军警机关及各民众团体，于灵车到达前集合，恭候致祭。灵车抵站，军警均鸣号三番，有军乐队者奏哀乐，有炮者鸣礼炮廿一响，军警举枪致敬，军官行举手注目礼（佩刀者撇刀），余均一律脱帽肃立，灵车停后举行祭礼（礼节单如左）：（一）全体肃立；（二）奏乐；（三）献花圈；（四）读祭文；（五）行三鞠躬礼；（六）礼成。灵车启行时，军警鸣号，行举枪礼，军官行举手注目礼（佩刀者撇刀），余均一律脱帽肃立，候灵车出站后，各依次退。灵车经过不停之小站，由各该地党政军警各机关各民众团体先时集合，俟灵车经过时致祭（礼节单如左）：（一）全体肃立；（二）奏哀乐；（三）行三鞠躬礼；（四）礼成。俟灵车经过后，依次退。

此外，奉安委员会还制定了"迎榇秩序（由浦口至中央党部）"、"公祭秩序（在中央党部）"和"奉安秩序（由中央党部至陵墓）"等相关规定。在国民党中央党部的公祭共有三天，第一天"为中央委员、国府委员、党政军警代表公祭之日"，第二天"为各民众团体代表公祭之日"，第三天"为各国专使与其他外宾公祭，及总理亲故、总理家属祭奠之日"。"迎榇秩序"和"奉安秩序"，大同小异，均包括"时间"、"警戒"、"礼炮"、"迎榇（送殡）人员之集合"和"迎榇（送殡）行列"等五项内容。其中，"奉安秩序"的"送殡行列"次序如下：

  第一行列：一、骑兵官长一员（乘黑马，执旗开道）；二、骑兵三名（乘黑马，背枪护旗）；三、骑兵二名（乘黑马背枪，分执党国旗，国旗在左，党旗在右）；四、骑兵三名（乘黑马，背枪护旗）；五、军乐队；六骑兵（执长矛）。第二行列：一、军乐队；二、步兵（枪口朝下）；三、农民代表；四、工人代表。第三行列：一、海军军乐队；二、海军陆战队（枪口朝下）；三、海军官长士兵（枪口朝下）；四、商民代表；五、学校代表。第四行列：一、警察乐队；二、警察官长士兵；三、学生团体代表；四、妇女团体代表。第五行列：一、军乐队；二、外宾；三、海外华侨代表；四、各编遣区、各师旅、各舰队航空队代表；五、各省市政府代表；六、京内各机关职员；七、各省市党部及特别党部代表；八、首都特别市党部及所属各级党部全体执监委员；九、中央党部职员。第六行列：一、军乐队；二、步兵（枪口朝下）；三、遗像亭。第七行列：一、军乐队；二、各国专使；三、国府委员及各特任官长；四、中央执监委员；五、总理亲故；六、总理家族；七、灵车；八、步兵（枪口朝下）。第八行列：骑兵一队殿后（执长矛）。

与制定"迎榇秩序"、"公祭秩序"和"奉安秩序"相配合，是奉安委员会对各地区、各部门参加奉安大典代表名额的提前分配。这个分配包括5个方面：党部、政府、学校、民众团体和海外华侨。在党部方面，主要规定江苏、浙江、上海、北京等25个省市党部"得各派代表五人"，"新疆、青海、西康、宁夏、绥远、察哈尔、热河、内蒙、西藏、甘肃"等地党部"得各派代表二人"；在政府方面，主要规定"各省各特别市政府得各派代表三人至五人"等；在学校方面，规定"各大学得各派代表一人至三人"，"各专门学校得各派代表一人至二人"；在民众团体方面，规定"各省农民代表三人至五人"，"各省各特别市工人代表三人至五人"，"各省各特别市商人代表三人至五人"，"学生团体代表三人至五人"，"妇女团体代表三人至五人"，而这些代表"应由各该地党部及政府介绍或证明"；在海外华侨方面，规定"海外各华侨团体得各派代表一人至二人"，"国内各华侨团体得各派代表一人至二人"等。[①]

由上述各项"礼节"、"秩序"的规定和代表名额的分配可知，国民党政权通过孙中山的奉安大典来展示其在中国统治地位的意图非常明显。"奉安礼节通则"要求"全国停止宴会娱乐七日"，并要求全国民众在"奉安时"，"一律停止工作三分钟，静默志哀"，全国交通也"一律停止三分钟"，即整个中国因为国民党为其总理孙中山举行奉安大典而采取一致行动，实际上意味着中国将以国民党为中心进行运转。孙中山的灵车从北至南，一路上各地党政军警机关和各民众团体均要在车站致祭，某种程度上成为对国民党在各地统治力的一种检阅。至于在全国各地、各部门间分配代表名额，更是要传递这样一种信息：国民党是中国各地区、各民众团体、各种力量"众望所归"的中心所在。

毫无疑问，国民党是想通过孙中山的奉安大典，向国人乃至世界展示"党国体制"的权威。在这个过程中必然会涉及的殡葬礼仪，从其各项规定来看显然是全新的。然而，在具体的实施过程中，尤其是在北京的奉移环节，又不难发现传统殡葬礼

---

[①]《总理奉安委员会办公处通告》，《申报》1929年5月12日。

仪的影子。首先是北京奉移路段"全道铺黄土"。①1929年初，总理葬事筹备会所拟定的"总理奉安仪式"，曾要求从西山碧云寺到前门火车站的马路"应行修平"。②将马路修理平整，以方便灵柩平稳迁移，不至于颠簸倾斜，原本无可厚非，然而再加上"全道铺黄土"，则仿效传统帝王出殡的意味呼之欲出。其次是在北京奉移灵柩，全程用杠。灵柩从西山下来，登中山陵，以及上下火车、军舰，当然是不得不用杠夫抬灵，至于在平地上迁移时，大可使用灵车。事实上，孙中山灵柩在南京的转移便主要是靠"盖以国民党党旗及国旗"的"特制汽车"。③此前，黎元洪在天津的出殡也是以车载灵。然而，孙中山灵柩在北京的迁移却是全程用杠。

孙中山奉安大典的用杠，雇请的是北京杠业中的名家——日升杠房。这一点在1929年初拟定的"总理奉安仪式"中也有明确规定：灵柩"由西山碧云寺至前门车站上车，及浦口上舰，下关登岸，直至进圹安葬，均用北平杠夫"。④国民党的特派迎梓专员办事处于1929年1月2日，与日升杠房签订合约，总价费用为1万元。"其中包括杠夫工价、服装、靴帽、党旗国旗两面、绣花大棺罩一座、绣花小棺罩一座、花绸结彩遗像亭一座、提灯二十个，也包括护送至南京杠夫工价、伙食、住宿等。"灵柩出堂用24人杠；出碧云寺大门，换用32人杠；从万寿山旧宫门牌楼开始，"地形展开"，"即换用大棺罩"，"大杠六十四人"。由于距离远，杠夫还要大换班。孙中山灵柩在北京的奉移，采用了最高规格的大换三班，即一班64人抬灵时，有两班各64人跟随，按时换班。这些抬灵杠夫，加上抬遗像亭的杠夫、提炉杠夫、派往南京的杠夫，以及执旗、照料、指挥、响尺头目等，整个奉安大典统共用杠夫325名。⑤

对照国民党政权1928年制定的《丧礼草案》，可以发现孙中山奉安大典完全没有违反该草案的各项规定，反而是该草案的最佳演示。这是因为《丧礼草案》并没有禁止"杠夫抬灵"等传统殡葬方式，而"杠夫抬灵"在当时的中国社会，尤其是北方社会，还是最主要的运载灵柩的方式。南方社会，尤其是沿海一些口岸城市采取的车载灵柩方式，开始流行的时间也不过是20世纪二三十年代。即孙中山奉安大典，北京用杠，南京用车，体现的或许只是南北之间的差异，但这同时也反映了国民党政权的入乡随俗，即对于不同地区的殡葬习俗，在其建政之初基本上采取了放任乃至尊重的态度。

---

① 《总理灵榇奉移南下》，《申报》1929年5月27日。
② 《总理葬事筹备会拟定总理奉安仪式》，《申报》1929年1月10日。
③ 参见周吉平《北京殡葬史话》，第376页。
④ 《总理葬事筹备会拟定总理奉安仪式》，《申报》1929年1月10日。
⑤ 参见周吉平《北京殡葬史话》，第366、372、373页。

图3-19　将孙中山灵柩抬上中山陵

资料来源：转自《羊城晚报》2012年4月2日。

　　国民党政权的这一态度，事实上反映了国民党统治力量的相对孱弱而且不均，即国民党凭借一党之力还不具有对抗整个中国社会习俗的力量。这一点，通过实际出席奉安大典的代表来源可以看得更清楚。根据奉安委员会登记的出席代表名单统计，"不算中央及南京特别市的人员，共有549个外地组织、928名外地代表参加奉安大典"。有学者对这份名单进行研究后，认为"出席这次典礼的代表貌似广泛，实则显现'两多一少'特征"："党政军组织和代表数量多"，"华侨组织和代表数量多"，"国内民众团体数量少"。在党政军方面，派出代表的组织共计254个，派出代表共413人，分别占组织和代表总数的46%和45%，但是"广西、云南、贵州、河南、山西、北平、新疆、西康、宁夏、绥远、西藏等11个省市、地区，未见党部代表出席"，还有"内蒙、广西、宁夏3省未见政府代表出席"。这表明，国民党作为党国体制的中央地位已经基本建立起来，但"这种地位还很不巩固，在边疆和少数民族地区尤其如此"。在国内民众团体方面，"参加奉安大典的国内团体有98个、代表244人"，绝对数量似乎不少，可"他们代表的是公职人员之外的全体民众，数量远远超过全国的公职人员"，但在奉安大典中的重要性远远低于党政军组织。"并且，这些民众团体覆盖的地域比较狭窄，主要来自长江下游的江浙沪皖赣及闽粤数省。尤其是青年界，只有5个团体、10名代表，来自安徽、江苏两省和广州市。"这既反映了国民党统治比较稳固的区域主要集中于东南各省市，也表明国民党的社会号召力和凝聚力还很不够。①

其实，即便是在其统治的中心区域，国民党也难以做到令行禁止。在"奉安礼节通则"中，国民党要求全国从1929年5月26日至6月1日停止宴会娱乐，"但在苏州乡下黄石桥，村民们准备依照传统习俗，在5月29日和30日两天搭台演戏，当地政府派人劝导无效，于是出动警察队下乡强行禁止"。在上海，"大部分娱乐场所只在6月1日停业一天"，《申报》等媒体在5月26日到30日期间，"娱乐广告连篇累牍，毫不亚于平常时日"。②这些都表明，至少在建政之初，国民党政权对于民间社会的统治力是相当有限的。或许正是由于这个原因，国民党政权才会对各地区的传统习俗，包括殡葬习俗，大致上采取容忍的态度。

图3-20　车载孙中山灵柩
资料来源：转自《羊城晚报》2012年4月2日。

孙中山奉安大典最后举行的"奉安典礼"，是整个葬礼过程中最为隆重也最为重要的一项仪式。蒋介石主祭，"谭延闿、胡汉民、王宠惠、戴传贤、蔡元培陪祭"，所读诔文分别是《国民党中央暨全体党员诔文》和《国民政府诔文》。③这是非常具有象征意义的安排，显示了蒋介石作为党国领袖的地位正式得到确认。因此，孙中山奉安大典的政治意味是双重的，一方面是展示国民党在中国的统治地位，另一方面则是展示蒋介石在国民党和中国的领袖地位。从民国殡葬习俗来看，孙中山奉安大典一方面向全国示范了新式殡葬礼仪，另一方面也反映了国民党政权在建政之初对各地殡葬习俗的部分容忍乃至仿效。

在夺取全国政权之前，国民党为了利用孙中山的巨大声望，借为孙中山举办葬礼

---

① 参见李恭忠《"党葬"孙中山：现代中国的仪式与政治》，《清华大学学报》2006年第3期。
② 参见李恭忠《"党葬"孙中山：现代中国的仪式与政治》，《清华大学学报》2006年第3期。
③ 参见周吉平《北京殡葬史话》，第380页。

之机，在全国各地发起了一系列治丧活动，以动员民众起来参加国民革命；在夺取全国政权之后，国民党又借孙中山奉安大典，向全国展示了其在中国的统治地位。从孙中山的葬礼可以看到，殡葬礼仪与中国政治之间的关系是如此紧密！

## 第四节　政府力量与殡葬习俗的嬗变

与传统时代不同，民国时期的政府在殡葬习俗的演变过程中扮演了重要角色。尽管在传统中国，政府也会干预民间社会的殡葬习俗，甚至立法加以规范，但整个传统时代的殡葬习俗，大体上变动有限，总归以儒家意识形态作为基础，不断渗入佛道等仪式元素，而且演变过程也很缓慢。因而，政府在其中的作用比较有限，或是出于经济原因，抑制过于奢侈的隆丧厚葬之风；或是出于维护儒家正统意识形态的考虑，禁止火葬等违背孝道传统的殡葬形式。进入民国后，政府在殡葬习俗演变过程中的角色发生了根本性变化。如果说，传统时代政府规范殡葬习俗的目的在于维护传统，那么民国以后政府规范殡葬习俗的目的则在于变革传统。这是民国的性质决定的。民国肇始于西方的政治理念，而民国的成立意味着与世界接轨，因而民国的一切社会礼仪也都需要向西方看齐。

### 一　北洋政府与殡葬习俗的嬗变

即便是在人们看来传统保守的北洋政府，也不得不提倡以西方为标准的新式殡葬礼仪，因为只有如此它才具有政治正当性。1912年8月17日，北洋政府公布民国《礼制》，第一章第二条规定"庆典、祀典、婚礼、丧礼、聘问，用脱帽三鞠躬礼"。同年10月公布的民国《服制》规定：男子凡遇丧礼，应服大礼服或常礼服，并"于左腕围以黑纱"；女子凡遇丧礼，除服相应礼服外，还应"于胸际缀以黑纱结"。1913年初公布的《外交官领事官服制》规定，"凶服以黑纱为识"，"如系私人之丧"，应缠黑纱于左臂，如属公事，还应缠黑纱于剑柄。①通过制定"礼制"和"服制"，北洋政府为中国丧礼正式引入了"脱帽三鞠躬礼"和"黑纱"等西式礼仪，无疑有助于这些新礼仪的进一步推广。

1916年底，民国元勋黄兴和护国功臣蔡锷的逝世推动了北洋政府《国葬法》的制定。这部《国葬法》规定，国民"有殊勋于国家"，身故后经国会或国务会议决定，

---

① 《参议院二读会修正服制草案》，《申报》1912年8月20日；《外交官领事官服制》，《申报》1913年1月21日；参见周吉平《北京殡葬史话》，第103页。

可举行国葬典礼，国葬经费由国库支出，治丧事宜由政府派员办理，有关机关团体和各界人士分别以下半旗或佩黑纱的方式表示哀悼。此外，还规定"殡前一日，大总统特派官着大礼服（凡会葬官员及诸执事，均一律服大礼服，左臂缠黑纱，不佩勋章，其服乙种常礼服及军常服者，亦缠黑纱）亲诣丧者之家，致花圈于灵前，行三鞠躬礼"，"出殡日，应由所在地方长官酌量遣派军队、军乐护送"等。[①] 1917年初，北洋政府分别为蔡锷、黄兴举行了国葬典礼，并在北京等地进行遥祭。[②] 根据特地赶到长沙参加黄兴葬礼的宫崎寅藏的记载，"这是一次完全新式的、带有浓厚政治色彩的特殊葬礼"。[③]《国葬法》的制定以及蔡锷、黄兴等政治人物的国葬典礼，相当于是为普通国民的殡葬礼仪提供了一种新丧礼的示范。

民国初年对丧礼最全面的规范，是北洋政府礼制馆编制的民国新丧礼，大略言之，即"家中有丧，衣衾、棺椁之事宜称家之有无，量力行之"，"凡有服者，男女可暂用旧式丧服，亦可仍用平时礼服，惟男之左腕围以黑纱，女子胸际缀以黑纱结"。一旦确定"设奠受唁之日，即以讣文通告戚友、宗族，并可登载日报"。"设奠日，孝子、孝孙受来宾之唁，宜脱帽三鞠躬致谢"；"出殡日，来宾有执绋亲送随柩而行者，或有设筵祭于途者，均宜脱帽三鞠躬致谢"，而且"出殡之日即葬为便宜，否则亦宜速营窀穸"。如果要开追悼会，新丧礼对"开会秩序"规定如下：

> 一、摇铃开会。二、奏哀乐。三、献花果。四、奏琴（唱追悼歌）。五、述行状。六、读哀祭文。七、奏哀乐。八、行三鞠躬礼。九、奏琴（唱追悼歌）。十、演说。十一、奏哀乐。十二、家属答谢行三鞠躬礼（闭会）。至于在事职员，应设如下：主礼员一人，庶务员二人，男招待员八人，女招待员八人，献花果二人，述行状一人，读追悼文一人。（人数多少，临时酌定。）

至于"新式丧礼"的具体仪节，主要包括以下五个方面的规定：（1）服色，如前文所述；（2）吊仪，以挽联、挽幛、香花等为主；（3）设备，主要是"灵前供亡人影

---

① 参见严昌洪《民国时期丧葬习俗的改革与演变》，《近代史研究》1998年第5期；《举行国葬礼节之内容》，《申报》1917年3月4日。
② 《京中遥祭黄蔡之筹备》，《申报》1917年4月13日；《杭垣遥祭蔡松坡》，《申报》1917年4月14日；《北京遥祭蔡松坡》，《申报》1917年4月15日；《蔡故上将卒之殡仪》，《申报》1917年4月19日；《北京先农坛遥祭黄兴》，《申报》1917年4月19日；《黄克强出殡记》，《申报》1917年4月22日。
③ 参见邵先崇《近代中国的新式婚丧》，第120、121页。

像一张，并陈列香花等件，亲友所赠之挽联、挽幛、香花等"；（4）礼节，包括奏乐唱歌、上香、献花、读祭文、向灵前行礼三鞠躬、来宾致祭一鞠躬、演说亡人事实、举哀、谢宾一鞠躬等；（5）发引，"先檀香提炉，次盆花（纸制亦可），次挽联，次挽幛，次花圈，次亡人照影，次祭席，次主人，次为灵柩，最末来宾送葬者"，并表示"丧礼以严肃为主，不必用音乐"。"新式祭礼"的具体仪节则有七个步骤：（1）奏哀乐；（2）排班，即"主祭者就位，众客以次就位"；（3）主祭者诣灵位前献花果，行一鞠躬礼；（4）读祭文；（5）主祭者率众客向灵位前行三鞠躬；（6）散班；（7）奏哀乐，礼成。如果"后有续来致祭者，均诣灵位前行三鞠躬礼"。

值得注意的是，新丧礼还有诸如"初终之立丧主（以嫡长子，无则长孙承重）、主妇（以亡者之妻，无妻及母之丧则以丧主之妻当之），无嫡长子及长孙，或竟无承祀之人者，则设主，概本于司马光《书仪》及朱子《家礼》，而仍其旧"，"袭礼之陈沐浴巾栉、含具，祭冠祭服各以其等"，"侍者迁尸沐浴，即床前为位、立魂帛"，"小敛之加敛衣，复一、禅一，皆以缯，复衾一，黄表素里，绞皆素帛"，"大殓之实空则以纸裹灯心草或蜃灰、石灰等"，"立铭旌，长七尺，题曰：中华民国显考某府君之柩（有官书某官，妇则书显妣某氏）"，"成服之凡丧三年者（旧礼有仕者解任之文，今不编入，以丁忧去职与否，当定之官规耳）"等更多承袭传统的规定。最后，民国新丧礼总结道：

> 以上各要义，无不准情酌理考全国风俗习惯之异同，取其便民而不忘古训，视婚礼为尤繁云。①

这部民国新丧礼将曾经零零散散出现的西方礼仪整合成一个系统的、完整的新式丧葬礼仪。但是，其最大的特点还是新旧并存：对于传统殡葬礼仪，"无不准情酌理"允许其继续存在，以"不忘古训"；对于新式殡葬礼仪，则制定统一的基本标准，以提倡之。如此一来，实际上等于没有规范，人们在殡葬礼仪上或新或旧，可以随意选择。北洋政府对待殡葬礼仪的这种做法，显示了其对待社会改良的温和态度，即对社会习俗不做强制改造，而是加以引导。正是这样一种政府态度，为民国初年丧葬礼仪中的新旧杂糅现象提供了宽松的政治环境。

---

① 以上几段，见周吉平《北京殡葬史话》，第 103~106 页。

**图3-21 隆裕太后灵堂**

资料来源:中国第二历史档案馆编《中华民国历史图片档案》第1卷,团结出版社,2002,第896页。

**图3-22 民众悼隆裕太后**

资料来源:中国第二历史档案馆编《中华民国历史图片档案》第1卷,第896页。

1913年隆裕太后的葬礼即充分体现了北洋政府对于殡葬习俗的态度。隆裕去世后,北洋政府决定服丧27日,"现任官及现役军官,左腕围黑纱,军刀柄缠黑纱,待以外国君主最优礼,各署下半旗,民国供应丧费"。[①]很快,各地各界都开始为隆裕太后服丧。[②]此外,还召开了相当于追悼会的国民哀悼会:"天安门外白石桥上搭一黄

---

① 《申报》1913年2月24日。
② 《申报》1913年2月25日,3月16、27日,4月1日等。

· 145 ·

绸棚，上缀白花，棚内供隆裕太后肖像及花果等祭品，凡无执照者即于此处行礼。"有执照者可过白石桥而至午门，"门之中央高悬后像"，"像下有一小龙宝座，置于台上，四围密缀花朵，旗台之右边有黄缎之诵经台，各喇嘛之诵经声，与左边之中国军乐队声互相杂和"。行礼时，既有民国政府人员身穿大礼服佩戴黑纱的脱帽三鞠躬礼，又有清朝遗老遗少顶戴齐全的跪拜礼。①如果说国民哀悼会和佩戴黑纱、下半旗，基本上可以算作新式殡葬礼仪，尽管其中也掺杂了喇嘛诵经和遗老遗少的跪拜礼，那么隆裕太后的奉安仪仗则尽显传统殡葬礼仪的特色："首为负载帐棚各品之骆驼一群；次为御人挽小白马五十匹，有置鞍者、有光背者；再次为旗旛绣伞；再次为御车灵轿，悉罩黄缎，后随前禁卫军马兵一队，各执长矛，上缀五色小旗；再次为白衣内监、玄服宫员；再次即为金棺，上披黄缎绣以彩凤，抬者共八十人，皆衣黄服。棺前左右有第三师之兵士倒持军械缓步护卫，行之中间有从者散播纸锭，棺后仅马兵数人，尚有喇嘛多名，执香恭送。"②相对于此前清朝太后的出殡仪仗，隆裕太后的仪仗可谓简陋，而且基本上都属宫廷礼仪，几乎看不到一点新式礼仪的影子。

北洋时期最能反映政府对于殡葬习俗态度的，无过于北洋军阀的葬礼。且看1926年初湖北督军兼湖北省长萧耀南的盛大出殡，其仪仗如下：

> 第一组：电铃开导牌，每隔二百码地为一段，以便招呼前后，应"牌名停行时"，"一响停"，"二响走"，"三响收"，随后第一组"开导顶马"、"开路神"、"大高灯"、"铭旌亭"、"大锣"、"水警全队"；第二组："官衔牌"、"素衔牌"、"军乐队"、"马队"、"各界挽对"；第三组："军乐队"、"绣花牌"、"绣花伞"、"绣花棚"、"打十样锦"、"锡銮驾"、"军乐队"、"匾亭"；第四组："和尚"、"道士"、"鲜花伞"、"花抬阁"、"军乐队"、"花伞"、"花抬阁"；第五组："花扎彩棚"、"锣鼓"、"打十样锦"、"花牌旗子"、"平金五彩缎万民伞"、"素色花绉万民伞"、"军乐队"、"勋位亭"、"道士"、"勋位亭"、"和尚"、"勋位亭"、"狮刀亭"；第六组："香亭"、"道士"、"军乐"、"匾亭"、"祭彩棚"、"大乐"；第七组："花牌"、"京锣"、"花銮驾"、"道士"、"花马"、"花提炉"、"五音吹哀乐"；第八组："玻璃提炉"、"花掌扇"、"军乐队"、"像亭"、"武礼服像亭"（八人抬）、"和尚"、"道士"、"玻璃八仙牌"；第九组："军乐"、"神主亭"（八

---

① 参见周吉平《北京殡葬史话》，第110页；《申报》1913年3月19日。
② 《申报》1913年4月4日。

人抬)、"花伞"、"绣花彩棚"、"打十样锦"、"陆军步队"(五百人)、"花圈";第十组:花扎"奠字大旗一面"、"细军乐队"、"督署乐队"、"奏哀乐"(最特色)、"打十样锦"、"道士";第十一组:"红绿花伞"、"玻璃提灯"、"提台炉"、"顶马";第十二组:纸扎"兵轮"、"汽车"、"轿子"、"东洋车";第十三组:"金山"、"银山"、"纸扎家用品"、"纸顶马"、"童男"、"童女"、"卫士刀叉"、"对子马"(四匹)、"军乐"、"道士"、"花亭"、"祭區"、"花走兽"、"花提灯"、"飞虎旗";第十四组:"萧生前自坐马车一辆"、"细乐"、"魂轿";第十五组:"文武服像亭二"(八人抬)、"军乐队";第十六组:武汉文武百官绅商各来宾送丧,"旌亭"、"和尚"、"功布"、"亚字牌"、"独龙扛"(六十四人抬),柩系阴沉木,用大红素缎包;第十七组:"后勇"、"跟轿"、女来宾马车。①

萧耀南用的是 64 人"独龙杠"。按照前清丧礼制度,64 人杠是公、侯、伯及一、二品大员才可以享用的丧礼标准。②显然,按照清朝的丧礼标准,作为一省督军的萧耀南是够资格享用 64 人杠的。但萧耀南毕竟是民国政府的高级官员,其殡葬礼仪却以清朝为标准,这一方面说明萧耀南及其同僚的殡葬观念仍停留在传统时代,另一方面也可以说明民国的殡葬礼仪规则不能满足萧耀南等北洋高官的要求。从萧耀南使用 64 人杠可见,他们有着丧礼等级差别的需要,而民国新丧礼最大的改革之处即是消除了各种等级差别。在这种情况下,身处高位的北洋高官们只能通过前清等级制的殡葬礼仪来彰显自己的地位。在萧耀南出殡的一共 17 组仪仗中,几乎每组都有"军乐"或"军乐队",而"打十样锦"也出现在大部分依仗组里。所谓"十样锦",即传统音乐"清音"。现代的"军乐"和传统的"清音"几乎并驾齐驱,似乎显示这是一个新旧杂糅的殡葬礼仪。但正如前文所述,萧耀南葬礼遵循的礼仪规范是以等级制为基调的传统葬礼。可以说,这一点毋庸置疑,因为整个仪仗除了军乐和花圈之外,就很难再看到新式礼仪的影子。

从北洋军阀统治之初隆裕太后的葬礼,到北洋统治行将结束时一省督军萧耀南的葬礼,我们可以明显地看到,北洋时期的殡葬习俗几乎没有进步。如果说隆裕太后的葬礼更多一些前清色彩,还是可以理解的,因为隆裕毕竟是前清太后;而作为北洋要员的萧耀南,其葬礼的传统色彩依然如故,只能说明北洋政府对于推动殡葬习俗的变

---

① 《萧珩珊出殡记》,《申报》1926 年 3 月 7 日。
② 《钦定大清会典》卷 54,第 486、487 页。

革相当乏力，甚至可以说是不太在意。当然，更重要的原因可能是北洋政府根本无暇顾及殡葬习俗的变革。或许正是北洋政府对于变革殡葬习俗的这种态度，使得北洋时期的殡葬习俗并非是由旧到新的缓慢变革，而是新旧杂糅、以旧为主，且变化不大。

## 二  南京国民政府与殡葬习俗的嬗变

国民党向来标榜自己是革命党，而作为革命党，最重要的是通过国民革命以达到改造社会的目标，这也体现在国民党对社会殡葬礼仪的改造上。在取得全国政权之前，国民党主要是以身作则，通过为其党员举行新式葬礼，向全社会进行倡导和示范。民国初年宋教仁遇害后的葬礼，主要由国民党操办。国民党要求其交通部及上海分部全体职员，均须"执绋送葬"，社会各界人士拟送葬者，须前往"国民党交通部等处，领取黑纱黄花"。① 其出殡仪仗是："前导有大旗二面，次乐队，次遗像花亭，次灵位双马车，次军乐队，次花圈，次军队，次灵柩双马花车，次遗物马车多乘，次党员整列执绋，次军乐队，次救国社员、女子参政同盟会会员及来宾，后随马车百数十乘。"② 显然，这基本上是一个全新的出殡仪仗，摈弃了传统出殡仪仗中的伞扇幡牌轿、僧道、清音、鼓乐以及纸制冥器等。

1926年9月，正当广东北伐军势如破竹高歌猛进之时，英国人在四川万县制造了600多人死亡的万县惨案。国共两党通过召开追悼会，寓社会动员于悼亡活动之中，使得全国各地迅速掀起反英运动的高潮。以上海为例，上海总工会、国民党上海特别市党部、上海学联会等300余团体联合召开了追悼大会，场内仅搭一棚，中悬"九五死难烈士之追悼会"字样及死难同胞之各种照片，旁悬各团体挽联及花圈，右旁置军乐队席位。大门首设签名处二所，由招待员分给到会者以黑纱、生花。仪式包括：（1）序立；（2）就位；（3）静默三分钟；（4）读祭文；（5）行三鞠躬礼；（6）礼成；（7）演说；（8）高呼口号；（9）散会。③ 这些仪式，包括"静默三分钟"和"高呼口号"，以及在大门口设立签名处，并向到会者分发黑纱、生花等，都在此前的孙中山追悼会上出现过，被证明是行之有效的社会动员手段。随着国民大革命的不断胜利推进，这样一种追悼会形式也势必在更大的范围得到推广。

---

① 《宋钝初今日安葬》，《申报》1913年6月26日。
② 《宋教仁遇害三志》，《申报》1913年3月24日。
③ 《各团体昨开万案追悼会》，《申报》1926年10月18日。

国民党在取得政权后，继续通过为其"烈士"或公务人员举行新式葬礼，一方面继续进行社会动员，增加其社会凝聚力；另一方面向社会展示其革新者的形象。上海的国民党员刘斌因公殉职后，国民党为其举行了隆重葬礼，先是"淞沪公安局军乐队奏哀乐"，其次是"全体执绋同志及来宾五千余人向刘烈士灵榇行三鞠躬礼"，接着是"全体静默三分钟"，然后是献花、读诔词及祭文，最后，由四位国民党人"扶柩移上轿式丧车"，举行出殡。其仪仗是：第一段为淞沪公安局军乐队；第二段为挽幛、横额及挽联队，"计五百余付，均为各团体及各级党部所致赠"；第三段为遗像亭；第四段为花圈队；第五段为血衣亭，"内置西装衬衫及西装裤各一，皆满染血迹"；第六段为各团体各级党部代表之送丧者；第七段为丧车，四面缀以鲜花，上覆青天白日旗，由八位国民党人执绋导柩而行。送葬者达五千人以上，皆"臂缠黑纱，胸佩黄花"，在指挥下大呼"刘斌烈士精神不死"、"三民主义的信徒团结起来"和"中国国民党万岁"等口号。①

有时，国民政府还会为因公殉职的公务人员举行联合出殡。如1927年底，上海为"救火会蒋烈士"和"第五保卫支团朱烈士"举行联合出殡，"各乡镇救火会及沪南北各保卫支团全体参加执绋"，并"授以黄花、黑纱等物"。"殡仪亘长三里之遥，六七千之众，一切旧俗，如僧尼清音之属，尽摈除不用，惟见逐队追接尽是荷枪实弹之健儿及铜帽戎服之壮士，气概堂皇，整齐威肃，尤以浦东第一团一百六十人之步伐，及苏州救火联合会衣帽之整洁，为各队冠。"蒋烈士灵柩置于东区救火会之救火车上，朱烈士灵柩上盖国徽，置于一运货汽车上。②上述葬礼，规模都很大，但仪仗等都非常简单，完全摈弃"僧尼清音之属"的传统仪仗。通过类似规模巨大的为普通公务人员举行的新式葬礼，国民党政权在一定程度上对全社会的殡葬习俗进行了引导和示范。

国民政府在殡葬习俗改革上更重要的举措是出台相应的法规禁令，对全社会进行规范和限制。1928年6月，江苏省政府训令上海县县长，"切实查禁"大出丧仪仗中的"亡清官职旗伞硬牌执事"，并表示"嗣后对于请领大出丧行道照会加以取缔，设为勋劳卓著、有功社会，应与哀荣，资所表扬，其清室赃官、劣绅土豪，一概不准招摇过市，显赫大出丧"。国民党政权出台这样的禁令，基于两点考虑：一方面是"大出丧"的风俗"竞尚奢侈，踵事增华"，有违"崇实祛华"之道；另一方面是那些显

---

① 《刘斌昨日发丧》，《申报》1927年9月2日。
② 《蒋朱出殡琐记》，《申报》1927年11月19日。

摆"大出丧"的"清室赃官、劣绅土豪","于国家社会，既无尺寸之功，死后妄冀虚荣，铺张扬厉，备极豪华，有乖生荣之道"。①即便不是为了改革传统殡葬习俗，仅仅只是为了树立党国权威，国民政府也需要对出殡时将"亡清官职旗伞硬牌执事"拿出来作为炫耀的殡葬习俗进行改造乃至禁止。同年，国民政府制定了适用于全国的《丧礼草案》（详文见本卷第二章）。与民国初年北洋政府礼制馆编订的那个新旧皆可的丧礼规定相比，这个草案显然没有了那种模棱两可的态度，而是旗帜鲜明地表达了对传统殡葬习俗的改革态度。这一点，尤其体现在"附则"中。因此，有学者评论道："这个草案比民国初年的规定要进步得多：一是更趋简单化；二是统一性强，其中没有犹豫的地方；三是废除了许多封建迷信的丧葬习俗，如不用和尚、道士，不用纸活冥器等等。"②

国民政府虽然在《丧礼草案》中表达了废除"旧俗所用僧道建醮，一切纸扎冥器，龙杠衔牌及旗锣伞扇等"传统殡葬礼仪和执事的改革愿望，但是在具体实践过程中，这些传统的殡葬礼仪和执事仍常常出现，有时甚至出现在国葬上。1928年6月17日，国民政府在湖南岳麓山为陆军上将林修梅举行盛大的国葬典礼，"国葬经费由国府核准给洋三万元，在中央税收机关拨付"。此前一天，时任湖南省政府主席的鲁涤平"亲往致祭并点主"，而林修梅的"灵柩系用生花罩子，一百二十八人抬"。整个出殡仪仗有34项：

> 一向导，二国旗，三党旗，四高照，五抬锣，六军乐连，七军队，八旗伞，九铭旌，十紫檀执事，十一军队，十二命令亭，十三紫檀执事，十四旗伞，十五锡香炉，十六锡执事，十七旗伞，十八灵亭，十九军队，二十总统诔词亭，二十一铜执事，二十二旗伞，二十三大香，二十四奠字，二十五旗伞，二十六相轿，二十七军队，二十八旗伞，二十九提炉，三十主轿，三十一铜亚牌，三十二功布，三十三灵柩，三十四送柩轿。

此外，长沙各机关、各学校、各住户商民，"均下半旗志哀，以表国葬之隆重"，而送葬人员均臂缠黑纱。③

---

① 《禁止不伦不类出丧》，《申报》1928年6月14日。
② 参见周吉平《北京殡葬史话》，第112、113页。
③ 《林修梅举行国葬盛况》，《申报》1928年6月23日。

林修梅生前为孙中山的爱将,也是国民党的一员干将,其国葬典礼由国民党政权一手操办,然而葬礼前既有湖南省政府主席的亲自"点主",葬礼上又有《丧礼草案》中明确要废除的"旗锣伞扇",更甚者,其灵柩由"一百二十八人抬",而这在皇权时代是皇帝出殡才会使用的规格。国民党政权采用如此殡葬礼仪,心态可谓复杂:一方面要通过盛大的葬礼来展示国民党新权威的树立,但是国民政府关于殡葬礼仪的规范,除了有国葬、公葬等差别外,在具体的操办形式上并无明显差别,然而整个社会,包括国民党人都有着通过殡葬礼仪来区别社会等级和社会地位的需求,于是不得不借用带有鲜明等级色彩的传统殡葬礼仪来实现;另一方面又要展现国民党作为"革命党"的革新一面,于是又有"下半旗志哀"、"臂缠黑纱"等使用新式殡葬礼仪的一面。可以说,在林修梅的国葬典礼上比较鲜明地体现了国民党政权对于新旧殡葬仪礼的矛盾心态。这是旧规则已经被废除但余威尚在,而新规则虽建立但并不完善的过渡时代的特色。

相对而言,国民党政权为普通公务人员举行的葬礼基本上是以新式殡葬礼仪为主。1928年底,淞沪保卫团为其殉职团员陈宝濂举行出殡仪式,上海"各机关团体代表之到场吊唁执绋者数百人,上宝两县各保卫团团员均武装制服,臂缠黑纱,荷枪到场送殡"。其出殡仪仗除了"马队开路"作为前导,其他依次是:"(一)登卡车;(二)自由车队;(三)旗队;(四)市公安局乐队;(五)救火会会员;(六)匾额亭;(七)义勇队;(八)像车;(九)便服送殡;(十)本团各友团;(十一)栖留所乐队;(十二)血衣亭;(十三)棺车;(十四)家族。"[①]显然,在该出殡仪仗中完全找不到《丧礼草案》禁止出现的传统殡葬仪仗。

1930年9月22日,时任行政院院长的谭延闿去世,国民政府决定为其举行国葬。国民党"鉴于北洋政府的《国葬法》多所窒碍",由"立法院通过了新的《国葬法》",并于1930年10月7日公布施行。1931年9月4日,国民政府为谭延闿举行了新《国葬法》颁布后的第一个国葬典礼。按照新《国葬法》第六条规定,"国葬举行之日,凡公务人员均须臂缠黑纱,全国停止娱乐,各团体及商店居民均下半旗一日,以志哀悼"。[②]灵堂设于南京第一公园,"新搭缟素牌坊一座,新收到之联额花圈等礼品,灵堂内外陈设殆遍"。先是起灵礼节,于右任、戴季陶、丁惟汾、吴敬恒、宋子文等国民党要员出席,于右任主祭,礼节包括:"(一)肃立;(二)奏哀乐;(三)献花;

---

[①]《保卫团员陈宝濂昨日举殡》,《申报》1928年12月3日。
[②]《谭故院长国葬日典礼》,《申报》1931年9月1日。

（四）读诔文；（五）默哀；（六）行三鞠躬礼；（七）奏哀乐；（八）启灵。"然后是将灵柩奉移至墓地，"由第一公园起至墓地止，沿途凡崎岖低洼及积水之处一律修补平坦"。灵柩上覆盖了绣花国徽，载以上海万国殡仪馆送来的灵车。送殡者共八列：

第一行列：骑兵官长一员（乘黑马执旗开道），骑兵二名（乘黑马背枪护旗），骑兵二名（乘黑马背枪分执党国旗），军乐队骑兵一连（执长矛）；第二行列：步兵军乐队，步兵一团（枪口向下）；第三行列：海军军乐队，海军（枪口向下）；第四行列：警察军乐队，警察队；第五行列：军乐队，农、工、商、学、妇女团体各代表，外宾、海外华侨代表，各省市党政军各机关代表，京内党政军各机关代表，步兵一连（枪口向下）；第六行列：中央执监委员，国府主席委员，各院部会长官（或代表），外国代表，国葬典礼委员，亲故家属；第七行列：灵榇家属车，步兵一连（枪口向下）；第八行列：骑兵一连（执长矛）殿后。

图3-23 前往参加谭延闿国葬的国民政府高官
资料来源：《良友》第150期，1940年。

到达墓地后，再举行隆重的安葬典礼。除起灵参加人物外，蒋介石、李烈钧、张静江、宋美龄等均到。时任国民政府主席的蒋介石担任主祭，"奏哀乐"、"献花"、

**图3-24 谭延闿出殡仪仗**

资料来源：《中央党务月刊》第38期，1931年。

"读诔文"、"默哀"、"行三鞠躬礼"、"孝子答谢"、"礼成"。① 显然，相对于此前国民党要人林修梅的国葬典礼，谭延闿的国葬典礼基本上摈除了传统的殡葬仪仗及其礼仪。或许，这主要是因为谭延闿的政治地位，不再需要通过灵柩由"一百二十八人抬"来彰显，而是由葬礼参加者的身份、地位，特别是主祭人的身份、地位来表达。这在一定程度上反映了国民党在当时中国统治地位的相对稳固，以及国民党内部政治秩序的相对明确。

这些新式殡葬礼仪在民间社会的推广可谓举步维艰。恰如有学者指出，不少地方志上虽然抄录了新式丧礼的条文，但大都又写着"世俗不尽行之"、"县中尚无行之者"等字样。在国民党统治最为稳固的华东地区，题主之礼本来"其风稍杀"，而后来又有复兴之势，以致"民间仍沿旧俗，不惟一切仪式，如官衔牌、伞扇、魂轿、彩楼等均尚仍旧，甚至撒讣文、下差帖，题主送旌，多用清代封典"。即使是国民政府所在地的南京，据1935年刊印的《首都志》，虽有少数人以黑纱缠臂为服，"而齐民仍以循旧俗者为多焉"。② 针对这种状况，国民党政权在1930年代推动的新生活运动中还专门制定了一个关于丧礼改革的规定：

---

① 《谭故院长举行国葬典礼》，《申报》1931年9月5日。
② 转引自严昌洪《民国时期丧葬礼俗的改革与演变》，《近代史研究》1998年第5期。

（1）往吊之时间宜在上午，须以丧家通知之时间为准；（2）丧家不设酒食（办事人员待以便餐）；（3）讣告不得滥发，以亲旧知交为限；（4）讣告不得列叙前清官衔及无谓之像赞；（5）如有宗教关系须诵经斋奠者，时日不得过长；（6）举殡时应废除不必要之仪仗。

国民政府内政部根据行政院提议，还制定了更为具体的《婚丧仪仗暂行办法》，于 1936 年 9 月 14 日以部令公布实施。"其中有关丧礼仪仗的内容规定，除经政府特许者外，不得使用党国旗，并不得用军警迎送；不得沿用含有封建色彩或迷信性质之仪仗，违者由地方主管机关分别予以销毁或没收之处分；仪仗之用具、执事之人数及乐队人数由地方主管机关加以限制；婚丧仪仗音乐之乐谱或牌名，应由地方主管机关分别选定，不得混用；执事人及乐队之服装应由地方主管机关规定形式颜色，以昭划一。"①

与 1928 年制定的《丧礼草案》不同，《婚丧仪仗暂行办法》是面向全国颁布实施的法规，然而国民政府自身很快便践踏了这一法规。1936 年底，曾担任民国执政的段祺瑞，在国民党政权的一手操办下，举行了隆重的国葬典礼。由于段祺瑞在上海逝世，因而其在上海的发引也颇为盛大："仪仗有租界马巡、上海市公安局乐队、租界仪仗队、高僧 120 名、杏亭、道士 120 名、遗像亭、淞沪警备司令部军乐队、仪仗宪兵等。"②在北京举行的正式葬礼规模更为宏大："西乐、国乐、梵乐"样样齐全；既有松狮、松亭、松鹤、松鹿等各种松活，又有数百人的花圈队；既有喇嘛、高僧诵经，又有骑兵、宪兵护卫。此外，还有 8 人抬的神主轿、32 人抬的铭旌亭，以及 80 人大杠抬的灵柩。据说，"这恐怕是北京市面上最后一个 80 人的大杠了"。③

在段祺瑞等过渡时代的人物身上，同时集中了传统和现代两方面的殡葬礼仪，是历史的必然过程。国民政府对这些过渡人物殡葬礼仪的态度，某种程度上反映了他们对于传统的态度，即掌握政权后的国民党不再以激进的态度反对传统，而是向北洋政府靠拢，用比较温和的态度进行社会改造。不过，执政时间越长，国民政府对于殡葬习俗的改革态度似乎也更为坚决。本章第二节曾述及吴佩孚几乎完全复古的传统葬礼，那是在日伪时期举办的。抗战胜利后，国民政府鉴于吴佩孚在沦陷期间"大节凛

---

① 转引自严昌洪《民国时期丧葬礼俗的改革与演变》，《近代史研究》1998 年第 5 期。
② 转引自周吉平《北京殡葬史话》，第 387、388 页。
③ 《段祺瑞的葬礼》，秦虹编著《名人丧葬逸事多》，第 74 页。

然,为国殉殁",决定以"故旧袍泽"及"平市各界"名义再次公葬。此次公葬成立了专门的"蓬莱吴上将军营葬委员会",以孔祥熙、李宗仁为主任委员。为了"区别于满清、北洋、日伪诸政权",国民党政权"不事传统排场,要求简单隆重"。"除了收受花圈、挽联外,像'奠敬'礼金及其它实物性的奠礼一概敬谢。同时营葬委员会和本家也不预备茶饭。"发引之日,国民政府虽然通令全国下半旗志哀,但出殡仪仗相当简单。吴氏灵柩"连一卷官罩也没用,只用了一幅较为体统的过棺罩片"。尤为重要的变化是,吴氏灵柩是用"一辆美式十轮大卡"作为灵车载运。吴氏灵柩下葬后,举行了简单的祭奠仪式,由时任华北行营主任的李宗仁主祭。①

国民党毕竟是以"革命党"起家,因而在改造社会的自觉性上,显然要比北洋政府更为积极。毕竟,除旧布新式的社会改造,是国民党一直为之奋斗的社会目标,也是国民政府获得统治正当性的一个相当重要的法理来源。随着中国社会现代化进程的日益推进,人们日常生活习惯也不得不慢慢地跟着发生变化,再加上政府机构一再立法进行规范,并不断通过为公务人员举行新式葬礼作为示范,南京国民政府时期的殡葬习俗始终处于不断演变的过程,而演变的方向是,繁复的传统殡葬习俗日渐衰颓,而简单的新式殡葬习俗则日渐普及。

## 三 共产党政权与殡葬习俗的嬗变

从新文化运动中诞生的中国共产党,具有强烈的革命精神,对于改造社会充满了热情和斗志。在夺取全国政权之前,共产党人的殡葬礼仪可以通过两个人的葬礼一窥全豹,一个是高层干部张浩的葬礼,一个是普通战士张思德的葬礼。

张浩,湖北人,原名林育英,是林彪的堂兄,张浩是其化名。张浩很早便投身革命事业,林彪正是在张浩的影响下,考入黄埔军校,投身革命的。张浩早年的革命活动,主要是从事工人运动,后被派驻共产国际,并参加了共产国际第七次代表大会。1935 年底回国后,张浩在反对张国焘分裂中共中央的斗争中做出了重要贡献,维护和巩固了毛泽东的领袖地位。1942 年 3 月 6 日,身为第六届中国共产党中央委员的张浩在延安因病逝世。第二天,《解放日报》在头版发表《中共中央委员张浩同志积劳成疾病逝》的讣告,并专发了《悼张浩同志》的社论。当天下午,中共中央成立了张浩治丧委员会,遗体移入延安中央大礼堂,供人们瞻仰悼念。毛泽东、朱德、任弼时、

---

① 《吴佩孚的葬礼》,秦虹编著《名人丧葬逸事多》,第 165~168 页。

陈云、叶剑英等轮流守灵,毛泽东撰写挽联"忠心为国,虽死犹荣"。[①] 3月9日,张浩公祭仪式在延安中央党校大门外的广场上隆重举行,由任弼时主持,李克农宣读祭文。会后,1万多人自发为张浩送行,参加出殡。"灵柩装上白布帷的灵车,送葬者迅速结成漫长的行列,毛主席、朱总司令及各中央委员亲为执绋。""抵达山下,距墓地仍有一段高陡的山路,人们抬着灵柩,爬上山巅,毛主席、朱总司令、任弼时等同志亲自抬棺而行,徐特立同志亦脱去棉衣,挥汗上前,置杠于肩,苍白的鬓发上闪动着晶莹的汗珠,脱落了牙齿的口中在吃力地喘气,见者深为感动。"[②] 灵柩放入墓穴,哀乐又起,万人恭立墓前,静默致哀。最后行奠土礼,由毛泽东亲自挥锹奠土。

张思德,四川人,1933年参加红军,1935年参加长征,1937年加入中国共产党。1944年秋,身为中央警备团战士的张思德被临时征调去烧炭,在开挖新木炭窑洞的过程中,由于窑洞突然塌方,张思德以身殉职。得知噩耗后,毛泽东指示:"烈士遗体挖出后,要洗干净,换上新军装;做一口好棺材装殓埋葬;开追悼会,我要讲话。"9月8日,张思德追悼会在延安凤凰山脚枣园操场上举行,到会者共有1000多人。操场上临时搭起的土台前挂着"追悼张思德同志大会"的横幅,台的中央挂着党旗,下面是张思德的遗像,台的周围放满了各单位制作的花圈。毛泽东送的花圈放在土台中央,上面写着:"向为人民利益而牺牲的张思德同志致敬!"追悼会在庄严的《国际歌》歌声中开始,毛泽东亲手将花圈献在烈士遗像前,并向烈士默哀很久。中央警卫团政治处主任张廷桢致悼词,报告了张思德的生平事迹。[③] 就是在这个追悼会上,毛泽东做了题为"为人民服务"的著名演讲。在演讲中,毛泽东表示:"今后我们的队伍里,不管死了谁,不管是炊事员,是战士,只要他是做过一些有益的工作的,我们都要给他送葬,开追悼会。这要成为一个制度。这个方法也要介绍到老百姓那里去。村上的人死了,开个追悼会。用这样的方法,寄托我们的哀思,使整个人民团结起来。"民国时期,追悼会在共产党领导的根据地、解放区的推广,以及共和国成立后追悼会在全国范围的普及,可以说都与此有着紧密关系。

中国共产党举行的追悼会还有很多是针对群体的。如1938年7月7日,延安各界举行追悼抗日阵亡将士及死难同胞大会,并举行抗日阵亡将士纪念碑奠基典礼。毛泽东出席大会,并敬献挽词:"抗战到底,浩气长存。"尤其值得注意的是,1945年中国

---

① 参见李春光《张浩——毛泽东抬棺下葬的人》,《中华魂》2013年第1期。
② 《张浩同志昨日安葬》,《解放日报》1942年3月10日。
③ 参见刘涌《毛主席"为人民服务"的教导永远不能忘——张思德追悼会纪实》,《中华魂》2004年第4期。

共产党第七次全国代表大会召开,不仅通过了新党章和一系列政治、军事议案,还通过了一份《关于死难烈士追悼大会的决议》。正是根据这份决议,1945年6月17日,中共七大代表及延安各界人士在中央党校大礼堂举行了中国革命死难烈士追悼大会,毛泽东为大会题写挽联:"为人民而生,为人民而死,你们的事业永与人民同垂不朽;为胜利而来,为胜利而去,我们的任务是向胜利勇往直前。"追悼大会由毛泽东主祭,致"中国革命死难烈士追悼大会悼词",并敬献挽词:"死难烈士万岁。"追悼大会上发表了《中共七大代表暨延安人民代表追悼中国革命死难烈士祭文》,对为国牺牲的革命先烈进行了高度评价并表示了沉重悼念。[①]

这次追悼大会还提出了在抗日战争彻底胜利后建立烈士陵园的计划。为此,毛泽东、朱德、刘少奇、任弼时等中央领导人提前分别为烈士题词,并委托晋冀鲁豫边区党政军民完成这一重大政治任务。1946年3月27日,晋冀鲁豫边区参议会通过了建立烈士陵园的提案,决议在邯郸建立烈士陵园,用以"纪念八路军总部前方司令部政治部、晋冀鲁豫军区及一二九师牺牲烈士",并在山西长治"建立决死队烈士陵园,纪念决死队牺牲烈士"。陵园于1946年3月30日举行奠基典礼,直到1950年10月,陵园的主体建筑才基本完成。在财力、物力异常紧缺的解放战争期间,晋冀鲁豫边区政府仍然拨款冀钞1400万元,拨发小米150万斤投入陵园建设,华北人民政府成立后又拨付小米91万斤。[②] 于此可见,中国共产党对于烈士陵园建设的重视程度。[③]

民国时期,中国共产党在殡葬礼仪方面特别注重追悼会、公祭等环节,这显然与共产党当时的处境密切相关。为了夺取全国政权,共产党需要广泛动员群众,而追悼会、公祭仪式的公共性恰好特别适合用于发动群众,团结人心。对于烈士陵园的修建,很大程度上也是服务于解放战争、夺取全国政权的革命需要,它通过营造一种革命英雄主义文化,激励人们为取得革命的最终胜利而浴血奋斗。

总之,民国的建立,确立了以西方为标准的新式殡葬礼仪的合法性,但北洋政府在推动殡葬习俗的新旧变革上缺乏动力,使得北洋时期殡葬习俗的演变极为缓慢。在国民革命的名义下取得全国政权的国民党政府,通过各种办法大力推动殡葬习俗的变革,虽然遭遇了传统势力的顽强抵制,但殡葬习俗的变革显然取得了越来越明显的成效。中国共产党在这一时期以夺取全国政权为中心任务,其在殡葬方面的

---

① 参见徐斌《建国前毛泽东撰写的祭文、挽词、唁电、碑文简介》,《政工学刊》2009年第12期。
② 参见晋冀鲁豫烈士陵园编《丰碑》,大众文艺出版社,2010,第62~71页。
③ 关于晋冀鲁豫烈士陵园的修建过程及其体现的共产党政党文化,参见本卷"殡葬服务设施"一章。

关注点集中于如何动员并激励人民群众参与到人民战争的伟大洪流中，因而特别注重追悼会、烈士陵园等问题，从而在客观上推动了追悼会等现代殡葬仪礼在革命根据地的普及。

## 小　结

　　民国时期，广大的农村地区在殡葬习俗方面并没有太大变化。无论东西南北，农村地区的殡葬习俗既能保持大体一致又各具地方特色。这是精英文化"大传统"与地域文化"小传统"相融合的结果。在城市社会，殡葬礼仪最大的特色是新旧杂糅。这种新旧杂糅表现为两个方面，一方面是在同一个殡葬礼仪中，新旧元素并存；另一方面是同在城市社会，既有比较纯粹的旧式葬礼，也有比较完整的现代葬礼。当然，相对于这类比较纯粹的旧式或新式殡葬礼仪，更多的是半新半旧、不新不旧的殡葬礼仪。在民国殡葬礼仪的演变过程中，政府扮演了重要角色。这是因为民国成立本身，便意味着对于传统的变革。相对而言，在国民革命的名义下取得全国政权的国民党政府，对于殡葬习俗的变革起了更大的推动作用，也收到了相应的效果。作为中华民国的缔造者，孙中山的葬礼在民国时期具有独一无二的地位，而孙中山葬礼与政治的紧密结合，也充分显示了殡葬礼仪在中国政治中的独特地位。

# 第四章
# 殡葬礼俗的奢华风尚

出丧,又称出殡,在整个殡葬仪式中,以其活动空间的公共性而备受瞩目,是丧礼中场面最壮观、耗资也最大的环节。民国时期的报刊媒体上常常使用"大出丧"一词,来凸显当时出丧仪式的规模宏大和引人关注。风靡南北的大出丧现象,充分展示了民国时期殡葬礼俗的奢华风尚。这种奢华风尚的形成,与民国时期的礼崩乐坏、社会失序密切相关。

## 第一节 上海的大出丧

提起民国时期的大出丧,则不能不首先提到上海;提到上海的大出丧,则盛宣怀大出丧又不能不提。在当时的报刊媒体中,"沪人所最喜观者,莫如大出丧",[1]而在整个民国时期一直被上海人津津乐道,并不断拿来与此后的大出丧进行比较的,正是盛宣怀大出丧。[2]

盛宣怀的出丧日期是1917年11月18日,早在10月25日便由上海总商会总董朱葆三、副董沈联芳联名致函公共租界工部局,请求发给出殡路由执照。所谓路由,是指出殡时的经行路线。如果出殡从租界经过,那么路由就须得到租界当局的批准,发给执照。这种做法在清末已经实施,违者要受到处罚。[3]久而久之,成为惯例。一

---

[1] 《申报》1919年2月17日。
[2] 张舍我:《沪滨随感录》,《申报》1920年4月30日;恂如:《大出丧之感想》,《申报》1922年5月3日;杨小仲:《大出丧(上)》,《申报》1926年11月13日;《从南京路说到南京城(上)》,《申报》1932年1月18日;《借死人出风头》,《申报》1932年1月28日;清耀:《人死观》,《申报》1933年10月21日;《未死以前的丧礼》,《申报》1936年8月17日。
[3] 《出殡违章》,《申报》1910年9月6日、11月10日。

些富贵人家还会预先将出殡路由，同讣告一起登报广告，俾众周知。①盛宣怀大出丧最初拟定的路由是："午前十一时，由静安寺路一百十号出发，向东循南京路至河南路口，折入河南路，向南直至洋泾浜，向西转湾沿洋泾浜折入西藏路，至四马路口向东沿四马路而至黄浦滩，向南入法租界，直达金利源码头。"考虑到11月18日是星期天，西人在这天早晨要赴教堂礼拜，南京路势必车马繁多，恐于出殡不便，所以将出殡时间改至午后1时至3时。另外，总商会还与电车公司接洽，商讨电车暂停办法。电车公司表示，如果工部局允许电车暂停，则最好；即使未便全停，也当谕令缓驶，务必使殡仪经过时不生妨碍。为了获得出殡执照，盛家还将仪仗执事须用地方绘呈一图，指明排道地点，供工部局参考。②

工部局回复表示："殡仪行经南京路与黄浦滩一层，除不得已者外，工部局向不允许，今重以尊谕，工部局特别通融，愿允盛氏殡仪行经静安寺路、南京路，直至广西路口，然后向南折入四马路至黄浦滩入法界，或由广西路不入四马路，而入他路，直往黄浦滩亦可，悉听盛家自择，但须由总巡核准，且不得将殡仪折回至四马路以北"。③因为工部局"向不允许"出殡行经南京路与黄浦滩，所以出殡时若能经过南京路和黄浦滩，就成为一种特殊的荣耀，能够彰显死者与众不同的地位。按《申报》的说法，盛宣怀之父盛康在1902年出殡时，"费五万元，以曾经过英大马路为特殊之荣"。多年之后，盛宣怀也因此被人艳羡。④盛宣怀大出丧最终确定的路由是：由静安寺路盛宅出发，朝东过泥城桥，走大马路至广西路，转弯朝南至福州路，朝东转弯至黄浦滩，朝南过外洋泾桥至法租界，一直至招商局南栈金利源码头上船。这条路线与工部局所示完全吻合。按照工部局的要求，"殡仪不得于午后一时前出发，阔以四人并肩为限，照料殡仪者宜竭力保全秩序，并服从巡捕之指示"。工部局还规定，当盛宣怀出殡之时，相关道路除电车外，不许其他车辆通行。⑤

报刊媒体连篇累牍地报道盛家即将为盛宣怀举行大出丧，极大地调动了上海人的观看热情。"四马路一带各大菜馆、酒楼洋台座位已预定一空，各茶肆更特别买票，每位取洋一元或五角不等"。租界巡捕房也事先做好准备，"除于午后一时起至三时

---

① 《恕讣不周并出殡路由》，《申报》1913年1月11日；朱汝兰：《节省丧葬的消耗费以兴办地方公益事业》，《申报》1923年11月19日。
② 《商定盛杏孙出殡路由》，《申报》1917年11月8日。
③ 《商定盛杏孙出殡路由》，《申报》1917年11月8日。
④ 《周扶九父子大出丧记》，《申报》1922年4月23日；杨小仲：《大出丧（上）》，《申报》1926年11月13日。
⑤ 《商定盛杏孙出殡路由》，《申报》1917年11月8日；《再志盛杏孙出殡之预备》，《申报》1917年11月15日。

止,凡灵柩经过之处,无论何项车辆,暂阻交通外,尤恐人众挤轧,洋台不固,发生危险之事,故特谕饬总巡捕房及新老闸两捕房捕头,届时派员分往调查,并饬中西探捕沿途照料,以免肇事"。①对于大出丧的盛况,《申报》有详尽报道:

> 昨为盛杏孙出殡之期,所有经过各马路,无不人山人海。四马路一带更无容足之地,两旁店铺大都暂停营业,布置坐位,或则供给亲友,或则收费卖座。且有人在马路两边搭台设椅,收取看资,每位亦取洋六角。是以绣云天、升平楼、长乐等处,拥挤不堪,咸无隙地。而在马路中观看者,更如潮涌。外滩各洋房,屋脊之上,亦只见人头乱挤,实为从来所未有。
> 时届一点,英美总巡麦嵩云君,即饬老闸捕房派出通班中西探捕,分投弹压。总巡捕房除派印度马巡,驰往护道外,并选中西各捕,沿途巡护,以防滋扰。灵榇发引,本定晨间巳时,后因筹备稍迟,排道出发巳钟鸣一下,始由盛宅起马,迤逦至泥城桥,已届二时。前导为印度马巡徐行清道,次即开路神,又次洋号旗枪马匹十余骑,后肃静、回避牌,旌亭、马执事全副;又洋号一班,香亭一座,銮驾全副,马上清音一班,诰命亭,钦赐福寿字亭,罗办臣西乐洋照衔牌;又军乐一班,卫队百余名,对马八匹;又执事一班,及洋照亭、花伞、花旗,中间参以招商局北栈、南栈工役百余人执香步行,继而各轮买办奠幛数十幅;又杂以极大花亭,并冬青扎成狮子一对,牌伞亭台童男童女鹿鹤轩轿一座,均冬青扎成;后又有绣花旗伞、銮驾全副,花伞清客串一班,花汽车一辆;又洋号全班,及花亭花牌楼花人物花狮象等数十对,祝文亭一座,纪念碑一座,銮驾全副,德政牌数十对,汉阳铁厂赠送旗伞,及大冶铁矿同人赠旗伞各数十事、清音一班,萍乡煤矿员司工役赠旗伞银鼎等件;又音乐提香,又洋照亭一座,(其照外玻璃已碎,据称于二时一刻行至英大马路小菜场前,被人从人丛中用石子抛掷致遭击破。)后全猪全羊两亭,亭后谋得利洋乐全班,花铁路龙头车一辆;又执事全班,铜像一尊,天津锣鼓一班,台搁两座,每座上饰小孩二人,该台搁由一人负之,颇觉费力;又清客串一班,后有铁路大臣亲兵百余名,再后彩马、花牌、珠车、轩轿、清客串、军乐、彩汽车、道士、挽联幛数百轴、僧人尼姑三四百人、上海孤儿院学生五十人;又清客串一班,花马车一辆,江宁公所等赠花亭四座,三新纱厂等奠幛;又军乐一班,花伞花旗;又清客串一班,各工厂纪

---

① 《哄动远近之大出丧》,《申报》1917年11月18日。

念伞等数十百事，花十锦、花銮驾、花逍遥伞数十对，八拍旧音乐全班，花圈、龙亭、花清道、花匾额、花奠幛、花龙船、花四兽、花东洋车、花大轿、花鹿鹤等件；继而闸北惠儿院穿以极新式之蓝色制服军乐一班，计四十人，颇为整齐；留云禅寺僧二百余人，纸亭四座，内供纸鼎福寿字等类；广东锣鼓一班，中国救济妇孺会军乐三十二人，留养男女孤儿全体，亦执香谨送，后素对马八匹，素顶马一骑，卫队百余名，随后茅山道士约数十人，穿道服步行，上海贫儿院军乐二十四人，学生五十人，肩背花圈随送，后即魂轿、素衔牌，及鸡亭，亭后有穿绣花红白彩之彩童十六人，或执九节灯，或执提炉，或捧香及烛，再后乃功布诸亲族，执香步行于后，多有穿前清礼服者，亲族后又有警厅所送军乐全班，军乐后警察厅骑巡队十余匹，即在柩前及左右护送而行。灵柩系红缎绣花，罩上盖金顶一事，余无可异之点，惟杠夫系向天津广春局雇来，故稍特式，计六十四名。惟行道太迟，而招商局、华兴公司、通商银行等，又沿路路祭，致灵柩抵招商码头，天已黑暗。送客马车轿子亦甚多。

惟闻当拥挤之时，四马路望平街口有年二十余岁之怀孕少妇，被挤倒地，不省人事，由其夫大声呼救后，见数人扛起向东而去。汇芳门首有一五六岁之小孩，竟被众挤死。新世界左近轧倒浦东乡老二人、小孩一人，后经旁人呼救始得出险。至于呼妻觅子、寻哥叫弟，以及失落鞋帽者，不可计数。法界新开河太古码头上有衣服华丽之中年妇两人，被众挤落码头底下，后经旁人救起，满身泥污。在三点数分，时哭声大起于江边者即此也。[①]

从出殡仪仗来看，盛宣怀大出丧反映了北洋时期殡葬仪式的典型特征，即新旧杂糅，中西并用。整个出殡仪式被影片公司完整地拍摄下来，作为电影在戏院、影院播放。其中有广告这样介绍盛宣怀大出丧的整个排场：

印度马巡队，十番古乐队，海军军乐队，军警游巡队，汉冶萍旗队，招商局伞队，钦差护勇队，海潮寺僧队，锡山尼姑队，道士音乐队，清音细乐队，前清卤簿队，仿古丧礼队，宫禁銮仪队，北京龙杠队。至于殡仪中的"诰命"、"铭旗亭"、"功布"、"云翣"、"雪柳"、"魂轿"、"灵车"等一切仪仗，应有尽有，不

---

① 《盛杏孙出殡之盛况：应有无不有，不应有亦有》，《申报》1917年11月19日。

第四章 殡葬礼俗的奢华风尚

及备述。①

出殡仪仗的显赫繁多，不仅可以显示丧家的财大气粗，也可以反映死者的一生经历和作为。如盛宣怀出殡仪仗中的"招商局北栈、南栈工役百余人执香步行"、"各轮买办奠幛数十幅"，显然是盛宣怀与轮船招商局关系的一种体现；"汉阳铁厂赠送旗伞，及大冶铁矿同人赠旗伞各数十事、清音一班，萍乡煤矿员司工役赠旗伞银鼎等件"，则是盛宣怀与汉冶萍公司关系的一种展示；"花铁路龙头车一辆"和"铁路大臣亲兵百余名"，展现的是盛宣怀与中国铁路事业的关系；"江宁公所等赠花亭四座，三新纱厂等奠幛"和"中国救济妇孺会军乐三十二人，留养男女孤儿全体，亦执香谨送"等，则分别呈现了盛宣怀在同乡组织、慈善组织和新式企业上的关系和影响。可以说，出殡仪式成为死者一生经历和成就的展示舞台。

盛宣怀大出丧之所以被上海人念念不忘，最关键还不在这些繁杂的仪仗，而在于其空前的社会影响。因为大出丧，所经马路两旁店铺大都暂停营业，布置座位，收费卖座，而外滩各洋房的屋脊之上，人头乱挤，更让巡捕房担心洋台不固，发生危险之事。可以说，盛宣怀大出丧使得上海真正达到了万人空巷的地步。事实上，盛宣怀大出丧的影响并不局限于上海一埠，而是辐射到了周边众多市镇。早在出殡前，上海报刊便报道："外方来沪观看者亦甚多，连日火车、轮船均极拥挤，各旅馆生涯颇盛"②；出殡后，报纸又报道："昨日午前后，该两路火车搭客亦甚多，大半为观看出殡而返者。如沪宁路之苏锡昆山南翔等处，及沪杭路之嘉兴、嘉善、枫泾、松江等处搭客，每次开车均挤轧不堪，甚至有人搭于兽车之内，亦所不惜。而开往各埠之小轮船，亦无不利市三倍"。③

大量外埠人士涌进上海，对于上海商家而言，无疑是个巨大商机，因此借着盛宣怀大出丧而大做广告的商家亦不乏其人：

> 日里看盛公馆出丧
> 
> 夜里看笑舞台好戏
> 
> 今日大马路、四马路拥挤不堪，外埠的人趁着轮船火车赶到上海来，无非是

---

① 《申报》1924年6月16日。
② 《哄动远近之大出丧》，《申报》1917年11月18日。
③ 《盛杏荪出丧之劳民伤财》，《申报》1917年11月20日。

· 163 ·

看盛公馆出丧。诸君日间看了出丧,夜间用何法消遣咧?当以到笑舞台看好戏为第一。看出丧是悲的,看戏是喜的;看出丧是动的,看戏是静的。有悲有喜,有动有静,才于精神有益,身体有益,所以今夜到笑舞台看戏,不独娱乐,且很合卫生之道。

这是戏院的广告。

外埠绅商纷纷挈眷来申看大出丧,固一时豪兴也,其顺道购办衣料首饰等,自亦不乏其人。本号为洋装金银首饰最著名之老号,如有需用洋镶首饰,及文明结婚各种饰品,或各式银器洋冬馈赠礼品者,请驾河南路抛球场一百二十一号,自当格外优待。时和洋装金银首饰老号谨启。①

这是洋装首饰店的广告。

这些广告都刊登在大出丧当日的《申报》上,目标客户也相当清楚,即前来上海观看大出丧的外埠人士。除了住宿和饮食外,看戏和购物,是现代城市旅游消费中的重要环节,因此由这两大行业的商家做广告也是自然的。显然,盛宣怀大出丧吸引了大批外埠人士前来上海观看,客观上推动了上海的城市消费。

可以体现盛宣怀大出丧社会影响之大的,除了外埠人士大量涌进上海观看之外,再就是观看过程中的事故频发。前文所引材料曾述及,有怀孕少妇,被挤倒地,不省人事;有中年妇女被挤落码头,满身泥污;甚至还有一个五六岁小孩,竟被众挤死等;"至于呼妻觅子、寻哥叫弟,以及失落鞋帽者,不可计数"。事后,上海的报刊媒体又连续报道了盛宣怀大出丧当日的各种事故及其后续结果:

匪徒洪阿才于盛杏孙出殡之日,在新世界附近攫得小孩缎帽一顶,旋将帽上饰物珠寿字披霞拆去,质洋十三元。化用后经包探李明泉查获,吊出原赃,昨解公共公廨经中西官讯明判洪押西牢二月,赃存捕房,候查明失主给予领回。②

沪城北张家街口木匠杨某,于旧历本月初四日,带同五岁男儿出外观看盛杏孙出殡,忽在四马路中与子失散,找寻无着,杨痛不欲生,旋经热心邻人广发传

---

① 《申报》1917 年 11 月 18 日。
② 《大出丧匪徒得间》,《申报》1917 年 11 月 21 日。

· 164 ·

单，于昨午有人将子送回，杨喜出望外称谢不置云。①

　　住居沪城唐家弄之某甲，向在北市某保险行执业，家有二女，年均及笄。旧历十月初四日下午，由女佣伴同出外，至金利源码头观看盛杏孙出丧，因人多挤轧，致将两女及女佣挤落浦中，当时由各杉板船将甲之长女及女佣立时救起，其次女则迄未捞获。前昨等日，甲已自悬重赏，分投知照各帮船户，留心打捞，不知尸身将于何日出现也。②

　　从财物被盗，到子女走散，以至于多人被挤死、被挤落水淹死等各种事故频出，尤其是人员伤亡等严重事故的发生，充分表明了盛宣怀大出丧造成上海全城如痴如醉观出丧的疯狂景象，特别是这些事故还都是在租界巡捕全班人马出动维持秩序的情况下发生的。

　　毫无疑问，盛宣怀大出丧引起了广泛的议论。其实，报刊媒体在报道大出丧的前前后后时，报道本身便蕴含了价值评判，恰如这些新闻的标题：《盛杏孙出殡之盛况：应有无不有，不应有亦有》、《盛杏孙出丧之劳民伤财》和《盛杏孙出丧之害人》等。当然，专门的评论更是必不可少。有人指出，上海人爱看大出丧由来已久，至盛宣怀大出丧，可谓登峰造极。然而，远近来观者，绝非出于对盛宣怀一生经历的好奇，更不是出于对"盛氏遗尸有所崇拜"，只是借花样繁多的大出丧"稍博耳目之娱悦"。在论者看来，短短数小时内，"消蚀数十万之巨款于冥冥之中"，既无补于盛氏之勋名事业，更使社会白白浪费大量金钱，而与此同时，还有很多灾民，"其求一粟一浆，且难若登天之不可得"，由此可见，"中国人之徒重外观，而绝少己溺己饥之同情"。③这主要是从盛宣怀大出丧太过奢侈靡费的角度进行批评。

　　也有批评是从大出丧的内容展开："盛氏此番之大举动，非有若何新奇之发见，不过旧丧式之较为增多，而附益之以神会装演之故事。耳目充溢于行间者，惟是前清所遗留之种种陈腐印象。注视移时几何，而不使人已忘乎今日之尚为民国也。"批评者站在民国的立场，认为盛宣怀大出丧充斥于耳目的不过是"前清所遗留之种种陈腐印象"。在批评者看来，盛氏子孙如此出丧，"为其一姓人之行动"，无须深究，但

---

① 《珠还合浦》，《申报》1917 年 11 月 25 日。
② 《盛杏孙出丧之害人》，《申报》1917 年 11 月 23 日。
③ 《盛氏移柩感言》，《申报》1917 年 11 月 18 日。

"一般社会之憧憧往来,徒作此竟日无味之纷扰",就实在令人担忧"一般社会之国民常识","势必种族也不之知,国家也不之知",从而"影响于吾民国前途"。[①]更甚者作赋以讽之:

> 电车歇马,路轧死尸,阔丧仪赫,耗费三十余万,有天无日。路由东行而南折,直抵招商,坐道拥观,密若堵墙。客栈洋房,茶楼酒阁,在坑满坑,在谷满谷,各占地场,争先插足,挨挨焉,挤挤焉,万头攒动,眼不知其几千百双。印巡开道,骏马如龙,彩旗飘空,不霁何虹。光辉灿烂,锦绣重重,洋号骑队,气概熊熊,中间断连,杳杳无期。一路之上,一段之间,而导子不齐。茅山道士,和尚成群,尼姑一队,亦来送殡,扭扭捏捏,好看煞人。半空摇摇,开路神也。绿云扰扰,松柏亭也。笙箫悠扬,清客串也。花团锦簇,彩童男也。雷霆乍惊,汽车过也。花枝招展,香不知其所止也。一旗一伞,穷巧极工,各联团体而致送焉。计扛灵柩者,六十四人。官宦之囊橐,商民之脂膏,实业之赢利,几十余年刮取于人,储积如山,死不能带,用来其间,糜费金钱,暴殄天物,迤逦招摇,路人视之皆为叹息。嗟乎,一人之财,千万人之财也。人爱繁华,□戒其奢,奈何挥之如粪土,用之如泥沙,使仪仗之盛□于彰戚之出殡,车马之众胜于松坡之发引,花样般般过于仓圣之赛会,人头济济逾西人之跑马,排场热闹类于梓宫之奉移,社会欢迎超于筹赈之热度。使等候之人自朝晨而至暮,望眼穿,腹中饿,失足一跌几沉黄浦(见前日报内)。呜呼,大出殡者,闹关也,无意识也。看出殡者,侈游观也,非有益也。嗟夫,使其能省此款以济灾民,则可造福于无穷,使观者知奢华之无益,则必不作无谓之游览,何至举市若狂也!盛氏不知节俭,而引人观之,众人观之而复赞之,是将使识者窃笑于其后也。[②]

该赋将盛宣怀大出丧与众多类似集会、活动进行了对比,认为其出殡仪仗胜过袁世凯之发丧,出殡车马之多超过蔡锷之发引,花样繁多过于仓圣之赛会,观者之众逾西人之跑马,排场热闹堪比帝王梓宫之奉移,受社会欢迎程度超过筹赈之热度。该赋作者认为,应将这笔款项用于赈灾,并预言"盛氏不知节俭,而引人观之,众人观之

---

① 《观盛氏出丧志感》,《申报》1917年11月19日。
② 谛观:《观大出殡赋傲阿房宫赋体》,《申报》1917年11月22日。

而复赞之,是将使识者窃笑于其后也"。

恰好,摄影技术的出现,使得盛宣怀大出丧过程被完整地保留下来。将盛宣怀大出丧拍摄成影片的是商务印书馆,最初的放映则是在社交场合。①后来,影片被出租给各影戏园,"盛杏荪大出丧"便长期成为各影戏院的保留节目。

**请看盛宫保出殡之新片影戏**

  盛宫保出殡,为海上从来未有之盛举,然出殡时观者众多大半向隅。今由著名影片公司,将其全景照出,本俱乐部特商允该公司先至本俱乐部映演,自本月二十二起至二十五为止四天,除现在连映之马戏奇缘长片及滑稽趣片照常开映外,每天日夜加映此新片一次,以供众好,还祈各界降临一扩眼界是荷。大世界俱乐部启。②

这是盛宣怀出殡后不久的影片广告,七年之后仍有不少影戏院以此招徕观众:

  ……三本有"哈同花园"……各种好情节,好布景!四本有"盛杏荪大出丧",特别排场,真好看!"炮打制造局",满台开花炮,特别火景,真惊人!开幕甚早,请早光临。③

当然,更有意思的是,此后沪上每当有新的大出丧,观者总是要将其与盛宣怀大出丧进行一番比较。1922年4月,当时报刊上被称为"江西首富"的周扶九父子大出丧轰动一时,有人认为"今日之大出丧比前年盛氏之大出丧更为盛也",④但也有人认为"今周氏之丧,非其比伦,或可认为出奇制胜"。所谓"出奇制胜",当是指"北京雇来之藏经亭、金银山亭两座京派大乐","奏乐者均带前清红缨帽,雍和宫喇嘛僧人二十四人(费三千七百元),其首领喇嘛二人,红顶、黄缨、黄马褂"。⑤周扶九大出丧也被拍摄成影片,有论者宣称"周扶九丧仪之盛使胜于盛杏荪",因为

---

  ① 《青年励志会举行交谊会》,《申报》1917年12月3日。
  ② 《请看盛宫保出殡之新片影戏》,《申报》1917年12月6日。
  ③ 《申报》1924年6月19日。
  ④ 恂如:《大出丧之感想》,《申报》1922年5月3日。
  ⑤ 《周扶九父子大出丧》,《申报》1922年4月23日。

· 167 ·

图4-1 龙头杠抬灵柩
资料来源：上海殡葬博物馆。

"其执事仗仪，皆属不易见者"。[①]1931年底，永安公司总经理郭标的大出丧又引起了一番议论：

"郭标盖过黄楚九了。""远不及盛宣怀！盛宣怀那次出丧，哄动了几百万人，在上海总算是空前绝后。"街上的人你一句他一句的在那儿闲谈。[②]

听说从前盛宣怀死后大出丧，哄动了好几十万人都赶来上海看热闹。不久以前永安公司总经理郭标出丧，我虽没曾亲眼看见，但据一般舆论批评，似乎也还"呒啥"。[③]

盛宣怀大出丧几乎成为一个标杆，成为衡量其他大出丧显赫程度的标准。事实上，盛宣怀大出丧已经成为奢华出殡的代名词。1933年9月22日，陈炯明去世，吴稚晖表示：

竞存先生身后萧条，一身以外无长物，正彼所能含笑入地者。乃时论反以为不

---

① 俊丰：《评中国影片公司之新片（二）》，《申报》1923年3月19日。
② 《从南京路说到南京城（上）》，《申报》1932年1月18日。
③ 《借死人出风头》，《申报》1932年1月28日。

图4-2　上海大富商哈同出丧场面
资料来源：上海殡葬博物馆。

能瞑目，岂意中以为得如盛宣怀之大出丧、倪嗣冲冯国璋之死后有争产讼，方算合格乎？①

无论是一般民众或舆论的津津乐道，还是有识之士的严厉批评，盛宣怀大出丧作为民国上海出殡仪式的极致，某种程度上已经成为民国时期奢华丧礼的一种象征。可以说，盛宣怀大出丧及其在上海人心目中的持久影响，充分展现了民国时期上海殡葬礼俗的奢华风尚。

## 第二节　其他地区的大出丧现象

大出丧绝非上海一隅的特殊现象，而是全国各地都存在的普遍现象。盛宣怀在上海大出丧后，灵柩运往苏州留园暂停。于是，在上海出现的一幕在苏州再次上演，"经过马路等处，茶馆酒肆楼座均停止营业一天，以免观者拥挤"。②几年后，盛氏灵柩运往常州老家下葬，路过无锡，"锡人之看大出丧者，几于万人空巷"。③

---

① 《吴稚晖挽陈竞存》，《申报》1933年9月25日。
② 《申报》1918年11月9日。
③ 《申报》1923年4月7日。

1919年9月6日，在杭州为浙江督军杨善德出殡之日，"前昨两日远近吊客及来观大出丧者，火车站拥挤不开，省城骤增二万余人，旅馆涨价数倍"。

上午五时半前，各行人及送丧军警齐集城站楼外楼后面空地，共分十二队。第一队：巡道乘马宪兵官长一员，继以巡道乘马宪兵引导，徒步警官，徒步警察，路径牌，开路神，头亭，头对金锣，头吹，第一师骑兵，命令亭，陆上警察，第一师军乐队，总统祭文亭，总统挽联，总统挽额亭，水上警察，各界公祭亭；第二队：长吹衔牌，勋位亭，金锣，督署及一二四师德政牌，赐品亭，马上吹手，警备队，各区德政牌，文虎章亭，水陆警，及各界德政牌，马上清音，嘉禾章亭，金锣，各界德政伞，宝光嘉禾章亭；第三队：行政司法各机关花幡及祭文亭，各界花圈、花幡，及花亭、彩绣旗、生肖旗、孔雀旗、会吹九狮刀亭、弥陀经伞、礼服亭、逍遥伞、凝真观道侣引魂亭、各银行花亭、海潮寺和尚香亭；第四队：宪兵、第一师炮兵，对马官，顶马官，清音，提灯，提炉，香盘，魂轿，跟马；第五队：葫芦灯，弥陀片，缎幡金片，接引亭，葫芦灯，弥陀片，缎幡，华藏寺和尚西方亭，葫芦灯，弥陀片，缎幡，长吹，二星亭，葫芦灯，弥陀片，缎幡，及画幡，凝真观道侣供养亭；第六队：警备队，第一区士兵，看护士兵，楼外楼音乐，神骑，绣旗、长生会音乐，道侣神轩；第七队：葫芦灯，弥陀片，珠幡，幢幡，金锣，粮食亭，葫芦灯，仙鹤幡，幢幡，华藏寺和尚藏经亭，葫芦灯，弥陀片，狮象幡，幢幡，清音，金山亭，葫芦灯，弥陀片，织幡，幢幡，佑圣观道侣银山亭；第八队：看护士兵，第二师步兵，第一师军乐队，对马官，顶马官，清音，提灯，提炉，香盘，像亭；第九队：第四师步兵，第四师军乐队，铭旌（齐耀珊题）；第十队：明器（即纸扎），送殡人，悲吹，功布，亚牌，主伞；第十一队：执绋亲友，孝帏，接引仙童，灵举杠童；第十二队：后勇灯，丧轿，送丧轿，护警。

每队各派干事五员，沿途照料。八时由督署出发，经过之处，交通断绝，全城巡警一律派拨临时岗位，并假舒莲记扇庄、西园花店、义源金铺、城站、聚丰园为送殡人茶座地点。舒莲记对门信和衣庄，泰二旅馆后门义源金铺，对门裱画店、城站、旅馆，为卫生队地点。路祭共分十八起，新任卢督军并派本署参副两处全体职员在城站月台致祭，第四师各上级官佐则护送灵柩至上海，稽查长吴长龄等十二员护送至江宁，督署谘议官王瑞侯、稽查周熙臣护送至安徽怀宁，铁路

图4-3　1926年10月29日张謇出殡当日之《南通报》报头

任局长亦特备花车迎送，约下午四时登车起程。①

由上可知，因为浙江督军的大出丧，杭州几乎是全城动员。一年之后，江苏督军李纯在南京的大出丧亦不遑多让。"李故督出殡，由督署出发，至下关码头下船渡江。沿途路祭者，如总商会、警察厅、中交二银行，及其他各机关，计有四十余处之多。仪仗中有僧道一百余人，陆军一旅，美国海军四十名，金陵各学校学生一千余人，勋亭、命令亭等有十余座。一路由警务处王桂林每离五丈派双岗四名，并有陆军随处保护。一时观者人山人海，几无立足地。沪宁路因见镇江各地往宁观者乘客甚为拥挤，故特开专车一次，以便观客即日回家。"②南通巨绅张謇去世后，其出殡盛况被论者认为"通邑历来所未有"。出殡仪仗绵延里许，"其衔牌因啬公前清及民国功勋甚多，故壮阔为常人所难及"，"各界所送挽联因多至数千付，抉择甚难，遂一并未列殡仪中"。"养老院各老人，及盲哑校、育婴堂全体，均整队送葬。各校学生及军警，因人数过多，只各推派代表执绋"，"执绋者有万余人之多，沿途设祭者比比皆是，观者异常拥挤"。③

这些军阀、巨绅，某种程度上曾是其所在城市的一城之主，因而他们的大出丧能够动员全城，让一座城市为一个人送行。时人对于观看大出丧的热情，在这些人物

---

① 《杨故督出殡纪》，《申报》1919年9月7日。
② 《李故督出殡盛况》，《申报》1920年11月1日。
③ 《张南通举殡之盛况》，《申报》1926年11月4日。

身上也表现得最为明显。同上海周边市镇的人们不辞辛劳，专程赶往上海一睹盛宣怀大出丧一样，杨善德、李纯的大出丧，也将数万人吸引到了杭州、南京，造成火车拥挤、旅馆涨价等现象。事实上，一些普通富贵人家的大出丧也能够引来大量观众。无锡某纺织厂主人的母亲去世，"一切仪仗颇极繁盛，如军乐、旗伞各种丧礼应用之物，均向苏沪等处赁来。行丧之际，交通断绝，足有里许之长。乡城男女之特来瞻仰者，满坑满谷，万人空巷"。①安徽亳州有一大出丧，"仪仗延长十五里，丧费不下二十万元，当栗主奉入宗祠时，所费尤巨，共发出请柬三千份，雇厨役一百名，准备筵席，并从上海聘致名伶演剧酬神"。②

在北方，大出丧同样屡见不鲜，且为时人喜闻乐见。传统时代，出丧最隆重的，当属帝王。进入民国后，前清隆裕太后的奉安仪式依然吸引了大量观者，以致于造成正阳桥坍塌，两人死亡，多人受伤的惨剧。③与上海一样，华人在天津举行大出丧，也以经过租界为荣。媒体在报道1928年7月黎元洪在天津的大出丧时，特别强调"灵柩通过英法中街，自有租界以来，此为第二次；用武装军警护灵，通过日法英各租界，为破天荒第一次，故中外拍照片者多至三十余人"。④

直至1940年代，大出丧仍能在北方社会造成轰动效应。1940年1月24日的吴佩孚大出丧，给老北京人留下了深刻印象，这次大出丧也成为传统殡葬礼仪的一次回光返照。殡列由伪治安军骑兵部队开道，然后是一系列的纸扎神灵：纸扎"哼哈"二将，高一丈四尺，站立于纸扎的"虎皮石"立座上，下安木轮，由人推行；纸扎的开路鬼、打道鬼各一，俱高丈余，立于纸扎的"虎皮石"立座上，下安木轮，由人推行；纸扎的"喷钱兽"、"喷云兽"各一，均高七尺许，走在开路鬼、打道鬼中间，由人牵拽而行；纸扎的石碑一对，碑文为吴氏生平事迹，高丈余，由石龟驮之，下有木轮，由人推行；纸扎的"武判儿"一名，高八尺许，古代武官形象，脚下安座，座下有木轮，由人推行；纸扎的地藏王菩萨，高丈许，骑在一头名为"谛听"的兽背上，"兽"脚下安有木轮，由人推行。这些纸扎神灵皆为主管幽冥地府的诸神，"都来给吴氏带路"。

接下来是五半堂的执事：伪北京市警察局乐队49名，奏《送君归》等乐曲；铭旌，高两丈一尺，由永盛杠房的32名杠夫抬行；雍和宫番经送殡；松活，包括松狮

---

① 《杨氏之大出丧》，《申报》1918年10月14日。
② 《特别大出丧》，《申报》1925年5月27日。
③ 《清后奉移时之惨剧》，《申报》1913年4月8日。
④ 《黎元洪昨日举殡》，《申报》1928年7月20日。

第四章　殡葬礼俗的奢华风尚

**图4-4　吴佩孚出殡**
资料来源：《老照片》第84辑，2012年8月28日。

一对、松亭一座、松八仙人一堂、松桥一座、松匾四方和松鹤、松鹿等，由人抬行；催压旗6面、催压锣6面；金执事8对；"肃静"、"回避"浑金虎头牌各一对；红缎绣花幡、伞各6把。（此为第一半堂）纸扎冥马队24骑，由人擎举而行；纸扎冥汽车一辆，挂一车牌，上书"吴宅自用1330"字样，冥汽车前后有纸扎冥挎斗保卫车各一辆，冥汽车两侧还有纸扎整列的全副武装卫兵，均由人擎举而行；官鼓大乐一班，包括拉号一对，官鼓4面，唢呐、海笛、笙各两对，九音锣一对，跟锣一面；汉旗子8对；蓝缎绣花幡、伞各6把。（此为第二半堂）伪北京市政府西乐队一堂，48名；纸扎冥香幡、香伞若干把；白云观道经一班；香亭一座；金执事"八宝枪"8对；白锻绣花幡、伞各6把。（此为第三半堂）当时社会"名流"，伪政府要员及外宾所送的花圈、挽联；西乐队一班，48名；社会名流及伪政府要员赠送的大匾、题词；金执事4对；青缎绣花幡、伞各6把。（此为第四半堂）潭柘寺禅经送殡；纸扎冥"四季花亭"，春夏秋冬各一座；宪兵队100余人；紫缎绣花幡、伞各6把。（此为第五半堂）当然，这已经是改良后的五半堂执事，同标准的五半堂执事已有较大差异。①

---

① 《吴佩孚的葬礼》，秦虹编著《名人丧葬逸事多》，第147~148页。

五半堂执事之外，其他仪仗还有：纸扎冥步兵 24 名；纸扎八仙人一堂；纸扎冥"四季花盆"；西乐队一堂，48 人；红云缎绣花的大座伞一柄，高约一丈多；弘慈广济寺高僧一班；各界追赠的万民旗、万民伞；清音锣鼓一班；提炉 4 尊；影亭，8 人抬；红云缎官座伞一柄；翠峰庵尼经送殡；魂轿一乘；伪保安队数十名；拈花寺高僧一班；乐舞传习所学生组成的民族古乐队一班，24 名；海会寺贫儿院院长及教职员工所率贫儿 30 多人；大白雪柳 48 杆；童子督胜盘 32 名，各挎一红漆托盘，内放吴氏生前所喜爱的古玩；撒纸钱，"一撮毛"；黄幡 48 面；黄、红两色的佛子伞 48 柄；大黄云缎官座伞一柄；吴佩孚孝眷；纸扎孙悟空；等等。吴氏灵柩采用的是 64 人大杠，杠前有杠夫两班，"大换三班"。杠前大绋，用白布 600 尺，分成两行，每行 300 尺，一头拴在大杠上，另一头由送殡者牵拽而行。执绋的有伪政府各总署要员、伪市政长官、吴氏生前"将军府"同僚、吴府幕僚、门客、社会各界名流约 2000 余人。大杠之后，还有金执事后拥，白轿 5 乘，扎蓝、白两色彩绸的四轮马车 30 余辆。其他相关车辆还包括吴氏治丧处执公车，来宾车 100 多辆，伪北京市警察局弹压车，伪北京市消防大队消防车和伪北京市卫生局救护车等。

　　吴氏灵榇上午十时出堂，殡列经由东四、灯市口、王府井、东长安街、天安门、西长安街、西单北大街、缸瓦市、西四南大街，向东经西安门外大街、西安门内大街、文津街，跨北海御河桥，经北海前门，进景山西街，经地安门内大街、地安门外大街、鼓楼西大街、旧鼓楼大街，进入石桥胡同，至停灵处拈花寺，已是下午五点半。吴氏大殡，几乎是沿着北京市内各主要繁华街道绕了多半圈。沿途各界的路祭棚共 11 座；路祭桌、茶桌鳞次栉比，不计其数。几乎所有居民都自动跑到街上观礼，形成万人空巷之势。甚至有从天津、保定、石家庄，以及京郊四乡八镇赶来看热闹的。大殡所经过的各街道，两旁的茶楼酒肆、饭馆，楼上楼下临街的客座事先都被顾客以重金（比平日高数倍价钱）包了下来，以作为临时观礼台。①

　　由上所述可知，无论南北，大出丧都能吸引众多观者，包括从周边地区远道而来的观者。某种程度上，这些大出丧就像是所在城市的一大盛事，不但使得城市自身万人空巷，还能招徕众多异地看客。大出丧，及其民众对观看大出丧的热衷，在民国时期显然是一种普遍性的社会现象。这样一种普遍现象，必然会引起民国社会的广泛关注、讨论和争议。

---

① 《吴佩孚的葬礼》，秦虹编著《名人丧葬逸事多》，第 145～155 页。

## 第三节　社会等级与炫耀性消费

对于大出丧现象，民国社会有着广泛的讨论。有批评出丧音乐的，认为丧事本来是一件伤心事，但"军乐队所奏的歌，大半是外国顶快活的爱情或跳舞的歌谱"，[①]"丧事而用丝竹、锣鼓、军乐"，是"对死人而举乐也，是送丧者乐此棺中人之死而相与庆贺也"，主张"若出丧，则旗伞僧道固万不宜有，锣鼓丝竹更当屏绝勿用，音乐则宜用学校或贫儿院之音乐队轻奏哀乐，若雇用专以谋利之音乐队，则所奏非军队中之进行曲，即学校中之歌曲，与举哀之旨无涉，徒贻笑于大方"。[②]有讽刺出丧仪仗的："大出丧中最有趣的是三教合一的制度。魂轿中的神主是儒教的象征；夹在仪仗中的和尚道士，代表着释道二教的权威。中国人彻底聪明，把儒释道三教兼收并蓄，死人的灵魂不成圣则成佛，不成佛则成仙，好比打三十六门花会，总有一门着。"[③]有揭露"像赞"造假的："讣闻里面，充满着叠床架屋的像赞，乡下阿木林死了，至少要请村长、区长做像赞；城里杂货店老板死了，至少要请实业部长、商会会长做像赞。"这些，还算是按照着自己的身份。更有荒谬的，伪造着要人的像赞，什么"功留民国"、"仁心侠骨"，文不对题的都写在上面。"如最近一个包揽词讼者死了老子，翻印着他人讣告上的像赞，把中央要人的姓名都在讣闻上大书特书，以致被官厅拿办闹出一场求荣反辱的趣闻。"[④]有嘲笑打执事的："大出丧中肩旗打伞的夫役，也很耐人寻味。他们都是上海人所谓'瘪三'之流，在平时是蓬头垢面；身上的衣服非但是脏得'有玷国体'，而且破得'有伤风化'。但在大出丧时，他们却头戴红缨帽，身穿绣花袍，冠冕堂皇，气势十足，虽然袍襟底下还是一双泥腿。"[⑤]也有痛心于学生不得不参与送殡的："今大出丧，中学生送殡亦视为必要之条件。男生、女生、男童子军、女童子军，亦居然与背花圈之乞丐、扛魂亭之苦力，同一陈列于通衢大道中。呜呼，此是何等痛心事！"之所以如此，是因为"学校募捐款不易，送一次殡，而可得若干捐款，遂视送殡为募捐之一法"。在论者看来，丧家捐钱使学生送殡，"与扛魂亭、背花圈之

---

[①] 徐志禹：《对于出殡的意见》，《申报》1920 年 8 月 2 日。
[②] 张舍我：《沪滨随感录》，《申报》1920 年 4 月 30 日。
[③] 姚克：《论大出丧》，《申报》1933 年 12 月 21 日。
[④] 瞻庐：《像赞》，《申报》1932 年 11 月 7 日。
[⑤] 姚克：《论大出丧》，《申报》1933 年 12 月 21 日。

雇值无异也"。①

当然，更多的批判火力集中在丧主身上。"大出丧中最重要的似乎是棺材中的死人"，"棺木之名贵和敛物之丰奢，自不必说"，单说"八八六十四杠的排场，也就够瞧的了"。"但棺材中的死人虽出足风头，其实只是一个幌子"，功布中"祸延显考"的孝子们才是大出丧的主角。"雄赳赳的保镖，是只保孝子不保死人的，便是全副仪仗也不过是壮孝子的威风，何尝为死人的体面！"孝子们在讣闻上虽说"苫次昏迷"，"泣血稽颡"，其实在大出丧时，要么盘算着"请律师打遗产官司的大事"，要么考虑着"盖新洋楼，娶姨太太"。②在人们看来，大出丧不过是"借死人装活人的门面"：

中国人的一举一动，似乎都是做给人家"看"的，从盛宣怀、郭标大出丧以至静安寺某公馆门前的电灯牌楼，其用意当亦不外乎"给人家看"。"给人家看"这里面还含有很深的哲学：第一表示他们贵府是多么"阔"，第二表示他们自己对于他们底"显考"、"显妣"是多么"孝"，第三表示他们底"显考"、"显妣"是多么生"荣"而死亦"哀"。

不但做"给人家看"，还有哭"给人家听"。"据说有许多阔绰的公馆里死了'老爷'或'太太'，所谓孝子贤孙也者，哭不出而且也不高兴哭，便雇请许多以哭为职业的专家代哭。哭而请'代'，其理由正亦不外给人'听'与给人'看'。"③

既然是做"给人家看"，那么看客就是大出丧中相当关键的一个因素。因此，报刊舆论对看客的批评和讽刺也比比皆是。"亦不是五九，亦不是五卅，亦不是双十，街市上却呈出一种不安宁的景状，像有一件重大事情立刻即将发生似的。各条街道上都挤满了人群，街的两旁，店肆的门窗，楼上几层楼上屋顶上，都立满了我们的贵同胞。真奇怪，特从来没有看见这般的群众，而又这般的整齐。""在平日娇贵的我们，这时全都不觉得只是垫起了脚跟，伸长了颈子，远远的全神贯注的忘了一切的望着。"④"男的还好，女的却挤来挤去，走投无路，可是没有法子挤出人丛，也只得珠汗淋淋的在等候。""得不到好地位的几位少女，站在水门汀上，穿的是轻而薄的纱衫，给大雨点光顾开得不成模样，伊们娇羞的神情，实在难以形容啊。""还有一班人，都

---

① 《呜呼，学生之送殡》，《申报》1921年4月12日。
② 姚克：《论大出丧》，《申报》1933年12月21日。
③ 《借死人出风头》，《申报》1932年1月28日。
④ 杨小仲：《大出丧（上）》，《申报》1926年11月13日。

站在先施公司门口石路、抛球场的等电车处，以为是万稳万妥，饱览无余。那无情的西捕，却拿了棍子来驱逐，可怜那般人，真弄得走投无路了。"有人吃了两棍，论者嘲讽道："我想因看出丧而吃痛，太不值得了吧！"①看出丧的人们，"虽饱了眼福，却未免要吃些苦头，丢鞋落帽和扒去皮包，都还是小事；若不幸而发生踏伤孕妇或迷失小孩等惨剧，也只能'打落门牙向肚里咽'罢了"。于是有人说："最好没有看出丧的闲人，就不致于有惨剧。"论者因而评论道："话虽不错，但既无人看，也就没有大出丧了。"②看客们除了看大出丧，还要比较，还要议论：

一个说"中国人出丧，在英大马路直走，是要很大很大的面子"，一个接着说"从前亦只有一个姓盛的"，又一个说"真不容易，连外国人亦佩服他，还有许多外国人送丧咧"，这边一个说"他以前亦是一个小出身，是做……"一个低声问说"他有几个老婆有几个儿子"，那边一个说"他事业真做得不小"，又一个叹口气说"唉，做人到这种地步亦就值得了"！③

这段议论特别能够体现当时一般民众的价值观。对于当时大多数民众而言，一个"值"了的人生，就是事业成功，家财万贯，多妻多子，生荣死哀，被人看得起，包括洋人。显然，那些丧主多半也是秉持这样一种价值观。在他们眼中，大出丧无疑是最能合法炫富的一次机会："欲表彰死者的名誉，及夸张自己的孝道，最荣耀最动人的，在他们意识里，要算是大出丧最出风头"，因而"大出丧是一件极普遍、极寻常、极肯花费钱财的一件事情"。④前文所述上海人不断将盛宣怀大出丧与周扶九大出丧、郭标大出丧等进行比较，看哪个更阔气一点，更有面子一点。这样一种炫富乃至攀比的心理，正是大出丧得以出现的根本原因。

事实上，因为"操办丧事要耗费相当的财富，动用相当的人际关系"，因而"在任何时代，办丧事都是对一个人（或家庭、家族）的财富、社会地位、家族势力、人情厚薄及个人能力等的一次综合检验"。丧事办得越大，看的人越多，丧主的脸上便越有光彩，并大为人所羡慕。于是，操办丧事就成了人们借机炫耀自己存在的一次最"合法"的机会。丧主炫耀的不仅是财富、社会地位、家族势力、人情关系、

---

① 《出丧趣屑》，《申报》1928 年 7 月 13 日。
② 姚克：《论大出丧》，《申报》1933 年 12 月 21 日。
③ 杨小仲：《大出丧（上）》，《申报》1926 年 11 月 13 日。
④ 徐小庭：《大出丧》，《申报》1933 年 5 月 21 日。

个人能力之类，而且还向外界展示了自己的一片"孝心"。这样一种社会心理，古已有之。汉景帝时，赌徒剧孟葬母，送殡者多社会上的体面人物，所乘车辆达1000多辆，轰动一时，时人钦慕不已。楚王相袁盎与剧孟交厚，有人不以为然，对袁盎说，剧孟不过是一赌徒，你堂堂郡太守一级的朝廷命官，却同他交友，岂不有失身份？袁盎说，剧孟确实是赌徒，但他母亲出殡时有那么多人送葬，可见其人不简单，因而继续与剧孟交好。袁盎以此判定剧孟的为人、社会能力等，这表明当时人非常看重并认同隆丧厚葬，它是一个人被社会承认程度的一个"标尺"，人们当然要追求它了。①

既然这种社会心理古已有之，为何大出丧在民国时期蔚然成风呢？有人曾指出："概自世道衰微，而礼法不讲，比年来贻人话柄之事，随地皆是，所尤著者为大出丧之举，是赛会，而非举哀"。②更有论者明白表示："政体变革以后，件件般般都从贵族化而趋于平民化；惟有办丧事，又从平民化回复到贵族化。只须肯化钱，无论死的是阿猫阿狗，都可以用着达官贵人的排场：路由牌、开路神、中西音乐、大小銮驾，甚至城隍庙里的仪仗，也可加入。博得两旁观众赞一声好场面，便以为荣耀的了不得。"③在民国以前的等级社会，诸如死的称呼、殡的日期、丧事的规模、陵墓的大小、祭礼的物品，乃至抬棺材人数等方面都有严格的明文规定，不同社会地位者享用不等的标准，曰"丧礼"。明清时代对何一职位者用何一等级的丧礼有非常清楚的规定，违之者称为"逾礼"或"违制"，要受到惩罚。④进入民国后，这些丧礼规定都不再具有约束力，同时人们内心又向往着更高的社会等级，但民国新丧礼并不能提供关于丧礼等级的标准，于是人们对丧礼大操大办，将能够提升自己家族社会地位的仪仗尽数摆上，无论是传统社会只有达官贵人才能享用的仪仗，还是当代要人们的"像赞"、挽联等。大出丧就是在这样一种社会环境下出现的，它为人们在一个失序的社会中抬高自己家族的社会声誉和社会地位，提供了一种特别的方式。实际上，大出丧就是一种炫耀性消费。

当出丧变成一种炫耀性消费，丧事本身似乎也变了味道：

出丧人家，只要有钱，无论何事，都做得到。先则请许多名人题了像赞，做

---

① 参见王夫子《殡葬文化学——死亡文化的全方位解读》，第206页。
② 《新式之望祭礼仪单》，《申报》1919年9月12日。
③ 瞻庐：《像赞》，《申报》1932年11月7日。
④ 参见王夫子《殡葬文化学——死亡文化的全方位解读》，第229、230、233页。

了行述，遍发讣告。开丧之时又请人题主，分日受吊，至出殡以前，发引路由登诸广告。仪仗之中，形形色色，不但应有尽有，竟为匪夷所思，奇形怪状，与殡仪渺不相涉。于是观者塞途，万人空巷，借是以昭阔绰，与古人所谓丧致乎哀，实乃背道而驰。①

更甚者嘲讽道："其所经出，万人如堵，仪卫既至，则欢欣鼓舞以迎之，而丧主亦必穷极壮丽，惟恐人之不欢欣鼓舞，一若忘其为丧事也者。"②"谓将以悦观者耶？天下惟大奸大恶之死，为众人所共快。丧也而欲人之快乐，将谓死者为何如人！"③这样洋洋大观的大出丧，看的人既是"其乐陶陶"，丧主看见捧场之热闹，当然也暗中自鸣得意。"结果，观大出丧者与大出丧者，皆大欢喜，丧虽凶事，今亦变成大吉大庆矣！"论者指出，丧事之会变吉庆，令人"皆大欢喜"，实因主人能倾其财力的"大出"之故。不然，那些看见仅抬有一口白棺而过的人们，就不会必掩鼻而走，并大骂"触霉头！"可见，丧事毕竟是凶事。④

作为一项炫耀性消费，大出丧最被诟病的还不是丧礼本身的变味，而是丧礼的奢侈浪费。有人认为："今日之大出丧，其华靡且十倍于前清之三节会，观者万人空巷，绝不知为举哀之事，既坏风俗，尤贼人心"，"继起者益复踵事增华，相与出奇争胜"，以至于那些"心实不愿奢，其力亦万不能奢"者，亦"不得独俭"，因为"丧事不奢，人以为薄于父母"。⑤"一次出丧所费金钱，富者数万金，贫者亦数百金"，"富者费此数万金尚不为病，而一般贫者，即数金亦难筹备，不得已典质，或向人借贷"。⑥"此次某姓出丧所费甚巨，他姑不论，只就菊花一项，已费六百余金云"。"此种菊花，所费虽巨，然至翌日，即委弃旷野，一钱不值矣。""是不啻以有用之金钱，抛掷于汪洋之中，究何裨于先人哉！"⑦尤其是这些炫耀性消费发生在天灾迭降、战祸连年、遍地哀鸿之际，人们对于那些为富不仁者进行了辛辣的嘲讽。有人写道："军阀和政客死命的弄钱，再也不怕钱多。这也有两种缘故：一种是做亡国奴的时候，有钱毕竟舒服些；

---

① 我心如水：《大出丧与纪念会之感想》，《申报》1926年11月24日。
② 《申报》1919年2月17日。
③ 《大出丧之谬妄》，《申报》1919年4月16日。
④ 赓：《续谈大出丧》，《申报》1934年2月5日。
⑤ 萱伯：《宜改良风俗以救欲俭不得之苦》，《申报》1921年10月7日。
⑥ 黄绳祖：《大出丧之不经济》，《申报》1926年5月15日。
⑦ 朱思忠：《看大出丧感言》，《申报》1923年12月19日。

一种是预备死后大出丧，好风光些。"① 有的丧礼丧仪简单，令观者大为失望，论者借此嘲讽：丧主生前为什么不多捞几个钱，这样就可以多摆些仪仗出来，让路人称心满意地看看，"现在不论那一界的人，尤其是汉奸奸商，拼命捞钱，不顾一切，或者也为这样一回事么"？② 还有人专门创作小说，讽刺那些视钱如命的守财奴，生前"不肯浪费一文"，结果死后被大出丧，"恐怕他老人家九泉有知，尚痛哭流涕了"。③ 更有人以小笑话的形式对有钱人进行嘲讽："问富翁最后之目的何在，答大出丧。"④ "富翁向他五岁的儿子道：我死后，你打算怎样？他的儿子道：你死后，我一定好看大出丧。"⑤

更多的人，则是针对大出丧带来的浪费现象，提出了一些建设性的意见。有人认为，花费数万金，买得道旁观者几声"有面子"、"有风光"的赞叹，出三四小时的"风头"，对死者有何益处？不如"效西人之捐巨款于教育或慈善事业，而归其功于父母，或独创学校医院，而即以父若母之名名之"，则"不特父母之名历久而不衰，实足为社会造人材造幸福"，而"社会既蒙其利，则益归其功于其父母，而使众人企慕之"。⑥ 有人表示，那些"争场面"的做法，"顶多得到一般无智识的一个'阔'字的赞美"，"有智识反要瞧他不起"。如果是要为先亲扬名，不如把那些费用"在逝世人的名下捐作慈善事业，或充作教育经费，教那些贫民受他的益处，那些没有受教育的孩童也能够进学堂去学些生活的本领"。这些才是真正体面的事情！"在过世人的方面，他的令名是永远不会消灭的；在社会方面，那穷苦的人受了他多少好处；在国家方面，国内就可以添出多少能识字写字的爱国百姓。"论者并以美国为例，表示美国"许许多多图书馆、小学堂、盲哑学堂，是某太太或是某先生在死后，他们的儿女或夫或妻所建设的纪念品"。⑦

还有人认为，人们已经看惯了大出丧，所以大出丧已经不具备炫耀的功能，不如把钱省下来去做有意义的事情：

> 不过看的人把大出丧也看惯了，他们看了大出丧，正以为这是很平常的事情

---

① 罗典文：《碧楼琐话》，《申报》1924年5月28日。
② 《谈言》，《申报》1934年1月23日。
③ 刘恨我：《死后风光》，《申报》1924年9月28日。
④ 绍基：《滑稽问答》，《申报》1922年10月17日。
⑤ 戴梦鹏：《赚笑小录》，《申报》1923年4月27日。
⑥ 张舍我：《沪滨随感录》，《申报》1920年4月30日。
⑦ 徐志禹：《对于出殡的意见》，《申报》1920年8月2日。

啊。所以大出丧这一件事情，既然不能替死的人光耀，也不能借此夸耀看的人，还不如废止了，倒可以省去许多金钱呢。我想，现在正当用钱的地方很多，像赎路、储金啊，捐助灾民啊，何不废止这种虚费金钱没有实益的事情，去做那些有益的事情呢。①

当时战祸频繁，兵燹之地善后事宜，急需筹赈，但往往杯水车薪。于是，有人建议将出殡之费"拨充兵灾急赈之需"，则"眼前功德昭昭，在人耳目亦可为先人留一世之纪念"。②更有人列举了可以移作兵灾善后赈款的费用，排在首位的便是"大出丧之费"，其他还包括"贺年片之费"、"纸烟雪茄之费"、"备酒宴会之费"、"游戏场及看戏之费"和"购置奢侈品之费"。③其他建议包括赈济灾民、开办工厂、办义务学校、办义庄等等。④如果是穷人，"要表扬他的父母，也不必去借什么钱背什么债，他只要尽他一身的力量，勤勤恳恳振兴他个人的事业，来帮社会的忙，人家在傍就会指着他说'他就是某人某人的有志气的儿女'"。⑤"若家本贫乏，犹讳贫，而务为虚场面，则更误矣。""予意能继父母未了之志，勉力行善，方为真孝。"⑥

总体而言，这些建议都集中于慈善事业和公益事业之上。其实，这些建议并无新意，也并非国外特有。因为中国自古以来，从事慈善事业和公益事业都是获取社会名誉、提升家族社会地位的重要途径。传统时代，政府对于从事赈灾等慈善事业者，一般都有奖励。这都是明文规定，是相承日久的制度。在地方社会，那些从事公益事业者，拥有较高的社会地位也几乎是约定俗成的惯例。进入民国后，富裕阶层宁愿通过大出丧式的炫耀性消费来展示和提升自己家族的社会地位，也不愿意将钱投入慈善事业和公益事业，事实上表明，那样一种通过慈善公益事业提升家族地位的制度性通道，像传统丧礼一样，已经崩坏了。在这样一种礼崩乐坏、社会失序的状况下，人们只有借助最直观，实际上也是能聚拢人气的大出丧来展示自身的社会地位。那些大出丧，事实上也都达到了丧主们的目的，即吸引尽可能多的看客和关注。几乎每次大出

---

① 《废止大出丧的意见》，《申报》1922年9月15日。
② 实秋：《何不移大出丧费以助赈》，《申报》1924年12月2日。
③ 月奇：《可以移作赈款之费》，《申报》1924年12月29日。
④ 黄绳祖：《大出丧之不经济》，《申报》1926年5月15日；恂如：《大出丧之感想》，《申报》1922年5月3日。
⑤ 徐志禹：《对于出殡的意见》，《申报》1920年8月2日。
⑥ 《丧事之节俭》，《申报》1921年12月26日。

丧，都能万人空巷，都会收获众多赞叹，都会成为人们长久的谈资，这些不正是那些大出丧的丧主所想要达到的效果吗？

民众对于大出丧的热衷，最终成为政治力量夺取政权以及国家力量重建秩序的最佳工具。民国时期最大规模的出丧仪式，既非军阀，也非富商，而是国民党领袖孙中山。孙中山在1925年逝世后，国民党为其举行了盛大的出殡仪式，并借机为国民革命进行了最广泛的社会动员，这为国民党最终取得天下做出了不小贡献。1929年，掌握了国家政权的国民党为孙中山举行了民国时期独一无二的大出丧——奉安大典，成为展示其在中国统治地位的绝佳舞台。在这里，家国同构，一个政权也像一个家族一样，通过大出丧来展现自身在中国社会中的地位。无疑，这一点也充分证明了大出丧在民国社会的独特地位。

## 小　结

民国时期殡葬礼俗的奢华风尚，主要体现在风靡南北的大出丧现象。大出丧之所以如此盛行，则是因为进入民国后，以等级制为中心的旧丧礼失去了合法性，人们"只要有钱，丧事想怎办就怎办"。民国新丧礼缺乏等级精神，人们在现实社会的身份、地位仍然千差万别，而办丧事历来都是"对一个人（或家庭、家族）的财富、社会地位、家族势力、人情厚薄及个人能力等的一次综合检验"。于是，失去了约束的人们对丧事大操大办，以彰显自己家族的经济实力和社会地位。究其本质，大出丧就是一种用来区别社会等级的炫耀性消费。

# 第五章
# 祭 祀

祭祀，是中国古代礼制中重要的内容。"礼有五经，莫重于祭"，在吉、凶、宾、军、嘉五礼中，最重要的便是祭礼。民国时期的祭祀，一方面延续了传统祭祀中的祭祖、祭天、祀孔，也有对现实人物的公葬、公祭，以及对历史人物的"现代祭祀"，比如抗日战争期间的隆祀黄帝。在祭祀的仪式上，既有对传统古礼的照搬照用，也有诸多现代意义上的祭祀仪式。

## 第一节 民间社会中的私祭

整体而言，民国时期民间社会中的祭祀，与传统社会相比，变化不大。一方面，祭祀属于社会习俗，习俗的嬗变往往需要一个漫长的过程。另一方面，祭祀本身即是传统农业社会文明的重要组成部分，又与生死、神灵这样特殊的领域有关，在整个社会结构未发生根本转变之前，祭祀呈现显著改变相对艰难。不过，民国乡村社会中的祭祀，在不变中也有变的一面，即传统祭礼逐渐向废除等级、简化仪式、减小规模方向变化。在民国历届政府的大力提倡下，民间社会中公祭与私祭并存。1935年刻印的《青城县志》如是描述民间社会的祭祀：

> 今之不变者，如祭孔孟，祭关岳，祭革命诸先生，此为崇德报功，而属于公祭者。至清明节（亦名添土节）、七月望、旧年除日、新年元旦，或麦熟荐新，或赴任授职，或出家远行，或举行婚丧大典，皆祭于庙或墓（俗谓之上坟），其祭品为清酒、果品、面食、纸香等，此为慎终追远，而属于私

祭者。①

由上可见,民间社会的祭祀有公祭与私祭之分。公祭将在后文章节着重叙述,本节主要是描述民国时期民间特别是乡村社会中的私祭。民间社会中的私祭,就其祭祀对象而言,主要可分为两类祭祀,分别是对人的祭祀和对神的祭祀,"其常行祭礼大别有三:一曰娱神之祭(凡年节供养及建醮赛神皆行之。其祭品随时随地各异)。二曰临丧之祭(即丧家所行之家祭礼。多延宾相赞礼以昭隆重)。三曰追远之祭(每遇死者之周年纪念日,用延宾致祭,或设坛诵经)。"②从《临清县志》中可以看出,"娱神之祭"外,对人的祭祀又可分为"临丧之祭"与"追远之祭",前者是对刚刚逝去的死者的一系列祭祀行为,后者即是中国儒家文化传统中至为重要的"祭祖"。

1. 临丧之祭

顾名思义,临丧之祭是从逝者的丧礼过程中开始的,目的是为了安葬死者,同时也表达生者对死者的哀悼和思念。民国时期因为传统宗法社会渐趋解体,旧有的礼制日益崩坏,各地风俗又不尽相同,民间社会丧礼中的"临丧之祭"也并无一定之规。不过,从总体上而言,基本上还延续了传统的旧礼,"民国丧礼,无明文规定。于初终殡殓,赴告予唁,营葬,虞祭之礼,大抵沿旧",③特别是朱子《家礼》在民间丧礼与祭礼中发挥着重要作用,"殓、殡、葬、祭,悉遵朱子《家礼》",④只不过各地开始简化传统旧礼,但新的祭礼并没有形成。

一般而言,死者逝去之后,进入报丧程序,即开始了"临丧之祭"。当将逝者逝去的消息报告于亲戚朋友之后,"戚友接报,或具祭席,或送纸铂,陆续往吊。吊者行四叩礼举哀,亦偶有三鞠躬不举哀者"。⑤报丧之后,亲友前来祭奠,这时候会聘请礼生来指导祭仪,叫作"礼相"。通常在"成主"之后,举行"家祭",或者叫"堂祭","致祭于堂,由礼宾领导,匍匐跪拜,行三献礼。初献至终献均由冢子主祭,撤馔。余祭则冢孙或次子代之。"⑥家祭在各地的祭礼中普遍存在,但是否行"初献、亚献、终献"三献礼,则视情况而定。等到"发引"之后,将死者灵柩抬往墓地下葬的

---

① 《青城县志》,民国24年铅印本,丁世良、赵放主编《中国地方志民俗资料汇编·华东卷》,第180页。
② 《临清县志》,民国23年铅印本,丁世良、赵放主编《中国地方志民俗资料汇编·华东卷》,第339页。
③ 《醴陵县志》,民国37年铅印本,丁世良、赵放主编《中国地方志民俗资料汇编·中南卷》,第498页。
④ 《考城县志》,民国13年铅印本,丁世良、赵放主编《中国地方志民俗资料汇编·中南卷》,第30页。
⑤ 《东平县志》,民国25年铅印本,丁世良、赵放主编《中国地方志民俗资料汇编·华东卷》,第282~283页。
⑥ 《临清县志》,民国23年铅印本,丁世良、赵放主编《中国地方志民俗资料汇编·华东卷》,第338页。

过程中，沿途又有"路祭"，"至升棺出门，停灵道上，又行升车及祖道等礼，亲友沿途设奠，谓之曰路祭。祭毕，子孙引柩前行"。①路祭主要是在出殡队伍经过的路边设置供桌，摆上各类祭品，或直接把祭品放在路边地上，当出殡队伍经过之时，须上香、化纸，叩首祭祀一番。祭奠之时，孝子须跪在一旁陪祭，待祭奠结束时则叩谢来路祭之人。送葬队伍到达墓地之后，有的地方要祭祀后土，后土是土地之神，死者要入土埋葬为安，需要祭祀。不过，在中原之外的很多地区则没有这一祭祀过程，反映了风俗的差异。墓地安葬完毕之后，多地有"虞祭"这一仪式，"葬毕归来，叩奠木主，谓之'虞祭'。"②虞的意思是安，中国古人认为，虽然死者形体已经入葬，但其鬼魂无所不在，一时间彷徨无依，要设祭安之。所以唐代贾公彦在《既夕礼》中解释虞祭说："主人孝子，葬之时，送形而往，迎魂而返，恐魂神不安，故设三虞以安之。"③

家祭、路祭、虞祭之后，对逝去死者的祭祀还没有结束。在多数地区，有"做七"或"做周"等的说法，即自死者逝去之后，每七日举行一次家人的祭祀，以示思念。"亲邻致祭者自死之日起至七日止，每晨晚家人集死者前哭，后凡间七日必哭一次，名曰'七'，至十次止，曰'尽七'。"④不过，为逝者"做七"，有的地区是10次，但大多数是以"满七"结束，其大致情形如民国时期《平乐县志》所记载：

> 距死者弥留后七日曰"头七"，距十四日曰"二七"，距二十一日曰"三七"，距二十八日曰"四七"（惟四七不举办。俗有"生不做四十寿，死不打四七斋"之谚。盖以有所不利而禁忌也），距三十五日曰"五七"，距四十二日曰"六七"，距四十八日曰"末七"，又曰"满七"。⑤

"做七"或"守七"祭祀风俗的起源，学者多认为与佛教的"生缘"说有关，形成于佛教东传中国之后。作为民间的祭祀风俗，至民国已经有上千年的历史了。"满七"之后，尚有"百日"祭祀。逝者死后一周年要在家中和坟前烧纸致祭，叫作"小祥"；逝者死后两周年举行祭祀，叫作"大祥"。孝子27个月或3年才除服，算作父母整个丧葬过程的完毕。不过，这是严格依照古礼所为，民国民间社会或有少数遵守

---

① 《临清县志》，民国23年铅印本，丁世良、赵放主编《中国地方志民俗资料汇编·华东卷》，第338页。
② 《临清县志》，民国23年铅印本，丁世良、赵放主编《中国地方志民俗资料汇编·华东卷》，第338页。
③ 参见苏全有主编《中国社会史专题研究》，内蒙古人民出版社，2006，第338页。
④ 《洛阳县志略》，民国9年铅印本，丁世良、赵放主编《中国地方志民俗资料汇编·中南卷》，第263页。
⑤ 《平乐县志》，民国29年铅印本，丁世良、赵放主编《中国地方志民俗资料汇编·中南卷》，第1007页。

此制的，但大多数人基本不会严格守礼，而只是在小祥、大祥和除服之际举行象征性的祭祀。

2. 追远之祭

慎终追远与敬天法祖是中国文化中重要的一面。就丧葬祭祀层面而言，民国时期民间社会的祭祀，也延续了传统祭祀中重视祭祖的特质，追远之祭成为民众日常生活礼俗的一部分。

民国时期追念逝去先人的祭祀礼仪，从祭祀的种类来看，基本可以分为庙祭、家祭、墓祭、年祭四大类，这四类祭祀又和对死者的专门祭祀（逝者的生辰、忌日）与岁时节令的合祀纵横交叉，共同构筑了民间社会追远之祀的祭祀体系。

所谓庙祭，实际上就是由合族公立祠堂，共同祭祀有血缘关系的先人与祖宗，"藏先人遗像、谱牒、木主于中，以时致祭，按族中支派轮流主之"。[①]不过，由于民国时期整个社会处在由传统向现代转型的过渡时代，加之社会阶层的分化，能够进行庙祭的，大都是世家望族或者大家族。大家族的庙祭仪式如下：

> 世家望族多建宗祠，供奉本族祖先神主，自始祖以下，高祖以上，按昭穆支派依次序列。每年春秋致祭，多以春分、秋分二节，即古人春祀秋尝之礼。届期，扫除庭宇，洁理豆觞，设果品祭席，焚香奠酒，由族中长者率族众一体行四叩礼。祭毕，在祠中燕饮，以敦族谊。[②]

宗祠之内，供奉祖先神主进行祭祀。至于供奉多少代的祖先，则取决于宗祠筹建各族各支所能共同溯源的祖先。一般而言，有供奉开基始祖的宗祠，也有在人口繁衍过程中各支族的宗祠。祭祀过程中的祭品要求也并无一定之规，"祭品因宜而荐，或肉食，或果蔬，或以时馔，犹古荐新之意也。"同时，也照顾到家庭经济情况的不同，祭品可丰可俭，"牲醴、果核、香褚之属，量家之丰约为隆杀"。[③]整个庙祭的过程，一方面是共同追思先祖，表达孝、敬之意；另一方面，这也是延续和巩固家族意识之举。在民国日常的生活中，家族作为一个有效的宗法血缘组织，正逐渐趋于式微，甚或在某些地方，只有在庙祭的过程中，通过祭祀、讨论家族事务，方能重新唤起家族

---

① 《牟平县志》，民国25年铅印本，丁世良、赵放主编《中国地方志民俗资料汇编·华东卷》，第248页。
② 《东平县志》，民国25年铅印本，丁世良、赵放主编《中国地方志民俗资料汇编·华东卷》，第284页。
③ 《德县志》，民国24年铅印本，丁世良、赵放主编《中国地方志民俗资料汇编·华东卷》，第113页。

认同。诚如杨懋春所说:"然而在其他村庄可以看到大族的祭祖祠堂,它与其说是职能机构,毋宁说是家族统一体的象征。"①此外,在庙祭的过程中,族长召集全体族员训话,也在一定程度上起到辅助地方治理的作用,"族之尊长集子弟晓以国法家规,互相惩戒。如有败类,则合族惩之,不待官府之督责,亦维持风俗之善法也。"②

民国时期的庙祭延续了传统宗法社会的祭祀精神,不过,这一时期的庙祭也有所变化。首先,是庙祭严格的宗法色彩日渐消退,祭仪、祭品甚至祭祀过程都不再具有严格和统一的礼。比如上海《宝山县续志》记载:"顾古时之祭,必行于家庙,宗子主之,支子助祭而已。"在宗法社会中,能够主祭家庙的应是"宗子","支子"是不能够主祭的。但是民国宗法制废除,"支子亦得以齿为族长。今凡有宗祠之族,众子分居,则各自祭其先世于旷庭;族长既主祭于宗祠,亦必另致岁时之祭,盖荐寝与祭庙并行而不废也"。③支子可以当选族长,并主持合族的庙祭,这是民国时期的一个变化。其次,民国时期不同地域呈现的差异很大,比如在华东、中原一带,宗族遭到很大的破坏,有族祠、家庙者一般是大族或望族,普通人家只能进行家祭。但在中南地区的黄冈一带,仍然盛行的是合族建祠堂的庙祭。如湖北《英山县志》中记载:"门族无大小,皆有祠堂(族大者多有支祠,尤重谱牒,数十年必一修)。春秋合族致祭,无远近咸集,尊卑长幼秩然莫敢逾。"④显示了各地风俗的不同。

所谓家祭,即是在各家的厅堂中设置先人的神主,进行祭祀。民国时期民间社会家祭是常态,普通民众家庭大多没有家庙,只能进行家祭和墓祭,"普通人家鲜有家庙,凡遇父母忌日、清明、七月十五、十月一日,多于厅堂设主位以祀之,或往墓间祀之"。⑤相对于庙祭,家祭的规模较小,一般是祭祀与自己有直接血缘关系的四代先人——父、祖、曾、高,"今世俗祭其先世以四代为断,盖犹朱文公《家礼》"。⑥其祭祀的次数较庙祭更为频繁,"每月朔望及先人忌日,于神主前设祭品,焚香奠酒,率其家属向神主行四叩礼。祭毕,家主述其先人行状,诏告子孙不忘"。⑦一般家祭的祭仪如下:

---

① 杨懋春:《一个中国村庄:山东台头》,张雄等译,江苏人民出版社,2001,第134页。
② 《醴陵县志》,民国37年铅印本,丁世良、赵放主编《中国地方志民俗资料汇编·中南卷》,第498页。
③ 《宝山县续志》,民国10年铅印本,丁世良、赵放主编《中国地方志民俗资料汇编·华东卷》,第70~71页。
④ 《英山县志》,民国9年活字本,丁世良、赵放主编《中国地方志民俗资料汇编·中南卷》,第368页。
⑤ 《长清县志》,民国24年铅印本,丁世良、赵放主编《中国地方志民俗资料汇编·华东卷》,第96页。
⑥ 《宝山县续志》,民国10年铅印本,丁世良、赵放主编《中国地方志民俗资料汇编·华东卷》,第70页。
⑦ 《东平县志》,民国25年铅印本,丁世良、赵放主编《中国地方志民俗资料汇编·华东卷》,第284页。

无庙者，则黄昏后设神主于堂中，主祭者至门外炷香，迎其先灵。室陈供馔，行三献礼，礼毕送之门外，焚冥镪，燃爆竹，乃退。其祀于庙者，亦如之。①

从上述仪式可以看出，家祭在一定程度上还遵循着古礼，但已经相对较为简化了。家祭之外，墓祭是民国时期另一普遍的报本溯源的祭祀方式。所谓墓祭，是在一年中特定的日子前往先人的坟茔与墓地上进行扫墓、祭祀。墓祭一般又与阴历岁时之祭互有融合，"于三月清明、七月望日、十月朔日与新年元旦，子孙必至祖茔扫祭，持牲醴、纸马以祭拜之，所谓'上坟'是也"。②通常而言，一年中的清明、七月十五、十月初一、冬至与旧历元旦，是墓祭的民俗时间。当然，各家也根据先人的诞辰与忌日进行墓祭。

在所有墓祭的旧历节日中，清明节无疑是最为重要的。民国直至今天，清明扫墓成为中华民族约定俗成的社会风习。清明节墓祭各地习俗大同而小异，西南地区"扫清明坟"是这样的：

清明节，妇稚多插戴杨柳。前后数日，比户男女出郭上冢设祭，祭毕席地宴饮，谓之"上清明坟"。③

上海地区清明节墓祭是这样的：

清明节，祀祖先后用锭帛焚化，先茔以纸钱高插墓所，谓之"扫墓"，亦谓之"标墓"。④

以纸钱高插墓所的举动，不同的地区有不同的称谓，有的地区叫"标墓"，有的称之为"挂墓"，还有的称之为"飘白"或者是"压坟纸"，不一而足。清明在墓地除了添土、烧纸、祭拜之外，最后还有"祭毕席地宴饮"。不过，民国时期的社会舆论经常指出清明节墓祭的祭品和酒宴过于奢侈与浪费，"民初以降，春秋两节主人以

---

① 《临淄县志》，民国9年石印本，丁世良、赵放主编《中国地方志民俗资料汇编·华东卷》，第105页。
② 《茌平县志》，民国24年石印本，丁世良、赵放主编《中国地方志民俗资料汇编·华东卷》，第315页。
③ 《华阳县志》，民国23年刻本，丁世良、赵放主编《中国地方志民俗资料汇编·西南卷》，第14页。
④ 《蒲溪小志》，1916年铅印本，丁世良、赵放主编《中国地方志民俗资料汇编·华东卷》，第13~14页。

肴馔丰盛相夸……几如喜庆。习俗相安,去古益远,此亦足征世风之日流侈靡也"。①也有舆论善意地提醒清明墓祭应该节俭而文明,"倘能于野祭而外,设法纪念先人,不伤财,不害民,适合最新文化,不背林总心理,则民德归厚,当更有进"。②

清明节墓祭之外,七月十五日中元节也是墓祭的重要节日。"今日为中元节,家家上坟祭祀祖先,遗风如此。"③十月初一、冬至与除夕、元旦是另外的重要墓祭日。在某些地区,十月初一墓祭又有"送寒衣"的说法,"十月朔日祭墓,或剪纸为冥衣焚之,谓'送寒衣'。"④冬至日则祭远祖,取一阳发生万物复始之义。

中国人重视"过年",每当岁末之际,无论在天南海北都要风尘仆仆赶回家乡阖家团圆。"阖家团圆"既包括生者的聚会,也暗含着对逝去先人的祭祀和"请回家来",这就是追远之祀中的年祭。所谓年祭,是指阴历辞旧迎新之际所举行的祭祖、祭神一系列活动,它与除夕、春节等重要节日是重合在一起的。年祭的举行,一般在进入岁末的腊月之后就要开始准备,布置祭祀的场所。"期前扫除屋宇,洁治几筵,恭请先人神主,按昭穆位置,有供三代宗亲纸牌位者,亦有买纸画一轴备列高曾祖考某某之位,悬诸壁间而供之者,俗谓之'家堂'。"摆放好先人神主的家堂之后,于除夕、元旦至正月十五期间,全家人供奉祭品举行祭拜,民国《东平县志》这样描述年祭:"除夕奉祀,子孙至郊外焚香叩首,迎先人之神回家,复在神案前行礼,上茶奠酒,设果品,午夜备设祭席。元旦,家主率家属向神案前以次行四叩礼,三日内每饭必祭,至上元节后神主、纸牌位、纸家堂均敬谨收藏。"⑤本着"祭死如生"的原则,让先人与生者共同过年,因此年祭对先人的祭祀与生者的新年时间是共始终的。巴金的小说《家》中有对民国时期成都高公馆除夕夜迎神祭祖的形象描写,兹录如下:

  供桌上放着一对大烛台和一个大香炉,朝里的一面和左右两面靠边放了许多小酒杯,至于酒杯的数目,全家只有几个人知道。主持这个典礼的是克明,因为高老太爷觉得自己年纪大了,便把这些事情交给儿子去做,自己等到一切预备好了才出来给祖宗行礼,受儿孙们的拜贺。穿着长袍马褂的克明和克安每人提了一把酒壶慢慢地把绍兴酒向小杯里斟。酒斟好了,香炉里的香也插上了。

---

① 《宝山县再续志》,民国20年铅印本,丁世良、赵放主编《中国地方志民俗资料汇编·华东卷》,第73页。
② 《续修广饶县志》,民国24年石印本,丁世良、赵放主编《中国地方志民俗资料汇编·华东卷》,第192页。
③ 刘大鹏:《退想斋日记》,第195页。
④ 《商水县志》,民国7年刻本,丁世良、赵放主编《中国地方志民俗资料汇编·中南卷》,第140页。
⑤ 《东平县志》,民国25年铅印本,丁世良、赵放主编《中国地方志民俗资料汇编·华东卷》,第284页。

于是克明走进右上房去请老太爷出来行礼。老太爷一出现，全个堂屋立刻肃静了。克明发出了燃放鞭炮的命令，三房的仆人文德在旁边应了一声急急走出去，走到大开的中门前高声叫道："放炮！"于是火光一亮，鞭炮突然响起来。女的从侧门避了出去。男的走到供桌前，背向着供桌，由老太爷开始，朝外面叩起头来，说是敬天地，接着克明三弟兄排成一行叩了头。觉新刚拈了香从外面把灶神接进来送回到厨房里去，然后回到堂屋里来。他来得正好，便领着觉民、觉慧、觉英、觉群、觉世五个兄弟排成次序行了礼。于是众人转过身子面对神龛站着。躲在门外偷看的女眷们也连忙走了进来。

依旧是由老太爷开始向祖宗叩头。老太爷叩了头就进房去了。接着是大太太周氏，其次是克明，再其次是三太太张氏，这样下去，五太太沈氏之后又是陈姨太，这些人从容不迫地叩了头，花费了半点钟以上的时间。然后轮到觉新这一代人，先由觉新领着五个兄弟叩了头，他们叩得最多，一共是九个，像这样地行礼，每年只有一次，所以大家并不熟练，不能够很整齐地一同跪下去，一同站起来。举动较迟缓的觉群和觉世刚刚跪下去，来不及叩三下，别人就站起来了，便只得慌忙站起，而别的人又已经跪下去了。这样惹得众人在旁边笑，他们的母亲四太太王氏也在旁边不住地催促他们。在笑声中九个头很快地就叩完了。他们到底是年轻人，跟他们的长辈不同。接着瑞珏又领着淑英、淑华、淑贞、淑芬四姊妹到红毡上去行礼。她们的举动自然慢一点，却比较整齐多了。淑芬年纪虽然小，但是举动也还灵活。她们行完礼，瑞珏又牵了海臣到红毡上去叩头。①

民国时期的年祭，与传统社会中年祭最大的不同，是它"受困"于阴阳双历法结构。民国创建之后，为表示与世界大同，改用公历纪年和颁行阳历。公历纪年并未给民间社会造成多大影响，但是官府提倡的阳历却让普通民众一时难以接受，结果造成官民"你过你的年，我过我的年"。刘大鹏在《退想斋日记》中如是描述新年感受："民国四年以甲寅十一月十六日为岁首，而民皆不遵，仍行旧历。"②民众之所以仍以旧历新年为主，在于其生活的意义世界与旧历密不可分，其中很重要的就是年祭是以旧历来计算的。民国各地关于年祭记载的县志中，也都会顺便议论几句过新旧历的感受。《阜宁县新志》中说："邑中普通人民，以晦朔弦望有关潮汐，以近立春之朔日

---

① 巴金：《家》，华夏出版社，2008，第81页。
② 刘大鹏：《退想斋日记》，第204页。

为岁首，农作便于准备，仍依阴历节日行其常俗。"①《德清县新志》中说："劳者应有相当之娱乐、休息时期，以调节之。岁时令节印于民众脑海者深，确有保存之必要，况掌故所关，亦难偏废。惟阴历既废，宜改于国历行之，潜移默化，固风成俗亦易事。"②时至今日，仍然通行的是民国时期的双历法结构，民众既过国家意义上的元旦，更重视传统中来的除夕、春节。

## 第二节　国家层面的祭天与祀孔

### 一　祭天与祭天的终结

"国之大事，唯祀与戎"。在古代中国，祭祀是儒家礼制文化的重中之重，其承载了昭示伦理秩序、敬天法祖与慎终追远等诸多社会、历史与仪式功能。在不同等级的祭祀层面上，祭天因与皇权政治文化关联，祭礼最为隆重庄严。明清时期皇帝在北京城外的天坛举行圜丘祀天，成为延续数百年的郊天大典。然而，这一带有鲜明皇权神授特色的祭祀仪式，并没有随中华民国的创立而废止，而是在民国完成了其最后一次演出才退出历史舞台。

1913 年，孙中山为首的南方革命党人在二次革命中惨败，纷纷流亡日本。袁世凯手握北洋重兵，又击败了最大的政治敌对势力，开始逐步谋求更大的权力。自 1913 年至 1915 年间，他先后解散了国会，修改大总统选举法，成为终身大总统。袁为旧时代的政治家，其内心中尚有"皇帝梦"，而民国初年旧有的礼制崩坏，新的适应共和制的礼制还没有完全建立，新旧交迭之际，又有前朝遗老遗少的鼓吹和对新的现实大失所望的时人，在这样复杂的政治文化环境中，袁世凯的洪宪帝制和祭天大典得以拉开序幕。

1913 年底，在日本政治顾问有贺长雄和康有为、陈焕章等孔教会人士的鼓动与怂恿下，袁世凯决定举行祭天仪式。为了在表面上尊重民国共和政治的程序，袁世凯向代行国会职权的政治会议提交祭天咨询案。政治会议很快对祭天咨询案做出了《祭天案审查报告书》。报告书为袁世凯的祭天寻找可行性的理由："祭天为中国数千年旧典，自当率循古制而稍为斟酌，以合今时之宜。参证外邦而不可效颦，以悖本国之礼。所

---

① 《阜宁县新志》，民国 23 年铅印本，丁世良、赵放主编《中国地方志民俗资料汇编·华东卷》，第 546 页。
② 《德清县新志》，民国 21 年铅印本，丁世良、赵放主编《中国地方志民俗资料汇编·华东卷》，第 743 页。

有大纲略具于此,似属经久可行。"言外之意,是认为祭天属于中国悠久的政治文化传统,属于特有的民族历史文化,不应废除。报告书也对民国实行祭天提出了折中的意见:"惟自民国成立,政体变更,一切典礼之或损或益,皆当以与共和政体有无抵触为断。"即是否违背共和政体是考量祭天能否举行的一个表面原则。另外,报告书也提出举行祭天应因时因地的简化程序,不能与帝制时代天子祭天一样注重繁文缛节,"今因时制宜改为通祭,自大总统至国民皆可行之"。[①]

1914年2月7日,袁世凯"遵从"政治会议的报告书,发布了《祀天定为通祭令》,开始准备祭天大典。为了能够使此次祭天大典既能彰显传统皇权的威严仪式感又具有民国特色,不被时人所指责批评,北洋政府于1914年成立政事堂礼制馆,进行"制礼作乐",礼制馆成立后很重要的一项任务就是为祭天大典为主的国家祭祀活动制定新的礼制。现今所存礼制馆颁布的礼制章程有《祭祀冠服制》、《祭祀冠服图》、《祀天通礼》、《祀孔典礼》、《忠烈祠祭礼》、《关岳合祀典礼》、《国乐谱》等,其中《祭祀冠服制》、《祭祀冠服图》、《祀天通礼》等都是为祭天大典所制定的。根据《祭祀冠服制》,大总统袁世凯的祭冠仿照古代的爵弁,而不是用冕,祭服仿照爵弁服的玄衣和纁裳。其余如祭礼、祭品等也都做了相应的规定。总体而言,这些礼制一方面是适应民国的时代,尽量避免完全因袭明清两代的祭天程序;另一方面,突出大总统的独尊地位,完全没有"共和"和"平等"之意了。

1914年12月23日,经过紧密筹备之后,在北京城南的天坛举行祀天大典。当日为阴历传统节日冬至,早上6时一刻,袁世凯由府中乘汽车到达天坛。在数千荷枪实弹的警卫和文武百官的簇拥下,身着祭服的袁世凯在鸣赞官赞礼的指引下,按照燔柴、初献、亚献、终献、饮福受胙等古代天子祭天的仪式逐一行礼。9时左右,经过3个小时"折腾"的袁世凯结束祭天大典,返回总统府。

1914年冬至的祭天大典,很快在新旧并存的民初社会激起了千层波浪。那些赞同帝制的复古主义者为之欢欣鼓舞,但共和民主理念持有者则痛加嘲讽和斥责,认为这是开历史的倒车。当时的《大公报》抨击道:"受旧礼,听新乐,而又见冕旒垂裳。无数古衣冠人物,跄济于下。当亦讶然色霁曰:'今日者,真亦复唐虞三代之隆欤。'然而民国时代之冬至日,从此益行高贵矣。"[②]按照袁世凯的设想,自1914年后每年的冬至日为祭天之日,但时至1915年,袁世凯的洪宪帝制激起了北洋内部和举国上下的

---

[①] 《祭天案审查报告书》,《孔教会杂志》第1卷第11号,1913年。
[②] 《闲评一》,《大公报》1914年12月23日。

图5-1 袁世凯祭天

资料来源：杨红林著《1915：中国表情》，东方出版社，2015，第8页。

反对，在帝制与共和理念的较量中，以1915年蔡锷在云南发起护国运动开始，袁世凯陷入一片强大的反对浪潮之中，被迫取消帝制。作为与帝制共生的祭天也就再也没有推行下去，成了历史上的"绝唱"。

## 二 复杂的祀孔

1912年民国肇建，临时政府对于皇权时代国家层面祭祀孔子活动，采取的是革新的态度。一方面，孔子作为儒家伦理秩序的代表，与专制皇权之间有着不可分割的关系，因此，教育总长蔡元培在1912年第一次全国临时教育会议上就提出了《学校不拜孔子案》，反对文庙祭祀孔子。另一方面，孔子作为中国历史上伟大的教育家和思想家，又被临时政府所承认，因此持论中和的人主张不祭祀孔子，但应纪念这位文化伟人。与此同时，民国初年的政治文化颇为复杂，康有为、陈焕章等孔教会人士则积极主张祭孔，要求定孔教为国教，维护孔子至圣先师的地位。至于那些新旧兼有的士人与知识分子则表现出摇摆的态度。所以民国时期围绕着如何对待孔子以及是否应该祭祀孔子，长期聚讼纷纭，莫衷一是，从中也可以折射出近代中国文化转型的艰难。

与祭天大典相同，袁世凯在1913年之后开始谋求帝制自为，也展开了在国家层面恢复祀孔的进程。1913年11月26日，袁世凯发布了《厘定崇圣典礼令》，称："孔子之道，如日月经天，江河行地，树万世之师表，亘百代而常新。"[①]这一训令是向社

---

[①] 章伯锋主编《北洋军阀》第2卷，武汉出版社，1990，第1391页。

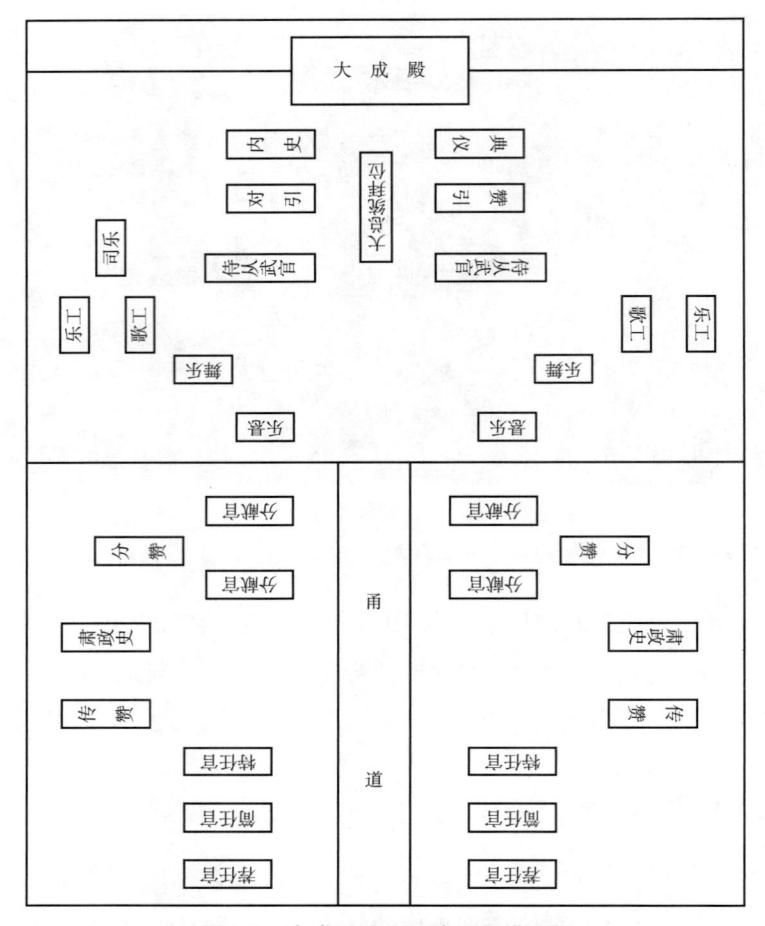

图5-2 大成殿阶上下陈设及辨位图

资料来源：原阳县志编纂委员会整理《重修原武县志》，1935，第261页。

会宣布要隆重尊孔，恢复大祀孔子。1913年年底，袁世凯向政治会议提交了祀孔咨询案，政治会议很快颁布了《祀孔案审查报告书》，唯大总统之命是从。在该报告书中有这样一段话：

> 审查会详细讨论，以为崇祀孔子，乃因袭历代之旧典，实未含有宗教之意思，于信仰自由毫无妨碍，此本案之定义一也。自世界进化，日趋大同，保守之与革新，正如离心、向心二力之互相摩荡，政治以革新为主，而礼俗以保守为宜，苟犁然有当于人心，不必过事更张，使人疑虑，此本案之定义二也。政令用阳历，所以取世界之大同，祭祀用阴历，所以从先圣之遗志。言各有当，事不相

蒙也。①

　　这段话实则是解释祀孔在民国何以能够成立的缘由。按照《报告书》的逻辑，其一，崇祀孔子并不包含有宗教的意思，对于民国约法中所规定的信仰自由没有妨害。其二，以"政令用阳历，祭祀用阴历"的二元结构来论述在政治和礼俗领域保持"民族习惯"和"世界大同"并行不悖。于此可以看出民初政治文化之复杂，一方面，要恢复传统政治文化中的祀孔，但所用的理据却是"信仰自由"、"世界大同"、历法二元结构等趋新的政治文化认知。

　　1914年9月，政事堂礼制馆拟成《祀孔典礼》，其中规定"以夏时春、秋两丁为祀孔之日，仍从大祀，其礼节、服制、祭品当与祭天一律"，②并决定于9月28日在北京文庙举行秋季祀孔大典。"九月二十八日为旧历秋仲上丁，本大总统谨率百官举行祀孔典礼，各地方孔庙由各该长官主祀，用以表示人民俾知国家以道德为重，群相兴感潜移默化，治进大同。"③1914年9月28日晨4时，袁世凯率领各部总长及文武官员，穿着新制祭服，到北京文庙举行正式的秋丁祀孔大典，这是民国建立之后第一次在国家层面祀孔，祀孔的礼仪是按照《祀孔典礼》中所规定的基本沿袭清代旧制的各种程序展开的。

　　1915年的春、秋两次祀孔，是由国务卿徐世昌代袁世凯完成的。与祭天大典仅仅举行一次不同，祀孔大典在袁世凯取消帝制之后，一直到1928年北洋政府垮台之前，仍然几乎每年都举行。祀孔在国家层面的推行，也招致了来自各方的批评和反对，甚或某种程度上影响了20世纪对于孔子的态度和认知。正是基于对祀孔以及孔子所代表的儒家伦理秩序的厌恶，陈独秀等人在1915年发起了新文化运动，以批判旧礼教、旧道德，打倒孔家店为口号，掀起了影响无远弗届的集启蒙和救亡于一身的新文化运动，在这股启蒙思潮中，对孔子作为文化伟人的理性认知也被淹没在恨屋及乌的批判情绪中，这是尊孔祀孔者当初所不曾料到的。

　　南京国民政府对国家层面的祀孔，显示出了前后不一和相对复杂的态度。新生的政权一方面希望创制革新，一方面又要继承北洋政府的"民国遗产"，祀孔就是摆在面前十分棘手的问题。经过慎重考虑，国民政府将此问题交由1927年10月成立的大

---

① 《祀孔审查报告书》，《孔教会杂志》第1卷第11号，1913年。
② 政事堂礼制馆辑《祀孔典礼》，辑者印，1914，第1页。
③ 《祀孔大典》，《申报》1914年9月26日。

学院处置。蔡元培为大学院院长，他秉持祀孔上的一贯立场，宣布在全国大学内废止北洋政府的祀孔大典。不过此举也激起了社会上很多人的不满，1928年2月27日，上海学界就自发组织祭孔，延续北洋时代的祀孔典礼。为了缓和在祀孔问题上引发的社会矛盾，国民政府于1928年10月7日规定以孔子诞辰为纪念日，通行全国，并在这一天举行各种活动纪念孔子，不规定具体的纪念仪式，由各地方视情况而定。自1928年至1934年，国民政府一方面中断了国家祀孔的传统，另一方面又"发明"出一个现代的纪念孔子的节日，来调适不同立场者的诉求。

1934年，国民政府在对待国家祀孔问题上的态度发生了巨大变化。当年6月，国民党中央执行委员会批准蒋介石、戴季陶、汪精卫、叶楚伧四委员的提议，将每年8月27日"先师孔子诞辰纪念日"定为"国定纪念日"，并在这一天于首都南京和曲阜孔庙举行祀孔大典。中断的祀孔大典重新恢复，映照的是社会现实环境的变化。九一八事变之后，民族危机空前严重，国民党的统治受到内外威胁，希望借回归传统来收拾人心，提升民族主义情绪；另一方面，蒋介石本人受儒家传统文化浸染较深，于1934年发起新生活运动，提倡"礼义廉耻"，来教育民众具有"国民道德"。国民党内要员陈立夫等人也发起了"中国本位文化"运动，提倡保存民族文化。在这样的文化大背景下，祀孔大典重新恢复。

1934年8月27日，南京国民党中央党部礼堂内举行首都"孔子诞辰纪念大会"，到场的要人有汪精卫、戴季陶、居正、陈公博、谷正纲、段锡朋、朱培德、张道藩等，加上现场工作人员共有千余人。上午8时，奏乐开会。其仪式如下：

1、全体肃立。2、奏乐。3、唱党歌。4、向党国旗、总理遗像暨孔子遗像行三鞠躬礼。5、静默三分钟。6、主席报告纪念孔子诞辰意义。7、演讲。8、唱孔子纪念歌。9、奏乐。10、礼成。①

不难发现，国民政府的祀孔大典已经与传统意义上的祀孔有很大的不同，除了简化仪式，更具有现代纪念日的节奏之外，还在仪式中安排了诸多与孔子无关的因素，包括唱党歌，向党国旗、总理遗像三鞠躬等。同一天，国民政府以叶楚伧为代表，赴曲阜主持祭孔典礼，曲阜各界及孔氏族人数千余人参加了这一中断数年的祀

---

① 《举国庆祝孔诞》，《申报》1934年8月28日。

孔大典。

1934年的孔子诞辰纪念日，是国民政府举行的第一个国定孔子诞辰纪念日，殊为隆重。按照国民政府的设想，此后每年国家祀孔典礼在曲阜和首都南京两地同时进行，但由于日本发动全面侵华战争，曲阜和南京先后陷落，从1938年开始，孔子诞辰纪念日只能在陪都重庆文庙举行国家祀孔典礼。从1935年到1948年，国民政府每年都要举行大规模的孔子诞辰纪念活动。

是否祀孔在民国期间绝不仅是国家层面公祭孔子的祭祀行为，其背后是近代错综复杂的政治文化变迁。

## 第三节　对著名政治人物的公祭

祭天和祀孔之外，民国时期对现实生活中著名公众人物的逝去，也举行规模不一、形式各异的公祭。能够被国家或社会各团体举行公祭的人物，一般都是"有特殊功勋于民国者"。袁世凯与孙中山皆是民国显赫的政治人物，先后担任过大总统之职，两人死后的公祭在哀荣备至的同时，也可从中看出民国政治文化的变迁。

袁世凯于1916年6月病逝，1918年葬于河南安阳修成的中西合璧的"袁林"。作为中华民国已故的前大总统，北洋政府每年于袁林墓地对其进行公祭，事实上一年举行三次公祭，分别是袁世凯逝世的6月6日，"前大总统忌日由河南省长亲诣安阳致祭，有故则以属代祭"。[①]另两次是由具体管理袁林事宜的董理社主持，"每年以清明、霜降两节为本社春秋公祭之期，届时由值年员通知社员与祭"。至于祭品、祭仪则"概由内务部特为规定"。具体的祭祀仪式，则分为扫除陈设和祭仪两大部分。

袁林在举行公祭的前一天，先要由袁氏族人进行扫除和陈设祭祀设施。"前一日，袁裔奉祀宗子谨率子姓，扫除林内外，既毕，遂于景仁堂正中设俎一（盛羊一，豕一），香案一，设奠几于香案之前，陈奠池其上，设祝案一于香案之右。设尊桌、馔桌各一于堂左，分陈帛筐一、尊一、爵三于其上，陈铏一（实羹）、敦一（实饭）、笾四（实时果饼，饵鱼腊兽腊之属）、豆四（实炙胾时蔬之属）及匕箸醯酱之属于供案上，设盥于阶下之左，设乐于西阶上。"祭祀的地点在袁林的景仁堂，陈设香案、

---

① 本段及以下几段，见田文烈等编《袁公林墓工报告》，财政部印刷局，1918，第55~58、60页。

奠池、祝案和各种供桌食品。

陈设完毕之后，第二天举行公祭仪式，"届日质明主祭以下在安阳各文武及袁裔奉祀宗子以下诸子姓毕集"。对于来参加祭祀者的着装要求是"凡与祭及诸执事一律制服"，对于没有制服的人"准服燕尾服"，没有燕尾服的则服"大礼服乙种常礼服及军常服"。正式祭祀仪式开始的第一步是所有致祭人就位，"所司然烛明灯，陈祝词于祝案。通赞一人立堂左檐下，右向执事人，各以其职为位。与祭者序立行礼位前，文东武西重行，内乡守土官在前，袁裔诸子姓在后，奉祀宗子则班于子姓之首。"致祭人就位之后开始祭祀，由通赞引主祭者"就盥"之后至行礼位前脱帽肃立，其他与祭者也北向脱帽肃立。此时通赞赞"参"，"神乐作，赞引引主祭升自中阶，入堂中门诣香案前正立，执事二人一焚香一挹尊，酌酒进爵，主祭酹酒于地，反爵于几，赞引赞，复位，引主祭仍出中门，复行礼位立，赞鞠躬，再鞠躬，三鞠躬，主祭以下皆行三鞠躬礼，乐止。"这是祭祀"酌酒进爵"之礼。

紧接着，进行首次奠爵的"初献礼"：

　　通赞赞奠帛爵行初献礼，乐作，赞引赞，就奠帛献爵位，引主祭就中门至供案前肃立，司帛进帛，主祭受帛拱举，授司帛奠于案，退；司爵进爵，主祭受爵拱举，授司爵奠于正中，退。

初献礼之后进行"读祝"：

　　赞诣读祝位，主祭就读祝位肃立，通赞赞读祝，乐暂止，司祝进展祝辞，立主祭之左，读祝辞曰："维中华民国某年六月六日，河南省长某谨致祭于前大总统袁公之灵……"读毕卷讫置于帛篚，退，乐作，赞引赞，复位，引主祭复行礼位立，赞引赞鞠躬，主祭以下皆行一鞠躬礼，乐止。

读祝之后进行"亚献礼"：

　　通赞赞行亚献礼，乐作，司爵奉爵进案前，拱举奠于左，退，乐止。

亚献礼之后是"终献礼"：

> 通赞赞行终献礼，乐作，司爵奉爵进案前，拱举奠于右，退，乐止。

终献礼之后是"送神"：

> 通赞赞送神，乐作，赞引赞鞠躬、再鞠躬、三鞠躬，主祭以下仍行三鞠躬礼如前，乐止。

送神之后是"送燎"：

> 通赞赞送燎，乐作，司祝捧祝辞，司帛捧帛酒送燎，由中路出，赞引引主祭转立西旁东向，与祭者各转立东西向，俟过毕均复位，乐止，通赞赞礼毕。

送燎之后是"宾主答谢"：

> 袁裔奉祀宗子率子姓出，谢主祭以下各员，行三鞠躬礼，主祭以下均向答礼毕，赞引引主祭退，与祭者随退，所司垂帘撤祭器，执事乃退。

以上即是袁林祭祀袁世凯的整个过程，不难看出，祭祀的礼节与仪式还保留着相当成分的祭祀"古礼"，如"初献、亚献、终献"等，不过这其中也有北洋时期对祭祀礼仪的改革之处，如对祭祀着装的要求，就反映了《服制》的规定，所行之礼也都以鞠躬为主，这是《礼制》的反映。袁林祭祀与由社会团体发起的殉难者公祭相比，后者更强调追悼的现实意义和礼仪的现代与简化。

与袁世凯相比，民国另一位大总统孙中山死后所享受的祭祀则更为复杂。1925年3月12日，北上商议国是的孙中山病逝于北京。由于孙中山生前曾经希望归葬在南京紫金山，而此时中山陵刚刚开始筹建，加之南方国民革命政府的势力尚在珠江流域，北伐还没有正式开始。所以，自1925年至1929年间，孙中山的灵榇暂时安置在北京西郊香山的碧云寺。此时承继孙中山衣钵的国民党人对他的祭祀，主要是不在灵榇现场的"遥祭"。比如，1928年3月12日，国民党中央党部在南京举行公祭总理仪式，其过程如下：

中央党部十二日上午举行总理逝世三周年纪念公祭。到蒋中正、何香凝、何应钦、张静江、丁超五、丁惟汾、柏文蔚、蒋作宾、于右任、朱霁青、白云梯、谭延闿、蔡元培、李烈钧、邵力子、陈果夫、廖维藩、周启刚、陈肇英、杨虎臣及党部职员三百余人。八时开会，谭延闿主席，全体行最敬礼，恭读遗嘱，静默三分钟，后由于右任读祭文，读毕即散会。①

国民党中央党部对孙中山的"遥祭"，更接近于纪念和追悼。当天，孙中山停灵的北京香山碧云寺，前来祭祀者却并不多，"北京今日中山忌日，各报无敢登遗像及追悼文字者，碧云寺前亦冷落"。②不过，随着1928年6月国民革命军北伐占领北京，宣告全国统一，孙中山停灵的碧云寺前迎来了盛大的祭祀人群。

图5-3　1928年蒋介石等碧云寺祭拜后合影
资料来源：〔美〕布赖恩·克罗泽著《蒋介石传》，国际文化出版社，2010，第145页。

1928年7月，北伐军总司令蒋介石赶往北京，宣称来北京的最重要任务即是祭告总理英灵。是月6日8时，蒋介石、冯玉祥、阎锡山、李宗仁等在碧云寺公祭孙中山。主祭者为蒋介石，襄祭者是冯玉祥、阎锡山、李宗仁，与祭者是白崇禧、鹿钟麟、商震、邵力子、陈布雷等军政要员三百余人。现场的祭祀仪式如下：

---

① 《中央党部公祭总理》，《申报》1928年3月13日。
② 《北京杂电》，《申报》1928年3月13日。

一、奏乐。二、主祭者就位。三、襄祭者就位。四、与祭者就位。五、奏哀乐。六、主祭者献花。（初献，亚献，终献）七、主祭者向总理遗像行三鞠躬，全体随行礼。八、读祭文。九、主祭者偕襄祭者诣总理灵柩前，恭谒遗容，与祭者静默追念。十、主祭者偕襄祭者复位。十一、为革命先烈静默三分钟，志哀。十二、奏乐。十三、主祭者退。十四、襄祭者退。十五、与祭者退。十六、礼成。①

整个祭祀过程持续约一个小时，"按礼单十六项祭告，魏尔圣唱仪，商震读祭文"。祭祀中，蒋介石放声大哭，阎、李、冯等也默然落泪，"九时礼毕散"。②现场恭读的祭文有国民党中央党部的祭文，亦有蒋介石的祭文。蒋介石的祭文由其文胆陈布雷拟就，蒋略加修改而成。祭文洋洋洒洒共2500余字，其中概要如下：

克复旧都，展谒遗体，俯首灵堂，百感交集。总理永诀三年间，党础频于危亡者五次，革命势力几于倾覆者凡十五次。本年中央第四次全会，方渡艰难，下分敢告总理八端：（一）清共经过。（二）团结同志。（三）建都南京。（四）戒虚荣、利禄、地盘、权位，与划除封建思想。（五）努力心理、物质、政治、社会之建设，民生幸福、国际平等之蕲求。（六）国防计划、兵工政策整个计议，确定兵额分别裁留，以裁兵者强兵，以裁兵促庶政入正轨。（七）自今以往，宜使全国皆知内战为可耻，注意国防，以副民族独立自由遗训。（八）实施建国大纲，克日地方自治、调查户口、测量土地、办理警卫、修筑道路、训练民众努力实行，今千钧之责寄于后死同志，中正之死靡他，有生之日即奋斗之年。③

不难看出，在整个祭祀仪式与祭文中，蒋介石都表现出"极度哀痛"，并以孙中山继承人自居，表示要发扬"总理遗训"，继续未竟的革命事业。在祭文中，蒋主要陈述了八项政治主张，除了遵从孙中山的学说进行心理、物质、政治与社会的建设，开启国民党党治天下的时代之外，其中颇为现实的就是以"防止内战"为由，进行

---

① 《蒋等祭告总理纪盛》，《申报》1928年7月8日。
② 《冯玉祥昨晨到北平参与公祭总理》，《申报》1928年7月7日。
③ 《蒋等祭告总理纪盛》，《申报》1928年7月8日。

"裁兵"。裁兵的目的是削弱北伐过程中壮大的阎、冯、李等新军阀的势力，在名义和事实上突出蒋介石作为新领袖的地位。祭告孙中山灵榇之后，新军阀群体很快就各自的势力、地盘进行了磋商谈判，但最终没有达成一致，这也为后来的中原大战埋下了伏笔。

1928年北京碧云寺公祭，是南京国民政府成立以来第一次大规模公祭孙中山灵榇。一方面是北伐成功后，继承孙中山衣钵的国民党人怀着喜悦的心情告慰先总理孙中山之灵，并预示着国民党党治的开始；另一方面，蒋介石个人借公祭仪式，以主祭的角色，来确立自己作为民国新领袖的形象。

1929年春，中山陵第一期工程告竣。5月，筹划许久的孙中山奉安大典拉开序幕。国民政府和国民党党部对于此次奉安大典极为重视，可以说是调动了一切能够调动的力量，使这次奉安大典成为民国历史上空前绝后的盛举，也使孙中山作为中华民国第一伟人的形象深入人心。自5月26日从北京碧云寺总理易棺移灵、灵榇自碧云寺登灵车、沿途各站民众的致祭恭迎、灵车南下抵浦口、过江至国民党中央党部，到6月1日紫金山奉安，整个奉安大典的过程中，有着各式各样对孙中山的公祭。

根据国民政府奉安大典委员会的规定，总理灵车由北京至南京所经停的各大车站，当地的党政军警机关及各民众团体应该在灵车到达前集合恭候，待灵车到站时举行公祭，"灵车抵站，军警均鸣号三番，有军乐队者奏哀乐，有炮者鸣礼炮廿一响，军警举枪致敬，军官行举手注目礼，余均一律脱帽肃立。灵车停后举行祭礼"。[①]具体的公祭仪式包括肃立、奏乐、献花圈、读祭文、行三鞠躬礼等。灵车沿途经不停靠的小车站时，由当地党政军警各机关和各民众团体，先行集合在车站，在灵车经过时举行公祭。公祭的仪式较经停的大站为简略。

1929年5月28日，孙中山灵榇抵达南京。从29日至31日，在国民党中央党部举行为期三天的盛大的公祭仪式。5月29日为"中央委员、国府委员、党政军警代表公祭之日（时间自上午八时至下午三时）"；5月30日为"各民众团体代表公祭之日（时间自上午八时至下午三时）"；5月31日为"各国专使与其他外宾公祭及总理亲故、总理家属祭奠之日（专使及外宾公祭时间上午九时至十二时，总理亲故、总理家属祭奠时间下午二时）"。三天公祭的第一天，是由国民政府于国民党党部进行公祭。5月

---

① 本段及以下几段，见《总理奉安委员会办公处通告》，《申报》1929年5月27日。

29日上午7时，国民党中央党部举行公祭，由立法院院长胡汉民主祭；稍后是国民政府全体人员公祭，由国民政府主席蒋介石主祭；随后是各部院和省市的代表公祭。具体的公祭仪式如下：

（一）就位。（二）肃立。（三）奏哀乐。（四）行三鞠躬礼。（五）默哀三分钟。（六）献花。（七）读祭文。（八）奏哀乐。（九）行三鞠躬礼——礼成。

当日，国民政府发布了《公祭总理文》，祭文盛赞孙中山说："宏惟总理兮，先觉先知。民国之国父兮，人类之导师，首倡国民革命兮，方众人之恬嬉。创行三民五权兮，范千古而不遗。故夫颠覆满洲政府兮，举天下而公之。"[①]其中"民国之国父"与"人类之导师"的评价可谓是至高无上了。

5月30日，是公祭的第二日，前来公祭者主要是社会各团体代表，参与者的人数和规模在三日公祭中最为庞大。据《申报》报道，当日前来公祭的团体有：海外各总支部（指国民党）、海外华侨代表、蒙藏代表、各省农民代表、各地工人代表、全国各地商人代表、全国学生团体、中央军校全体、教导队筹备处、首都女校、全国妇女团体、中央党校全体、国术馆青年会、新闻记者全体、陈张两中委家属、党童子军全体、全国铁道协会、中央党部工友、于右任家属以及其他各团体。[②]公祭的仪式与第一日并无不同，有人将中央党部的公祭现场很形象地描绘了下来，使我们得以通过文字返回到当日的公祭现场：

祭堂左右辟二门，一为出口，一为入口。堂之上方缀"精神不死"四大字，中悬总理遗容。所摄系立象，神采奕奕，宛然如生。灵榇即置于堂之中央小平台上，台口为弧形，系特制以为安灵之用。四周绕以铜阑，上缀蓝色小电灯，光线四澈，作深沉之色。榇作古铜色，覆长玻璃一，将瞻内部，纤细毕露。榇之下端有四铜环，榇前置灵几，供古鼎一、银瓶二。几前置花圈桌，其下为主祭者与祭者员，均标以铜牌。祭时依次入席，可无凌乱。礼成后由主祭人率与祭者鱼贯登平台，缘铜阑徐行，瞻仰遗体而退。[③]

---

① 《国府公祭总理文》，《申报》1929年5月28日。
② 《第二日公祭情形》，《申报》1929年6月7日。
③ 《公祭日》，《申报》1929年6月7日。

显然，公众视野中的孙中山灵榇具有开放的可观瞻性，整个公祭的仪式过程也去除了传统祭祀的繁冗和神秘，有助于容纳更多的社会公众参与对孙中山的祭祀中。

5月31日为公祭第三日，主要安排各国公使及外宾前来进行公祭。上午8时，各国参与奉安专使及参随人员会见国民政府主席，9时由外交部各招待员分别陪同前往国民党中央党部公祭孙中山。荷兰公使欧登科担任领袖公使，先行致祭，并用华语恭读祭文，其后各国专使依次致祭。公祭的仪式如下。

> 分别肃立，奏哀乐。领袖专使率其随从出班，进前一鞠躬，前三步，又鞠躬。至主祭位又鞠躬，就主祭位，其随从就与祭位左右。陈设员将花圈授与领袖专使，恭献花圈。左方陈设员收受花圈，陈列案上既毕，领袖专使用华语恭读祭文。然后，向灵位一鞠躬，步步后退，退三步又鞠躬，至门口又鞠躬，礼成。①

公祭完毕之后，由国民政府外交部招待员引导外宾绕至灵台上，瞻仰孙中山遗体，然后由左方退出大门外，至签字处签字，仍由招待员陪同回行馆。外国专使的公祭，正如《申报》指出的，"中山先生葬礼，不但中华全国人民视为极尊崇极隆重之大典，即全世界各国亦皆表示其尊重之意。"②当日上午10时半，教皇代表刚恒毅也前来致祭。

纵观整个奉安大典中的公祭，在祭祀仪式上具有庄重肃穆和简化适度的特征，去掉了古礼祭祀中繁冗神秘的一面，具有面向大众的开放性，最大可能地容纳社会各个阶层的人群进行祭拜瞻仰，从而使孙中山的奉安大典成为一场举国参与的盛典，南京之外，上海、北京、广州等全国各地都掀起了公祭的热潮。1929年之后，国民政府每年都在6月1日举行奉安纪念典礼，致祭中山陵（抗战时期南京沦陷除外）。对孙中山的公祭构成了民国时期孙中山崇拜和国民党党国象征体系的重要内容。

---

① 《专使公祭礼节》，《申报》1929年6月1日。
② 《各国专使公祭总理》，《申报》1929年6月1日。

## 第四节　对烈士的公祭

民国时期有特殊功勋于国家者，除了孙中山、蔡锷、黄兴等著名的政治人物之外，尚有包括辛亥、北伐、抗日或突发性群体政治运动中的牺牲者，如黄花岗七十二烈士、"一·二八"抗日阵亡将士、被暗杀的革命功臣、五卅运动中的死难者等，他们并非自然终老病死，而是因革命或国家的大义而为之死难，献出宝贵生命。对这些牺牲烈士的公祭，也是民国时期祭祀的重要内容。

图5-4　林森南下祭祀黄花岗烈士
资料来源：《良友》第127期，1937年。

### 一　黄花岗烈士的公祭

1912年中华民国成立，南京临时政府为了表彰为革命而死难的烈士，将前清昭忠各专祠分别改建为大汉忠烈祠，当年3月，经孙中山批准，杨卓林、王家驹、邹容、谢奉琦、喻培伦、彭家珍、刘道一等革命烈士入祀各地大汉忠烈祠，享受公祭。各地的忠烈祠除了入祀历次国内战争的烈士之外，在抗日战争时期，又发展成为祭祀抗日烈士的主要场所，如著名的南岳忠烈祠，其中祭祀张自忠等阵亡的抗日将领。

南京临时政府如何具体公祭反清的革命烈士呢？1912年5月25日的《申报》上，记载了广东省隆重公祭黄花岗七十二烈士的整个过程，从中可以看到对死难革命烈士的公祭仪式。众所周知，1911年4月27日由黄兴率领发起的广州起义，是孙中山领导的同盟会在国内发起的第十次起义，起义失败后，死难烈士的尸骸合葬于广州城外的黄花岗，史称"黄花岗七十二烈士"。黄花岗起义虽未能如武昌首义一样引发连锁效应，但历来被孙中山和国民党人所看重，因此，公祭黄花岗烈士就显得特别隆重，所有政府办公部门停止办公前往黄花岗参与祭祀，孙中山本人也到场亲自主祭。"五月十五号（即阴历三月廿九日），粤省举行七十二烈士一周纪念。是日各衙署均停办公事，各界均联队前往黄花冈烈士墓前举行公祭。"

祭祀场所黄花岗烈士墓的布置如下：

其冈上之布署，距坟前百余丈辟一墓道，用竹搭二闸门。第一闸门上书"七十二烈士墓道"数字，进前数十丈为第二闸门，中书"公祭"二字，旁贴联云："五族同风是七十有二头颅价值，千秋堕泪为三月廿九刀俎英雄。"再上十余丈为烈士坟，四围用竹搭成平顶式，上书"自由之花"四字，旁贴联云："吾党能无愧否？山残水剩戎马空肥，惟争祖逖先鞭乃罔顾国家之难。烈士其有感哉？家破坟颓黄华不发，试问程婴死后何以慰骨肉之魂？"棚上四周悬满五色国旗，坟面遍插挽联不可胜数，墓道中由广东陆军及济军警卫队分列站守。

从《申报》的描述文字来看，以合葬烈士墓为中心，配以墓道、闸门、挽联、国旗、标语、列兵，营造出为国家而牺牲的烈士庄严肃穆的祭祀空间，使人置身其中会自觉感受到自由、共和的气氛。祭祀的过程相对简略，由孙中山亲自主祭：

及十二时，孙中山及各界团体相率莅止，计十数万人。由孙中山先生主祭，行三鞠躬礼，祭时响奏军乐，献上花圈，诚敬备致，观者肃容，烈士有知当亦含笑九原矣。①

整个祭祀的仪式遵循的是民初制定的《礼制》与《服制》，祭祀与追悼合为一体，其核心元素就是三鞠躬礼、军乐、花圈，这是现代社会公祭的主要形式。1912年之后，广东省每年都举行黄花岗烈士公祭仪式，黄花岗烈士墓也成为一个革命的象征符号。不过，直到1928年国民党形式上统一全国后，公祭黄花岗七十二烈士，才成为国家层面的行为。1928年国民政府通电全国各省："查三月二十九日为黄花冈七十二烈士殉国之期，首都定于是日在中央党部举行追祭典礼，各机关均派代表参加，各省亟应届期一体举行，以表先烈缔造之功而彰国家崇报之典。"②从当时的报章报道来看，广州、香港、长沙、武汉等地纷纷举行了隆重的公祭典礼，纪念黄花岗死难烈士。

1929年3月29日，国民政府在首都和全国各地掀起了规模浩大的公祭活动，纪念黄花岗烈士殉难18周年。当日上午10时，胡汉民率国民政府行政人员千余人在中央党部举行纪念大会，胡汉民在致词中称赞黄花岗烈士"为党国捐躯，于本党历史上

---

① 《粤人公祭黄花岗纪盛》，《申报》1912年5月25日。
② 《黄花冈纪念先声》，《申报》1928年3月28日。

有重要纪念价值。有三月二十九日之历史,始有十月十日武昌起义之历史"。①显然,是将黄花岗烈士塑造成国民党党国政治体系的重要象征,并把它作为辛亥革命的起点,刻意凸显它的革命价值。在公祭大会上,为了宣传七十二烈士功绩,达到更好的造势目的,国民党党部还制作了若干标语,如下:

(一)今年三月二十九日,是黄花冈七十二烈士殉国十八周年的纪念日。(二)黄花冈七十二烈士,是翼赞总理创造民国的先烈。(三)黄花冈七十二烈士是为实行三民主义而牺牲的志士。(四)黄花冈烈士是三民主义的笃信者。(五)破坏革命危害党国,都是先烈的罪人。(六)继续殉国烈士的精神,来打倒帝国主义。(七)努力革命之训政建设,完成先烈之未竟遗志。(八)黄花冈殉国烈士精神不死。(九)拥护第三次全国代表大会。(十)中国国民党万岁。(十一)三民主义万岁。(十二)中华民国万岁。②

这些标语大多半是祭祀死难烈士,半是表达现实的政治主张。把黄花岗烈士认定为"翼赞总理创造民国的先烈"、"为三民主义而牺牲的志士"以及"三民主义万岁"等,是要将纪念黄花岗烈士纳入以孙中山崇拜为象征的南京国民政府政治合法性的叙述中。各类时政的主张口号,则是借公祭时人群集聚,宣扬政治观念。公祭烈士过程中各种政治口号的提倡,是民国时期公祭仪式中的一大特色。

1929年隆重公祭黄花岗烈士之后,国民政府将黄花岗烈士殉难纪念日定为18个国家纪念日之一,并在后来将3月29日定为民国的青年节,以示纪念先烈的革命牺牲精神。

## 二 "一·二八"事变抗日烈士公祭

民国时期对抗日烈士的公祭也格外隆重。1932年,日本继九一八事变之后,在上海又发动"一·二八"事变,蔡廷锴、蒋光鼐所率领的十九路军奋起抵抗。淞沪之战持续四十余日,十九路军伤亡数千名军人。中日停战之后,公祭抗日烈士活动在苏州举行,"淞沪阵亡将士追悼大会将于本月二十八日,在苏举行。上海市民地方维持会已推出代表穆藕初、李祖夔、陈松源、杨习贤四君,携带祭文、挽联花圈等物赴苏,

---

① 《中央举行黄花冈烈士纪念》,《申报》1929年3月30日。
② 《中央举行黄花冈烈士纪念》,《申报》1929年3月30日。

前往参加致祭。"①

1932年5月28日,淞沪抗日阵亡将士的公祭大会在苏州公共体育场举行,到会的国民政府党政军代表甚多,居正为主祭官,孔祥熙为陪祭者,其余陪祭员有行政院院长汪精卫代表段锡朋、军委会蒋介石代表李济深等,此外出席的还有陈铭枢、蒋光鼐、蔡廷锴、张治中等军政要人,各机关与民众代表总共有约5万人参加了这次公祭大会。公祭场所的布置庄严肃穆,其具体的场景如下:

> 是日园之中央,高搭祭台一座。台中设祭位,祭菜均系素肴,由六十一师一二旅及一二零旅全体置备。菜肴颇别致,馔成五颜六色,中以菜色映出警句,如"为民争光"、"直捣三岛"、"军人模范"、"丹中千古"四字句。祭桌之前扎一花碑,上用花瓣粘出"阵亡将士之墓"六字。祭台之前,有"为国捐躯"四字之大花圈,此系十九路军各师、各旅、各团、各营、各连所合赠者。祭台正中悬蒋介石氏之巨幅横布额,上书"为党效命"四字,其左右有竖幅二:右书"抗暴御侮",左书"成仁取义"。其祭台之左为军政部代表席,右为烈士家属、各界代表、上海南京新闻记者席。场内之右为军人席,左为来宾席及中华口琴会。②

上午11时20分,公祭大会正式开始。在军乐队吹号之后,现场各师旅部队代表万余人立刻集合队伍,排列在会场中央。公祭总指挥官翁照垣引导主祭官居正、陪祭官孔祥熙、李济深等入席,场中放礼炮九响。鸣炮完毕后中华警钟会又叩响警钟,全体行礼唱歌,由主祭官献花圈读祭文,居正的祭文内容如下:

> 维中华民国二十一年五月二十八日,谨随父老昆季、诸姑姊妹之后,鞠躬致敬于淞沪阵亡将士之。并诔以词曰:"天祸中国,灾祲勿休;倭奴肆虐,举国同仇。挽此危局,赖多士之貔貅。与敌偕亡,欲解四万万同胞之隐忧。尸裹马革,泪溢神州;英声远播,正气长留。呜呼!天下滔滔!等奴颜举仆膝,诸公壮烈,令后人景仰于千秋。"

---

① 《向阵亡将士追悼大会建议》,《申报》1932年5月27日。
② 本段及以下几段,见《军民五万人公祭淞沪殉国将士》,《申报》1932年5月29日。

读完祭文之后，全场高呼口号而散。居正之外，国民政府、国民党中央执委会也分别宣读了祭文。在整个公祭过程中，有三个特别引人注目的细节。一是苏州女子中学学生合唱追悼阵亡将士的哀歌，歌中唱道："嗟我将士，国之殇，忠勇世无双。形虽死而魂不死，民族增荣光。"在民国的公祭中，奏乐之外的唱歌是一项重要内容，通过唱歌配以音乐，能够最大限度形成共同的悲伤气氛，进而将整个公祭推向高潮。二是在现场密布的挽联、花圈中，十九路军交通处所送的花圈最为有特色，"系用所获日飞机抛下未炸之五十磅炸弹一枚及战利品中三八式步枪两枝支架而成"。三是十九路军军长蔡廷锴在公祭现场的表现。11时15分，蔡廷锴缓步入场登祭台后，"即至各阵亡将士遗像前瞻仰一过，继即与其各师长、各旅长并立在灵台右侧，面带悲容不发一言"。公祭大会到全体肃立奏哀乐时，蔡廷锴"已哀痛不止，于是一腔热泪竟夺眶而出"。右侧的第六十一师一二一旅旅长张励"也随蔡而泣，并以手帕拭泪，及至礼成泪竟簌簌下。各烈士家属悲凄尤甚，同时到会参加民众亦有为之凄然泪下者"。全场在一片泪声中完成对死难抗日烈士的祭奠与追悼。

1932年之后，国民政府又陆续为"一·二八"事变中的死难烈士建立纪念碑和忠烈墓，每年在固定日期举行公祭。1937年全面抗战爆发后，国民政府对抗战死难烈士的公祭仪式，大都与1932年对"一·二八"事变中死难烈士的祭祀相同。1940年9月20日，国民政府颁布了《抗敌殉难忠烈官民祠祀及建立纪念坊碑办法大纲》以及《忠烈祠设立及保管办法》，在各地广设忠烈祠，将抗战殉难烈士入祠祭祀。

### 三 意外殉难烈士公祭

相比于黄花岗七十二烈士与"一·二八"事变抗日烈士，宋教仁既是殉难者又是民国政坛的著名人物。1913年3月20日，其在上海火车站被枪杀，噩耗传来，上海各界为之悲痛。宋为缔造国民党的核心人物，所以国民党上海分部于4月13日在张园举行盛大的公祭追悼大会，由陈其美主祭，居正赞礼，汪洋读祭文，居正、吴永珊、于右任、沈缦云等陆续发表悼词，极尽哀思。黄兴因病未能到会，但黄兴哀悼宋教仁的挽联广为人知：

前年杀吴禄贞，去年杀张振武，今年又杀宋教仁；
你说是应桂馨，他说是洪述祖，我说确是袁世凯。

国民党公祭宋教仁之外，上海社会各界又于1913年4月26日举行各团体公祭宋教仁大会，以纪念这位民国著名政治人物。公祭的地点选择在西门外的湖南会馆，整个过程如下：

> 昨日为本埠各团体在湖南会馆公祭宋钝初君之期，下午一时奏军乐，旋由司仪员贾叔香君导引各致祭者至宋君灵前，首由参事会代表吴畹九君宣读祭文，次由县议会王叔炎君、陆军混成第三旅旅长李英石君、总商会周金箴君、南商会顾馨一君、上海县教育会贾季英君、市政厅议事会王引才君、董事会陆松侯君互读祭文毕，行三鞠躬礼，礼毕，奏军乐。继由商团公会三十三团代表朱少圻、救火联合会代表毛子坚君，各领会员排队至灵前，脱帽行三鞠躬礼，各读祭文毕，奏军乐。又次，市政厅学务科员同市立小学校全体代表贾叔香君、县立第一高等小学校全体代表汪锡增君、培智小学校代表郁钟淇君及豆米业私立高等商业学校、南区第一小学校、三育学校、上海初级小学校、闸北飞虹小学校、上海女子中学校等各代表，至灵前行三鞠躬礼，互读祭文毕遂散会。①

上海各团体公祭宋教仁的仪式过程相对简单，只是读祭文、行鞠躬礼、奏军乐，表达对死者不幸遇刺的哀思。

民国的殉难者，除了为革命、抗日死难的烈士之外，还有在群体政治运动中意外死难的人士，这是民国历史上所特有的现象。自五四运动以来，以学生、工人、商人等为主体的游行、请愿政治运动，可谓屡见不鲜。这种参与人数多的集体性政治运动，很容易引发剧烈的冲突，并导致有人意外丧生。如何安葬、纪念、公祭在集体请愿游行中逝去的生命，本身也构成了该运动的一部分，并且将集体的情绪推至顶点。从这个意义上说，群体政治运动中的公祭，除了纪念死者之外，尚有更为复杂的承载。以著名的五卅运动为例，1925年5月16日，上海纱厂年仅20岁的工人顾正红被日本人开枪打死，由此引发了声势浩大的五卅运动。从顾正红之死到五卅运动，中间一个很重要的桥梁就是上海各界对顾正红的公祭以及对后来五卅惨案中殉难者的公祭。

---

① 《各团体公祭宋教仁》，《申报》1913年4月27日。

顾正红死后不久，就有人发起顾正红公祭筹备小组，并定于当月24日举行各团体公祭，"定于本星期日下午一时，在滨北潭子口三德里空场公祭，请各团体、各学校派代表参加"。①24日，上海各界团体齐聚三德里空场为顾正红举行公祭，国民党妇女部也由干事向警予通知，集体前往参加公祭。公祭顾正红的仪式如下：

（一）摇铃开会。（二）奏乐。（三）主席报告。（四）行公祭礼（全体向灵位一鞠躬）。（五）甲奏乐，乙再鞠躬，丙宣读祭文，丁三鞠躬，戊答谢。（全体会员向来宾鞠躬，主席致答谢词，然后死者家属致答谢来宾及全体工人）己奏乐。（六）报告顾正红历史及惨死情形。（七）演说。（八）照相。（九）散会。②

就整个公祭仪式而言，民国时期对于社会人物的公祭礼仪，基本上是趋同的。1937年6月，国民政府内务部颁布修订的《公祭礼节》，其内容与社会上流行的公祭与追悼会程序大体相同，只是在一些具体环节上有所增损。不过，应该注意到对顾正红的公祭，除了追念死者之外，所谓的"报告顾正红历史及惨死情形"与"演说"环节等，都是在赋予此次公祭集会以特别意义，为接下来的群体政治集聚力量。公祭后不久，5月30日爆发了规模宏大的五卅运动，在这场运动中又有很多人失去了生命，于是公祭这些五卅死难者成为继续推动五卅运动在上海乃至全国轰轰烈烈进行的一环，其公祭仪式与公祭顾正红基本一致，但出现了此前所没有的"呼口号"："口号为（一）国民绝交。（二）取消不平等条约。（三）收回租界。（四）烈士不死。"③

## 第五节 抗战时期国民党、共产党对黄帝陵的公祭

民国时期的公祭，除了对当世著名人物的国葬公祭、公葬公祭，对有重大社会影响的殉难者举行公祭，对有功于国家民族的革命先烈进行公祭之外，对中华民族人文初祖黄帝的祭祀，是这一时期最为隆重的公祭，其动员民众参与的规模之大、持续的

---

① 《提议抚恤》，《申报》1925年5月20日。
② 《公祭顾正红消息》，《申报》1925年5月24日。
③ 《关于沪案之昨讯》，《申报》1925年6月30日。

时间之长，在民国历史中无出其右者。

1912年2月，中华民国临时政府刚刚成立，孙中山即派代表团前往陕西致祭黄帝陵，并亲自写下致祭词："中华开国五千年，神州轩辕自古传，创造指南车，平定蚩尤乱。世界文明，惟我有先。"这篇简短的致祭辞，将轩辕黄帝放在中华文明肇始者的位置，同时也表达了新生的中华民国要与世界文明"以趋大同"的愿望。

为什么孙中山要在开国之初祭祀黄帝呢？这需要从晚清的历史说起。甲午之后，特别是清末最后的十年，知识界的民族国家意识高涨，逐渐开始在各个层面构建现代民族国家的边界和象征符号、仪式。黄帝成为汉族乃至中华民族的人文始祖，在这一时期成为革命派、立宪派各方争相阐述的话题。以清末流行的"黄帝纪年"为例，主要聚集在日本的革命派以"黄帝纪年"挑战康有为等人坚持的"孔子纪年"，1903年，刘师培以"无畏"的笔名发表了《黄帝纪年论》，他写道："民族者，国民特立之性质也。凡一民族，不得不溯其起源，为吾四百兆汉种鼻祖谁乎，是为黄帝轩辕氏。是则黄帝者乃制文明之第一人，而开四千年之化者也。"显然，刘师培提倡黄帝纪年，尊崇黄帝的目的是为了排满革命，确立黄帝为汉族人祖先的汉族意识。随着革命形势的发展，单纯狭隘的大汉族意识逐渐又被"五族大同"、"五族共和"和"中华民族"这些更有包涵意义的民族概念所取代，在这个过程中不变的是对黄帝的尊崇和黄帝作为中华民族人文始祖地位的强化和高度认同。[①]自晚清时代所形成的轩辕黄帝为中华民族象征的意识，终民国一代直至今天，成为华人普遍接受的观念，这也就不难理解时至今日延绵不绝的公祭黄帝行为了。

当然，1912年南京临时政府致祭黄帝陵只是"统一大典"内容之一，仪式简略，参与人员的规模也并不大。从1912年到1934年，由于种种原因，在国家层面大规模祭祀黄帝的活动并没有举行，直至1935年，在国民党元老邵元冲、于右任等人的提倡下，公祭黄帝成为国家层面的重大祀典，一直延续到1949年国民党政权在大陆落幕。

所谓的公祭黄帝，实际上就是致祭黄帝陵。民国时期黄帝陵位于陕西省中部县（后改称黄陵县）桥山，所以又称桥陵。"今陕西省中部县桥山者，吾中华民族始祖黄帝陵所在也。"[②]1935年开始，公祭黄帝陵成为一项国家祀典，固然与邵元冲等国民党元老的努力分不开，更重要的是与当时的国内形势有关。自1931年九一八事变之

---

[①] 参见沈松侨《"我以我血荐轩辕"——黄帝神话与晚清的国族建构》一文。
[②] 邵元冲：《桥山黄帝陵考》，《建国月刊》第9卷第4期，1934年。

后，日本在上海、华北接连制造事端，蚕食中国，民族安危存于一线之间，国民党中央政府也冀望通过祭祀黄帝来激发民族主义情绪，将各方的资源整合在国民党的旗帜之下，减少华北分裂势力的冲击。另一方面，这也和国民党加强党治文化、强调维护中国传统文化有很深的关系。在这样的大背景下，公祭黄帝由邵元冲、于右任、戴季陶等人提出并得以实施，也就顺理成章了。

1935年4月4日，国民党中央代表张继、邵元冲会同国民政府代表邓家彦，陕西省党务指导委员会、陕西省政府、西安绥靖公署公推邵力子、郭英夫、冯钦哉、雷宝华、李成钢、宋志先等人，自西安前往中部县祭拜黄帝陵。由于交通不便，于6日下午方到达中部县，致祭黄帝陵日期由4月5日改定为4月7日。4月7日上午8时，公祭黄帝陵仪式开始，张继、邵元冲、邓家彦代表中央政府进行主祭，邵力子、郭英夫等6人代表陕西地方陪祭，当地民众5000余人参加了祭祀过程。典礼仪式如下：（1）全体肃立；（2）主祭者就位；（3）上香；（4）献爵；（5）献花；（6）恭读祭文；（7）行三鞠躬礼；（8）礼成；（9）摄影。[①]仪式完毕之后，张继等人又绕黄陵一周进行参拜，方才离开桥山黄陵。这便是1935年公祭黄帝。

1935年国民政府公祭黄帝，是整个"民族扫墓节"系列活动中最重要的公祭活动。除了公祭黄帝之外，在陕西省还公祭了周陵、茂陵。"中央此次举行民族扫墓节，祭周陵、茂陵及黄帝陵，其意义厥为唤起民众，追念我汉族祖宗，发扬我民族精神。"[②]事实上，民族扫墓节是1934年由邵元冲、戴季陶等人倡议而开始施行，规定每年清明日为民族扫墓节，由国民党中央及国民政府派员前往祭扫中华民族始祖黄帝陵，同时对周陵、茂陵、昭陵等进行祭祀。1935年的公祭黄帝系列祭祀活动，是民族扫墓节第一次在国家层面展开。国民政府在北伐之后强行推行阳历，废除阴历，此时将清明节家祭的民间行为上升为国家的公祭行为，也暗含着调和新旧历法的努力。在邵元冲关于民族扫墓节的设计中，应该进行追慕公祭的历史先贤共有七类，包括"有大公德于全民族者"、"阐扬文化蔚为民族师表者"、"为民族发扬国威、拓土开疆者"等，[③]应该公祭的人物从黄帝、孔子、汉武帝到诸葛亮、王安石、陆游等。民族扫墓节设立之后，各地也纷纷依据本地的情况展开公祭岳飞、成吉思汗、戚继光等各类历史人物的活动。

---

① 《中枢代表祭扫先陵之经过》，《中央日报》1935年4月15日。
② 《张继由陕返平，将筹款修葺黄陵》，《申报》1935年4月21日。
③ 邵元冲：《论民族扫墓节与纪念民族先贤》，《建国月刊》第12卷第4期，1935年。

正是因为1935年公祭黄帝民族扫墓大典的举行，国民政府遂在全国发布政令，要求推行民族扫墓节，以"发扬民族历史精神"而团结抗战。以浙江省教育厅为例，其积极响应国民政府号召，在省内下达了具体的"民族扫墓节举办办法"9条，其中特别规定了公祭黄帝时的仪式："1. 主席就位，全体肃立。2. 奏乐。3. 唱黄帝歌。4. 向黄帝主位行最敬礼。5. 向党国旗及总理像行三鞠躬礼。6. 主席恭读总理遗嘱。7. 点香。8. 上香。9. 献爵。10. 献馔。11. 献花。12. 读祭文。13. 报告演说。14. 奏乐。15. 礼成。"[①]在这15项仪式中，"向党国旗及总理像行三鞠躬礼"和"主席恭读总理遗嘱"，显然是要在对黄帝的公祭中，加入对国民党党国文化和孙中山崇拜的认同。仪式中的"唱黄帝歌"也颇为有意思，黄帝歌的歌词是这样写的："黄帝率汉族，来自昆仑。斩蚩尤，天下太平，建设我中华神圣。超群指南车，教人大方针，造宫室衣服，偃武修文，作内经，定乐正五音。创造文化，嘉惠后人，到如今，作民族灵魂，发扬光大，孝子贤孙。"[②]显然，歌词中的黄帝继承了晚清时期的革命论述，强化了其作为民族始祖和灵魂的形象。

**图5-5 邵元冲等致祭黄帝陵后在陵前汉武帝挂甲处合影**

资料来源：《西北问题季刊》第1卷第3期，1935年。

1936年民族扫墓节之际，由时任陕西省政府主席邵力子代表官方赴黄帝陵公祭黄帝，而张继代表中央在西安率民众举行公祭。当年12月12日，发生了震惊中外的西安事变，张学良、杨虎城扣押蒋介石实行"兵谏"。西安事变的和平解决，标志着国共长达十年内战的结束，双方准备再度联手共同对外进行民族战争。政治形势翻天覆地的变化，也体现在1937年公祭黄帝陵上，由国民政府邀请，中共参加了该年的公祭活动，历史上首次出现国共两党合祭黄帝。

1937年4月5日晨7时，国共两党在黄陵前举行民族扫墓典礼，祭祀黄帝。国民党方面有中央代表张继，国民

---

① 《民族扫墓节举行办法》，《浙江省立医药专科学校校刊》1937年第17期。
② 《黄帝歌》，《浙江省立医药专科学校校刊》1937年第17期，第17页。

政府代表孙蔚如主祭，刘震东、于学忠等陪祭，各机关团体代表与祭，共千余人。中共方面派出了林伯渠作为代表参加祭典，虽然当时国内一些主要报纸如《申报》、《大公报》并未对此进行报道，但中共的机关报《新中华报》对林伯渠参加公祭有详细报道："中华苏维埃共和国中央政府特派代表致祭黄帝坟墓，举行民族扫墓典礼，苏维埃政府代表苏区内全体公民为对中华民族之始祖致敬，并表示誓死为抗日救亡之前驱，努力实现民族团结计，特于五日派遣代表前往参加。该代表在民族扫墓典礼上恭读了祭文，以寥寥数句描述黄帝功绩，大量篇幅表达现实诉求，指责日本侵略和汉奸横行，痛恨国家的沦落，望各党各界组成民族统一阵线以救国家于危难，实现'还我河山，卫我国权'之宏愿。"[1]此次公祭黄帝的典礼仪式与1935年、1936年并无太大不同，值得注意的是，国共双方分别恭读了对黄帝的祭文，特别是中共代表林伯渠在黄帝陵前恭读毛泽东亲笔写的祭文，内容如下：

维中华民国廿六年四月五日，苏维埃政府主席毛泽东、人民抗日红军总司令朱德恭派代表林祖涵，以鲜花时果之仪致祭于我中华民族始祖轩辕黄帝之陵。而致词曰：

赫赫始祖，吾华肇造。胄衍祀绵，岳峨河浩。
聪明睿智，光被遐荒。建此伟业，雄立东方。
世变沧桑，中更蹉跌。越数千年，强邻蔑德。
琉台不守，三韩为墟。辽海燕冀，汉奸何多！
以地事敌，敌欲岂足。人执笞绳，我为奴辱。
懿维我祖，命世之英。涿鹿奋战，区宇以宁。
岂其苗裔，不武如斯，泱泱大国，让其沦胥！
东等不才，剑屦俱奋，万里崎岖，为国效命。
频年苦斗，备历险夷，匈奴未灭，何以家为。
各党各界，团结坚固，不论军民，不分贫富。
民族阵线，救国良方，四万万众，坚决抵抗。
民主共和，改革内政，亿兆一心，战则必胜。
还我河山，卫我国权，此物此志，永矢勿谖。

---

[1]《苏维埃代表参加民族扫墓典礼》，《新中华报》1937年4月6日。

经武整军，昭告列祖，实鉴临之，皇天后土。
　　尚飨！①

　　从祭文的内容来看，共产党方面与国民政府在对黄帝的认识上，有诸多相同之处，即承认黄帝为中华民族的始祖和象征、称颂黄帝的丰功伟绩以及强调通过公祭黄帝来发扬民族精神。不过，毛泽东在祭文的下半部分，特别凸显了当下共产党的政治要求和主张，一方面要求"改革内政"，另一方面要建立抗日民族统一阵线。这是借公祭黄帝表达延安方面的政治诉求。1936年国共共同公祭黄帝之后，双方于1938年、1939年又两次合祭黄帝。

　　从1935年到1947年，国民政府每年都派员前往陕西黄帝陵公祭黄帝，未有间断。这其中1948年和1949年的清明节，因为黄陵县（即之前的中部县）被中共解放，国民党只能在陕西省政府大楼北端布置礼堂，举行遥祭黄陵的大典。中国共产党于1948年控制了黄陵地区，并在这里单独举行了公祭黄帝的大典，其祭文蕴含丰富的内容：

　　中华民国三十七年清明节日，陕甘宁边区政府副主席刘景范、西北人民解放军副司令员赵寿山、政治部主任甘泗淇等，谨代表边区各界同胞及西北人民解放军全体将士，以香花酒醴之仪，致祭于我轩辕黄帝之陵前曰：伟大的轩辕黄帝，你是我民族的始祖，你是我劳动者的先人，历史的创造者。从你那一时代起，我们伟大的中华民族，即劳动生息繁衍于这幅员广大的中国领域，并以自己的劳动、团结和努力，不断战胜黑暗，争取光明，在我们祖国的土地上开辟了锦绣的河山，创造了光辉的历史。历代反专制反暴君的英勇斗争，近百年来反帝反封建的民族民主运动，充分表现了我中华民族的伟大精神。迄民国十年，中国劳动人民的先锋队——中国共产党出世后，我民族前途更大放光明。廿余年来，我中国人民大众，在为祖国独立，为人民民主的伟大革命战争中，已获得了空前巨大的成就。在野蛮的日本法西斯被打倒以后，我国人民大众的任务，是要建立一个独立、和平、民主、统一和富强的新中国。不幸以蒋介石为首的我国反动派，为要维持其祸国殃民的统治，不惜充当美帝国主义走狗，签订丧权辱国的种种条约，

---

① 曲英杰主编《炎黄汇典·祭祀卷》，吉林文史出版社，2002，第412页。

将我国主权出卖给美国，发动内战，残杀人民。莽莽神州，遍地腥膻，优秀儿女，任人凌辱。人民公敌蒋介石此种窃国卖国的滔天罪行，较卖国贼袁世凯、汪精卫之流，实有过之无不及。我中华民族劳动人民，已在伟大中国共产党领导下，钢铁般的团结起来，为我祖国独立、人民解放事业组织英勇奋斗。现在可以告慰于你的，我国人民奋力以求的新民主主义社会，已在拥有一万万六千万人民的广大祖国土地上建立起来了，人民的力量是空前强大了。民国三十六年，人民解放军已在我祖国的土地上，扭转了美帝国主义及蒋介石匪帮的反革命车轮，使之走向覆灭的道路，推进了自己的革命车轮，使之走向胜利的道路。本年春季，人民解放军组织胜利的进攻，显示着全国人民的解放已为期不远。尤其值得庆幸的就是我西北人民现已胜利地光复了我民族始祖陵寝所在地——黄陵县（中部县）。这是全民族解放的祥兆，新中国诞生的瑞征。不管美帝国主义如何竭力支援，不管蒋介石匪帮如何拼命挣扎，我四万万五千万优秀的黄帝子孙，定能团结一致的在其先锋队——中国共产党的坚强领导下，把革命战争进行到底，坚决、干净、彻底、全部消灭美帝国主义支持下的蒋介石匪帮，早日实现全国胜利。

中华民族解放万岁！

轩辕黄帝万古千秋！尚飨①

从祭文所使用的文体来看，不再是此前国家祭祀所用的文言文，而是白话文，这在民国黄陵致祭的历史中属于首次。白话文的使用，打破了祭祀过程中的仪式感和神秘感，便于致祭群众听懂祭文所表达的意思。从祭文的内容来看，其与此前黄陵祭祀所表达的对黄帝尊崇之情颇不相同，更加注重的是对当下时局发表意见，通篇以新民主主义历史观分析和看待中国近代历史，并对蒋介石的国民党政权和美国进行了痛斥，号召民众建立民主的新中国。这篇在黄陵前致祭的祭文，与其说是致祭黄帝，不如说是发表时局演说。

历史地看，在抗战国势艰难之际，举行全民族公祭黄帝大典，设置民族扫墓节，追念中国历史先贤，确有团结民众，振奋民族精神御辱杀敌的积极意义。公祭黄帝也超越了传统意义上的国家祭祀，成为型塑近代民族国家意识的重要手段。

---

① 曲英杰主编《炎黄汇典·祭祀卷》，第437页。

## 小　结

　　民国时期的祭祀，呈现出多元复杂的特点。一方面，民间社会个人以及家族的私祭领域，还主要延续着传统的祭礼、祭仪，但礼制与仪式的严格性与完备性已经遭到不同程度的破坏，各地根据风俗和情势多有损益，国家对于民间社会的祭礼祭仪也没有统一的规定。另一方面，传统的祭天、祀孔等旧式国家祀礼依然存在，并随着政治与文化的变迁而呈现出不同的面相。与民间社会私祭相对应的公祭，包括对著名政治人物的公祭、革命烈士的公祭、抗战之际对历史人物黄帝的公祭，不仅在国家层面积极推动、制定相应仪式，引导公众积极参与，而且与民国的政治形势息息相关，透过这些公祭，也可窥见民国历史的走势。

# 第六章
殡葬服务设施

民国时期的殡葬服务设施，主要包括殡仪馆、寄柩所、火葬场和墓地。顾名思义，殡仪馆，是指专门用来殡殓或者贮存遗体的殡葬服务设施。民国时期的殡仪馆，主要用以提供殡殓服务，部分殡仪馆也具有贮存遗体的功能。寄柩所，又称"丙舍"、殡舍等，主要是指用来寄存棺柩的临时场所。墓地则可分为现代公墓、名人墓、革命烈士墓和传统的家族墓、义地等几种类型。在民国时期，现代公墓主要分布于大中城市之中。在城市之中，现代公墓和传统的家族墓、义地等同时并存，而现代公墓的数量，则明显少于传统的家族墓与义地。在广大农村地区，家族墓是墓葬设施的主体，这一点与传统社会并无多少不同。因此，这一章的论述，将主要围绕民国时期的殡仪馆、寄柩所、现代公墓、名人墓以及革命烈士墓而展开。

## 第一节 殡仪馆、寄柩所

殡仪馆，是作为一种舶来品而楔入晚清中国社会的。作为一种现代的殡葬服务设施，殡仪馆最早出现在通商口岸和租界之中。而此后的历史发展表明，殡仪馆的建设经历了一个从租界向外扩展的态势。这一情形的出现，一方面与民国时期，特别是南京国民政府成立后，殡仪馆被作为构建现代文明的重要组成部分而被积极倡导相关；另一方面，也与中国近代城市化的进程，特别是城市服务业的发展及细化密不可分。从一定意义上讲，殡仪馆的兴起，实际上标志着殡葬服务业的专业化。这在中国殡葬业的发展史上具有里程碑的意义。当然，必须明确的是，民国时期多数殡仪馆并不具备火化功能，只是提供遗体的殡殓和存放之用。因此，除了能够开展殡仪服务外，其

· 219 ·

与寄柩所在功能上是有着很大同质性的。此时上海、武汉、长沙、苏州等大中城市均有一定数量的殡仪馆。其中，又以上海的殡仪馆与寄柩所最为发达，相关史料也最为宏富。

众所周知，近代上海是一个移民城市，从全国乃至世界各地来的人们，共同生活、工作在这个现代大都市中。由于来自不同的地区，人们仍然程度不同地生活在一个个以地域或国别为区隔的熟人圈子中。除了租界之外，一般中国人的殡葬事务，本由各省的会馆、公所承担。不过，随着社会经济的发展，特别是城市服务业的兴起和日益专业化，到了1920年代，殡葬事务的办理也最终跳出了国籍、省籍的局限，一种全新的、专业化的殡葬服务业在上海逐渐成形。

1924年，上海第一家殡仪馆——万国殡仪馆在胶州路诞生。这是一家由外侨开办的殡仪馆，规模较大，拥有完备的殡殓设施和高超的尸体防腐技术，并可代请神职人员为死者祈祷主持丧仪。因为经营有方，万国殡仪馆深受上海社会各界关注，不少军政要人、社会名流的丧事多在此办理。比如，1930年7月27日，招商局总办赵铁桥大殓在万国殡仪馆举行，"送殓者千余人"。[①] 1931年4月24日，著名商人黄楚九的灵柩由知足庐移厝永锡堂，也是由万国殡仪馆的灵车转运的。[②] 同年，宋氏家族为宋太夫人举行葬礼，也是由万国殡仪馆派灵车起运。宋太夫人逝世于青岛，万国殡仪馆专门派人前往青岛"施行手术"，当遗体被运至上海时仍"遗容如生"。当年，宋太夫人的灵柩下葬于虹桥路万国公墓。[③] 1933年底，海军上将杜锡珪在沪病故，一直停灵于万国殡仪馆，1934年初举行出殡仪式后在永锡堂暂厝，以等候时机"再将灵柩由沪运往福建安葬"。[④] 1934年初，身为国民党中央执行委员的海军上将杨树庄在沪逝世后，在万国殡仪馆停灵达一月之久，经国民政府明令公葬后正式出殡，然后"由通济运舰运回福建原籍"。[⑤] 1935年3月，电影明星阮玲玉的葬礼也是在万国殡仪馆举行的，其灵柩直接由万国殡仪馆运往位于闸北的联义山庄安葬。[⑥]

1932年11月，中国人在上海开办的第一家殡仪馆——中国殡仪馆在华界、公共

---

① 《赵铁桥昨日大殓》，《申报》1930年7月28日。
② 《黄楚九移厝记》，《申报》1931年4月28日。
③ 《宋太夫人灵柩昨晨抵沪》，《申报》1931年7月30日；《宋母殡仪志》，《申报》1931年8月19日。
④ 《杜锡珪昨日出殡》，《申报》1934年1月15日。
⑤ 《杨树庄昨出殡》，《申报》1934年2月20日。
⑥ 《唐敬玉堂治丧办事处为阮玲玉女士殡仪启事》，《申报》1935年3月13日；《阮玲玉今日出殡安葬，联华同人拟亲昇榇》，《申报》1935年3月14日。

租界和法租界三界交界之处的海格路建成，发起人为李烈钧、赵恒惕、温宗尧等社会名流。[①]随后，上海殡仪馆于1934年5月在徐家汇路设立；[②]中央殡仪馆于1935年9月在戈登路劳勃生路设立。[③]这四家殡仪馆是抗战前上海仅有的几家殡仪馆，均富丽堂皇，设备高端，价格也非常昂贵，主要服务于上海的富裕阶层，一般平民是消费不起的。普通平民的殡仪主要是在自己家里进行，然后将灵柩送到会馆公所附设的山庄、丙舍寄存。同样是在20世纪二三十年代，以营利为目的的专业寄柩所也开始出现。1929年1月，苏州昌善堂在西康路设立；1935年2月，普安万年馆在长安路陶家宅设立；1935年4月，保安殡舍在昌平路设立；1936年1月，通海寄柩所在庐山路设立；1936年4月，安全寄柩所在泰兴路设立；1937年2月，公平寄柩所在陕西路设立；1937年5月，静安殡舍在长安路设立。[④]或许是由于寄柩的需求更为普遍而强劲，抗战前上海的专业寄柩所明显多于殡仪馆。

全面抗战爆发后，特别是日军占领上海之后，上海的殡仪馆和寄柩所大量涌现。从上海殡仪寄柩业同业公会各会员馆所成立的时间，便能非常清楚地看到这一点。

表6-1　1944年上海市殡仪寄柩业同业公会各会员馆所一览

| 商号名称 | 等级 | 代表姓名 | 设立年月 | 经营业务 | 地址 |
| --- | --- | --- | --- | --- | --- |
| 上天殡仪馆 | 甲 | 钱宗范 | 1940年9月 | 殡仪、寄柩 | 康家桥一八一号 |
| 万安殡仪馆 | 甲 | 毛景安 | 1938年3月 | 殡仪、寄柩 | 江苏路二一一号 |
| 中华殡仪馆 | 甲 | 殷楚兰 | 1938年4月 | 殡仪、寄柩 | 海防路五二七号 |
| 乐园殡仪馆 | 甲 | 杨镜水 | 1938年10月 | 殡仪、寄柩 | 长安路张家宅二号 |
| 中国殡仪馆 | 甲 | 华融海 | 1932年11月 | 殡仪、寄柩 | 华山路六七〇号 |
| 大众殡仪馆 | 甲 | 张海兰 | 1938年6月 | 殡仪、寄柩 | 昌平路九九〇号 |
| 大华殡仪馆 | 甲 | 王备五 | 1939年3月 | 殡仪、寄柩 | 陕西路八〇〇号 |
| 中央殡仪馆 | 甲 | 陈其芬 | 1935年9月 | 殡仪、寄柩 | 新会路三四号 |
| 上海殡仪馆 | 甲 | 张予权 | 1934年5月 | 殡仪、寄柩 | 徐家汇路八三八号 |
| 国泰殡仪馆 | 甲 | 何绩铭 | 1938年2月 | 殡仪、寄柩 | 长安路七二号 |
| 斜桥殡仪馆 | 甲 | 张锡坤 | 1941年7月 | 殡仪、寄柩 | 制造局路九号 |
| 南市殡仪馆 | 甲 | 蒋鸿奎 | 1941年1月 | 殡仪、寄柩 | 陆家浜路大兴街角 |
| 世界殡仪馆 | 甲 | 陆佑申 | 1938年4月 | 殡仪、寄柩 | 康定路一二五零号 |

① 《申报》1932年11月2日。
② 《申报》1934年5月25日。
③ 《申报》1935年9月8日。
④ 《上海特别市殡仪寄柩业同业公会会员名单》，上海市档案馆藏，档案号：S440-1-12。

续表

| 商号名称 | 等级 | 代表姓名 | 设立年月 | 经营业务 | 地址 |
| --- | --- | --- | --- | --- | --- |
| 沪南殡仪馆 | 乙 | 吴绥芳 | 1942年2月 | 殡仪、寄柩 | 局门路四七一号 |
| 南海殡仪馆 | 乙 | 周雪怀 | 1941年2月 | 殡仪、寄柩 | 方浜路南阳桥 |
| 安平和记寄柩所 | 甲 | 沈茂祯 | 1943年8月 | 寄柩 | 陕西路一九八号 |
| 福安寄柩所 | 甲 | 袁润生 | 1940年10月 | 寄柩 | 陕西路九四〇号 |
| 公平寄柩所 | 甲 | 楼庭章 | 1937年2月 | 寄柩 | 陕西路六〇〇号 |
| 湖州殡仪馆 | 乙 | 沈仲笙 | 1942年7月 | 殡仪、寄柩 | 中兴路八二八号 |
| 保安殡舍 | 乙 | 瞿坤祥 | 1935年4月 | 寄柩 | 昌平路九八四弄五九号 |
| 白宫殡仪馆 | 甲 | 李露园 | 1940年10月 | 殡仪、寄柩 | 长安路五二号 |
| 大安寄柩所 | 乙 | 张德余 | 1939年2月 | 寄柩 | 庐山路四〇〇号 |
| 通海寄柩所 | 乙 | 张德余 | 1936年1月 | 寄柩 | 庐山路二〇〇号 |
| 泰山殡仪馆 | 乙 | 李炳文 | 1941年2月 | 殡仪、寄柩 | 庐山路中 |
| 普安万年馆 | 乙 | 杨树善 | 1935年2月 | 寄柩 | 长安路陶家宅四二号 |
| 苏州昌善堂 | 丙 | 吴伯雄 | 1929年1月 | 寄柩 | 西康路九八〇号 |
| 普济寄柩所 | 乙 | 徐庆祥 | 1940年7月 | 寄柩 | 陕西路二二〇号 |
| 安乐殡仪馆 | 甲 | 谢宝华 | 1942年1月 | 殡仪、寄柩 | 武定路祁门路口 |
| 平江公所 | 甲 | 钱仲敫 | 1915年9月 | 寄柩 | 新闸路六三五号 |
| 静安殡舍 | 乙 | 顾大中 | 1937年5月 | 寄柩 | 长安路三八六号 |
| 安全寄柩所 | 甲 | 王浩祥 | 1936年4月 | 寄柩 | 泰兴路四〇六号 |
| 永安殡仪馆 | 丙 | 解亦茂 | 1943年5月 | 殡仪、寄柩 | 陆家浜路七一一号 |
| 国际殡仪馆 | 乙 | 冯同君 | 1943年4月 | 殡仪、寄柩 | 南市丽园路四六六、四八〇号 |
| 安定寄柩所 | 丙 | 蒋鸿奎 | 1943年9月 | 寄柩 | 附设南市殡仪馆 |
| 沪扬寄柩所 | 丙 | 葛春富 | 1943年12月 | 寄柩 | 南市打浦路瞿真人路三四七号 |
| 灵安寄柩所 | 丙 | 金道一 | 1939年 | 寄柩 | 华山路春光坊一三一号 |
| 金庭会馆 | 丙 | 沈仲为 | 1913年5月 | 寄柩 | 南市陆家浜路一零零三号 |
| 安徽会馆 | 丙 | 唐海州 | 1887年 | 寄柩 | 南市日晖港斜桥路潘家木桥一号 |

资料来源：《上海特别市殡仪寄柩业同业公会会员名单》，上海市档案馆藏，档案号：S440-1-12。

从表6-1可知，截至1943年年底，参加同业公会的殡仪馆共有21家，除了中国、中央、上海这三家殡仪馆是在抗战爆发前成立，其他18家都成立于抗战爆发之后。其中，又有16家成立于1942年12月同业公会成立之前。在寄柩所方面，虽然并没有如殡仪馆那样迅速增加，但也至少增加了一倍多。由于许多寄柩所并没有参加同业公会，因此很难从表中看出上海寄柩所的实际数目。事实上，据民国31年（1942）统计，当时登记核准的寄柩所便已达17家，丙舍更是达到36家，尚有未经申请登记的丙舍14家，共计67家。[①]

上海市殡仪馆、寄柩所的数量之所以会在20世纪三四十年代激增，也与战乱具有直接的联系。战争不但逼迫"华界"民众大量进入租界，还驱使上海市郊区以及江浙等地的民众大量进入上海，并涌入租界。据统计，1937年时上海"华界"人口是215万余，而到了1940年时只有将近148万，至1942年2月更是只有104万了。与此同时，上海总人口由1937年的380万增至1942年的390余万。[②]可想而知，其中多数人涌入了租界之中。租界人口数量在较短的时间里剧增上百万，而其房屋数量显然不可能得到同样增长，导致屋少人多的状况特别严重。"每逢家人死亡，以无隙地举丧，即在里弄内草率从事，且交通梗阻，灵柩不能运回，四处堆积，既不雅观，又碍卫生，本会会员有鉴于斯，为适应社会环境之需要起见，遂有殡仪馆、丙舍、寄柩所等之创设，代为殡仪寄柩。"[③]显然，上海市殡仪馆、寄柩所在抗战爆发后的大量出现，与当时特殊的社会环境密切相关。

随着殡仪馆、寄柩所的大量出现，殡葬行业为协调同业间的行动，形成统一的社会力量，争取更多的行业利益，殡葬服务业的联合组织也便呼之欲出了。对此，将在后面的章节中予以论述。

民国时期殡仪馆的运营，采用的是股份制的模式。即由股东参股认购股份的形式筹措资金，维护和推动殡仪馆的日常运营。所得收入中的赢利部分，再按照各位股东的入股比例，统一进行分配。从相关资料来看，至少在江苏、浙江等地，这种股份制形式是非常普遍的。其中，又以上海最为突出。例如，上海万国殡仪馆全称为"上海万国殡仪馆股份有限公司"，上海殡仪馆全称为"上海殡仪馆股份有限公司"，南京中国殡仪馆全称为"南京中国殡仪馆股份有限公司"。这种市场化的运营模式，处处散发着现代化的时代气息。从上海来看，当时的社会名流与知名人士，有很多积极参股开办殡仪馆。

比如，开办于1934年5月的上海殡仪馆，创办之初的资本总额为法币8万元。随着业务量的增加，到了1946年，该殡仪馆的资本总额增至2000余万元，股东共有

---

[①] 上海民政志编纂委员会编《上海民政志·殡葬管理》，上海社会科学院出版社，2000，第15页。
[②] 邹依仁：《旧上海人口变迁的研究》，上海人民出版社，1980，第4、5页。
[③] 《上海市殡仪寄柩运葬商业同业公会档案》，上海市档案馆藏，档案号：S440-1-19。

图6-1 殡仪馆认股计数表
资料来源：原件存上海市档案馆。

84人，共持股份4800股，每股50元，颜福庆、张乾三、杨奎侯等社会名流为该馆董事。[①]另如，筹建于1940年10月的白宫殡仪馆，兴办之初资本为国币6万元，分为1200股，每股为国币50元。到了1946年，因社会环境的变化特别是殡仪业务量的增加，现有资本在殡仪馆运营中已经不敷使用。有鉴于此，白宫殡仪馆召开临时股东会议，讨论增加资本一事。白宫殡仪馆创办人、股东李露园提议，为适应环境需要，应至少增加资本2994万元，连同原有资本共计3000万元，分为60万股，每股仍为国币50元。另有股东提议新增加的股份应先行由旧股东认购，如不足额，再行向外界募集。资料显示，在不到一个月的时间内，60万股中的59.88万股被旧股东认购。[②]

从当时上海各大殡仪馆陆续扩大资本规模以及股东的认购热情来看，在20世纪二三十年代，由于战争的影响，死亡人口的逐年增加应是殡仪服务业务繁忙的重要原因。相关资料显示，这一情形并不限于上海，在南京、广州和武汉等大城市，均迎来了殡仪运营的黄金时期。特别是在抗战胜利之后，殡仪以及寄柩方面的需求，更是比往日尤为急迫。以汉口为例，在武汉沦陷之后，当地的殡仪馆运营一度陷入困境。但是，抗日战争胜利之后，当地的殡仪服务业"渐趋繁荣"。为了适应社会管理的需要，汉口市政府乃向上海市政府去函，询求在殡仪馆管理方面的经验与成功做法。上海市政府接函后，遂将《殡仪馆管理条例》等寄复汉口市政府。[③]相关事例表明，当时的上海在殡仪经营方面，对其他地区具有相当影响力。

殡仪服务业的日趋繁荣，特别是其所获得的高额利润，也催生了部分非法殡仪馆出现。比如，位于上海方浜路722号的南海礼堂，尽管地处"人烟稠密之商业住宅

---

[①]《上海市社会局关于上海殡仪馆股份有限公司登记问题与该公司、经济部的来往文书》，上海市档案馆藏，档案号：Q6-1-1874。
[②]《上海市社会局关于白宫殡仪馆股份有限公司登记问题与该公司、经济部的来往文书》，上海市档案馆藏，档案号：Q6-1-2236。
[③]《上海市警察局行政处关于社会局函询殡仪馆开业整理情形》，上海市档案馆藏，档案号：Q131-4-2364。

区"，但经营者为牟取利益，"私设殓尸事务"。礼堂中辟有"所谓南海殡仪馆，无照营业，非法牟利"。在抗日战争期间，曾有市民多次向有关部门反映举报，但在盘根错节的利益链条的作用下，这些举报均无果而终。一直到抗战胜利之后，南海殡仪馆才被上海市政府取缔。① 类似事例，在这一时期并非个案。由此也可看出，1940 年代中后期殡葬业迅猛发展及其乱象之一般。

图6-2 上海第一辆豪华殡仪车
资料来源：上海殡葬博物馆。

总之，仅仅从上海、武汉、南京等数地的有关情形来看，在抗战胜利后，殡仪服务业呈现出了空前繁荣发展的状况。在动荡不安的社会环境的推动下，巨大的现实需求导致殡葬服务价格不断攀升，一般民众的经济压力越来越大。为此，上海市政府曾先后出台相关法令，对殡葬服务价格进行限价干预，但效果并不明显。特别是到了 1940 年代后期，不时能够见到有市民针对殡仪馆服务价格超越政府限价的举控。② 这种情形在其他城市中也程度不同地存在着。不过，可以肯定的是，在抗战胜利之后，各大城市中相对巨大的社会需求与有限的市场供给间所造成的殡仪馆业务的繁荣景象当为事实。

## 第二节 火葬场

火葬，在中国有着悠久的历史。不过，在较长的一段历史时期内，火葬仅是一种民族性、区域性的葬俗。③ 由于佛教广泛而持续的影响以及社会经济的发展，火葬在特定时期也一度流行。各地承接丧葬事宜的寺庙，便是主要的火化场所之一。在这些

---

① 《关于取缔南海殡仪馆及查封华殡仪馆问题与警察局、卫生局的来往文书》，上海市档案馆藏，档案号：Q1-6-728，1945 年 10 月～1945 年 12 月。
② 《上海市警察局行政处关于殡仪馆超越限价》，上海市档案馆藏，档案号：Q131-4-820，1948 年 9 月。
③ 参见张捷夫《我国历史上的火葬》，《寻根》1996 年第 6 期。

寺庙中，专门设有化身窑，用以火化遗体。①从严格意义上来讲，化身窑与现代意义上的火葬场不可同日而语，前者只是在职能上与火葬场相同。这些化身窑，一般并不对外经营。直到民国时期，类似的寺院仍较为普遍地存在着。比如，民国时期北京最为有名的化身窑，是阜成门外白堆子村广济寺的塔院。该化身窑始建于1929年，以火化居士为主，焚化一具遗体需费用五六十元。总体来看，其焚化遗体的数量相对有限。有关资料显示，直到1941年，该塔院共计焚化200余具尸体。②另外，德胜门内大石桥拈花寺和阜成门外下关慈善寺等寺院，也都开展过相关火化事宜。上海、南京、汉口等地，承接殡葬事务的寺庙也不少见。显然这与佛教的信仰是分不开的。

作为一种专门用来焚化遗体的现代殡葬服务设施，火葬场最早出现在晚清时期的租界中。客观地讲，火葬场的出现，也是欧风美雨的产物。上海第一家火葬场始建于1898年，位于静安寺公墓，主要用来火化西方国家侨民的尸体，后亦承担焚化无主露尸。这可能是中国历史上最早的火葬场。进入民国时期，特别是随着日本的全面侵华，在日本人占领的地区（如沈阳、长春等地），也开始出现了火葬场。日本人占领北京后，曾于朝阳门外东大桥附近建设日本火葬场，主要用来焚化侵华时期死在中国的日本军人以及侨民。③

南京国民政府成立之后，尽管致力于殡葬习俗的改良，在相当长的时期内，对于火葬并未积极提倡与推行，不过，在一些地区，还是陆续建设了一些火葬场。据记载，武汉市罐子湖火葬场于1928年秋筹建、1929年6月建成，由武汉市公安局与相关慈善团体合建。该火葬场共有火化炉7座，其中双炉3座、单炉4座，1929年11月至1930年10月，共火化尸体1412具。④这应是国民政府成立后，最早建立的火葬场之一。总体来看，国民政府对火葬的重视，是在抗日战争之后。

随着抗日战争的胜利，城市中开始研讨推行火葬的必要性。特别是在一些大城市之中，关乎火葬的倡议显得尤为迫切。这可能与长时期战争所造成的死亡人口的不断积累直接相关。比如，到了1940年代，上海积柩问题越来越严重。因交通受阻，大量的棺柩不能顺利被运回乡下安葬，多停于殡仪馆或者寺庙之中。天长日久，棺木以及尸体腐烂不堪，秽气四溢，不仅严重影响市容，更有碍卫生。因此，到了1940年

---

① 宋元时期，火葬一度在民间流行。相关研究，参见徐吉军《中国丧葬史》，第七章。
② 瘦记者：《火葬在北京》，《时报》1941年2月5日，转引自周吉平《北京丧葬史话》，第140页。
③ 参见周吉平《北京丧葬史话》，第140页。
④ 参见《武汉民政（志稿）：1840～1985》，未刊，武汉民政志编纂办公室，1987，第16页。

**图6-3 武汉罐子湖火葬场**
资料来源：武汉殡仪民俗文化博物馆。

代末期，上海市卫生局多次下达命令要求积柩限时出清，并积极研讨方案对于没有迁出者进行集中火化。到了1947年，更有参议员高叔安等发表宣言，大力提倡火葬。他们列举如下应行火葬的理由：

> 吾国土地虽广，设使人各觅葬地一方，或户各需葬地一所，则所占土地不可胜计，以此巨量之地，一为葬所，即任其荒芜废弃，不事耕植，于农作生产多量减少，此为土地政策障碍者；二，土葬之法，无论贫富均需棺椁，此外培土封圹种种消费，不胜枚举，以有用之金钱，作无益之虚耗，此为经济政策障碍者；三，富庶之家，先人邱陇固知爱藏，勿使损坏，然数代而后，家道凌夷，无力保卫，牛羊践踏，牲牧踩蹦，甚至年深代远，朽棺暴露，风雨益残，残骸白骨，累累道旁，久必丛生疫疠，此为卫生政策障碍者。①

由高叔安等参议员的呼吁可以看出，对火葬的倡导主要是基于保护土地、反对浪费以及环境卫生三个方面提出的。相关建议经媒体发表后，在社会上也引起了讨论。由于两年后上海政权易手，高叔安等人的倡议并未成为现实。

尽管如此，上海一些公墓附设的火葬场，一直未曾停止火化业务。比如，工部局

---

① 《上海市殡仪寄柩运葬业同业公会下令筹办火葬场和要求法院简化检验遗体手续的有关文书及简报等》，上海市档案馆藏，档案号：S440-1-16。

开设的公墓便设有火葬场。出于公共安全的考虑,相关部门对火葬也采取了一系列的规范措施。以上文曾提及的静安寺公墓火葬场为例,如有火化需要,申请人须先行填具卫生局专门印制的火葬申请书,连同医师签署的死亡证明书送呈上海地方法院检察处申请验尸。经检察官检验并在火葬申请书上签准后,再将申请书连同死亡证明书一并送呈卫生局,并缴纳相关费用后,方得举行火葬。此外,申请火葬还须先约定好日期,才能将遗体送往静安寺火葬场进行火化。①

关于静安寺公墓中的火化情况,在1940年代末期,一篇《静安公墓看火葬》的文章曾经有过如下描述:

> 在礼拜堂的背后,那里附设里一个火葬场,占地并不大,可是三十多年来,她每天都得以二具尸体来满足她的贪欲。不论是男的或是女的,好人或坏人,她都平等无欺地将她烧成骨灰,使她的灵魂升入天国。

接下来,这位作者还饶有兴趣地对火化设备的具体构造以及火化过程进行了叙述:

> 这里的火葬炉并不大,大约是比常见的棺木大不了多少,但是他的构造却迥异。在他的底部,有一支三寸口径的煤气管通进了大量的煤气,分成了十多支火头,分布在尸体的四肢各部。炉顶上有一支巨大的烟囱,尸体是放在一个特制的铁架上的。这种情形,很像是和常见的烤面包差不多。尸体进了炉子,融融的火焰便把她包围了起来。在最初的半小时中,因为在烧皮肉和衣服,所以冲出很浓烈的臭气,但在半小时后,皮肉化了,只剩下了全身的骨骼,烟便不再有了。这样大约在三小时后,连骨骼也没有了,却成了灰。②

可以看出,作者完全是以一种好奇的目光来打量火葬。颇具意味的是,这篇文字竟然刊登在了报纸上,足以看出火葬对于当时的上海人来说,还是颇为新奇的事物。不难想象,在华洋杂居的大上海权且如此,对于其他地区的人来说,火葬显然更是一

---

① 《上海市立各公墓火葬场管理规则共十七条》,上海市档案馆藏,档案号:S440-1-16-11。
② 《上海市殡仪寄柩运葬业同业公会下令筹办火葬场和要求法院简化检验遗体手续的有关文书及简报等》,上海市档案馆藏,档案号:S440-1-16。

件奇特的事情了。

此外，从这篇文章来看，一直到了1940年代，火葬场火化的尸体其实并不多。这一点，相关档案资料也能够予以充分佐证。1949年，上海市卫生局曾对上海市立公墓火葬场火葬情形进行过统计（参见表6-2）。

表6-2 1949年上海市立公墓火葬场火葬数

单位：具

| 月份 | 火葬数 | | |
| --- | --- | --- | --- |
| | 华籍 | 外籍 | 华籍露尸 |
| 1 | 32 | 5 | 2926 |
| 2 | 24 | 9 | 2919 |
| 3 | 27 | 0 | 3046 |
| 4 | 28 | 5 | 2288 |
| 5 | 18 | 1 | 1934 |
| 6 | 32 | 6 | 1515 |
| 7 | 52 | 2 | 1289 |
| 8 | 78 | 1 | 1289 |
| 9 | 76 | 4 | 1403 |
| 10 | 64 | 5 | 818 |
| 11 | 65 | 3 | 2227 |
| 12 | 56 | 7 | 2304 |
| 合计 | 552 | 48 | 23958 |

资料来源：《上海市卫生局关于上海市立公墓火葬场之火葬土葬人数统计表》，上海市档案馆藏，档案号：Q400-1-4071。

从表6-2可以清晰地看出，在1940年代的上海市立公墓火葬场中，火化最多的为华籍露尸，有23958具；火化的一般民众尸体，全年才为552具。于此可以看出，民国时期的火葬在大城市的情形之一斑。

1947年，国民政府内政部为推广火葬制度，曾致函国民政府主席东北行辕和青岛市政府，希望了解当地火葬场情形。青岛市政府在回函中称："本市原有前日人火葬场一处，惟所有设备均已毁坏，无法绘制图样，火葬办法亦无案可稽。"沈阳市政府倒是上报了《石油火葬炉说明书》和《火葬场使用办法》以及1922年由日本人绘制的《奉天市铁西火葬场建筑工程图》。[①] 不过，尽管南京国民政府曾雄心勃勃推广

---

① 参见谢世诚、伍野春、华国梁《民国时期公墓制的创建与演变》，《民国档案》1995年第2期。

火葬，但这一施政愿景并未实现。不久之后，伴随着国民党政权在大陆的土崩瓦解，火葬并未能够大范围地开展起来。因此，在共和国成立之前，除了上海、长春、沈阳、北京、武汉、台北等城市之外，火葬场在其他城市中并不多见。

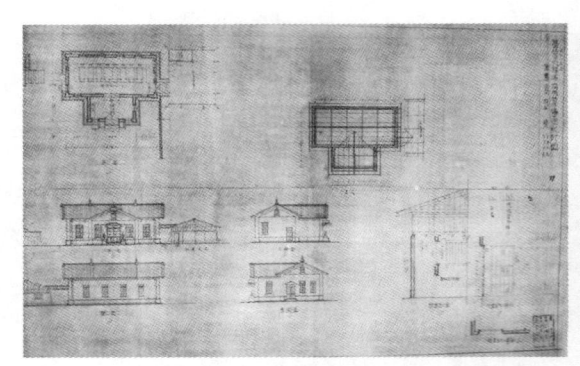

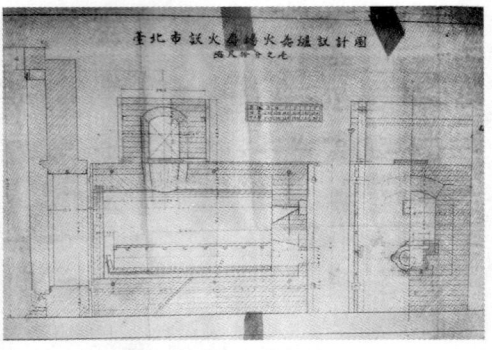

图6-4　台北市火葬场重修设计图（左）、火化炉设计图（右）
资料来源：原件存中国第二历史档案馆。

## 第三节　现代公墓

作为西方文明的舶来品，公墓最早出现于通商口岸以及各国的租界之中。外国侨民以在这些地区建立公墓的形式，将遗体永久留在了中国。作为最早的通商口岸之一，上海无疑最具典型意义。上海的第一家公墓——山东路公墓的创建可追溯至1844年，这家公墓主要用来解决寓居在上海的外侨遗体安葬问题。[①]在相当长时间里，上海的外国公墓也仅仅向外国侨民和中国基督徒开放。[②]随着来华西方人数量的增加，由西人在华开办的公墓数量也在不断增加。据统计，到1937年，由工部局在上海开办的公墓已达6家，分别为山东路公墓、浦东公墓、军人公墓、八仙桥公墓、静安寺公墓和虹桥公墓。

与外侨主要由各该国官方机构即其驻上海领事馆负责管理不同，来自国内各地的移民，则主要由各地在沪的民间组织即会馆公所负责管理。[③]这些移民客死沪上后，遗体的处理方式也有着很大差异。对于占上海人口绝大多数的中国人而言，能帮其处

---

[①] 参见安克强《上海租界公墓研究（1844~1949年）》，《中国海洋大学（社会科学版）》2008年第5期。
[②] 《上海殡仪寄柩运葬商业历史沿革和概况》，上海档案馆藏，档案号：S440-4-2。
[③] 参见张忠民《清代上海会馆公所及其在地方事务中的作用》，《史林》1999年第2期。

理后事的组织也主要是会馆公所。"有些会馆公所，起始即是设立义冢，之后才有正式的会馆公所设立"。①义冢多而集中，便成为山庄，而山庄实际上就相当于西方的公墓，故有人曾言："山庄之风始开，公墓之初步形式已具，只不葬异乡人棺柩罢了。"②

这也就说明，除了政府部门的力推之外，各大都市中的山庄在很大程度上为现代公墓的设立奠定了良好的基础。正是在这个大的历史背景之下，民国时期的公墓建设开始迈出了新的步伐。

## 一 渐趋发展的国营公墓

南京国民政府成立后，将公墓作为改良社会风俗的重要手段大力推行。1928年10月20日，国民政府内政部颁布《公墓条例》，规定各市、县政府和私人以及私人团体均可设置公墓。《公墓条例》严格规定了公墓建设中的注意事项，要求其须与工厂、学校及各公共处所以及住户、饮水井、河塘沟渠等处保持相当距离。1929年3~4月，新成立的卫生部即先后行文各地政府，指出"公墓制度关系公共卫生为切要，几世文明各国无不遵行"，敦促各地加紧修建现代公墓。

比如，1929年4月，卫生部部长薛笃弼即行文辽宁省政府，希望其三个月内在省会和市政府所在地加紧建立现代公墓。

> 查公墓制度，关系公共卫生至为切要，今世文明各国无不效行，本部长有见及此，前在内政部长任内即经制定公墓条例，呈奉国民政府令准公布实行在案。兹已历时数月，其已依例成立公墓者殊不多见。此在外县僻远地方或因迷信太深，经济困难一时不易普及。至于省市政府所在地方，类皆殷阗、人烟稠密之区，风气较开，财力较裕，宣传指导亦均较易为力，自应设法赶速办理，树之先声，俾资倡导而重卫生……咨请贵政府查照饬令所属各县遵照公墓条例切实办理，并盼于文到三个月内先就省会及各市政府所在地选定一二适当地点成立公墓，一面出示严禁距省或市一百公尺以内不得再有添葬情事。其已暴露或浮厝之棺柩并饬设法掩埋或移葬公墓地内。③

---

① 上海博物馆图书资料室编《上海碑刻资料选辑》，上海人民出版社，1980，第231、194、277、325页。
② 《上海殡仪寄柩运葬商业历史沿革和概况》，上海档案馆藏，档案号：S440-4-2。
③ 《咨为请依公墓条例文到三个月内先将省会及市政府公墓成立》，辽宁省档案馆藏，档案号：JC010-01-019736。

从《公墓条例》以及卫生部给各地政府的行文中，可以非常清晰地看到，现代公墓的建设被国民政府认为是一件关涉卫生、增益文明的国家事务。国民政府对于兴办现代公墓有着高度的热情。然而，从实际情况来看，对于卫生部的这一要求，各地政府的表现却并不积极。一直到1930年代中期，各地政府在兴建公墓上的作为乏善可陈。

尽管如此，国民政府对于兴办现代公墓的热情并未减弱。即便在战争年代，这一事关现代国家建设的事项也没有停顿。1935年3月，国民政府军事委员会委员长行营公布了《提倡公墓办法》，要求各省市政府从速筹设公墓。1936年10月30日，国民政府行政院复参照各地"实际情形"对《公墓条例》进行修改，在此基础上颁布了《公墓暂行办法》。与《公墓条例》相比，《公墓暂行办法》的相关规定更为详备，且更具可操作性。此一办法颁布后，四川、福建、湖北、云南、江苏、青岛、天津以及湖南、察哈尔、河南、浙江、宁夏的部分市县均上报了修订或制定的筹备公墓办法。

随着抗日战争的全面爆发，国家的现代化进程随之被打断，相关建设进入了艰难发展时期。在这一时期内，国民政府一直重视兴办公墓事宜，蒋介石也多次发布训令，要求各地"分期举办、逐步推行"公墓制度，以便"优待战争死亡人员"。然而，多数训令悬诸纸面，除陪都重庆的公墓建设有所发展外，其他地区并无实质性进展。不过，这样的一种局面，在1944年开始得到扭转。1944年1月7日，蒋介石复以手谕形式，要求各地政府"先于省城附近觅幽旷地点，建设公墓一处或数处，然后通饬各县，遵照寻觅旷野适当地点建设公墓，并普遍于乡村"，并将此列入各级政府的政绩考核。这引起了各地政府的重视，并纷纷着手筹备建设公墓。此后不久，抗日战争结束。战争期间造成的大量军民死亡，大大增加了对公墓的需求。与此同时，相对短暂的和平时期，也为各地公墓的建设带来了契机。从1944年开始，中国公墓建设迎来了迅速发展的时期。

谢世诚、伍野春、华国梁根据中国第二历史档案馆馆藏档案对1929-1948年各地政府上报内政部拟建设公墓情形进行过初步统计，并将相关情况制成了表格，这对了解南京国民政府时期公墓的整体建设情形具有非常重要的价值。现将其所制表格转录如下。

表6-3 各地上报内政部公墓建设情况（1929–1948）

单位：个

| 省市<br>时间 | 吉林 | 绥远 | 天津 | 山东 | 上海 | 江苏 | 安徽 | 浙江 | 河南 | 湖北 | 江西 | 重庆 | 四川 | 陕西 | 甘肃 | 贵州 | 西康 | 广西 | 合计 |
|---|---|---|---|---|---|---|---|---|---|---|---|---|---|---|---|---|---|---|---|
| 1929 | | | | | | | | | | | | | | 1 | | | | | 1 |
| 1930 | 4 | | | | | | | | | | | | | | | | | | 4 |
| 1931 | | | | | | | | | | | | | | | | | | 1 | 1 |
| 1932 | | | | | | 1 | | | | | | | | | | | | | 1 |
| 1933 | | | | | | 1 | | | | | | | | | | | | | 1 |
| 1937 | | | | | | | | 2 | | | 2 | | | | | | | | 4 |
| 1938 | | | | | | | | | | | | | | | 1 | 1 | | | 2 |
| 1944 | | | | | | | | 14 | | 63 | 442 | 5 | 287 | 97 | | 23 | 31 | 15 | 977 |
| 1945 | | | | | | | | | | 213 | | | | 134 | | | 30 | 9 | 386 |
| 1946 | | 2 | 2 | | 1 | | 1 | | | | 16 | | | 30 | | | | | 52 |
| 1947 | | 1 | | | | | | | | 3 | | | | 120 | | | | | 124 |
| 1948 | | | | | | | | | 54 | | | 1 | | | 10 | | 1 | | 66 |
| 总计 | 4 | 3 | 2 | 1 | 2 | 2 | 1 | 19 | 54 | 276 | 458 | 6 | 287 | 382 | 11 | 24 | 62 | 25 | 1619 |

仅从统计表所显示的数字可以看出，从1929年到1948年，国民政府在全国所建公墓数量明显以1944年为分水岭。1929年至1943年，全国共建公墓14个，每年平均一个；从1944年到1948年，全国共建公墓1605个，平均每年建321个。其中，1944年是建设最多的一年，为977个。在1929年到1948年间，建设公墓最多的省份为江西，458个；其次为陕西，382个；再次为四川、湖北，分别为287个和276个；最少的是山东和安徽，均为1个。由此可以看出，民国时期的公墓建设，在1940年代后期进入了迅速发展的时期。

当然，正如谢世诚等学者所指出，对于这些数字也并不能估计过高。因为各地上报国民政府内政部的数据，多为应付蒋介石的督促，同时也有向中央索取经费的考虑。此外，陕西、福建、湖北等地的公墓建设，也并没有落到实处。[①]

---

① 参见谢世诚、伍野春、华国梁《民国时期公墓制的创建与演变》，《民国档案》1995年第2期。

## 二 繁荣发展的现代私营公墓

相对于曲折发展的国有公墓建设而言，南京国民政府时期各地的私营公墓建设呈现出蓬勃发展的势头，取得了令人瞩目的成绩。1928年国民政府内政部颁布的《公墓条例》以及1936年行政院颁布的《公墓暂行条例》均规定，私人与私人团体可以设置公墓。这一时期私营公墓建设，主要集中于上海、北京、天津、广州和武汉等大城市之中。

比如，1935年，在上海市卫生局注册的公墓就有18家，除了万国公墓于1934年收归国有外，其余17家公墓皆为私营公墓。到了1940年代末期，上海的公墓数量已达100多家，绝大多数为私营公墓。[①]在北京，自1930年代初期起，先后建立的私营公墓分别有万安公墓[②]、东北义园[③]、湖南慈善会公墓[④]、福田公墓[⑤]和模式口公墓[⑥]等。在天津，先后建立的私营公墓也有数十家之多。数量如此庞大的私营公墓，在建设样态、经营理念、运营模式诸方面，无不体现着现代气息。

### （一）现代化的公墓设计

总体来看，南京国民政府在筹建公墓伊始，即在墓园的规划和建设理念上有着明确规定。特别是随着《公墓条例》的修改和完善，国民政府建设现代公墓的理念也越来越清晰。在1928年颁布的《公墓条例》中，内政部明确规定了"公共墓地须列分地段建筑公路，栽植花木，并于其周围建筑坚固围墙"，"各墓面积及深度由市县政府

---

① 参见艾萍《双轨制下民国公墓制的创建：以上海为个案》，《华中师范大学学报》2012年第3期。
② 北京第一家现代私营公墓，下文中还要详述，此略。
③ 1936年，为解决九一八事变后"东北旅平人数甚巨，每遇死亡，葬埋颇感困难"问题，张学良主持成立的东北难民救济院，在北京西苑福缘门购得扇面河地300余亩，专门辟为公墓，取名为"东北义园"。东北义园管理委员会委员长为万寿山（福麟），委员有李友兰、胡毓坤、鲍毓麟、鲍文樾、高纪毅、于省吾、吴瓯、邵文凯等33名东北军将领与东北籍要人，常务委员由高纪毅、邵文凯、李友兰、史靖寰、李海春、胡毓坤、荣贵田7人组成，公墓经理为高纪毅。建成的东北义园，主要向旅居北京的东北民众开放。参见北京市档案馆藏《北京东北义园呈送管理规则、公墓地盘设计图及社会局的批文》，档案号：J002-007-00175。
④ 近代著名活动家熊希龄也曾拟在西直门外魏公村筹建湖南慈善会公墓，用以安葬旅居北京的湖南人。但是由于墓园的筹建与《公墓条例》不符，在首次申请开办时并未获得社会局的批准，经整改后，得以批准经营。
⑤ 1940年，近代风云人物江朝宗之子江宝昌与北京救世新教会负责人沈生礼商议，由江宝昌出地110亩，作价27500元，救世新教会也出资27500元，合资55000元创办公墓。因公墓位于宛平县境内福田寺东门外，故名"福田公墓"。为接洽便利，福田公墓管理处设在了北京市西四牌楼北小旃檀寺八号。经过数年的建设，福田公墓成为民国时期北京仅次于万安公墓的著名公墓。
⑥ 模式口公墓，因位于北京西郊模式口村法海寺而得名。其创办模式与前述公墓又有所不同，是由创办人租用寺庙土地创办。依据档案资料可知，创办人邵厚甫租用法海寺产500亩，租期为20年，租期可续。公墓方于登记后向法海寺支付香火费2000元，此后按照每亩2元的租用费用，每年向法海寺支付租金1000元。对于公墓盈亏等事项，法海寺不得过问。

斟酌当地情形及土质定之"。如果说这一时期国民政府对公墓建设形态的要求还略显模糊的话，1937年卫生部的一纸训令则清晰阐述了其理想中的公墓建设样态："公墓须注意美术化，凡筑坟之形式，植树之种类，排列之顺序与碑碣之长短，广狭竖立之方式，皆宜由部规定，务使涉足公墓者由肃然起敬，沛然生游兴之感，不可任葬户各自为政，致样式参差，有旧时丛葬阴惨之象"。[1]相对来看，这种对公墓景观化的强调与追求，在私营公墓中得到了很好的落实与体现，产生了良好的社会效果。无论是上海的万国公墓还是北京的万安公墓，均是民国时期公墓景观化的典型代表。

（1）万国公墓

万国公墓位于上海西乡（今虹桥路、沪杭铁路西侧），为民国时期上海私营公墓的典型代表。公墓原名为"薤露园"，创办者为浙江上虞人经润三。据经润三自撰《创建薤露园记》记载，其创建薤露园的初衷是有感于"中国人稠地窄，尺土寸金"的社会现实，特别是国人修建大墓、豪华墓的旧有积习，导致"广田自荒，不耕不凿，地失其利，人耗其财"。因此，如若建立公墓，"共同卜葬，每棺占地只毫厘，不损失地利，又可节省金钱"。各地如纷纷效法，"可省葬地不知几千万亩，国富民强，或可肇基"。[2]由此可见，经润三创建公墓的目的，具有强烈的救国济世的爱国情怀。

薤露园于1913年开始动工建设，次年建成，占地为20余亩。建成的薤露园，规模甚是可观，有陈列遗像之纪念堂、设奠追悼之追思室，以及男女来宾休息室等。园内通道交错，林木扶苏，可筑石墩千余。[3]

薤露园建成不久，经润三病逝，原有墓地也被沪杭甬铁路占用。不过，在经润三夫人江国贞女士的坚持下，墓园于1917年西迁至张虹

**图6-5 万国公墓大门**
资料来源：上海市档案信息网。

---

[1] 《公安、工务、卫生局函为召集会议筹划建筑公墓》，天津市档案馆藏，档案号：401206800-J0130-1-000383。
[2] 王钟撰、胡人凤续撰《法华乡志》，民国11年铅印本，第1页。
[3] 参见严善昌《从薤露园到万国公墓》，《档案与史学》1995年第2期。

图6-6 宋耀如、倪桂珍之墓

资料来源：马金生摄于2013年1月20日。

路重建，扩地至55亩5分8厘9毫。薤露园随之亦更名为"薤露园万国公墓"。其意为无论国家、种族，逝后均可安葬其中。改迁后的公墓，不仅规模大胜于前，且建设更为富丽典雅。改建后的公墓在建设特色上中西兼顾，颇富时代气息。在公墓之中，有一座造型如西洋城堡的纪念堂。追思室中，则陈设着诗画挂屏、红木桌椅，布置得相当考究。到了1922年，江国贞女士又在墓园的东侧购地10亩余，公墓的规模又胜于前。1934年9月，万国公墓由上海市政府卫生局接管，改为国营。1935年公墓面积复扩大到122.8亩。

万国公墓中西兼顾的建设风格以及现代化的时代气息，使其在当时的上海首屈一指，引起社会各界的广泛关注。万国公墓建成后，很多上海各界名流故去后被安葬于此。其中既有清代、北洋政府、南京国民政府时期的达官显贵，也有西方国家的社会名流、富商大贾。如曾任清政府四川总督、两广总督和邮传部尚书的岑春煊，宋氏家族的宋耀如及其夫人倪桂珍，以及曾任孙中山、张学良和蒋介石顾问的澳大利亚人端纳等。1936年，鲁迅先生逝世后，也曾安葬于此。[①]鲁迅先生逝世10周年的盛大集会，即是在万国公墓内召开的。[②]

抗日战争全面爆发后，万国公墓中的建筑和树木遭到侵华日军的劫掠和破坏。汪精卫在南京建立伪国民政府之后，将万国公墓接管。抗日战争结束后，万国公墓复归国民政府管理。1949年5月，上海解放后，万国公墓由市人民政府卫生局接管，后划归上海市民政局。据记载，当时公墓内共有墓葬2600余座。[③]尽管墓园规模已大不如

---

[①] 鲁迅墓在民国时期因战火曾遭到不同程度的破坏，幸得内山完造等友人的保护，才得以保全。共和国成立后，在鲁迅逝世20周年之际，国务院决定将鲁迅墓于1956年10月14日迁入虹口公园，该公园随之改名为鲁迅公园。
[②] 《鲁迅逝世十周年：在万国公墓集会》，《社会科学》1981年第4期。
[③] 共和国成立后，万国公墓继续对外经营。但在"文化大革命"期间遭到毁灭性破坏，墓葬多被拆毁，花木建筑无一幸存。1980年代，万国公墓全部土地被市民政局收回，并得到扩充。1981年宋庆龄去世后，与其父母安葬于万国公墓宋氏墓地。1984年1月，万国公墓改名为"宋庆龄陵园"，简称"宋园"，为全国重点文物保护单位。除了宋庆龄父母、杨度、谢晋元等零星几处坟墓外，今天行走在万国公墓中，已很难再找到民国时期的原有墓葬。诸多关乎民国时期的历史记忆，于此已很难再寻觅。不过，如今安葬于宋园的，仍为共和国成立后的社会名流，如著名演员赵丹、著名京剧演员周信芳等。

前，但其旧有气象仍然依稀可辨。

（2）万安公墓

万安公墓始建于1930年，创建者为浙江人、曾任北洋政府交通部司长的蒋彬侯和恒生营造场经理王荣光。因该公墓地处万安山正南，故名之为"万安公墓"。万安公墓与颐和园、玉泉山、卧佛寺、香山八大处等名胜古迹相邻，风景优美，交通便利，是北京历史上最早的现代私营性公墓。

图6-7　万安公墓

资料来源：万安公墓提供。

与万国公墓的创建初衷相似，万安公墓的创建缘起也有着改良社会风俗、增益时代文明的目的。据《北京香山万安里万安公墓章程》记载：

> 北京为首善之区，文化中心，人烟稠密，华洋杂处，为全国模范都会。近年有以本籍地方不靖，有以营运费过巨，有以沿途交通障碍，有以选择风水稽延，皆非所以安逝者、慰存者心也。至若旅平各省义地，规模简陋，凌乱之序，无异荒冢。其巨族坟茔年久失修坍平者有之，子孙刨掘售地者有之，甚至暴棺露胳，秽气蒸发，更不堪言，岂徒有碍卫生，郊游观瞻亦少兴趣。惟公墓之组织，意美法良，苏粤风行已久，规模宏敞，成绩斐然。其制创自欧西，实较吾华族葬为完备。吾国旧习，坟墓不几年，其祭扫无形废弃，至为人挖毁盗卖子孙有不知者。公墓则管理有法，可期长存，因兹提创以开风气。筹划多年，始勘定香山万安路南万安里最宜地点，山脉由昆仑来龙，形势无美不备，盖又合于一般之有风水观念者，诚天成地就之大吉壤也。①

据《北京香山万安里万安公墓章程》相关内容及公墓后续建设来看，万安公墓系依据阴阳五行予以规划，墓园共分金、木、水、火、土五个墓区。墓园中建有礼堂、追远堂、经堂、休憩室、办公室、殡舍、道路、桥梁以及亭台牌坊、碑碣、围墙、池沼、沟渠，墓中广种树木花草，风景秀丽。其中，礼堂、追远堂和经堂主要为丧户追

---

① 《上海市社会局检送管理公墓规则及北京市香山万安公墓章程》，北京市档案馆藏，档案号：J002-007-00164。

悼和祭祀诵经之用，丧户只需支付一定的费用，便可租赁使用。

为昭示墓园的庄重，万安公墓制定了严格的管理规定。比如，丧户进出公墓，"只柩杠、灵车可入门"，其他舆马车辆一律停于大门之外。墓园内的花木，不得攀折践踏，"违者估价赔偿"。丧户及其亲友可以随时到墓园中进行祭扫或者供献花果，"但焚化锭帛须在所设焚帛库焚之"。

从万安公墓的建设理念来看，经办者有着清晰的分期规划设想，所谓"建设分步渐进，务期尽善尽美"。[①]为了运营方便，万安公墓将办事处设于北京西城辟才胡同东口内乐全胡同12号。总体来看，万安公墓的建设理念和管理模式，均已具有相当程度的现代色彩。

### （二）公墓的运营方式

南京国民政府先后颁行的《公墓条例》和《公墓暂行条例》，对公墓的运营有着明确规定。其中，《公墓条例》规定，无论是国有还是私营公墓必须划分收费区和免费区，收费区的面积不得超过全墓地的1/3。收费区的地价应按照面积计算，数额由市县政府规定。[②]较之《公墓条例》，《公墓暂行条例》在收费上的规定更为详细，要求"设置公墓得依墓基等次征收租金，以后每隔二十年征收一次，但不得超过第一次金额的二十分之一。墓基租金数额应预为订定，呈经省政府核准，准咨内政部备案。团体或一姓宗族或个人设置的公墓征收墓基租金数额应报由市县政府核转"。[③]由此可以看出，《公墓暂行条例》不仅明确规定了公墓的租用期限，并且对租用期满后续租的费用也做了规定。其相关制度设计，还是颇为超前的。此外，国有公墓和私营公墓价格的

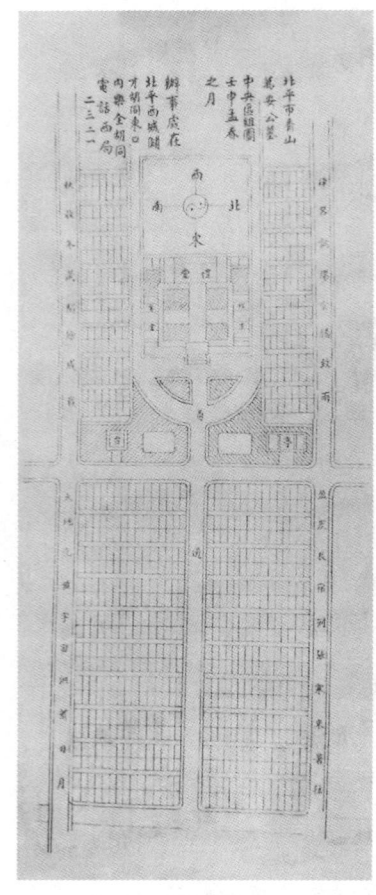

图6-8 万安公墓规划设计图
资料来源：原件存北京市档案馆。

---

① 《上海市社会局检送管理公墓规则及北京市香山万安公墓章程》，北京市档案馆藏，档案号：J002-007-00164。
② 相关条例，参见《咨为请依公墓条例到三个月内先将省会及市政府公墓成立》，辽宁省档案馆藏，档案号：JC010-01-019736。
③ 参见《公墓暂行条例》，转引自谢世诚、伍野春、华国梁《民国时期公墓制的创建与演变》，《民国档案》1995年第2期。

备案程序，也有所不同。《公墓暂行条例》颁行后，极大地推动了各地的公墓建设。有关资料显示，即使在日伪占领地区，有相关部门也在很大程度上参照了这一条例。

由于南京国民政府时期国有公墓的建设一波三折，尤其绝大多数国有公墓的业务档案已然散佚，因此，对于国有公墓的经营状况，已难以再行了解。不过，部分私营公墓的档案资料却有所保存。这些公墓的建设章程以及部分留存后世的业务档案，有助于后人对其经营状况进行研究。

图6-9 万安公墓认穴书
资料来源：万安公墓提供。

以万安公墓为例。万安公墓在建设之初即秉持中西合璧的规划理念，使其在建成后一时闻名遐迩，先后有众多社会名流，归葬于墓园之中。从入葬者的身份来看，多为政界、教育界、学界、银行界、商界以及伶界的成功人士和知名人物。[①]其中，最为著名的，就是李大钊烈士的灵柩在停厝多年后，于1933年落葬于万安公墓。

对于购买者的身份，万安公墓并没有严格限制，"不限国籍、不论阶级，凡属清白人士均得认购"。这样做的目的，显然是拓展业务的需要。不过，在购买墓穴的数量和价格上，万安公墓还是有着非常清晰的规定的。在墓穴的购买数量上，万安公墓规定："本公墓地基，除用于一切建筑及大小路径外，划区分穴，规定每穴英尺长十二尺，宽六尺，详绘墓图，挨次编号。凡认穴人认购一穴或几穴可自行指定之，至多不得过二十穴。一经指定，不得退换。"

在认购价格上，认穴人无论预定售穴或近期营葬，均须于择定穴地时，"每穴缴纳地价洋七十元，并每穴缴手续费洋一元，一次缴足"。公墓经办方发给收据，填发认穴证书，以作为凭执。此外，购买者在购买墓穴时，还要填具认穴志愿书，由认穴

---

① 在万安公墓，至今仍然保存着数量不小的民国时期的业务档案。这些档案详细记载着当时购买人以及入葬者的姓名、职业、籍贯、安葬编号及当时的价格，是研究民国时期北京丧葬业发展的重要史料。

人署名、盖章并记明下列事项：

（一）认穴人之姓名、籍贯、住址、职业；（二）被葬者之姓名、性别、籍贯、生卒年月及与认穴人关系；（三）被葬者之家族、姓名、籍贯、住址、职业；（四）认购穴数并其某区某组某号；（五）认穴时之年月日。①

在入葬方面，公墓经办方规定每穴限葬一棺，一棺可占用多穴、但不得超过六穴。为适应新时代的殡葬风习，特别是规避日后在运营中可能遭遇的纠纷，万安公墓严格规定"葬户不得将任何物品金银等殉葬于棺圹之内"。此外，为了使墓园整齐划一，"废弃旧时坟墩办法，高出地面不得过二华尺，至白灰水泥砖砌石墙等，悉由葬户自行建设。但墓上碑碣及各式围栏其高低尺寸，均应照公墓定制"。

对于出售的墓穴，万安公墓有着详细的记载。为了查考方便，公墓方"备有认穴总名册，分年编号，将各认穴人志愿书所载各款详细登记入册"。购买人凡认购墓穴，认穴证书需统一由公墓总经理盖章方为有效。如果认穴证书丢失，则须经由认穴人或被葬者家族邀同相当保证人填具保单，向公墓声请补给。②

特别值得称道的是，从在墓穴售罄后的长远维护着想，万安公墓在1941年4月10日制定了《善后基金保管办法》。善后基金的来源，主要由公墓方从"每穴价款下提支十元"，墓穴认购者也可自行捐助，多少不限。善后基金存入北京市"殷实银行储存"，所得利息"亦并入善后基金，不作他用"。银行名号及地址预先报呈主管官署备查，并于每年年终将本息数目呈报主管官署并请主管官署"派员会同至银行换领存单"。该保管办法还规定，善后基金只能"于穴地认满后方动用之"。③公墓善后基金的设置，体现了万安公墓经营者的远见及良苦用心。

其实，公墓善后基金的设置，也并非为万安公墓所独有。如东北义园，"收入各圹地价至少以半数存入妥实银行保管生息，不得随急动用"。同样，模式口公墓也明确规定于"认穴费九十元内提出十五元作为不动基金"，由公墓经营者负责经营保管。④在

---

① 《上海市社会局检送管理公墓规则及北京市香山万安公墓章程》，北京市档案馆藏，档案号：J002-007-00164。
② 《上海市社会局检送管理公墓规则及北京市香山万安公墓章程》，北京市档案馆藏，档案号：J002-007-00164。
③ 《万安公墓善后基金保管办法》，载陈华林主编《足迹：1930～2011》，"纪念北京市万安公墓建立八十周年"，内部资料，2011。
④ 《北京东北义园呈送管理规则、公墓地盘设计图及社会局的批文》，北京市档案馆藏，档案号：J002-007-00175。

1940年代的上海等地也有着公墓善后基金制度的推行。由此来看,尽管并无国家的统一规定,但这一现代的制度设计在当时的多数地区得到了推广。[①]客观地讲,公墓善后基金制度对于维护公墓的持续发展是有着积极意义的。但很可惜,这一制度在共和国成立之后并未得到继承和发展。

与传统的家族墓地、义地等埋葬形式相比,公墓的修建讲求永久化和景观化,使得开办公墓要有相当的资金支持。比如,针对万安公墓的建设,公墓创办者王荣光曾经算过一笔账。加上购地费用与建设陵园内房屋、桥梁、亭台和购买家具、种植花卉以及相应的日常开销,5年之内万安公墓总共需要建设与运营经费大约136220元。具体开支,参见表6-4。

表6-4 万安公墓建设预算

| 序号 | 项目 | 单价(洋) | 数量 | 总额(洋) |
|---|---|---|---|---|
| 1 | 购地 |  | 110(亩) | 6000 |
| 2 | 建甲等厅堂房 | 600 | 40(间) | 24000 |
| 3 | 建乙等厅堂房 | 300 | 42(间) | 12600 |
| 4 | 园内道路 | 12 | 1860(方) | 22320 |
| 5 | 坚固墙垣 | 40 | 495(丈) | 19800 |
| 6 | 桥梁、牌坊、亭池等 |  |  | 12000 |
| 7 | 花草树木等 |  |  | 2500 |
| 8 | 木器家具 |  |  | 3000 |
| 9 | 筹募资金利息 | 3800 | 5(年) | 19000 |
| 10 | 暂定经常费等 | 300 | 5(年) | 15000 |
|  | 合 计 |  |  | 136220 |

资料来源:《万安公墓蒋尊祎、王荣光、王明德等人为成立香山万安公墓办事处并悬挂牌号、扩充基地建设计划的呈文及社会局的批示》,北京市档案馆藏,档案号:J002-008-00649。

数额如此之巨的一笔费用,对于普通百姓而言,是根本无力承担的。总体来看,民国时期的私营公墓建设者非官即商。即便如此,私营公墓的创办大多数情况下还是要合资经营,这说明公墓的创办是一项巨大的工程。私营公墓前期的大笔投入,不仅使其与一般的义地在景观上有所区别,同时在价格上也会有很大的反差。1930年代中期,北京市政府曾经对各区的义地及公墓建设与经营情形进行过统计。根据北京市自治事务第十三区的调查,能够看出这一时期私营公墓与义地在墓穴价格上的差距。参见表6-5。

---

① 《上海市参议会关于修正本市私立公墓管理规则的文件》,上海市档案馆藏,档案号:Q109-1-113。

表6–5　1930年代中期北京第十三区私营公墓与义地价格调查

| 序号 | 名称 | 地点 | 业主 | 是否收费 | 价格（元） |
| --- | --- | --- | --- | --- | --- |
| 1 | 英国义地 | 西便门外真武庙 | 英使馆 | 否 | 无 |
| 2 | 烟行义地 | 西便门外甘雨桥 | 河东会馆 | 是 | 1–2 |
| 3 | 四川义地 | 西便门外木樨地 | 四川会馆 | 是 | 1–2 |
| 4 | 刘家义地 | 西直门外三塔寺 | 刘景福 | 是 | 2–8 |
| 5 | 若瑟会公墓 | 阜外马尾桥 | 天主教堂 | 否 | 无 |
| 6 | 炼灵堂公墓 | 阜外暂安处 | 天主教堂 | 否 | 无 |
| 7 | 静修堂公墓 | 阜外九天庙 | 理善戒烟所 | 否 | 无 |
| 8 | 万安公墓 | 平西香山 | 王荣光 | 是 | 70 |
| 9 | 湖南慈善公墓 | 魏公村后身 | 湖南慈善会 | 是 | 20 |

资料来源：《社会局、公安局等单位关于筹设公墓问题的函及内政部公布〈公墓条例〉》，北京市档案馆藏，档案号：J 002–007–00117。

在1930年代初期，万安公墓的墓穴费用为70元，对于每月只有几元生活费的普通民众来说，自然是一笔不小的数目。[①]换句话说，万安公墓的定位并非面向社会下层民众。当然，对于社会中上层来说，接受公墓这一新的安葬形式，也需要一个渐进过程。这不免带来了一个问题，那就是对于前期投入巨大的公墓经办者而言，在创建之初将会面临巨大的资金压力。

万安公墓在创办伊始便因经费不足，经营一度陷入困顿。为了缓解资金方面的巨大压力，王荣光曾向北京市政府提出过经费资助的申请：

> 案考世界文明各国对于公墓因事关公益，多有国家出资建设，除公墓照例收费外，并由绅商及各葬户等自动捐助以完成人类光荣的伟大工作。本公墓自开办以来，经营不遗余力，全仗个人私资，未有捐助，复无津贴。因多困难且所订收益甚微，实不足经常岁修之需。现拟再辟半费与免费两区，无奈各款无着，不能遂愿，为此具呈恳祈钧局准予援助，指拨永久的款，俾公益得以进展。[②]

有关资料显示，由于万安公墓并未能够满足北京市政府关于免费墓区面积的建

---

[①] 参考李小尉《1912～1937年北京居民的工资收入与生活状况》，《史学月刊》2007年第4期。
[②] 《万安公墓蒋尊祎、王荣光、王明德等人为成立香山万安公墓办事处并悬挂牌号、扩充基地建设计划的呈文及社会局的批示》，北京市档案馆藏，档案号：J002-008-00649。

设要求，因此并未得到政府的经费资助。不过，到了 1938 年，万安公墓进行公墓股份改组，王荣光之子王明德全权接手公墓的管理与运营。一方面，王明德多方采取措施，提升万安公墓的服务质量；另一方面，则通过广告等营销方式，积极营造社会效应。比如，1938 年，为推广公墓业务，万安公墓在《益世报》上便连续登载启事，进行自我宣传：

> 香山万安公墓启示：西郊香山名胜之区，佳景林立之地，公墓适居其间，背山面水，地势独优，清雅风景环列四周。土质厚润，营葬最宜。交通便宜，公共汽车直达万安路口。本公墓特定上午九时至下午五时开放游览，随意参观。其设备，力谋尽善布置周详，俾保障人生幸福，免遗骸暴露之处，以安窀穸是也。如有接洽事宜，先期定妥无误。①

伴随着万安公墓服务质量的提升，其社会知名度也越来越大，品牌效应逐渐形成。从尚存的民国时期万安公墓业务档案来看，有很多逝者家属就是通过他人的介绍而选择万安公墓的。到了 1940 年代初期，万国公墓的墓地价格不断攀升，以致"北京特别市公署"以"万安公墓设立已久，受费极巨并无稽核"为由，要求社会局厘定私立公墓管理规则，设法予以干预。②

其实，如若翻检当时的报刊，便会发现，在媒介上刊载启事和广告，是民国时期私营公墓最为普遍的一种营销方式。在《申报》、《大公报》等报纸上，均能看到类似的公墓广告启事。③于此也可看出公墓经营者的销售策略。

再以天津为例。天津市私营公墓的发展，也并不落后于其他大城市。1949 年，人民政府刚刚接手天津市时，曾对全市的公墓进行调查。根据这些珍贵的调查资料，王先明、王琳曾对私营公墓进行了统计（参见表 6-6）。

---

① 《万安公墓为方便参观游览特设立开放日》，《益世报》1938 年 4 月 17 日。
② 《北京特别市私立公墓管理规则》，北京市档案馆藏，档案号：J002-007-00332。
③ 比如，1927 年《申报》上即刊载有中国公墓的广告信息，其推广内容与万安公墓颇为相类："本公墓在漕河泾南沪闵汽车路吴家巷站旁，地处清净，交通便捷，已建筑就绪，凡前定墓穴者，请来接洽，并将本公墓十大特色列后：（一）墓穴宽大，取价低廉，足征减轻经济上之担负；（二）土壤优美穴地高燥；（三）车马直达门首往来极便；（四）栽种草木幽雅整洁；（五）代办营葬坚固切实；（六）代办石墩存贮，备选实用实销，定价从廉；（七）专雇园丁看守，洒扫修植花木，以资清洁；（八）特建礼堂以备追思纪念礼忏等用；（九）建有殡舍俾备葬户将灵柩暂置；（十）信教自由悉听尊便。办事处厦门路贻德西里一百五十九号，电话中央六一三五，印有详章，承索即寄。"见《中国公墓广告》，《申报》1927 年 12 月 1 日。

表6-6　1949年天津市私营公墓调查（部分）

| 序号 | 公墓名称 | 设立时间 | 面积 | 已埋棺柩（个） | 每年租费（元） | 永租费（元） |
|---|---|---|---|---|---|---|
| 1 | 闽粤义地 | 1766 | 70余亩 | 3900 | 无 | 无 |
| 2 | 浙江义园 | 1892 | 50余亩 | 停柩1200余 | | 480/960/1440/1920 |
| 3 | 江苏义园 | 1905 | 30余亩 | 停柩600余 | | 480/960/1440/1920 |
| 4 | 福建义园 | 1918 | 12亩2分 | 328 | 无 | 无 |
| 5 | 福寿园 | 1911 | 20亩余 | 1000余 | 1000 | |
| 6 | 江苏公墓 | 1916 | 1百10余亩 | 2000余 | | 6000 |
| 7 | 安徽义园 | 1917 | 49亩 | 1450 | 无 | 无 |
| 8 | 北方宜园 | 1918 | 4亩4分 | 200余 | 1800 | |
| 9 | 俄国公墓 | 1924 | 13亩9分 | 900余 | 无 | 无 |
| 10 | 广东山庄 | 1928 | 40亩 | 1700 | 无 | 无 |
| 11 | 福寿园 | 1930 | 7亩 | 620 | 100-400 | |
| 12 | 庆生园 | 1930 | 4亩8分 | 280 | 300-400 | |
| 13 | 庆生东园 | 1930 | 2亩半 | 310 | 200-300 | |
| 14 | 东升颐园 | 1930 | 2亩 | 300 | 100-300 | |
| 15 | 东方颐园 | 1930 | 2亩半 | 280 | 100-300 | |
| 16 | 新记 | 1930 | 2亩半 | 320 | 100-300 | |
| 17 | 阖津颐园 | 1932 | 40余亩 | 2000余 | 2000 | |
| 18 | 极乐园 | 1933 | 18亩余 | 1450 | | 5000 |
| 19 | 乐仙西园 | 1937 | 3亩弱 | 220 | 2300 | |
| 20 | 三兴公司 | 1940 | 6亩余 | 500 | 1800 | |
| 21 | 长安颐园 | 1940 | 8亩余 | 260 | 1200 | |
| 22 | 乐仙境东园 | 1940 | 4亩余 | 210 | 2300 | |
| 23 | 乐仙境北园 | 1947 | 1亩半 | 8 | 1500 | |
| 24 | 东亚存灵社 | 1948 | 1亩4分 | 21 | 300-400 | |
| 25 | 华北公墓 | 1948 | 11亩8分 | 1500 | | 5000 |
| 26 | 永安公墓 | 1948 | 12亩 | 294 | | 7000 |

资料来源：根据王先明、王琳对民国时期天津私营公墓的统计稍作修改而成。相关成果，参见王先明、王琳《亡灵"公共空间"的制度建构：近代天津公墓的历史考察》，《史林》2013年第3期。该文对民国时期天津公墓的发展进行了详实的研究。

表6-6非常清晰地展示了民国时期天津市私营公墓的基本状况。由此可以看出，天津市私营公墓在20世纪三四十年代取得了迅速发展。各公墓面积从1亩到100余亩规模不等，除了传统的义地仍以停放灵柩为主外，其他于民国年间兴建的私营公墓皆以埋葬灵柩为主营业务。在收费方式上，则主要分为两种：一为年租费，一为永租

费，租用费从100元到几千元不等。以上种种，充分展现了1940年代末期天津市私营公墓市场的状况。

## 第四节 名人墓

民国时期在政治、经济、文化等方面涌现出了一大批名人，由于生活在从传统向现代过渡的历史时期，其生前身后诸多方面镌刻着这一时代的鲜明印记。民国时期具有代表性的名人墓，一方面具有中国传统的建筑特色，同时也程度不同地体现着西方建筑的理念、特征。亦中亦西、中西合璧的建筑风格，构成了民国时期名人墓建筑的显著底色。限于篇幅，本节仅介绍几处政治人物的墓地，借以呈现民国时期名人墓的建筑风格与艺术特色。

### 一 中山陵

中山陵，是中国近代伟大的民主革命先行者孙中山的陵墓。中山陵占地2000亩，历时4年方完工。中西结合的建筑底色、丰富的政治文化意涵以及开放的时空纪念特征，使中山陵在近代中国的墓葬建筑中独标一格，同时也成为一种现代的政治文化符号。

（1）陵墓的筹建

1925年3月12日，孙中山逝世于北京。4月，国民党推选汪精卫、张静江、林森、于右任、戴季陶等为葬事筹备委员会委员，并成立了孙中山葬事筹备处。由于孙中山生前曾有意选择南京紫金山为逝后埋骨之地，因此葬事委员会经过多次讨论，最终选定紫金山南麓作为墓区。中山陵墓区紧邻朱元璋的明孝陵，但海拔远高于后者，以凸显孙中山继往开来的历史地位。墓区的土地，主要通过接管公共林地和征用民地得以解决。

在陵墓的建筑理念上，国民党人认为孙中山作为著名的历史人物，其陵墓的设计应充分体现墓主的身份及其理想追求，在陵墓的建设构想上，应具有"偏于平民思想之形式"、"有伟大之表现"、"能永久保存"和"能使游览人了然先生之伟绩"。[1] 为此，葬事筹备委员会决定通过《申报》、《民国日报》和《广州民国日报》刊发启事，向海内外广泛征集陵墓的设计方案。为明确陵墓的规划理念，强调中山陵纪念的公众性、开放性和永久性特征，葬事筹备处还专门制定了陵墓图案征求条例。[2]

---

[1] 《关于孙公陵寝之商榷》，《广州民国日报》1925年3月31日。
[2] 参见李恭忠《中山陵：一个现代政治符号的诞生》，第182页。

图6-10 中山陵

资料来源：叶兆言等编撰《老照片·南京旧影》，南京出版社，2012，第204、205页。

从1925年5月15日刊登启事，到9月15日止，葬事筹备委员会共征集到设计方案40多种。后经严格筛选，建筑师吕彦直的设计方案获得头奖。吕彦直的陵墓设计平面图"略呈一大钟形"，有着"木铎警界之想"。这一设计方案，与孙中山致力唤醒民众、拯救国家民族于危亡的精神相一致，因此，广受国民党人的好评。在陵墓的具体设计上，吕彦直认为：

> ……祭堂……前面作廊庑，石柱凡四，成三楹堂之四角，各如堡垒。堂门凡三拱形，其门用铜铸之，堂顶复檐，上层用飞昂博凤之制。檐下铺作之斗拱，因用石制而与木制略异其形式……祭堂之顶，最善莫如用铜（瓦）……堂之内……作穹隆式。其上施以砌磁，作青天白日之饰，而堂之地面则铺红色炼砖，以符满地红之征象。堂之四壁用大理石作壁板，上刻中山先生遗嘱及建国大纲等文……自祭堂入门升级而达机关门，以入于墓室。室作圆形，穹隆顶亦饰以青天白日之砌磁。安置石椁之处较周围为低，绕以石栏以供瞻仰……此外如通风防湿等制，亦皆依科学的方法而设施之。①

根据赖德霖、李恭忠等人的研究，吕彦直的这一设计方案多少受到了巴黎拿破仑墓、美国格兰特墓以及林肯纪念堂的启发和影响，体现了中国风格的建筑形式与西方学院派建筑原理的结合，以及中国式陵墓的宏富壮丽与现代西方市民大厦公共性的结

---

① 参见吕彦直《孙中山先生陵墓建筑图案说明》，《孙中山先生陵墓图案》，第11~13页，转引自李恭忠《中山陵：一个现代政治符号的诞生》，第180页。

合，是一座"混血性质的现代建筑"，"从东方和西方、历史过往和当代世界中都吸取了营养"。吕彦直的设计方案经葬事委员会认可后，有关专家复进行了补充性阐释，使得中山陵融会中西的建筑风格以及"开放的纪念性"的建筑精神，得到了更为完整和准确的呈现。[①]

（2）陵墓的建筑实效

设计方案既经确定，葬事筹备委员会乃聘请吕彦直为建筑师，采用公开招标的方式进行建设。建筑工程分为两大部分。第一部分为筑造墓室和祭堂，工程从1925年12月31日开始，至1929年2月基本完工。其间因经费短缺和时局动荡，工程施工波折不断，大大影响了工期。第二阶段为建造墓室和祭堂外的其他设施，从1927年11月24日开始，到1929年5月完工。相对于第一部分，第二部分工程进展颇为顺利。

在陵墓图案征集条例中，国民党人有着将中山陵设计成为一个大型的公众祭祀空间的构想，特别是要求中山陵的祭堂前应有可容纳5万人的空间，以为祭祀活动之需，吕彦直将中山陵设计为"警钟型"的整体格局，则充分满足了国民党人对空间布局开放特征的要求。陵墓依山而建，背北向南，起点为一开阔的扇形广场，终点为海拔158米处的祭堂和墓室，起点与终点相对高差为70多米，依山势走向形成了一个开阔的斜面。各项建筑由南向北、从低到高依次排列在这一斜面内，并贯穿着一条中轴线，构成了一个巨大的公众祭祀空间。

在陵墓起点扇形广场的北侧，矗立着一座四楹三门冲天式牌坊——博爱坊。牌坊由澳门花岗石建成，高12米，宽17.38米，由四根大柱和六条横额互相连接而成。博爱坊过后，便是长为483米、宽约43米的墓道，墓道为树木分割为中间大道和两条边道。墓道的尽头，为一宽阔的圆形广场。广场北端便是中山陵的三拱陵门，陵门高16米、宽24米、进深8.9米，全部用福建花岗石砌成，属于典型的歇山顶建筑。陵门过后便是宽约12米、高约17米的方形碑亭。碑亭四面各开一拱门，拱门中央矗立着高达9米的花岗石墓碑。

碑亭而北，是由清一色的苏州金山花岗岩石筑成的八段石阶。每段石阶有一个纵窄横宽的平台，两旁以迄围墙建成斜坡。斜坡上铺以草皮并植树若干。最上面三段石阶地势最陡，两边建有石栏，中间辟有两条放置盆景的围栏，将石阶分

---

① 参见李恭忠《中山陵：一个现代政治符号的诞生》，第184~185页。

成了左、中、右三行路径，直至祭堂前的大平台。大平台东西长 137.25 米，南北宽 30.5 米。平台正中，便是融合了中西建筑风格的祭堂。祭堂重檐歇山顶式建筑，长 27.45 米，宽 22.57 米，从堂基至顶脊高 26.23 米，正面有三道拱门，中门最大。在祭堂的东西两侧，各竖有一座高 11.6 米的花岗石华表，以及四方草地，植以雪松和龙爪槐。

与祭堂紧密相连的，便是墓室了。祭堂大厅正中有法国雕刻家保罗·朗特斯基所塑孙中山汉白玉座像一尊。在坐像底部的四个侧面，分别刻有六幅浮雕，正面为"如抱赤子"，东面两幅为"出国宣传"和"商讨革命"，西面两幅为"振声发聩"和"讨袁护国"，背面为"国会授印"，分别代表着孙中山人生历程中的几个侧面。座像之后为墓室，墓室中央有捷克雕塑家高琪所塑的孙中山卧像，卧像之下即为葬有孙中山遗体的紫铜棺。祭堂的内顶为斗式藻井，墓室内顶为穹隆状藻井，全部用青、白、红三色小块砌磁镶饰，拼成国民党党徽形状，以象征"青天白日满地红"之意。①

**图6-11 中山陵牌坊**

资料来源：叶兆言等编撰《老照片·南京旧影》，第207页。

---

① 以上结合季士家、韩品峥主编的《金陵胜迹大全》（南京出版社，1993）以及李恭忠的《中山陵：一个现代政治符号的诞生》等著述而成。

第六章　殡葬服务设施

**图6-12　中山陵祭堂**

资料来源：本图及下图均为叶兆言等编撰《老照片·南京旧影》，第206页。

**图6-13　波兰雕塑家保罗·朗特斯基和他创作的孙中山塑像**

### (3) 中山陵的精神展示

正如有学者指出的，中山陵所欲塑造的开放性的纪念特征以及对平民化的建筑风格的追求，确实使其与传统的帝王陵墓的封闭性和隐秘性特征截然有别。特别是墓室的构造，使人能够近距离地瞻仰墓主，这种力图打破传统神秘、压抑的氛围，着意塑造开放而又平易近人的陵墓特色，在近代其他名人陵墓中也是极为罕见的。①

中山陵独特的建筑风格，不仅体现在建筑形式的推陈出新上，同时也体现在了用材上。与传统陵墓建筑以砖木结构为主不同，中山陵的主体建筑则多以石头和钢筋混凝土筑成。如呈圆形的墓室外部以香港花岗石贴面，中部则为钢筋混凝土浇筑。墓室里面用白色云南大理石铺地，四壁上半部用白色人造石粉饰，下半部则嵌以灰黑色大理石以为护壁。大理石与钢筋混凝土的建筑材料，显然符合了国民党人对中山陵永久性保存的需求。此外，中山陵中所有的门窗均用铜制作而成，博爱坊、陵门、碑亭以及祭堂的顶部，都没有使用传统的具有帝王象征的黄色琉璃瓦，而是使用了蓝色的琉璃瓦覆盖。

**图6-14 中山陵陵碑**

资料来源：马金生摄于2013年6月7日。

在建筑风格以及建筑材料之外，最使中山陵有别于传统的，便是其作为一种纪念空间所浓缩的强烈的政治文化意涵。这种政治文化意涵是通过中山陵的文字衬饰充分体现出来的。比如，陵门中门上方刻着的孙中山手书"天下为公"四个金字；陵碑上"中国国民党葬总理孙先生于此"的碑文；在祭堂东门、中门和西门雕刻的分别由国民党元老张静江书写的"民族"、"民生"与"民权"六个篆体金字，以及中门上方嵌着的孙中山手书"天地正气"四个镏金大字，无一不在向瞻仰者宣示着墓主人一以贯之的政治理念，以及墓主人独一无二的身份地位。特别是分别在祭堂左右两边石壁上刻着的《建国

---

① 参见李恭忠《中山陵：一个现代政治符号的诞生》，第196~197页。

大纲》全文，以及在后壁左侧由蒋介石和胡汉民所书的《总理校训》与《总理遗训》，更是烘托出了墓主人念兹在兹、极力想建设一个符合世界潮流的现代国家的热望，以及对后来者的殷切期待。

总之，中山陵的建造在依循中国传统建筑理念的同时多所创新，使用西方的建筑技术并参照西方祭祀空间之长，从而使中山陵的建筑风格体现了中西结合的特色，这是其与传统帝王陵墓截然不同之处。在追求建筑风格独特的同时，国民党人也高度重视陵墓作为瞻仰空间的精神展示与政治教化功能，从而创造性地实现了安葬并凸显逝者独一无二的历史地位以及弘扬逝者不朽的精神追求的目的。正如李恭忠所指出，中山陵的建造塑造了一个至大、至德、至善的孙中山形象，并逐渐成为新式国家权威和凝聚民族认同的政治符号。①

## 二 袁林

1916年6月，登基83天的袁世凯在全国人民的一片声讨中辞世。北洋政府专门于怀仁堂附近成立了治丧筹办处，以办理袁世凯的丧事。为尊重其"扶柩回籍，葬我洹上"的遗愿，北洋政府决定将袁世凯安葬于河南省安阳县洹上村东北隅的太平庄，并将其墓地定名为"袁公林"。

依据国务会议决议，由北洋政府指拨银币50万元用于袁世凯的丧礼及营葬。然而，为袁世凯购置墓地、修建墓圹以及移灵便用去了"泰半"经费，尚有陵墓的其他主体建筑待建，经费显然已不敷使用。为了解决经费难题，负责为袁世凯修建陵墓的河南巡按使田文烈以"袁公遗产不丰，未忍轻动；而库帑奇绌，难再请求"，联同段祺瑞、王士珍、段芝贵、张镇芳等向各省大员"发起征资"，最后筹集银元25万元，总算解决了建筑经费的问题。据《袁公林墓工报告》记载，整座陵墓"占地一百三十八亩九分八厘八毫六丝九忽，支出银圆七十三万二千七百五十四元一角九分一厘"。②

袁林的修建，采取了工程招标的方式。经过招投标程序，兴隆木厂最终中标。自1916年6月开始动工，1918年6月14日袁林的主体工程完工，前后历时两年。陵园的修建过程，主要分为两个阶段。第一阶段从1916年6月始至1917年1月止，主要修筑了内圹工程。第二阶段为墓地主体工程的修建，包括墓台、供桌、飨堂、碑亭、

---

① 参见李恭忠《中山陵：一个现代政治符号的诞生》，第206页。
② 田文烈等编《袁公林墓工报告》，第31、33页。

石像生、牌楼等。因1916年秋季发生水灾，铁路运输受到影响，该部分工程一直到1918年6月14日方才完工。此后，袁林又经过了四次续修和改建，先后修成了糙石桥一座，修建了东西配房，增建了神道碑并调整了神道等。

鉴于袁世凯独特的政治地位，在建造袁林之初，田文烈等人即有言"斯兆域之经营，为国家典礼所关，亦中外观瞻所系"。[①]显然，田文烈等人意识到了陵园的修建，必须与袁世凯作为国家元首的身份地位相一致。不过，如果仔细揣摩，便会发现，这里似乎还有一层更深的涵义不能点破，那就是尽管袁世凯当上了中华民国的第一任大总统，在政权形式上终结了帝制时代，却又因登基做皇帝而遭到全国人民的唾弃。这种历史的吊诡与尴尬，难免也向陵墓的修建者提出了一大难题。因此，当如何修建一座符合袁世凯的政治身份和历史地位的陵墓，的确既关系"国家典礼"，同时也攸关"中外观瞻"。应如何平衡这些方面的关系，的确需要一番审慎考量。

由于史料的缺乏，关于袁林究竟应当如何来设计的相关讨论，后人已很难考察。不过，可以明确的是，袁林的具体设计者，是一位德国的工程师。陵园的整体修筑，"仿明陵而略小"，墓冢部分则仿效美国总统格兰特的"濒河庐墓"的形制建成，具有鲜明的中西合璧的建筑特色。[②]

整座袁林坐北朝南，自南向北的主体建筑依次为土照壁、糙石桥、青白石桥、牌楼、望柱、石像生、碑亭、值房、大门、配殿、景仁堂、铁门、石五供、墓。袁林四周逐排栽种有杨树、柏树、槐树。上述主体建筑的分布以神道为中轴线，布局严谨，错落有致。此外，在陵园附近的村庄中，还分布着数量可观的祭田。

从整体视觉效果来看，落成的袁林建筑群以景仁堂为界，前后有着完全不同的两种建筑风格。景仁堂之前的建筑为明清皇陵的建筑风格，景仁堂后面的部分则是纯一色的西洋建筑。这两组风格迥异的建筑群落以"混搭"的形式共处于同一墓葬空间之中，具有非常强烈的艺术效果。

土照壁、糙石桥、青白石桥、牌楼、望柱、石像生、碑亭等，在建筑样式上与明清帝陵可谓一脉相承。特别是作为举行祭祀活动的重要场所，景仁堂更是袁林中的典型传统建筑。景仁堂和东西配殿，构成了一组四合院式的建筑。景仁堂的大门，为单檐歇山顶建筑，上覆绿琉璃瓦。在大门的每一扇门板上，均有横七排、竖七排的铜门

---

① 参见田文烈等编《袁公林墓工报告》，"序"，第3页下。
② 参见安博《袁世凯墓名小考》，《中原文物》1986年第3期；赵谦《漫话袁世凯的坟墓》，《风景名胜》1998年第5期。

**图6-15　袁公林全景**

资料来源：《天津商报画刊》第4卷第23期，1932年。

钉。在中国建筑史上，铜门钉的设置，一方面起着装饰门楣的作用，同时更是一种等级的象征和体现。景仁堂大门上铜门钉的排列与数量，无疑象征着袁世凯仅次于帝王的权力地位。居中的景仁殿"一座七间"，殿内设有供桌，陈列着袁世凯的灵位和生前的衣冠剑带。东西配房"各五间"，主要用作祭祀人员的休息场所。

在建筑材料上，除了传统的木石结构之外，袁林也有着不小的"创新"。最为突出的，便是部分建筑采用了"混凝土版筑之法"，这在中国陵寝建筑史上是颇具代表性的。比如，在景仁堂前面的建筑设施中，袁林的牌坊便是用"铁筋洋灰石子"建筑而成。据《袁公林墓工报告》记载，修成的牌楼门"一座五间，内明间宽一丈三尺，次间面宽各一丈二尺，稍间面宽各一丈一尺。通面宽五丈九尺。中柱高二丈五尺五寸，次柱高二丈三尺五寸，边柱高二丈一尺五寸。柱宽二尺二寸，厚一尺八寸。各柱并上下额枋均铁筋洋灰石子成做。各柱顶上做洋灰望天吼一个"。[①]

按照原定计划，袁

**图6-16　袁公林景仁堂**

---

① 田文烈等编《袁公林墓工报告》，第19页。

图6-17 袁公林牌坊

资料来源：本图及上图均为《人言周刊》第1卷第5期，1934年。

林的墓圹部分亦本拟"采混凝土版筑之法为穹室，而隧道、石门、石墙等工附之"。但由于时局动荡，袁氏后裔急欲将袁世凯尽快安葬，"乃先在平原修砌砖圹"，以致"预拟穹室、隧道各工迫于时期，赶修不及"。在安葬袁世凯的当天，与葬诸人均认为"砖质痹薄，难历久远"。因此，最终在墓圹的四周"用混凝土坚筑……并为袁公夫人预留附葬吉穴，别为隧道于左方"。①

最后修筑而成的墓室和穹顶，整体呈圆形，由三层墓台隆起。三层墓台以及墓台前方的一扇铁栅栏，使景仁堂后面的陵墓设施充满着西方的建筑风格。据《袁公林墓工报告》记载，这三层平台的面积及其相关设施分别如下：

第一层："南北长二十八丈，东西宽二十二丈五尺，虎皮石墙高九尺，周围安青白石柱挂铁练。"

第二层："南北长十三丈九尺二寸，东西圆径十一丈一尺五寸，虎皮墙高七尺。前面拜台东西宽六丈八尺一寸，周围青白石柱铁栏杆。"

第三层："圆径六丈，高一丈四尺二寸，青白石墙并青白石狮十二个。"②

钢筋水泥筑就的圆丘式墓台、围以铁链的古罗马式汉白玉石柱、虎皮墙、铁栏杆，所有这些均使景仁堂后半部分的墓地设施呈现出了浓烈的西方建筑风格。相关建筑设施自成一体，展现了与景仁堂前的建筑群截然不同的风貌。

袁林独特的建筑风格，显然需要从袁氏自身的身份特征去寻求解释。作为中国历史上承前启后的过渡人物，袁世凯有着独特的历史地位。其生活于晚清和民国初年，并一度在政治上达到权势的巅峰。这一过渡时代和过渡人物的特质，除了以景仁堂为界的前后两处中西风格的建筑群有所体现外，在袁林的其他建筑物上也有着清晰而细

---

① 田文烈等编《袁公林墓工报告》，第19页。
② 田文烈等编《袁公林墓工报告》，第23页。

**图6-18　袁公林铁栅栏与袁世凯墓**

**图6-19　袁公林文武石像生**

资料来源：本图及上图均为《良友》第117期，1936年。

致的反映。

　　位于神道两侧的文、武石像生，是袁林的另一处标志性建筑，同时也更能体现袁林的时代特色。袁林中各为两座的文、武石像生由青白玉石筑成，每座石像生"高七尺五寸，宽二尺五寸"，"须弥底座高二尺，见方三尺五寸"。最具有历史意味的，便是这两座石像生的装束。其中，文石像生头戴平天冠，身着仿古式官服，宽袍大袖，袖手而立，神情恭谨；武官则头戴元帅帽，身着西洋军服，肩披绶带，手握西洋军刀。这一文一武的两组石像生，猛然看来不免略显滑稽，却反映了袁世凯作为过渡时代过渡人物的身份特征。两组文武石像生的服饰，是北洋政府建立之初服饰制度改革的具体体现，有着那个时代鲜明的思想文化印迹。

　　此外，作为古代帝王身份象征的望柱，同样是袁林的地标性建筑，也是展现袁世凯身份地位的标志。据《袁公林墓工报告》记载，汉白玉望柱高一丈五尺。望柱顶端，建有代表帝王身份的望天吼一个。

碑亭，同样是袁林中的一处重要建筑，也是代表墓主人身份地位的重要象征。据《袁公林墓工报告》记载，碑亭中有"青白石碑一统，石踏跺四座"。石碑正面镌刻着北洋政府第二任大总统徐世昌手书"大总统袁公世凯之墓"九个遒劲有力的端楷大字。此外，墓碑上则雕刻着数条翱翔云中的蟠龙。作为帝王的典型象征，龙的图案在袁林中多次出现，也昭示着袁世凯类同于帝王的身份。

总之，袁林作为典型的中西建筑的结合体，其亦中亦西、中西兼备的建筑风格，正如同袁氏作为从帝制时代向共和时代转型的过渡型人物一样，本身充满着多面的历史性格与独特的时代特色，为中国近代建筑史画上了浓墨重彩的一笔。如果将中山陵与袁林相比较，便可看出，尽管两者在建筑形式上均兼采中西之长，但中山陵更多的显然是一座以西式建筑见长的陵寝，而袁林则是一座以中式建筑为主体特征的陵寝。这种不同，在很大程度上也反映着这两位生活于同一时代，并且在政治生活中一度有着紧密联系的历史人物在政治特质上的明显差异。

## 第五节 革命烈士墓

民国时期先后经历了辛亥革命、北伐战争、抗日战争和解放战争等重大战争，特别是为了争取民族的独立和国家的统一，无论是国民党还是共产党领导的军队都曾做出过重大牺牲和不朽贡献。数以百万计的先烈血洒疆场，为国牺牲。为了纪念这些牺牲的英烈，南京国民政府和中国共产党所领导的革命根据地政府都曾兴建了数量不等和规模不一的烈士纪念设施，以缅怀和褒扬其为国家、民族做出的杰出贡献。在这些烈士纪念设施中，国民政府在抗战中和抗战后修建的烈士墓园和忠烈祠尤为可观。因财力和历史环境的限制，中国共产党兴建的烈士纪念设施则相对零散和简陋许多，有一定规模且稍具声名者并不多见。相对来看，革命根据地中具有一定规模、颇具典型的烈士纪念设施，主要建于共和国成立前后。

### 一 国民党统治地区

（1）忠烈祠

早在辛亥革命之后，为了纪念死难的革命烈士，新成立的民国政府即号召各地兴建烈士祠和忠烈祠。因财力有限，当时多数忠烈祠是在前清先贤祠、寺庙乃至部分官吏宅第的基础上改建而成。民国初期建设的忠烈祠对于塑造革命记忆起到了重要的作用，同时也成为民族与国家记忆的载体。①

国民政府在抗战期间和抗战胜利后，也曾经先后两次通令全国筹建忠烈祠，用以祭祀和褒扬在抗日战争中为国捐躯的死难烈士。如据姜良芹、朱继光的研究，国民政府时期忠烈祠的修建，始于1931年九一八事变后为纪念抗击日本侵略而殉国的将士。1933年9月13日，国民政府内政部颁布了第一个《烈士附祠办法》。1936年5月，国民政府军事委员会又制定了《历次阵亡残废受伤革命军人特别优恤办法全案》，在所附的《各县设立忠烈祠办法》中正式使用"忠烈祠"一词。

图6-20　南岳忠烈祠
资料来源：本图及以下4图均为马金生摄于2013年4月21日。

1940年9月20日，国民政府颁布了《抗敌殉难忠烈官民祠祀及建立纪念坊碑办法大纲》与《忠烈祠设立及保管办法》。明令全国各省市建立忠烈祠，标志着忠烈祠从国家号召层面进入实际建设阶段。在整个1940年代，国民政府陆续修建了一批忠烈祠和烈士公墓。②为了较为清晰地对国民党修建的公墓和忠烈祠有所认识，下面将结合南岳忠烈祠兴建与布局情况，进行简单的介绍。

南岳忠烈祠兴建于1940年9月10日，1943年6月底完工，是国民政府为了纪念抗日死难烈士、激励民众的抗日热情而建。忠烈祠坐落在湖南省衡山县南岳半山腰下，整座建筑依山而建，由东南向西北逐级升高，主要由祠宇和墓葬两大部分组成。中轴线上的祠宇部分，依次为前门牌坊、七七纪念塔、纪念堂、致敬碑、祭厅，全长240米，花岗石阶296级，通道、平台将整个建筑群连接在一起。

忠烈祠前门为牌楼式，分三门，呈拱形，各宽5米，花岗石砌筑，顶盖琉璃瓦，

---

① 参见王楠、陈蕴茜《烈士祠与民国时期辛亥革命记忆》，《民国档案》2011年第3期。
② 参见姜良芹、朱继光《抗战胜利后国民政府忠烈祠功能之嬗变：以江苏省为例》，《抗日战争研究》2011年第1期。

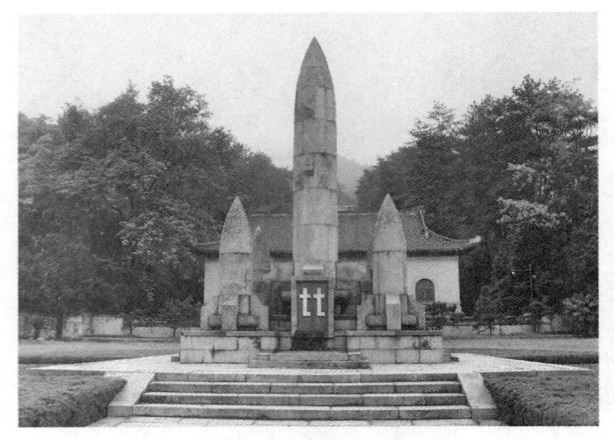

图6-21 七七纪念塔

图6-22 纪念堂侧影

中门上镌刻"忠烈祠"三个大字。入内为七七纪念塔，塔座为正方形，边长为5.7米，塔的四周有四块青石碑，汉白玉雕刻，"七七"二字刻于碑上。塔身由五颗竖置的石雕炮弹组成，中间一颗大的直径为1.2米，四颗小的直径为0.8米，五颗炮弹石雕象征中国汉、满、蒙、回、藏等各族人民联合抗日。"七七"二字，为纪念1937年7月7日卢沟桥事变。

纪念堂为单檐歇山顶，花岗岩石墙，琉璃瓦屋顶，弧顶红漆花格门窗。堂中高3.3米、长11.7米、宽26.5米，堂中竖石碑一块，宽1.26米，上刻"抗日阵亡将士永垂不朽"10个大字。

致敬碑立在一方形圆顶花岗岩石亭中，碑高2.3米，石亭周围砌有石栏杆。祭厅重檐歇山顶，石墙琉璃瓦，石板地面。祭厅正门前悬挂"忠烈祠"木匾一块，系蒋介石题书。厅长19.65米、宽34.6米，厅后正中有一汉白玉牌位，上刻"抗日各战役阵亡将士之灵位"12个大字。厅四周砌有花岗岩栏杆。由纪念堂至祭厅，左右各267级石阶，两边石阶之间的坡地上，有大小长方形花圃18个。

墓葬区内为国民革命军陆军三十七军六〇师、七十四军、五十四军、三十七军一四〇师、十六军五十三师集体公墓。其中，国民革命军陆军三十七军六〇师集体公

图6-23　抗日阵亡将士总神位　　　　　图6-24　纪念堂内入祀烈士碑

墓中葬有 2128 具烈士遗骸。在墓葬区中，还有先后阵亡的国民党高级将领郑作民、陈石经、陈烈浩、罗启疆、胡鹤云、孙明瑾、陈炳炽等人的墓。[1]

从国民政府所建忠烈祠的基本情形来看，在抗日战争时期，国民政府在其统治的地区基本实现了一县建有一座忠烈祠。不过，由于经费缺乏，多数忠烈祠的修建都非常简单，多由旧有祠庙稍予改造而成。尽管如此，国民政府对忠烈祠建设的重视以及对入祀者的严格审查和定期隆重祭祀，[2] 积极地培育了入祀者家属的荣誉感和自豪感，进而极大地鼓舞了中国人民的抗日热情。

抗日战争胜利之后，国民政府所主导的忠烈祠在建设数量上迅速增加，但绝对数量远远低于抗战时期。同时，这一时期所建设的忠烈祠规模一般较大，因此建祠工作进展并不顺利。从入祀者的群体来看，也有部分内战官兵入祀，但显然并不居于多数。并且，国民政府在此时期建设忠烈祠进而实现其党国利益的功能，也与抗日战争时期所要培育的全民族的抗日热情不可同日而语。随着国民党军事上的连连失利，国民党对修建忠烈祠的兴趣也渐渐消失。[3]

---

[1] 相关论述参见冯玉辉《南岳忠烈祠》，《抗日战争研究》1995 年第 2 期；张志兰《抗日陵园：南岳忠烈祠》，《古建园林技术》1995 年第 2 期；金磊《万众仰止的南岳忠烈祠》，《北京观察》2012 年第 10 期。
[2] 根据国民党《忠烈祠设立及保管办法》第八条规定，各地忠烈祠应在每年的 7 月 7 日依公祭礼节举行公祭活动；首都忠烈祠由内政部部长主祭，省（市）忠烈祠由省政府主席或市长主祭，县（市）忠烈祠由县（市）长主祭，乡（镇）设忠烈祠者由乡（镇）长主祭；当地各机关、法团均须参加。更为详细的讨论，请参见姜良芹、朱继光《抗战胜利后国民政府忠烈祠功能之嬗变：以江苏省为例》，《抗日战争研究》2011 年第 1 期。
[3] 参见姜良芹、朱继光《抗战胜利后国民政府忠烈祠功能之嬗变：以江苏省为例》，《抗日战争研究》2011 年第 1 期。

图6-25 国民革命军阵亡将士纪念塔
资料来源：叶兆言等编撰《老照片·南京旧影》，第214页。

图6-26 1934年的正气堂，现灵隐寺内无梁殿
资料来源：叶兆言等编撰《老照片·南京旧影》，第212页。

### （2）烈士公墓

烈士公墓的修建，同样是为了纪念抗战死难烈士。如将国民政府所修建的公墓和忠烈祠两相比较，显然忠烈祠的修建相对而言省时省力，因此占据着绝对多的比重。不过，国民政府毕竟有相对雄厚的经济实力来修建一定数量的烈士陵墓。比如，1932年8月，国民政府军政航空署专门在南京修建了一座颇具规模的航空烈士公墓，以纪念在对日空战中牺牲的飞行员。至今，公墓牌坊、两庑、碑亭、祭堂、纪念堂、坟场等设施，依然留存。此外，在南京灵谷寺内，1935年还建有国民革命军阵亡将士公墓，主体建筑主要有正门、牌坊、祭堂、纪念馆以及纪念塔。阵亡将士公墓建成后，陆续葬入抗战阵亡将士。最早入葬的，为1932年"一·二八"淞沪会战阵亡将士，其中第五军阵亡将士代表50人，第十九路军阵亡将士代表78人，共计128人，象征"一·二八"之意，并各立有纪念碑。目前，纪念碑尚存，但已无一处墓穴。

在国民党所修建的烈士公墓中，不能不提及云南腾冲国殇墓园。腾冲国殇墓园位于云南省腾冲县城西南，始建于1945年1月，竣工于同年7月7日，是全国建立最早的抗战烈士陵园，也是滇缅战区现存规模最大、保存最为完整、最具代表性的抗战烈士陵园，在海内外颇有影响。

1944年5月11日晚，为策应中国驻印军和盟军缅北作战及收复滇西失地，集结于怒江东岸的中国远征军第二十集团军，在总司令霍揆章指挥下，开始了大规模的渡江行动，拉开了滇西反攻战役的序幕。腾冲战役自横渡怒江至克复腾冲县城，经大小战斗 80 余次，历时 4 月有余，共俘日军官 4 人、士兵 60 余人，击毙日军少将指挥官以下 100 余人、日兵 6000 余人。中国军民及盟军为此付出了重大牺牲：远征军阵亡军官 493 人、士兵 8178 人、地方军 497 人，共 9168 人，腾冲民众随军作战及赴义死难者 6400 人，美军阵亡将士 19 人。

为了纪念此次战役中牺牲的抗日将士，在腾冲光复不久，云贵监察使李根源和第二十集团军总司令霍揆章首倡为烈士建立陵园。1944 年 11 月 16 日，腾冲阵亡将士纪念委员会在腾冲成立，霍揆章任主任委员，李根源为副主任委员。陵园的整体建筑布局仿南京中山陵，设计图样由纪念建筑委员会审核确定。陵园由李根源取楚辞《国殇》篇名，称"国殇墓园"，取"为国牺牲的忠烈永垂不朽"之义。

国殇墓园坐落于来凤山北麓、中印公路北线右侧，有大盈江、叠水河瀑布、毗卢寺、龙光台等胜景环列，四周筑有矮墙，占地 5.33 公顷。主体建筑大门、陈列馆、忠烈祠、烈士墓、纪念塔等同列布于沿东北至西南的主轴线上。在忠烈祠后小团坡建有高十余米的纪念塔。纪念塔上部有霍揆章题书的"远征军第二十集团军克复腾冲阵亡斗士纪念塔"，下部有李根源题书的"民族英雄"。

与纪念塔、烈士墓、忠烈祠等相对的大门左侧墙边，筑有含陪祭意义、象征侵略者惨败的"倭冢"一座，内埋有侵腾日军第五十六师团第一四八联队长藏重康美大佐、代理联队长太田正文大尉、桑弘大尉的尸体三具。

在忠烈祠中，悬挂着孙中山的遗像，上有"天下为公"的横额，左右为"革命尚未成功，同志仍须努力"联，下嵌"总理遗嘱"。两侧墙壁上嵌有抗日阵亡将士的名录碑和孙科、陈诚、于右任、龙云等军政要人以及部分爱国人士的挽诗、悼词。祠外枋柱上有于右任、李根源等的题额，以及卫立煌、周

**图6-27　国殇墓园**
资料来源：本图及以下4图均为马金生摄于2016年6月15日。

图6-28 新编第三十八师抗日阵亡将士公墓

图6-29 公墓一角

图6-30 碑林

福成等将领的挽联。廊沿上还立有《忠烈祠碑》、《国殇墓园落成祭文》以及蒋介石签署的《国民政府军事委员会布告》等重要碑记20余方。①

必须指出的是，忠烈祠与烈士墓并不是彼此分割的。在南京国民政府时期的烈士墓中，一般都会辟有专门的空间祭祀死难烈士。比如，在国殇墓园中，便有专门的忠烈祠。此外，位于南京灵谷寺遗址上的国民革命军阵亡烈士公墓中的无梁殿，也被用来作为专门的忠烈祠。无梁殿的四周墙壁上，雕刻着为抗战而牺牲的死难官兵的名字。忠烈祠与烈士墓交相映衬，彼此补充，共同构筑了烈士祭祀空间。

图6-31　国民政府军事委员会布告

## 二　共产党领导的革命根据地

（1）刘志丹烈士陵园

刘志丹是中国共产党陕北红军和陕北革命根据地的创始人之一。1936年3月，刘志丹率领红二十五军参加东征战役，不幸在山西省中阳县三交镇（现属柳林县）战斗中英勇牺牲。由于时局紧张，刘志丹牺牲后被秘密安葬于瓦窑堡城外一处名为水沟坪的山脚下。

为纪念这位杰出的共产主义战士，1940年，中共中央指示西北局和陕甘宁边区政府，在志丹县修建刘志丹烈士陵园。为此，陕甘宁边区政府专门成立了由13人组成的陵园修建委员会。经勘察讨论，陵址选在志丹县城西北炮楼山下一片"面城傍水"的高地上。建筑经费由陕甘宁边区政府筹措1万元，其余经费物资则向志丹县民众募捐。陵园于1943年春建成，历时两年。

陵园的设计者为时任延安鲁艺美术工厂主任的钟敬之。据《志丹县志》记载，在建筑样式上，整座陵园具有浓郁的苏联式建筑风格。建成的陵园有灵堂一座，"灵堂

---

① 更为详细的论述，参见蒋国安、余定方《腾冲国殇墓园建设始末》，《百年潮》2008年第3期。

图6-32　刘志丹烈士陵园

资料来源：本图及下图均为刘志丹烈士陵园提供。

上为灵柩台，下有三室一胡同"。此外，陵园的其他建筑还包括"纪念塔一座，箭头碑4座，石旗杆2根，中共中央领导人题词石碑32通"。[1]

刘志丹烈士陵园的另一显著特征，就是陵园所浓缩的无产阶级革命文化氛围。这一氛围，主要是通过文字建构起来的。由林伯渠撰稿、谢觉哉手书的"烈士刘志丹同志革命事略"碑文，简明扼要地记述了刘志丹短暂而又伟大的革命生涯。中共中央领导人的32通石碑题词，则高度评价了刘志丹为人民、为革命英勇牺牲的革命英雄主义精神。比如，毛泽东的题词"群众领袖　民族英雄"，朱德题词"红军模范"，周恩来题词"上下五千年，英雄万万千。人民的英雄，要数刘志丹"等。此外，陕甘宁边区各界赠送的匾额，也是陵园中的一道文化风景。如延安市商会赠送的"革命楷模"匾额，陕甘宁边区银行赠送的"群众领袖"匾额，以及由延安市市政府、市革会、抗后会一同赠送的"革命先烈"匾额等。

1943年4月26日，刘志丹烈士的灵柩由子长县运回。5月2日，在陵园内举行了声势浩大的公葬典礼。1947年，国民党胡宗南部大举进攻延安，陵园遭到了严重破坏，1952年5月，中央人民政府拨款予以重建。[2]

---

[1]《志丹县志》编纂委员会编《志丹县志》，陕西人民出版社，1996，第618页。
[2]"文化大革命"期间，烈士陵园又遭破坏，贺龙等人的题词碑被毁。到了1980年代和1990年代，烈士陵园又多次大规模修整。1986年，刘志丹烈士陵园被国务院列为全国重点烈士纪念建筑物保护单位。

图6-33 刘志丹将军墓及毛泽东与朱德题词

（2）晋冀鲁豫烈士陵园

1945年4月23日，中国共产党第七次全国代表大会在延安召开。这次大会在通过了新党章和一系列政治、军事决议案的同时，还通过了一份《关于死难烈士追悼大会的决议》。根据大会决议，中共七大代表与延安人民代表决定在6月17日共同举行"中国革命死难烈士追悼大会"。在追悼大会上，毛泽东致《中国革命死难烈士追悼大会悼词》，大会做了《中共七大代表暨延安人民代表追悼中国革命死难烈士祭文》，对为革命牺牲的先烈进行了高度的历史评价并表示沉重的悼念。这次会议还提出了在抗日战争胜利之后建立烈士陵园的构想。为了表达对革命先烈的哀悼之情，毛泽东、朱德、刘少奇、任弼时等中央领导人纷纷为烈士题词，并委托参加大会的晋冀鲁豫边区代表转交边区有关部门。自此，建立烈士陵园，成为晋冀鲁豫边区党政军民的一项重大政治任务。

1946年3月19日，为贯彻中共七大会议精神，晋冀鲁豫边区临时参议会第一届第二次会议在河北省邯郸市召开，边区政府主席杨秀峰在会上提出了建立烈士陵园的号召。3月27日，建立烈士陵园的提案得到了全体参议员的积极响应和热烈拥护，会议一致通过了修筑烈士陵园的五项办法：（1）在邯郸建立陵园，作为总的、代表性的陵园，主要纪念八路军前方总部、晋冀鲁豫军区及一二九师之牺牲烈士；（2）在长治修建陵园一所，纪念决死队及抗战以来所有牺牲的烈士；（3）各个行署，各修建陵园一所，纪念各区党政军民自抗战以来，在各种斗争中牺牲的烈士；（4）由边区成立编纂委员会，凡抗战以来的烈士事迹、人民在斗争中的功劳成绩，均编纂之；（5）建立陵园经费开支颇大，可交由边区政府筹办。①

**陵园筹建经过**

陵园的修筑地址，选在了邯郸市城南原日本东亚神社旧址。1946年3月30日，晋冀鲁豫边区全体参议员到场举行奠基典礼。陵园的建筑负责人为时任隆平县县长的张芥士与晋冀鲁豫边区参议员何如愚。1946年4月，陵园正式动工。因当时并未做出正式的经费预算，按照晋冀鲁豫边区参议会第一届第二次会议精神，暂由边区政府财政厅借支冀钞1400万元，先行开工。截至1946年秋，共修筑全砖石围墙1000公尺，建成宾馆1座，饭厅6间，厨房、厕所各1处，工人宿舍17间，总共开支冀钞1240多万元。1946年秋后，由于国民党军队向解放区大举进攻，邯郸进入全面备战时期，陵园修建不得不暂告一段落。

1947年春，陵园修筑负责人之一的张芥士因工作需要，被调赴边区医院工作，只剩下何如愚等24名职工利用陵园修筑余款150余万元维持现状。1947年秋后，人民解放军对国民党军队转入战略反攻。11月12日，石家庄解放，邯郸局势相对稳定，张芥士又奉命调回陵园工作，准备继续开工。为了推动陵园的修筑，晋冀鲁豫边区政

图6-34 晋冀鲁豫烈士陵园

资料来源：本图及以下7图均为晋冀鲁豫烈士陵园提供。

---

① 《晋冀鲁豫烈士陵园史料》，晋冀鲁豫烈士陵园编印，1978，第32页。

府为陵园拨发小米 150 万斤。1948 年春，解放区不断扩大，边区的政治经济环境进一步好转。到 1948 年 9 月，陵园的大门及两边楼房开始修建。

1949 年春，晋冀鲁豫烈士陵园修筑的全部预算（湖心亭除外）做出，除去前拨的 1400 万元不计外，共需合小米 241 万斤，后华北人民政府又批准拨付小米 91 万斤。在相对稳定的政治环境和较为雄厚的经费支撑下，陵园进入快速修建时期。到 1950 年 10 月，烈士陵园的正门、两边楼房、烈士纪念塔、陈列馆、"四八"烈士阁、左权将军墓等主体建筑完工，同时修建完成湖心亭。因时间仓促，陵园的马路未能按时完工。[①]

**主体设计与建筑风格**

晋冀鲁豫烈士陵园的建筑，有着较为浓厚的苏联风格。陵园的设计者，为时任冀南书店经理的邹雅。邹雅早年毕业于延安鲁迅艺术学院，是中国近代著名的版画家、山水画家。按照邹雅的设计，整座陵园的占地面积为 120 亩，全园共有 8 座主体建筑物，计分 3 路。

其中，中路建大门 1 座，旁门 2 个，大门两侧建大小楼房 30 间。中路的主体性建筑为烈士纪念塔和烈士大公墓。烈士纪念塔高 7 尺 7 寸，台阶周围 72 米，皆用青

图6-35 晋冀鲁豫烈士陵园纪念塔

---

[①]《内务部、省人民政府民政厅对晋冀鲁豫烈士陵园落成典礼的筹备工作、安葬左权将军的准备工作、陵园编制和扩建工程计划经费预算的请示报告及指示的批复》，河北省档案馆藏，档案号：935-1-254。另可参见晋冀鲁豫烈士陵园编《丰碑》，大众文艺出版社，2010，第 62~71 页。

石构筑。烈士大公墓台阶占地5亩，墓基直径为3丈3尺，高亦为3丈3尺。这是中路陵园的主体设施。

西路建大小8间宾馆，专门用以招待拜谒陵园的客人。西路的主体建筑为陈列馆与"四八"烈士阁。陈列馆中有大厅1间，陈列室4间，室与室以走廊相连接。"四八"烈士阁的修建，主要是用来纪念1946年4月8日在山西西北兴县黑茶山因飞机失事遇难的秦邦宪、叶挺、王若飞、邓发、黄齐生等烈士。"四八"烈士阁为六角形，分上、下两层。

陵园的东路，开有一湖，湖中拟建凉亭1座，即湖心亭。湖心亭东西长13米，南北宽9米，背面建有青石桥1座，直通东路的主体建筑左权墓。左权墓的两侧分别建有附墓3座，用来安葬抗日战争时期牺牲在太行山的6位革命烈士，左为冀东抗日联军第三路军政治部主任杨裕民、新华日报（华北版）社长何云、中共中央北方局政权工作部秘书张衡宇，右为冀南银行第一、二任行长高捷成、赖勤以及朝鲜国际主义战士陈光华。①

在上述主体建筑之外，陵园的附属建筑物另拟建草厅、小荷花池、鱼池、花架、水池、办公室、厨房、工人宿舍、花窖、磨棚、厦子门道等共计50处。由于物资紧

图6-36 左权将军墓

---

① 作为中共军队在抗日战争时期牺牲的最高级别将领，左权牺牲后被葬于河北涉县。1950年，晋冀鲁豫烈士陵园主体工程建设完工，左权与杨裕民、何云、张衡宇、高捷成、赖勤、陈光华6位烈士被迁入陵园内安葬。

图6-37　晋冀鲁豫人民解放军烈士公墓

缺，陵园中所需要配置的花木，一部分由晋冀鲁豫民政厅从武安、安阳、永年、隆尧等县代为购买，另一部分则靠邯郸县群众捐赠。[①]

陵园整体上按照邹雅的设计而建，但与邹的设计也有一些出入。建成的陵园分为南北两院。北院以陵园大门、烈士纪念塔、人民英雄纪念墓为中轴线，西侧分布着陈列馆、"四八"烈士阁，东侧有左权将军墓以及杨裕民等烈士的附墓。[②] 陵园的南院，则被专门开辟为烈士墓区，主体建筑为解放军烈士公墓。公墓中，立有1947年由晋冀鲁豫人民解放军全体指战员敬立的"晋冀鲁豫人民解放军烈士公墓"纪念碑。整座烈士公墓分为东墓区和西墓区，埋葬着200多位八路军前方总部、一二九师以及晋冀鲁豫军区团级以上干部以及边区著名战斗英雄。[③]

从落成后的陵园整体风格来看，陵园内既有中国传统的民族古典建筑，也有典型的现代西方纪念性建筑，传统与现代的建筑风格交相辉映，体现着亦中亦西的时代特色。陵园内最具传统民族风格的古典建筑，当属陈列馆和"四八"烈士阁。陈列馆始建于1946年，为古代庭院建筑。"四八"烈士阁为一座双层六角传统塔式楼阁。两者

---

[①] 《内务部、省人民政府民政厅对晋冀鲁豫烈士陵园落成典礼的筹备工作、安葬左权将军的准备工作、陵园编制和扩建工程计划经费预算的请示报告及指示的批复》，河北省档案馆藏，档案号：935-1-254。

[②] 共和国成立后，随着经济建设以及物资条件的不断好转，在烈士陵园北院中轴线的西侧又续建了烈士纪念堂（1952年10月兴建、1954年12月竣工）、左权将军纪念馆（1957年）和张兆丰烈士墓（时间不详）。

[③] 关于安葬于陵园中的革命烈士的姓名及相关事迹，可参见晋冀鲁豫烈士纪念馆编著《晋冀鲁豫英烈》，大众文艺出版社，2007；晋冀鲁豫烈士陵园编《丰碑》，第164~192页。

图6-38 "四八"烈士阁

均为木质建筑。与陈列馆和"四八"烈士阁明显不同的，是烈士纪念塔与人民英雄纪念墓。烈士纪念塔为一高耸入云的现代建筑，圆形台基直径为23米，塔高24米，整体呈方锥形。人民英雄纪念墓则为一半球体纪念建筑，墓高11米，直径为13米。与人民英雄纪念墓正面相对的，还有两组刻有"八路军"、"民兵"的大型石塑群雕。[①]烈士纪念塔与人民英雄纪念墓均为石质建筑，显然意在设施的永续保存并彰显烈士精神的永久传承。

整座烈士陵园充满着无产阶级的革命英雄主义文化氛围。这种英雄主义文化氛围的塑造与展示，主要是通过石刻、题词等来实现的。以烈士纪

图6-39 人民英雄纪念墓

---

① 关于晋冀鲁豫烈士陵园的更为完善的介绍，可参见晋冀鲁豫烈士陵园编《丰碑》，第156~161页。

念塔为例，纪念塔的底座上刻有火纹、云纹，背面刻有火炬、橄榄枝，象征着革命的胜利与和平的取得，要经受住血与火的洗礼。为了革命与和平而前赴后继的志士仁人，也必将在血与火的洗礼中得到永生。纪念塔塔身上部正面刻有红五星，背面则是金色的党徽。纪念塔的最顶端，是一枚直插入云的红五星。红五星与党徽，显然是中国共产党的标志性图案。所有这些图案集中于纪念塔一身，旗帜鲜明地展示着中国共产党的政治理念及其独特的政党文化。

另一种用来塑造与烘托陵园的革命英雄主义氛围的手段便是题词。比如烈士纪念塔塔身正面为毛泽东的题词"英勇牺牲的烈士们千古　无上光荣"，塔身背面为刘少奇的题词"永垂不朽"，纪念塔右侧为周恩来的题词"革命先烈永垂不朽"，塔身左侧为朱德的题词"你们活在我们的记忆中我们活在你们的事业中"，纪念塔两侧的石碑上分别为彭德怀、陈毅、林伯渠、董必武、任弼时等人的题词，题词较为集中。与人民英雄纪念墓相连接的石碑上，同样有着刘伯承、陈毅和徐向前等的题词。此外，左权将军墓的碑亭，也是题词比较集中的一处纪念设施。在碑亭的横额上，刻有谢觉哉的题词"人民共仰"，两侧则是"大节忠贞彪史册，正气磅礴壮山河"的挽联，"左权将军之墓"的碑文则为周恩来所题写。同样，在陵园南院解放军烈士公墓的两侧，也分别有邓小平、刘伯承、聂荣臻、薄一波、张际春以及罗瑞卿等人的题词。[①]可以说，中国共产党第一代党政军领导人的题词，成为晋冀鲁豫烈士陵园的一个重要组成部分。这些题词与各种烈士纪念设施浑然一体，相得益彰，既是对为革命而英勇牺牲的烈士们的一种最高肯定与讴歌，同时也

图6-40　大型群雕"八路军"

---

① 关于中国共产党老一辈无产阶级革命家为晋冀鲁豫烈士陵园的题词，可参见晋冀鲁豫烈士陵园编《丰碑》，第143～147页。

是对革命烈士精神的一种最好诠释与解说。

在石刻与题词之外,陈列馆对陵园革命空间的塑造也起到非常重要的作用。陈列馆分为一厅四室,主要展示了晋冀鲁豫边区根据地建立、巩固、发展以及壮大的过程,在展现边区军民英勇抗日的革命情景的同时,也在不同程度地建构着一种同仇敌忾的革命历史记忆。通过陈列馆进行革命动员的尝试与实践,在民国时期政党政治和政党文化的构建中是一个重要手段,国民党也曾经有过相应尝试。[①]

总之,晋冀鲁豫烈士陵园是中国共产党在建立全国政权前夕,于革命根据地主持修建的一处大型的烈士纪念设施。在政治、经济以及物资条件极端困难的条件下,对于晋冀鲁豫边区政府来说,修建这样一座大型纪念设施显然是一大挑战。不过,这一艰巨的任务在根据地军民坚韧不拔地努力下最终完成了。陵园的建筑兼具中国传统与西方建筑艺术的时代特征,在很大程度上体现了苏联革命纪念建筑物的风格,集中展示了中国共产党的政党文化与政治理念。这与国民党修建的烈士陵园,呈现出了截然不同的风格与特色。

图6-41 陈列馆

---

① 相关研究,参见陈蕴茜《国民党中央党史史料陈列馆与辛亥革命史叙述》,《江海学刊》2013 年第 5 期;陈蕴茜《纪念空间与社会记忆》,《学术月刊》2012 年第 7 期等。

## 小　结

　　在现代西方文明的影响下，北洋政府、南京国民政府在成立后均着手推进殡葬改革。特别是南京国民政府成立后，相对稳定的国内环境，使其能够在大城市中开始建设现代的殡葬服务设施。这些殡葬设施，在建筑形式上不同程度地具有中西兼备的时代特色。此外，民国时期私营公墓的发展蔚为可观，且在运营上颇具特色，具有明显的现代企业化和市场化特征。为了纪念为国家民族的独立解放而英勇牺牲的烈士，国民政府和中国共产党领导的革命根据地政府，也建设了数量和规模不等的烈士纪念设施。烈士纪念设施除了具有这一时期殡葬建筑设施的共性外，本身还展现了鲜明的阶级以及政党文化色彩。当然，与这些颇具时代气息的现代殡葬设施并存的，还有占据着主流的传统殡葬设施，如公所、会馆、义地等。除了大中城市之外，民国时期的殡葬设施，在很大程度上与传统并无多大的区别。对于深受传统文化影响以及经济实力相对有限的普通百姓来说，后者显然更易于接受。殡葬设施的这些特点，深刻地反映着民国时期的时代背景与复杂的历史文化特征。而民国时期修建的各种殡葬设施，也为共和国成立后的殡葬改革提供了一定的物质基础。

# 第七章
# 少数民族的殡葬习俗

除了汉族外，中国还有为数众多的少数民族。由于在信仰、生活习惯等方面存在着诸多差异，少数民族的殡葬习俗不仅各成体系，而且五光十色、异彩纷呈。[①]在漫长的历史发展过程中，随着民族间的不断交流与融合，特别是在汉族文化的影响下，少数民族的殡葬习俗也在不同程度地发生着变化。当然，总体来看，少数民族殡葬习俗的演变是相对缓慢的。即使到了民国时期，少数民族的殡葬习俗依然大体保持着传统的特征。不过，在民族间文化交流以及现代西方文明的影响下，一些少数民族的殡葬活动也增添了不少新内涵。个别少数民族的殡葬习俗，甚至呈现出了与传统截然不同的历史面貌。由于中国少数民族众多，加之殡葬史料相对缺乏，本章主要撷取殡葬习俗发生变化较大的少数民族进行论述，希望尽可能勾勒出民国时期少数民族殡葬习俗嬗变的一般特征。

## 第一节 殡葬习俗的"汉化"倾向

由于少数民族殡葬习俗变化相对缓慢，因此，对少数民族殡葬习俗的论述，如若不将其放到一个相对较长的历史时段中进行考察的话，很难对一定时期殡葬习俗的特征进行归纳。由于民国时期社会经济与文化的急剧变迁，少数民族的殡葬习俗受到了不同程度的影响。相对来看，民族间经济文化的交流，特别是与汉族地区有着密切交往的少数民族地区，由于受到汉族文化潜移默化的影响，使本民族的殡葬习俗发生了不小变化。其殡葬理念、殡葬方式以及葬品葬具等诸方面，都程度不同地呈现出了"汉化"的倾向。

---

① 关于中国少数民族丧葬习俗特征的概括，参见陈华文《丧葬史》，第 211~219 页。

## 一 改行土葬

**藏族**

历史上藏族的殡葬方式,主要有天葬、水葬、火葬和土葬4种。在农业和牧业地区盛行天葬。一般而言,生活在这些地区的每个藏族部落,都会有一个天葬台,逝者的遗体经专门分解后被鹰隼吃掉。火葬实行起来花费较大,因此主要为藏族社会上层以及喇嘛采行。水葬,一般仅限于5岁以下的孩童。至于土葬,藏族从传统上是比较忌讳的,只有罹患麻风病的人,才会被施以土葬,据说这样做是为了防止逝者"再生",因此希望通过泥土使其不能转世。不过,到了民国时期,部分地区藏族的殡葬方式发生了明显的改变。

比如,在四川的汶川、理县的嘉绒藏族聚集区,靠近汉族聚集区的大小金川、理县五屯及汶川草坡、卧龙等乡,传统的葬法本为火葬。由于长期受到汉族生活观念习俗的影响,入民国以后当地藏族开始认为火葬"烧的太惨",逐渐改用土葬,火葬的习俗反而被当地的藏族所摒弃。[①]

**图7-1 藏族的天葬**

资料来源:夏之乾著《中国少数民族的丧葬》,华侨出版社,1991,彩页。

---

[①] 四川省编辑组、《中国少数民族社会历史调查资料丛刊》修订编辑委员会编:《四川省阿坝州藏族社会历史调查》,民族出版社,2009,第231页。

再如，在阿坝地区北部的南坪，由于地近汉族地区，当地的藏族与汉族往来密切。自清朝末年以后，南坪地区藏族进行土葬的现象日益增多。到了民国时期，该地区的藏族对土葬已无恶感，并且在埋葬逝者时也越来越普遍地使用棺材。同样，在阿坝州的理县甘堡屯，当地藏族的殡葬主要有土葬和火葬两种，历史上土葬所用的棺材为立棺，逝者盘脚坐在立棺内。1949年前后，藏族使用的棺材已与汉族相同。[①]

以木棺埋葬逝者的习俗在青海也是存在的。据1934年编辑出版的《最近之青海》一书记载，民国之前在青海生活的"番民"（即当地的藏族），贫穷人家要宴请僧侣为之念经超度，富贵人家则会请寺院中有名的禅师、大佛来为逝者念经超度。超度过后，再将逝者移至野外，然后用火焚烧，是为"火葬"。不过，这一传统到了1930年代，开始出现了变化。资料显示，到了这一时期，已有部分藏民用木棺对亡者进行埋葬。[②]

### 瑶族

改行土葬的习俗，在民国时期的很多少数民族中较为普遍地存在。比如，生活在广西大瑶山上、下古陈的瑶族传统上实行的是火葬。但是，长期与壮族、汉族的交流和相互影响，使瑶族的殡葬习俗发生了几次重大的变化。首先是在壮族的影响下，瑶族的埋葬习俗从火葬变为"停棺烧骨葬"，后又改为"停棺捡骨葬"。在共和国成立前夕，在汉族文化的影响下，当地瑶族的埋葬习俗又改变为一次性土葬。[③]同样，生活在广西大瑶山罗香一带的坳瑶，因接近汉族，并与汉族共村而居，因此受汉族影响非常大。到了共和国成立前夕，这一带瑶族的殡葬仪节已和汉族没有大的区别，即使在棺材的使用上，也与汉族相同。据当地老人回忆，坳瑶历史上本实行火葬，但自近代以来，开始改用深埋捡骨葬。[④]广西大瑶山瑶族殡葬习俗的变化，有力地说明了汉族文化对于其他兄弟民族的深远影响。

### 彝族

生活在云南、四川地区的彝族民众，在相当一段时期实行的也是火葬。不过近代以降，这些地区部分彝族的殡葬习俗也发生了不小的变化。1950年代，据生活于云南巍山县的彝族老人于道明讲述，其曾祖父过世时实行的仍是火葬，但其祖父在

---

① 四川省编辑组等：《四川省阿坝州藏族社会历史调查》，第68、382页。
② 《最近之青海》，民国23年铅印本，引自丁世良、赵放主编《中国地方志民俗资料汇编·西北卷》，第261页。
③ 广西壮族自治区编辑组：《广西大瑶山瑶族社会历史情况调查》，民族出版社，2009，第31、32页。
④ 广西壮族自治区编辑组、《中国少数民族社会历史调查资料丛刊》修订编辑委员会：《广西瑶族社会历史调查》（1），第311页。

民国年间去世时却改成土葬了。①在云南省部分彝族生活的地区，民国年间不仅施行土葬，而且还要请"地师先生"看"风水"，并且请喇叭手演奏哀乐。②生活在云南镇雄县的彝族，大约在清代中期之前，实行的是火葬。但自清中期开始，由于汉族文化的影响越来越深，也慢慢改行了土葬。到了共和国成立前夕，当地彝族的葬俗全部为土葬，而且丧仪、服孝与坟墓的样式等，"悉同汉族"。云南省的宣威县亦是如此，共和国成立不久，当地全部实行土葬，老人对历史上曾经流行的火葬已不能述说其详。与汉族稍有不同的是，当地彝族老人故去后，送葬者要跳一种"脚踩舞"，边舞边歌，追述逝者一生的经历，并祝颂其升天得福。③这一点，显然还是本民族殡葬传统的延续。

图7-2　彝族的火葬
资料来源：夏之乾著《中国少数民族的丧葬》，彩页。

**羌族**

古代羌族的殡葬传统是火葬。《荀子·大略篇》有云："氐羌之虏也，不忧其系垒也，而忧其不焚也"，《后汉书·西南夷传》中也有"死则烧其尸"的说法。由此可见，羌族火葬的习俗，在历史上可谓源远流长。不过，在古代社会历代统治阶级的推动以及汉民族文化的影响下，羌族的这一传统的殡葬习俗也逐渐发生了改变。1950年代，据四川省汶川县雁门乡萝卜寨的羌族老人回忆，在清代中后期，当地的羌族中还普遍盛行着火葬的习俗，并且，每一姓人家都会有自己的火化场地。然而，一百多年来，越来越多的羌族慢慢地接受了"火葬不吉利"的观点，逐渐抛弃了本民族的火葬传统，而改行了木棺土葬。只有对非自然死亡者方实行火葬。此外，由于受到藏族风

---

① 云南省编辑组、《中国少数民族社会历史调查资料丛刊》修订编辑委员会：《云南彝族社会历史调查》，民族出版社，2009，第129页。
② 云南省编辑组等：《云南彝族社会历史调查》，第109~110页。
③ 云南省编辑组等：《云南彝族社会历史调查》，第227、253页。

俗习惯的影响，部分地区的羌族也开始接受了水葬。[①]当然，在汶川县的部分地区，火葬的习俗依然顽强地存在。但相关事例表明，羌族殡葬观念的变化，明显受到了汉族文化观念的影响。

**鄂伦春族**

土葬和风葬，是生活在内蒙古呼玛县的鄂伦春族传统的殡葬方式。传统的土葬，是选取粗大的松木或杨木将整段圆木对半劈开，中间挖空制成棺木，然后将逝者的遗体置入其中予以掩埋。到了民国时期，鄂伦春族开始使用木板制成的棺材，"并且日趋普遍"。当然，用于土葬和风葬的棺木也有所不同。如若是土葬，则棺盖较平；若是风葬，则棺盖中间有脊，以便雨雪从两侧落下。风葬时，多将棺木架在大树或树墩上。树木的选取也有一定讲究，最好选不易腐烂的松树，两棵树之间相距一米左右，在距离地面两米处砍断树干，在上面架放两根横木，再将棺材放置在横木上。遗体的头部，要朝向西南方向。鄂伦春族认为，棺材在空中的放置时间越久越好，如果棺木朽坏坍塌，一般也顺其自然。

鄂伦春族殡葬习俗的变化，并不限于棺材的使用，在陪葬品方面也有不小的变化。例如，历史上呼玛县鄂伦春族非常讲究陪葬，一般逝者生前所使用的饭碗、饭勺、铁锅、弓箭或者针线等，都会一一陪葬。需要指出的是，鄂伦春族历史上还有殉葬马匹的习俗。其做法为在逝者的棺材内，放上一副马鞍，在出殡的时候，将逝者生前骑过的马匹用猎斧劈死，然后扒下马皮，放在棺材的前面。这样做的用意，是让死者的灵魂骑马进入阴间。殉葬马匹的习俗，一直延续到了民国时期。"满洲国"时期，由于伪满政府严厉禁止用马殉葬，马鞍也不许放入棺木之中，因此以马殉葬的习俗，很快就在当地消失了。[②]由此可以看出公权力在与民族习俗相博弈过程中所产生的影响。

**裕固族**

大量的事例表明，是否与汉族杂居，是影响少数民族殡葬习俗变化的重要原因，这在裕固族殡葬历史的变迁中，同样可以得到印证。如生活在甘肃省裕固族聚集区的亚拉格部落与贺朗格部落，与汉族生活地区相对较远。在民国时期，其殡葬以火葬为主。人死之后，一般会停尸两到三天，并请喇嘛、僧家数人或十数人念经超度。出殡之日，由死者亲属和僧人护送，将尸体抬至本家族的固定火葬场地进行火化。三天

---

① 四川省编辑组、《中国少数民族社会历史调查资料丛刊》修订编辑委员会编《羌族社会历史调查》，民族出版社，2009，第17页。
② 内蒙古自治区编辑组、《中国少数民族社会历史调查资料丛刊》修订编辑委员会：《鄂伦春族社会历史调查》（2），民族出版社，2009，第265页。

后，逝者亲属再去捡拾骨灰，装入白布袋中，挖坑埋葬。除火葬之外，裕固族还有天葬的习俗。人去世后，将其衣服脱去，放在家族坟地的大石头上，请喇嘛、僧人念经超度后，再被老鹰吃掉。火葬与天葬，可以说是裕固族相对传统的殡葬方式。不过，在甘肃省酒泉县，生活在黄泥堡地区以及与之相邻的明花区前滩等地的裕固族，因为与汉族长期杂居，深受汉族文化影响，因此在民国时期已基本实行土葬，与当地汉族并无差异。[1]

### 纳西族

生活在云南丽江的纳西族，在古代一律实行火葬。具体做法是用棺木盛尸烧化，焚化后不留痕迹，个别地方用坛子盛骨灰埋葬在坟地之中。火葬的习俗，一直到了清代前期仍为当地纳西人所沿袭。到了乾隆朝中期，伴随着"改土归流"的推行以及当地社会上层的大力提倡，纳西族才逐渐改行汉俗实行土葬。在此后不到二百年时间中，土葬习俗得到了迅速推广。到了民国时期，除了个别山区实行火葬，或者火葬、土葬并行，以及死于非命者实行火葬外，丽江地区的纳西族已普遍实行土葬。[2]

同样，在云南省永宁区加泽乡一带，当地纳西族传统的殡葬方式也为火葬。在当地纳西族村落中，均有固定的火化场，逝者一般会被放在木柴上进行火化。在民国之前，逝者被火化后，其头、手、足、身等部分的少许骨灰被装入陶罐中，放在火化场附近不易被雨淋到之处。未被装入陶罐的骨灰，连同柴灰一起埋入土中。到了1940年代后期，当地纳西族这一处理骨灰的方式发生了改变，他们对骨灰已不太重视，很少有人再会用陶罐盛装，而是将其全部埋入土中。[3]这一变化与汉族文化的影响有一定的关系。

### 壮族

壮族的传统殡葬方式，主要有火葬和土葬两种，在清代中叶之前以火葬为主，清中叶之后，火葬渐趋式微，到了近代以后则改为以土葬为主。壮族的土葬又有"一次葬"与"二次葬"之分。所谓一次葬，又称"大葬"，主要是指在逝者生前即已准备好棺木，并觅得吉壤，在埋葬之后，便不再迁葬。从历史上来看，深受汉族文化影响

---

[1] 甘肃省编辑组、《中国少数民族社会历史调查资料丛刊》修订编辑委员会：《裕固族东乡族保安族社会历史调查》，民族出版社，2009，第33~34页。

[2] 云南省编辑组、《中国少数民族社会历史调查资料丛刊》修订编辑委员会：《纳西族社会历史调查》(2)，民族出版社，2009，第3、33页。

[3] 云南省编辑组、《中国少数民族社会历史调查资料丛刊》修订编辑委员会：《永宁纳西族社会及母系制调查》，民族出版社，2009，第360页。

的当地官员以及一些社会上层人士多采用这一安葬方式。而绝大多数壮族人民则普遍实行传统的二次葬，又称为"捡骨葬"。这种葬法在初葬时，一般采用薄木棺材，将遗体成殓先行浅埋。等到七八年后，在大寒、清明或者择日再开棺捡骨，并用砂纸将尸骨一一擦净，然后按照脚、身与头的次序装入瓦罐或陶坛之中（顺序不能有差错）。装入尸骨的瓦罐或陶坛，被称为"金坛"。按照传统习俗，金坛被葬入祖坟或者公共墓地之中。二次葬的习俗，显然不同于汉族的殡葬观念，因此在清代一直受到地方官员的明令禁止。在政府官员的禁止以及汉族文化潜移默化的影响下，到了民国时期，广西壮族的部分地区逐渐放弃了二次葬的传统习俗，而改用一次葬的葬法。①

### 白族

白族的一个分支——勒墨人，在历史上曾经实行火葬。当勒墨人去世之后，被送至固定的火化场进行火化，然后将骨灰装在土罐内，再葬入本家族的公共墓地。不过，在历史的发展进程中，勒墨人火葬的习俗渐渐式微。到了民国时期，勒墨人已基本实行土葬，火葬只剩下了一些残迹。并且，从火葬的对象来看，主要限于生前患有麻风病、肺病等传染病的逝者。这些人在火化后，不仅不能葬入家族墓地，还要被送到远处深深埋掉。②

## 二 相信风水

在同汉族的长期交往过程中，受汉族殡葬文化的影响，一些少数民族逐渐相信甚至迷信风水。

### 仫佬族

生活在广西罗城县的仫佬族在共和国成立前夕，不仅在社会结构上已与汉民族基本同质化，而且在生活风俗上也受到了汉族的影响。在殡葬活动中，当地的仫佬族非常相信风水，认为人死之后埋葬的地点与生者的富贵、子孙的兴旺直接相关，因此，必须要选择"龙脉好"的地方埋葬。为了选择好的龙脉，仫佬族人会事先请舆地先生看好葬地，如果山向不利，日子不好，便将棺材暂厝于村外坡地，直到选定好吉地吉时方才安葬。另外，当仫佬族有父母去世后，家中遭遇不顺利的事情，便会认为祖坟的风水出了

---

① 该书编写组、该书修订本编写组:《壮族简史》，民族出版社，2009，第139~140页。
② 云南省编辑组、《中国少数民族社会历史调查资料丛刊》修订编辑委员会:《白族社会历史调查》（3），民族出版社，2009，第87页。

问题，一定要拾骨重葬。显然，这一安葬方式也有着明显的汉族文化印记。①

**苗族**

生活在广西龙胜县太平乡地区的伶人，是苗族的一个分支。在和汉族的长期杂居过程中，伶人的生活风俗受到了汉族的影响，民国时期这种影响日渐加深。在殡葬活动中，伶人不仅施行土葬，而且还要立碑。碑文的式样、用词，已与汉族大同小异。当地伶人也笃信风水，埋葬前要请本族的堪舆师"看风水"，以便择地安葬。有长辈去世时，逝者的亲属要戴孝，戴孝时间的长短，会因血缘关系的远近而有所不同，直系亲属要戴长孝，旁系亲属则戴短孝。总体来看，伶人的殡葬习俗，已与汉族基本相同，当然，在殡葬程序中的具体环节也会有一些不同。比如，在入殓环节，当地汉族是用9条麻绳缠腰，伶人则是多少岁缠多少条；出殡时，伶人要用一碗饭一个鸡蛋"辞棺"，汉族则没有；入葬后，伶人要在坟上点7夜的灯，汉族则是第一夜在坟上点，第二夜在半路点，第三夜则在家中点。②

此外，到了民国时期，在贵州省的雷山县掌披地区，当地苗族对逝者的安葬极为重视，绝大多数会根据逝者的生辰与忌日仔细推算安葬的时间，唯恐逝者的灵魂作祟。同样，在凯里县舟溪地区，与汉族杂居的苗族村寨中，孝子在披麻戴孝的同时还要执杖，选择吉地吉时安葬逝者，其殡葬仪式也是深受汉族影响的结果。③

在风水观念的影响下，埋葬方式也会随着时间的推移而发生变化。比如，在贵州省毕节县，大南山苗族长期都是将逝者横埋，即横着山向埋葬。关于横埋葬法形成的时间，历史上并无确切记载。有人认为这与苗族频繁迁徙，以区别汉族的墓地有关。尽管对此众说纷纭，不过最晚在清朝末年开始，当地的苗族认为横埋的埋葬方式会使后人的生活"发不起来"，因此逐渐改为顺埋。到了民国初年，对逝者进行横埋的现象已不多见。④从这一事例来看，毕节县苗族安葬方式的改变，与其受到汉族文化的影响具有密切关系，当地民众认为横埋埋不着"龙脉"、"不利达"等看法和认识，显然是受到了汉族的影响。

在四川省的泸州苗族地区，传统的殡葬方式也是横埋，进入民国后也开始改为顺

---

① 广西壮族自治区编辑组、《中国少数民族社会历史调查资料丛刊》修订编辑委员会：《广西仫佬族毛南族社会历史调查》，民族出版社，2009，第196页。
② 广西壮族自治区编辑组、《中国少数民族社会历史调查资料丛刊》修订编辑委员会：《广西苗族社会历史调查》，民族出版社，2009，第98~101页。
③ 《民族问题五种丛书》贵州省编辑组、《中国少数民族社会历史调查资料丛刊》修订编辑委员会：《苗族社会历史调查》（2），民族出版社，2009，第208、254页。
④ 《民族问题五种丛书》贵州省编辑组等：《苗族社会历史调查》（3），第49~50页。

埋。至于改为顺埋的原因，同贵州毕节一样，也有很多说法。一种说法认为是因为横埋会很快被填平，后人不好找；另一种说法则与汉族风水说直接相关，认为顺埋所占的面积较宽，可以葬到龙脉。① 显然，无论相关解释是否符合实际，四川泸州地区的苗族将横埋改为顺埋，与受到汉族文化的影响是分不开的。

**傣族**

生活在四川省金沙江畔的傣族民众，到了民国时期，也在汉族的影响下，开始相信风水。据调查，稍有一定经济实力的傣族人家，在埋葬逝者时都会请阴阳先生看风水，希望子孙兴旺发达。②

图7-3 苗族的崖洞葬

资料来源：陈明芳著《中国悬棺葬》，重庆出版社，2004，彩页。

## 三 守孝

**仫佬族**

在汉族殡葬习俗的影响下，一些少数民族在守孝的年限上有了越来越清晰的规定。如广西罗城县的仫佬族，在民国时期的守孝年限已和当地汉族相一致。父母故去后，同样要守"三年之丧"。当然，实际的守丧时间并不到三年，父丧为24个月；母丧为27个月，与儒家传统相一致。在为父母守丧期间，要将逝者的灵位供在家中香龛下的左侧，早晚祭祀。除了每月的初一、十五以及节日要焚香并摆放饭肴酒食外，每年的二月初一、七月初一，嫁出的女儿还要穿戴孝服，带上祭品回家祭祀。丧期满后，孝子要请法师来为逝者"打斋"，称为"脱孝"，房族亲友前来祭吊，也要设酒席招待。③

---

① 四川省编辑组、《中国少数民族社会历史调查资料丛刊》修订编辑委员会：《四川省苗族傈僳族傣族白族满族社会历史调查》，民族出版社，2009，第16、76、112页。
② 四川省编辑组等：《四川省苗族傈僳族傣族白族满族社会历史调查》，第189页。
③ 广西壮族自治区编辑组、《中国少数民族社会历史调查资料丛刊》修订编辑委员会：《广西仫佬族社会历史调查》，民族出版社，2009，第236页。

### 壮族

同样,生活在广西百色两琶乡的壮民也有守孝的习俗。当双亲中有人故去后,子女需要戴孝。孝子、孝女身穿白孝服,头戴白包头,戴孝49天。在此期间,孝子不得洗澡、剃头、穿布鞋,并摒除一切娱乐活动。在埋葬的第二天要"圆坟",上供化纸,此后,每逢清明节上坟一次。[①]从相关行为中,可以明显看出其受汉族殡葬习俗影响的特征。

### 畲族

由于同汉族长期杂居相处,民国时期生活在福建、江西、安徽等省的畲族在殡葬习俗上与汉族已无太大区别。比如,福建省罗源县八井村的畲族,在人死之后,请道士、和尚在宗族祠堂中做功德和法事,逝者的子孙则跪在后面念《二十四孝》等;有钱人家的子孙要身穿孝衣,贫困的则头上围块白布;还要打起响器,点香火,烧纸元宝;埋葬前,要请阴阳先生选择墓地。当地的畲族人认为,埋葬逝者的墓地是否为吉地非常重要,得到福地,则福荫子孙,人财两旺;得到劣地,则家破人亡,祸延后世。

不仅在墓地的选择上要选择吉地,还要在安葬时间上选择吉时。在福建福鼎县畲族生活的地区,在入葬前,要置蜡烛于墓内,通过观看火焰的曲直,来测定风水的好坏。埋葬时,视逝者的家庭条件来决定是否做墓。在罗源县,经济拮据的丧家,仅将棺木埋在山上。其大致做法是,在山坡上挖一个洞,然后将棺材推进去,再用石头将洞口封死。有条件的家庭则要凿石做墓,并且在墓中的石壁上雕刻龙纹,用墨涂黑。做一个普通的墓,一般要花费几百元。葬后,将逝者的牌位放入祠堂之中。逝者的子孙则要戴孝49天,壁上戴白布一圈。守孝时间的长短,因地区不同会有差别。比如,在福鼎县,逝者的子孙要戴孝3年,其守孝时间远远超过了罗源县畲族的49天。[②]

## 四 对汉族葬具的接受

除了上述几个方面外,汉族殡葬习俗对少数民族的影响,还有其他方面。比如,一些少数民族对汉族葬具也开始全盘接受。赫哲族在历史上实行的是土葬,很早就开始用棺材埋葬逝者。其殡葬活动,视逝者年龄、家庭经济状况以及社会地位等因素,有着简单和隆重的区别。到了民国时期,长期与汉族有着频繁往来或者共居的赫哲

---

[①] 广西壮族自治区编辑组等:《广西壮族社会历史调查》(2),第228页。
[②] 《中国少数民族社会历史调查资料丛刊》福建省编辑组、《中国少数民族社会历史调查资料丛刊》修订编辑委员会:《畲族社会历史调查》,民族出版社,2009,第173、129页。

族,在殡葬活动中的汉化倾向越来越明显。比如,生活在黑龙江饶河县西林子一带的赫哲族,早年曾自己制作棺材。不过,到了民国时期,他们放弃了这一传统的做法,而是改为从富锦、同江、饶河等城镇中的棺材铺购买棺木。此外,同汉族一样,赫哲族也格外重视"送魂",通常会举办隆重的送魂仪式。赫哲族之所以曾经自行制作棺木,可能有着经济等方面的多重考量。不过,由于受到汉族殡葬习俗的影响,赫哲族可能已经完全接受了汉族的殡葬用具。这样的推论,应该是能够站住脚的。①

## 五 上坟祭祖

上坟祭祖,是汉族的一项非常重要的祭祀活动。在少数民族地区,由于与汉族杂居的程度不同,有的民族很早地就有了这一习俗,有的则一直到民国时期,祭祖也没有成为一种风俗。比如,生活在云南省潞西县、陇川县的景颇族,一直要到民国初期,当地的土官才开始上坟祭祖。在土官的影响下,也有景颇族百姓上坟祭祖的,但并不普遍,根本谈不上是一种风俗。不过,当地景颇族的殡葬习俗已经发生了一定的变化。②

其实,对于杂居或者说相邻而居的各个民族来说,在生活习俗上往往是相互影响的。一个民族如若与几个民族杂居一域,在习俗上也会受到多民族的影响。比如,生活在青海的互助、民和、乐都和大通等县的土族,因和汉族、藏族杂居,又信仰佛教,因此在殡葬习俗上既有同汉族民众相近、相同的一面,也有与藏族习俗相近的一面。因受汉族或藏族文化观念影响程度的不同,这些地区的殡葬习俗也彼此存有差异。比如,在互助县,除了对死亡的孩童进行天葬外,一般都是火葬。火葬的仪式,具有浓厚的藏族文化色彩。逝者被脱去衣服,使其成蹲状,两腿交叉,双手合十,头上套有黄布的"布日拉",然后装入火葬轿内。火葬轿,特别是老人的火葬轿做得都非常精致。轿子的大小为仅能蹲一个人,样式如同宫殿,称为"一间转伞",表面精心雕刻有"悬梁吊柱"和各种花卉图案,并用油漆着色。在喇嘛和有威望的老人诵经后,装有逝者的火葬轿被放入村庄附近的火化坛中火化。死者火化的速度越快越好,被认为是到西天成佛了。火化后的第三天,骨灰被取出暂埋,等到第二年清明时,再将骨灰转埋坟地。而在民和县,除了对死亡孩童、产妇和无子女者进行火葬外,一般都是

---

① 黑龙江省编辑组、《中国少数民族社会历史调查资料丛刊》修订编辑委员会:《赫哲族社会历史调查》,民族出版社,2009,第259页。
② 云南省编辑组、《中国少数民族社会历史调查资料丛刊》修订编辑委员会:《景颇族社会历史调查》(4),民族出版社,2009,第99页。

土葬。在民和县的三川地区，土族人死后，都用棺木成殓土葬，完全和汉族相同。[①]

同样，生活在广西大瑶山中部、北部和东北部的茶山瑶，因与汉族和壮族相邻，因此在安葬习俗上也受到了后两者的影响。比如，民国时期茶山瑶有着"停棺捡骨葬"、"浮厝捡骨葬"和"深埋捡骨葬"三种葬法。其中，停棺捡骨葬多见之于长洞地区，当地本为火葬，后来才改用此种葬法。而停棺捡骨葬与瑶山边境象州县的大乐、中平一带的壮族相同，可以看出是受到壮族丧俗影响的结果。浮厝捡骨葬主要见之于长洞地区的平道乡一带，这里为茶山瑶和壮族共居之处，可见也是受壮族影响的结果。至于深埋捡骨葬，则主要见之于大瑶山的长二、六段地区，其在二次葬时非常注重堪舆，则可看出是受到了汉族的影响。[②]总体来看，当地瑶族从历史上的火葬改变为后来的土葬，这一趋势还是清晰可见的，显然是受到了汉族和壮族的双重影响。

相对而言，对于少数民族来说，汉族的文化影响显然要强势很多。不过，少数民族之间的影响也不可小觑。比如，生活在广西罗城县的仫佬族和壮族，在殡葬习俗上也有相一致之处。如人死之后三年"除灵"，孝子、孝女49天后才能理发、梳头，以及下葬时要由"地理先生"抛一只公鸡入坟等。这些习俗表明，当地的仫佬人和壮民之间在风俗上相互交织，但究竟是谁影响了谁，由于资料的缺乏，现在已很难做出确切的结论。[③]此外，我们还应看到，即便是同一民族，因地理方物的不同，彼此之间在习俗上也会有所差异，即所谓"十里不同风，百里不同俗"。比如，同是生活在广西大瑶山地区的花篮瑶，龙华与六巷的习俗就彼此不同。而龙华地区的花篮瑶和金秀一带的茶山瑶，因地理相近，在葬式上则很相近，都是采用火葬或者停棺捡骨葬。[④]

## 第二节　外来宗教对殡葬习俗的影响

少数民族的殡葬活动，在很大程度上与其鬼神信仰、自然崇拜、宗教信仰等具有极为密切的关系，特别是宗教信仰，对于少数民族的殡葬活动影响至深，甚至可以说，民族宗教信仰的样态与特质，直接决定着各该民族殡葬习俗的文化特征。比如，萨满教之于蒙古族、伊斯兰教之于回族、佛教之于藏族等。在这些民族的殡葬活动

---

[①] 青海省编辑组、《中国少数民族社会历史调查资料丛刊》修订编辑委员会：《青海土族社会历史调查》，民族出版社，2009，第107页。
[②] 广西壮族自治区编辑组等：《广西瑶族社会历史调查》(1)，第309页。
[③] 广西壮族自治区编辑组等：《广西仫佬族毛南族社会历史调查》，第196页。
[④] 广西壮族自治区编辑组等：《广西瑶族社会历史调查》(1)，第310页。

中，萨满、阿訇与喇嘛完全主导着仪式的展开。相对于其他民族而言，蒙古族、回族和藏族的殡葬活动，有着鲜明的民族宗教文化特征。也正是由于有着不同宗教信仰因素的影响，少数民族的殡葬习俗才形形色色、各具一格。不过，随着近代社会的急剧变革，特别是外来宗教的广泛传播，中国边疆地区少数民族的自然崇拜、宗教信仰受到了不同程度的冲击，不可避免地波及了少数民族生活习俗的方方面面。外来宗教对一些少数民族信仰的冲击，有的甚至是颠覆性的。在外来宗教文化的影响下，一些民族的殡葬活动也随之发生了变化。相对来看，在外来宗教的影响中，又以基督教对少数民族生活习俗的影响为巨。

基督教传入中国的历史，最早可追溯至唐代。到了明末清初，西方传教士的来华数量日益增多。到了近代，随着中国日益沦为半殖民地社会，西方传教士在中国的活动范围也越来越广泛，传教事业也随之不断深入。到了 20 世纪初期，传教士已然活跃于东北、西北和西南边陲，并对边疆民族社会文化生活的诸多方面带来了深远的影响。[①]对于相关少数民族殡葬活动来说，这种影响也是不可低估的。

长期生活在中国东北以及内蒙古地区的鄂温克族，原本信奉的是萨满教。到了近代，随着沙皇俄国对内蒙古和东北地区的蚕食，东正教的影响在这些地区逐渐渗透。东正教的牧师极力攻击萨满是"鬼"而不是"神"，不会给信奉者带来幸福，多方劝诱萨满教民众改信东正教。在东正教牧师的软硬兼施之下，一些鄂温克族民众逐渐放弃了原本信奉的萨满教，而改信东正教。信仰的变化，使鄂温克人的殡葬活动也随之发生了改变。在鄂温克族传统的殡葬活动中，萨满主导着整个殡葬仪式的过程。然而，在改信东正教后，萨满在殡葬活动中的主导地位，逐渐让位于神父。总体来看，东正教对鄂温克民族殡葬活动的影响是多方面的。

比如，在内蒙古的陈巴尔虎旗莫尔格勒河流域生活的鄂温克人，由于受到东正教的影响，当有人亡故后要请教士为逝者念经引路。在用一种名为"刚噶"的草煮水清洗逝者的遗体后，为逝者按季节换上衣帽，男人戴新帽，女人则戴头巾。逝者在家中停放时，头部要朝向西北，足部朝向东南，足跟处还要放置一幅耶稣神像。入棺时铺褥并铺白布，遗体也要蒙上白布。鄂温克人在接触东正教之前，实行的是风葬，即用

---

[①] 近年来，学界关于基督教在中国历史特别是近代史上的传播及其所产生的影响的研究，取得了不小的进展。研究表明，西方传教士不仅在广西、浙江和云南等省有着积极的活动，同时在新疆、蒙古、贵州西北苗族地区、台湾高山族地区、怒江傈僳族地区以及彝族地区等少数民族居住区和偏远山区，都有活动。具有代表性的论著，可参见顾卫民《基督教与近代中国社会》（上海人民出版社，2010）等。相关论文，可参见王丽发表在《首都师范大学学报》（2004 年增刊）上的《近十年基督教在华活动研究综述》一文。

桦树皮或苇子、席子等包裹遗体,然后悬挂在树木之上或者放置于木架上。在东正教的影响下,鄂温克人逐渐改行土葬,在教士的念经引路下,丧家用车将棺木送到坟墓附近,然后由四人抬至坟墓,在教士的念经声中予以埋葬。埋葬后,丧家还要到教堂进行登记,记录死者的姓名、年龄和死亡日期。

在额尔古纳旗生活的鄂温克人,由于受到东正教的影响,在殡葬活动上也呈现出了与陈巴尔虎旗类似的特征。在东正教的影响下,当地的鄂温克人也改行土葬。遗体经清洗后,同样要被换上白衣服,放进铺上毯子的棺材之中。与遗体一同放入棺木中的,还有被打坏的逝者生前使用过的烟袋、杯子、水壶等物品。此外,还会在棺木中放上一个耶稣像和四块点心。民国时期生活在额尔古纳旗的鄂温克族依然过着游牧生活,因此并没有固定的坟地,不过,一般都会选择在小山头上安葬逝者。埋葬之前,要请神父念经;埋葬后,则按东正教的习惯,在逝者坟前树立一个十字架,作为信仰基督教的标志。十字架的制作,也会因逝者的年龄、性别的不同而有所区别。[①]可以看出,鄂温克人的殡葬活动,在很大程度上已有了鲜明的基督教文化特征,这与其传统的殡葬习俗有着不小的差别。

生活在海南岛五指山地区的黎族,也受到基督教的影响,殡葬活动出现了一些变化。该地区的黎族原本信仰原始宗教,祖先崇拜、自然崇拜尤为突出。在殡葬方面,黎族实行土葬,多以家族为单位埋葬逝者。非本族者,不得入葬公共墓地。在1920年代前后,基督教的影响开始渗透到这一区域。在传教士的说教下,一些黎族民众改信基督教,逐渐按照基督教的教义和行为方式生活。特别是信教者不断被灌输"上帝是大家的父母的思想",使黎族的原始宗教信仰受到了巨大冲击。与此相伴随的,黎族的殡葬活动也受到了不小影响。在改信基督教之后,黎族人死后不再埋葬在传统氏族墓地,而是与其他基督教信众埋葬在同一块墓地之中。[②]显然,在基督教的影响之下,以血缘纽带为核心的传统社会受到了巨大的冲击。由此一来,当地黎族的殡葬活动与殡葬习俗,也便不可避免地被打上了鲜明的基督教烙印。

另据研究发现,生活在中国台湾地区的屏东县筏湾村的排湾族,在人死之后采取的是葬于住宅之内的屈肢葬形式。不过,随着基督教的传播,在抗日战争胜利之后,排湾族传统的殡葬礼仪浸染上了相当浓厚的基督教色彩,传统的宅内屈肢葬,也改为

---

① 关于鄂温克人丧葬传统及其受东正教的影响,可参见内蒙古自治区编制组、《中国少数民族社会历史调查资料丛刊》修订编辑委员会:《鄂温克族社会历史调查》,内蒙古人民出版社,1986,第79、100、229~230页。
② 《海南黎族苗族自治州保亭县毛道乡黎族合亩制调查》,第119、129页;《海南黎族苗族自治州黎族合亩制调查综合资料》,第45~47页,转引自夏之乾《中国少数民族的丧葬》,第160~161页。

了室外的直肢葬。①尽管基督教在台湾地区的传播时间并不很长,却在较短的时间内改变了排湾族传统的葬式葬法,足见其强大的影响力。

当然,也不是基督教所到之地,都会使中国的少数民族放弃传统的殡葬习俗,毕竟传统的文化心理与习俗,不是短时间就能够被一种异质文化所改变或者替代的。在中国西南地区,同样由于基督教的深入传播,致使生活在该地区的民众在殡葬活动中出现新变化。比如,在19世纪末20世纪初,基督教传入了云南的怒江地区,居住在这一带的一些傈僳族、怒族民众,逐渐改变了传统信仰而改信基督教,并在很多村寨之中建立了教堂。可是,一直到共和国成立前夕,同是生活在这里的勒墨人(白族的一个分支)却没有人信仰基督教。其原因就在于如若信仰了基督教,信徒便不能抽烟、喝酒,不能烧香祭鬼、祭祀先人,而这些教规,恰与勒墨人的传统习俗相悖。在传统习俗的作用下,基督教最终也没有对勒墨人产生足够的吸引力。②

此外,一些曾经信奉了基督教的少数民族,也会因客观情况的变化而出现"反教"的情形。比如,生活在云南省泸水县四排拉底村的村民,全部为傈僳族,有着传统的鬼神信仰。在1930年代,基督教传入四排拉底村。传教士宣传信教的人,在死后可以升入天国享受幸福,不信教的人在死后则不能复活。在传教士的多方鼓动下,四排拉底村的傈僳族全部信仰了基督教。不难想象,其殡葬礼俗也必然因此而发生改变。不过,在后来流行的一次大瘟疫中,傈僳人祷告上帝却并无任何效验,不由得对上帝产生了深深的怀疑。自那次祷告之后,越来越多的傈僳族人开始反教,回归传统的鬼神信仰,相关的殡葬习俗,也一并回归传统。③

上述事例表明,外来宗教对中国少数民族文化产生了巨大影响。对于一些民族和地区的殡葬习俗来说,这种影响可能是颠覆性的。像内蒙古地区的鄂温克族以及生活在海南岛的黎族,便属于这一情形。而傈僳族中的"反教"情形,也显然是在另一个层面证明了这一点。当然,外来宗教对于一个民族传统习俗的影响,也并不都是如同黎族和傈僳族那样非此即彼。对于一个民族来说,可能更多的是在外来宗教与本民族原始信仰的相互作用下,殡葬习俗出现某种程度的变异,从而兼有传统与外来文化的某些典型特征。

比如,在云南省盈江县大幕文乡宝石岭岗一带生活的景颇族,在民国时期已深受

---

① 石磊:《筏湾:一个排湾族部落的民族学田野调查报告》,转自夏之乾《中国少数民族的丧葬》,第160~161页。
② 云南省编辑组等:《白族社会历史调查》(3),第88页。
③ 《民族问题五种丛书》云南省编辑委员会、《中国少数民族社会历史调查资料丛刊》修订编辑委员会:《傈僳族社会历史调查》,民族出版社,2009,第110页。

汉族文化的熏陶和影响，在埋坟、献坟等仪节上，都要请汉族的阴阳先生为之择日。当地景颇族人多信鬼，每年每户都要举行祭鬼活动，除去婚丧以及疾病专门祭鬼外，还要先后举行8次。进入1920年代，基督教传入了这一地区。对于一般民众而言，由于祭鬼的经济压力很大，致使一些景颇人开始信仰基督教，也有身患疾病但在祭鬼后仍然不愈的人，改信了基督教。在1946年，宝石岭岗地区建立了基督教教堂。依据基督教教规，信教者每逢星期天均不事生产，专门去教堂进行礼拜。颇具意味的是，这一时期的信鬼户和信教者出现了相互影响的情形。信鬼户在祭祀鬼时，信教户会帮助提供祭品，只是不参加祭祀。在祭鬼活动中，信教户也会前去帮吃。甚至有的信教户在亲人逝世时举行"送魂"仪式，显然，这是与基督教的教义及相关要求相背离的。此外，信鬼户看到信教户星期天休息，于是也在星期天休息。[①]相关案例，生动地反映出在外来文化的影响下，地域传统民族文化是如何因应并进而发生变化的。这种文化上的交互影响乃至习俗的改变，对当地景颇人的影响是不可小觑的。

## 第三节　部分殡葬习俗的消亡、简化与革新

通过上述的讨论，可以看到，民国时期少数民族的殡葬习俗确实在发生着变化。这种变化，很大程度上与汉族文化、外来宗教以及民族自身社会文化的演进等因素是分不开的。此外，这一时期的少数民族殡葬活动，也出现了与新的时代气息相呼应、相一致的某些特征。在民国政府的倡导以及西方文化的影响下，一些少数民族的殡葬活动在逐渐朝着现代殡葬文明而发展。传统的，特别是一些野蛮的殡葬陋俗逐渐被摒弃，有着鲜明时代特征的现代殡葬设施、用具和用品，在少数民族地区推广。

### 一　部分传统殡葬习俗与禁忌的消亡

殉葬，是一种非常野蛮的殡葬行为。在一些少数民族地区，用奴隶陪葬的现象一度存在。比如，在清代时期，生活在云南德宏地区的景颇族便曾发生过两次杀死奴隶殉葬的事情。一次是弄丙山官功代利死后，其子命令一个"准"（奴隶）去清扫墓穴，趁其不备将奴隶杀死陪葬；另一个是陇川县邦瓦寨第二代山官功陆

---

[①] 云南省编辑组编等:《景颇族社会历史调查》（3），第125~126页。

离世，也曾杀死一名奴隶为其陪葬。①不过，到了民国时期，这一野蛮的做法已基本绝迹。代之而起的，是这一做法的某种变种。比如，生活在四川大凉山地区的彝族，当地首领死后在火化之前，要举行一种象征性的殉葬仪式，由一名奴隶手牵马匹，站在奴隶主的大门首高声歌唱，意味着在丧礼完毕后唱歌的奴隶也将死去，到另一世界去为逝者所驱使。这显然是殉葬的一种象征性行为，比真的杀死奴隶陪葬要文明一些。

一些少数民族的殡葬仪式，到了民国时期逐渐消亡，个中原因，可能与这些仪式过于繁琐相关。比如，生活在贵州省台江县反排村寨中的苗族，在年过六旬、有孙男孙女的老年人过世后，埋葬的当天晚上有一个"脚夏娄"的活动（唱老歌酒会）。这个活动中的歌词、曲调与酒歌相似，能够连唱通宵，歌词中还有一段专门用来叙述猫头鹰和野猫叫因何要死人的神话。在共和国成立后的民族习俗调查中，当地村寨60岁以上的老人，很少有人见过这种活动。据巫梭寨的一杨姓乡民回忆，"脚夏娄"的活动，仅在1932年前后见过，后来便消失了。②通宵达旦的歌唱活动，对于人们的生产生活必然会带来不同程度的影响，类似活动之所以会消亡，这无疑是一个重要的原因。

相关资料表明，随着时代的发展，到了民国时期，一些少数民族的殡葬禁忌逐渐发生了变化。

比如，生活在广西大苗山一带的侗族非常看重逝者的入殓与埋葬时间，必须要选择吉日，特别是中等以上之家，尤为重视。对于"死不逢时"的人，在入殓后还要放到野外架木上停放，等到所谓吉日时方能入土。不过，这一习俗到1940年代后期逐渐消失了。③

又如，在贵州省雷山县掌披地区，当地苗族村寨对于自缢死亡的人，在1930年代前后多用火葬，因为人们认为自缢而死系"吊死鬼"在作祟，而火葬能够将鬼一并烧死。这一习俗后来也逐渐消失了。④

再如，生活在云南省勐海县巴卡囡贺开村寨的拉祜族，当孕妇难产或者产后不久即死去时，有着一种奇怪的"天葬"习俗。其具体做法是，当孕妇死去后，婴儿要用布包裹起来，放入一个小竹箱之中，然后悬挂到产妇坟墓旁的树枝上，如无树枝，便

---

① 参见《云南德宏傣族景颇族自治州社会概况》，转引自夏之乾《中国少数民族的丧葬》，第147页。
② 贵州省编辑组：《苗族社会历史调查》（1），贵州民族出版社，1986，第190页。
③ 广西壮族自治区编辑组、《中国少数民族社会历史调查资料丛刊》修订编辑委员会：《广西侗族社会历史调查》，民族出版社，2009，第180页。
④ 《民族问题五种丛书》贵州省编辑组等：《苗族社会历史调查》（2），第210页。

搭建一个木架,等到婴儿死后,也一并埋葬在其母墓地的脚下方。据当地人说,这样的事情在民国年间只发生过一起。在这一案例中,丈夫也因悲伤过度而辞世,村人遂将其房屋一并拆毁。①这说明这一习俗在勐海县拉祜族已渐趋绝迹。

## 二 部分殡葬活动的简化与趋新

无论是汉族还是少数民族,殡葬习俗无不随着历史发展而变化。有的开始比较简单,到了后来渐趋复杂;有的则是因为过于复杂,而逐渐简化。总体来看,殡葬习俗仪式的简化是一大趋势。一些少数民族的治丧活动,到了民国时期也出现了明显的简化以及向现代殡葬文明变革的倾向。

在殡葬仪式的简化方面,如广西东兰县那烈乡壮族的殡葬活动便呈现出这一特征。据调查,在清代之前,那烈的富裕壮族人家,有人去世后的第二天便要请道公来开道场,送逝者归天成佛,第三天即出殡安葬。当天要宰杀牛和猪,并要备酒,宴请前来送丧的亲戚朋友。逝者的儿子中还要有一人戴孝49天,穿孝服、戴孝帽和孝带,守在牌位前烧香焚纸,在此期间,不能从事生产,一直要到孝期满,请来道公除孝、剃头发、脱孝服,然后才能吃荤和出门生产劳作。贫困人家因经济实力有限,不开道场,也不请客,亲邻近友、叔伯兄弟帮忙抬棺下葬即宣告了事,孝子守孝21天。到了民国时期,无论是富贵人家还是贫困人家,丧仪已明显简化。一般而言,富贵人家有人故去仍要开道场,烹制牛羊,招待吊客。不过,孝子戴孝的时间则已缩短为21天。贫困之家同样不开道场,孝子戴孝7天就可以参加劳动。②

广西环江县毛南族的殡葬仪式,在民国年间有了明显简化的趋势。毛南族的殡葬,对于父母长辈或者年满36岁的逝者,是相当隆重的,一般会在家停丧三至五天,有的甚至会停丧七天,然后才安排出殡安葬。在停丧期间,有着一套相当繁琐的仪式。以出殡前后为例,出殡前,丧家先以香花、茶果、木耳、竹笋、糍粑为供品请道公为亡灵"开路",以便逝者顺利与祖先相聚。这时,孝男要解开捆绑尸体的胶纸,同时举办隆重的"打斋",并将之视为是否孝顺父母的标志。道公挂起三宝、十王和灶王像,念咒诵经,超度亡灵。第一天为"初供",有的要供三天三夜,称为"满供"。个别富有之家举办的道场,连祭七天七夜。出殡的当天早晨,道公手抓白米念

---

① 云南省编辑组、《中国少数民族社会历史调查资料丛刊》修订编辑委员会:《拉祜族社会历史调查》(2),民族出版社,2009,第69页。
② 广西壮族自治区编辑组等:《广西壮族社会历史调查》,第158页。

诵符咒，并将白米撒向将被宰杀的猪、牛。孝子在亲友陪同下，手持大纸钱，并带上新割下的三五斤肉和报丧时一样赶到舅父家，请求舅父早来主持丧仪。舅父到来时，孝子们要手持死者灵牌或招魂幡，提前到村口迎接。出殡时，丧家门口要摆设两张八仙方桌，一张放烟、茶、糖、酒、木耳、竹筒、糍粑、米饭和纸钱、宝烛；另一张则摆满猪、鸡、鸭肉以及用纸绘制的鱼、龙、鳖、兔等。孝子跪在灵前磕头，舅父则领唱悼词，由司仪主持祭奠，念诵祭文等。一系列的仪式完毕之后，方可以出殡。到墓地后，道公还要为逝者念诵祭词，最后安葬。这一系列繁琐的礼仪，不仅会使生者疲于应对，同时也在很大程度上增加了殡葬的花费。因此，当地的毛南族有意识地简化殡葬仪式，并取得了良好效果，"至解放前夕，已逐渐松弛从简"。[1]

在传统殡葬仪式简化的同时，一些少数民族地区的殡葬活动也出现了趋新的倾向，挽联、挽幛以及公墓等现代殡葬用品、殡葬设施，在一些少数民族地区开始出现。

挽联、挽幛和讣告是进入近代社会之后，特别是在民国时期的城市中广泛使用的殡葬形式，这些新的具有时代意义的殡葬形式，在民国时期也出现在少数民族的殡葬活动中。比如，生活在东北延吉地区的朝鲜族，在民国时期殡葬活动的主体程序并未有多大变化，仍然沿袭着袭（穿寿衣）、"净身"、殓（用麻布或绢等将遗体捆十二道后装殓，放入棺木中）、"成服"（逝者家属或亲戚披麻戴孝）以及出殡等传统仪式。在出殡之前，逝者的亲友还要携带钱物等前往吊唁。不过，到了1930年代以后，在吊唁环节开始出现了变化。在出殡之前，除了传统的物品之外，前往吊唁逝者的亲友也逐渐流行赠送挽联、挽幛。这种吊唁形式的出现应该是受到了汉族的影响。[2]

又如，广西宜山县洛东乡的壮族村落，在民国时期的治丧活动中就已有了讣文。特别是在讣文的结尾，"照例要写出孝子孝孙及弟侄辈的姓名和服制"。如果逝者的长子已经故去，那就需要将长孙的姓名排在次子的名字之前，并写明是"承重孙"，以此来表明这场丧事是由承重孙主持的。这与汉族沿袭已久的以嫡长子为正宗继承的宗法制度是完全一致的，说明宜山县洛东一带的壮族深受汉族文化的影响。[3]

---

[1] 广西壮族自治区编辑组等：《广西仫佬族毛南族社会历史调查》，第45~47页。
[2] 参见《朝鲜族简史》编写组《朝鲜族简史》，民族出版社，2009，第273页。
[3] 广西壮族自治区编辑组等：《广西壮族社会历史调查》（5），第68页。

关于现代公墓，如本书相关章节所示，南京国民政府曾在全国范围内推广现代公墓建设，并在内地大城市取得相当成效。在国民政府的积极推动下，边疆地区也开始出现了现代公墓。尽管在数量和规模上，边疆地区的公墓建设要远逊于内地，但对于少数民族来说，这一现代殡葬建筑所产生的影响也是不可小觑的。民国时期新疆维吾尔族生活的地区，便出现了现代公墓。

图7-4　侗族的停棺待葬
资料来源：夏之乾著《中国少数民族的丧葬》，彩页。

维吾尔族主要分布于西北地区，在相当长的时间内过着游牧生活，因此，其民俗在很大程度上有着游牧民族的特征。以埋葬为例，维吾尔族的埋葬习俗为"以土为台，置尸其上，或修墓，或掩以土，墓上插青杨枝，上缚记认之物"，"用以作重游之记认指标"。到了1940年代，仍有很多地区的游牧民族沿袭这一习俗。不过，在接近城市的一些维吾尔族生活的地区，"已有公墓之建筑矣"。① 现代公墓之所以能够在维吾尔族聚集的地区落地生根，与当地政府的推动是分不开的，而更重要的是，这也与维吾尔族传统的安葬习俗并无抵牾之处有关。

## 第四节　较为普遍的殡葬高消费

民国时期少数民族在殡葬消费上呈现出了一种较为普遍的特征，即不同程度的高消费。不仅仅是社会上层，即使一般民众的殡葬花费，也呈现出了日趋攀升的趋向。

**壮族**

民国时期壮族的殡葬消费，相对来说是较高的。这种情形，体现在丧事活动的诸多环节中。比如，停丧时间的长短，便与丧家花费有着正相关关系。广西大新、凌乐

---

① 丁世良、赵放主编《中国地方志民俗资料汇编·西北卷》，书目文献出版社，1991，第345页。

两县的壮族地区,从平民到土官,停丧时间从七天到半年不等,花费颇巨。

至于停丧的久暂,则看丧家的财力而定。一般停丧有七天至九天的,有时乡村比圩镇隆重,纵然倾家荡产也要大搞一场。有钱的停十多二十天。土官官族起码停丧一两个月至半年。李光犹的妻子死了就停丧半年,其礼仪之隆重、浪费之大可想而知。农民家贫也要打斋一两天才出殡。出殡要择好日子,预先选好"佳城吉地"方可出殡。①

在广西东兰县那烈乡,富裕人家办丧事,"这天要杀一两头牛、肥猪两三头,备酒两三百斤宴请来送丧的客人(亲戚朋友),客多到三四百人"。根据当地的葬俗,一种是将棺材埋入地下,堆土成坟,此后永远不再移动;另外一种则将棺材放在地上,搭上茅棚盖好棺材,三年五载之后,将干骨头捡抹干净后装入金罐中,请地理先生再择地安葬,"富人迁坟这一天,杀牛宰猪各两三头,备三、五百斤白酒、烧酒,亲戚朋友三五百人来送丧,大吃两餐才散,浪费极大,对生产和生活影响不小"。②

在广西宜山县洛东乡,富裕之家在父母故去后,还要在出殡前"打斋"。打斋时,逝者的亲友房族都会照例前来吊孝,丧家不免要设宴招待,因此耗费很大。一个中等生活水准的家庭打斋一天,至少要耗费100斤猪肉、200斤饭米和酒水。如果打斋三天,所耗肉米则要增加两倍。包括打斋在内,一场丧事下来,所需要的肉米酒等显然会更多。比如,在广西环江县,一般的壮族之家,一场殡葬费用折合大米600~800斤。③如果是富裕家庭,花费往往会成倍上涨。比如,在广西百色地区,一般富贵之家,所请的道公有二三十名之多,所用的丧幡就有数种名目,至少要8天才能埋葬完毕。广西西林县那劳区维新乡首屈一指的岑姓(岑春煊家族)大地主去世时,竟用了12天的时间来料理丧事。由于要打斋,道公请了三四十名,吊唁者有五六百人,附近屯寨的人家带着礼物都去帮忙。在出殡之时,"各种黄幡有上百支,纸糊的仪仗有数百种,人的行列长达三四里"。④

---

① 广西壮族自治区编辑组:《广西壮族社会历史调查》第4册,广西民族出版社,1987,第101页。
② 广西壮族自治区编辑组:《广西壮族社会历史调查》第5册,广西民族出版社,1986,第164页。
③ 广西壮族自治区编辑组等:《广西壮族社会历史调查》,第67、224页。
④ 广西壮族自治区编辑组等:《广西壮族社会历史调查》(2),第185、228页。

### 藏族

民国时期的青海藏族聚集地区,经办丧事所需开支也相当之大。共和国成立后不久对该地区的调查发现:

> 如果遇有疾病死亡,其开支更为惊人。如建科日贫苦牧民才项家原共有大小牛十五头,今年正月父死,十月妻死,共花了牛六头,现在只剩七头(病死二头),生活相当困难。夏知布于1949年有十几头牛,妻死念经后,只剩下两头老牛,并因活佛算卦,连住的帐房家具等都拿到赛乃亥寺贱价卖光了,现只有小帐房一顶。①

在四川省汶川、理县的嘉绒藏族聚集区,由于受到汉族文化的影响,稍微富有之家,无不铺张举办丧事。藏族上层人家有人逝世,因为要念经,至少要花三五百银元。有的人家三年的积蓄,一天之内就花费完了。在四土一带,因丧事费用花销之大,竟流传着"不怕生、但怕死"的话。一场丧事对于普通民众意味着何等的压力,由此可见一斑。②

### 回族

民国时期的一些回族生活地区,丧事上的花费同样也很大。在云南省寻甸县,当地回族人逝世后,按照宗教教规,逝者家属需要缴纳一种"已斯科钱"。③这笔费用对于一般民众来说,负担是很重的。在当地流传着"人死不吃饭,家产去一半"的说法。一般贫穷之家在缴纳这笔钱后,甚至会倾家荡产。在1950年代所做的调查中,据回民丁恒兴回忆,当年他的母亲去世时,按照教规要缴纳"已斯科钱",他只得将自家仅有的田产变卖,才将母亲安葬。由于家中的田地没有了,失去了赖以生存的生产资料,全家人只得靠给外人帮工过活。另有一个名叫张建有的回民,他的母亲去世后,前后则花掉了277元。一个名叫张良清的回民,在其母亲去世后,不得不卖掉三间房子,才缴足了"已斯科钱"。④这笔费用,已然成为一种变相的剥削。

### 彝族

在彝族地区,相对繁琐的殡葬仪式也使得殡葬开支费用很大。比如,广西崖投的

---

① 青海省编辑组:《青海省藏族蒙古族社会历史调查》,青海人民出版社,1985,第31~32页。
② 四川省编辑组等:《四川省阿坝州藏族社会历史调查》,第233页。
③ 所谓"已斯科钱",指的应是回民在归真后,交给清真寺用以赎罪的钱。
④ 云南省编辑组:《云南回族社会历史调查》(1),云南人民出版社,1985,第38~39页。

一位王姓地主病殁后，停丧6天才出殡。参加出殡仪式的人来自远近的10多个村寨，有二三百人。为了招待这些人，逝者家中杀牛2头、大猪2头、小猪12头、羊10头、鸡20只，准备玉米900斤、大米二三十斤、酒数十斤。并且，各寨的人前来吊丧时，还会各带一个5人的吹鼓队。①彝族殡葬活动花费之高，一直到了共和国成立后也没有改变多少。

### 水族

生活在贵州省的水族，在殡葬习俗上有着隆丧、厚祭、久祀的传统，并且，这一传统从清代向民国的历史演进过程中，呈现出了愈演愈烈的态势。到了民国时期，水族的隆丧厚祭发展到了巅峰阶段。为了表达对逝者的追念，家属会尽其所有为逝者搭建石棺坟墓和大型石碑。此外，在出殡之前，还要为逝者举行一个盛大而复杂的名为"开控吊丧"的活动。依据规模大小，开控问吊有"特控"、"大控"、"中控"和"小控"之分。特控，又称"恐腊"，其花费尤其为大，仅有大户人家方能负担。举行何种吊丧活动，自然要视丧家的经济条件而定。在吊丧活动中，还要唱丧歌、雕刻石碑、跳斗角舞等，由此产生了许多职业性或半职业性的歌手、乐器手。开控吊丧活动对汉族文化的输入和小商贩的经济贸易也产生了不可估量的影响。大规模、大范围的吊丧活动，对水族地区的经济文化发展产生了深刻的影响。②

### 仡佬族

民国时期仡佬族的丧事花费，也让普通民众备感吃力。如在广西隆林地区的仡佬族中曾经流行一种"打牙陪葬"的习俗。逝者的灵柩一般要留在家中1~3天，富裕人家还要请道公来开7天7夜的"道场"，请人吹唢呐、打锣敲鼓。不仅如此，仡佬族还流行杀牛祭父母的"帮丧"。逝者或者逝者的亲朋拉着羊或牛到丧家宰杀，意为祭丧。其中，羊（牛）的1/4将用于丧事用餐，3/4则被原主带回，但羊（牛）的费用却要丧家承担。有的人家竟然要杀掉牛羊85头之多，其中丧主自家的只不过几头而已。③这种帮丧的习俗，在很大程度上已变成了一种对丧者家属的"盘剥"，是仡佬族人的一种沉重负担。此外，在死者去世后第二年的2、3月间，还要举行"修新坟"的墓祭活动。丧家要将猪、羊拉到坟地进行宰杀，亲友也要将活鸡带到墓前杀掉。一般而言，"修新坟"时来客有三四十人，最多则可多达一二百人。对于丧家来说，要

---

① 广西壮族自治区编辑组：《广西彝族、仡佬族、水族社会历史调查》，广西民族出版社，1987，第115页。
② 该书编写组：《水族简史》，民族出版社，2009，第149页。
③ 广西壮族自治区编辑组：《广西彝族、仡佬族、水族社会历史调查》，第115、172页。

招待数量如此之多的宾客,也免不掉一笔不菲的费用。

### 仫佬族

生活在广西罗城县的仫佬族在有人故去后,按照民族习俗需要做水陆道场超度亡魂,当地人称之为"打斋道场",相关花费非常之大。打斋由法师来做,一般有十多个步骤,分别为开坛、请灵位、请三包、请圣人、灶王沐浴、封棺、装粮、签押、进笼出煞、安灵、送圣。打斋时间长短要视丧家经济条件而定。普通民众一两夜,富裕之家则要四五夜。打斋期间,同族亲属都来丧家帮办丧事,"内上房全家大小都来,外上房也要来一两人",丧家要供给酒食。如果家族姻亲众多,"这些房族每餐就有十桌八桌,一直吃喝到安葬为止"。如果丧家稍显吝啬,不肯请家族姻亲吃喝,不仅会受到社会舆论的谴责,甚至还会被人投以石块打烂屋瓦。在民国年间,罗城县下李乡谢村便曾发生过一起这样的事件,在当地产生了很大的影响。[1]打斋期间,丧家与内上房小辈都要吃素,一直到安葬完毕,法师为逝者安放灵位后才可"开斋"吃荤。除去丧家与内上房小辈,其他亲朋可以吃肉。一场道场下来,有的要吃掉500~1000斤猪肉、1000~2000斤谷子,"耗费很大"[2]。在出殡的当日,同样需要耗费一笔不小的费用。一个相当于中农的人家,在出殡当天要办20~30桌酒席,耗费猪肉200~300斤、酒100斤、米400~500斤,再加上黄豆、蔬菜及其他用费,是一笔不小的开支。即便是赤贫之家,尽管打不起斋也办不起酒席,但也必须请法师"开路",请房族亲邻抬棺埋葬,至少也要耗费稻谷一两担。[3]这种耗费给当地的农业生产和民众生活,都带来了很大的影响。

### 苗族

"杀牛献祭"的习俗,在民国时期很多少数民族中都很流行。这一习俗,对少数民族生产生活的影响也是很大的。在广西隆林县的苗族地区,即有此风俗。杀牛献祭,发生在埋葬逝者之前一个名为"起卡"的环节。在"起卡"这一天,逝者被抬到屋外的道场上,由一位"较老行的人牵一头牛过来",环绕逝者9圈,向右5圈,向左4圈。然后,将牵牛的绳放到逝者手中,牵牛的人口中念念有词:"我活着是人,你死了是鬼。现送一头牛给你,你给一千头牛回来",然后将牛杀掉。亲戚送来的牛,也在这一时刻宰杀。当地一般民众在丧事中,最少要杀掉三四头牛,地主或者较为富

---

[1] 广西壮族自治区编辑组等:《广西仫佬族社会历史调查》,第236页。
[2] 广西壮族自治区编辑组等:《广西仫佬族毛南族社会历史调查》,第195页。
[3] 广西壮族自治区编辑组等:《广西仫佬族社会历史调查》,第236页。

裕的人家，宰杀牛的数目会更多，当地大地主杨登鹏的外祖父去世时，便宰杀了100头牛。这显然是一笔不小的开支。①这一习俗，在四川省叙永县的苗寨中同样存在。据调查，当地每当有人去世，一般人家也要杀牛两三头、猪一两头。②同样，在贵州雷山县苗人村寨中，至少60%的中等以上人家，在男性死后都要杀牛，如果是富裕人家，除了杀牛之外，还会宰杀其他牲畜。③

除杀牛献祭之外，苗族丧家还有其他方面的大宗支出。比如，在贵州台江县反排苗人村寨，当母亲去世后，儿子要向舅家交付一大笔钱。当地苗语称之为"西奋"，即"人头钱"。"西奋"钱，根据逝者家庭经济条件而定，大洋8元、10元、12元不等，至少也要6元。如果逝者家中贫困，"则以田地抵偿"。这笔交付舅家的"西奋"钱虽无一定期限，但必须交付，一两年甚至更长的时间都可以，也可延至下一代。对于一般民众来说，这是一笔不小的开支。④

显然，如果再加上其他环节的花费，整个丧礼下来，费用是相当高的。在四川省筠连县，1949年，联合乡五村的苗族熊富明办丧事做斋，杀了2头猪，用酒200斤，吃掉苞谷2石、黄豆3斗，用去布4件，请了72桌酒，花费4000元，收到丧礼1000元。苗族王文才的父亲去世，杀了2头牛，办了40桌酒席。六村的苗族王世超做斋也杀了2头猪，用酒110斤，消耗苞谷1.5石、黄豆2斗、布2件，请酒40余桌。珙县罗渡乡苗族李世贵的曾祖父去世，杀了1头牯牛，又负债买了1头牛来杀祭。不久，李世贵的曾祖母去世，同样照此办理。在债务未清之际，李世贵的祖父母又去世了，同样需要献祭，因实在承担不起殡葬费用，最后李世贵"全家破产"。⑤

**白族**

在民国时期，白族的殡葬活动费用也很高。比如，生活在云南大理的白族，用于殡葬活动的花费便相当可观，这一方面，体现在停丧期间的花费上。如果停丧时间长，吊唁的人员众多，殡葬费用自然会是一笔不小的数目。如因家族、姻亲和乡绅的干涉，导致迟迟不能发丧，花费会相当巨大，"不少人家为操办丧事被逼的卖田、卖房，弄得倾家荡产"。另一方面，则体现在丧礼宴请和送礼上。尽管来客多少不一，但一般的人家都会请上六七十桌。请客从停柩的第四天开始，首请的是帮助料理丧事

---

① 广西壮族自治区编辑组等：《广西苗族社会历史调查》，第75页。
② 四川省编辑组等：《四川省苗族傈僳族傣族白族满族社会历史调查》，民族出版社，2009，第47页。
③ 《民族问题五种丛书》贵州省编辑组等：《苗族社会历史调查》（2），第209页。
④ 《民族问题五种丛书》贵州省编辑组等：《苗族社会历史调查》（1），第178页。
⑤ 四川省编辑组等：《四川省苗族傈僳族傣族白族满族社会历史调查》，第113页。

的人，然后才是亲戚朋友。在出殡那天，所有的亲朋都要来送葬，也要请客。而且，凡参加送葬的亲友都要送礼，送礼的轻重主要与死者及其家属的亲疏程度相关，经济条件的好坏倒在其次。礼金从四五元到百元不等，考虑到当地的经济条件，数额不可谓不高。①

如果是白族上层人物，这种花费会更为巨大。在云南大理宾川县，曾经发生过两次大规模的丧事。一次是在民国初年，清末的拔贡、宾川州教谕、笔山书院院长张汝钦去世，一猪二牛三羊都还不够一餐宵夜之用。另一件是在 1940 年代末，清末乡绅张丕显去世。因张家素有威望，负责为逝者撰写行述和签点逝者灵位的鸿题官、签点官分别为宾川县的赵道尹和滇军著名将领杨如轩。到张家吊唁的宾客有省、专区、县的官绅，甚至连国民党要员何应钦都送了挽联。原属宾川县的康廊、挖色两个乡镇的大小官绅都参加了送葬。为了应付规格如此之高、数量如此之大的吊唁队伍，大城曲下三登整个保（约300户）的子弟，全部做了招待。因吊唁人员众多，张家昼夜待客，凡来吊唁者不论何人均得孝布并可随意就餐。张家七座大四合院都用来待客。客席分官席和民席两种，官席全部为煎炒，几冷几热，大盘小碟；民席则为八大碗。送葬队伍长达数里，规模之大，轰动一时。这两场丧事各自用去猪、牛、羊数百头，大米数百石，钱上万元。②

白族的分支、繁衍生息在怒江傈僳族自治州碧江县洛本卓区的勒墨人在去世之后，有着"祭鸡送魂"、"砍猪撵魂"与"砍牛出殡"的习俗，在殡葬花费上亦是不少。"砍猪撵魂"，在停尸期间每天的早、午、晚三顿饭前都要举行。开饭前，丧家要拉出一头两三拳大的小猪，将四只脚捆住，头朝天吊着，抬到死者面前祭祀。一天三顿饭，要举行三次"砍猪撵魂"仪式。经济不富裕的家庭，不得不尽量缩短停尸时间以减轻负担。相对于"砍猪撵魂"，"砍牛出殡"对一个家庭来说压力更大。据记载，勒墨人在出殡前，要举行非常隆重的砍牛仪式，送葬的亲友全部都要参加。丧主牵出一头黄牛，用细麻绳拴住牛的左耳，绳的另一端系在死者手中，意为让逝者牵牛上路。在一系列的仪式过后，牛被宰杀。勒墨哈伯村努吉的母亲去世，总共砍了六头牛，杀了十几头猪，花费之大，可见一斑。勒墨人一场丧事下来，耗费是相当大的，已成为普通民众的沉重负担。当地甚至流传着"死人办丧，贫困三年"的说法。多年辛苦攒下来的积蓄，在一场丧事过后，很可能会全部耗尽。不过，出殡砍牛的习俗在

---

① 云南省编辑组等：《白族社会历史调查》（3），第 217、334 页。
② 云南省编辑组等：《白族社会历史调查》（3），第 333 页。

共和国成立后有了改变,出殡大祭已不再砍牛,而是以一头大猪替代,"这是勒墨人在殡葬习俗上的一点小改革"。①

**哈尼族**

生活在云南省勐海县的哈尼族,在殡葬方面的花费同样惊人。据调查可知,共和国成立前,当地的哈尼族人最为看重殡葬礼仪,"最隆重的葬礼要杀猪12口、公母牛各1头,送给'毕摩'(巫师)马1匹;中等的葬礼要杀猪6口、牛1头;最薄的葬礼也要杀猪一、二口"。在所杀的牲畜之中,还要求必须有一口母猪,"以母猪作为死者在冥世繁殖小猪之用"。②

**傣族**

傣族殡葬活动的花费也颇为可观。特别是傣族的上层人物死后,殡葬的规模和耗费相当之大。比如,1927年,云南景洪地区傣族宣慰使刀承恩去世,各勐土司、头人以及全景洪坝的祜巴、佛爷、和尚都来会葬,整个殡葬活动中的用品有:

黄布袈裟十四套;大银盒十四个,每个重四两四钱;银匙十四个、银筷十四双,每双筷子盒每个汤匙各重二两二钱;银盅十四个,每个重二两二钱;银幡十四个;金幡十四个;金花八朵,重三钱。

用作象征性的殉葬物有:

老象一对、管家人二个、马二匹、金银鞍各一套、大金盒一个、金碗一个、银水壶一个、银桌龛一个、银桌子一张、银碗四个、银饭盒一个、银痰盂一个、银盒子一个、银汤匙一个、银筷子一双、银烟袋一个、银烟枪一套、金伞一对、包银矛杆六对、包银长刀三对、银箍马枪十二支。③

在这些用具之中,除了老象和管家人由宣慰家用银子象征性赎回外,其余全部都要供给佛爷与和尚。由此可见,傣族上层社会人士去世后的殡葬费用是何等的高昂。

---

① 云南省编辑组等:《白族社会历史调查》(3),第86~87页。
② 云南省编辑组:《哈尼族社会历史调查》,云南人民出版社,1982,第121页。
③ 刀国栋:《西双版纳傣族的封建法规和礼仪规程》,转引自夏之乾《中国少数民族的丧葬》,第145~146页。

第七章　少数民族的殡葬习俗

**布依族**

在贵州省镇宁县扁担山地区的布依族，到了民国时期，其殡葬习俗与汉族已无太大的区别。不过，在殡葬仪节上，"砍戛"最富民族特色。"砍戛"的习俗，需要用牛和许多物品，耗费极大，只有富裕人家才办得起。据调查得知，在整个民国时期，当地凹子寨分别在1926年、1936年、1938年、1942年和1944年做过六起"砍戛"。"砍戛"用牛1头，牛的品种不论。买不起牛的，可以用猪替代。除了必备的牛或猪外，还需要有旗杆（用整棵斑竹制成）、纸马（同真马一般大小）、纸伞、纸轿（比真轿略小）、纸旗（一般为六面，分大中小三种，旗为三角形）、猪羊各1头（猪一般二三十斤）、祭席1桌（至少为8碗6盘，一般是8碗12盘，富裕者有16碗30盘的）以及香、烧纸、蜡烛、火炮若干。上述物品一般由长女婿准备，次女婿以下仅送猪1头、祭席1桌。若长女婿早亡，则由长孙女婿准备。没有女儿的，则由嫡堂侄女婿准备。这一习俗，据说与布依族人担心遗体会被一种鸟吃掉的传说相关。"砍戛"用牛或猪，就是以此代替逝者喂食那种鸟的。[①]

**景颇族**

对于民国时期景颇族的普通百姓来说，殡葬方面的花费同样是一个沉重的负担。比如，生活于云南陇川县邦瓦寨的景颇族，在逝者去世后一般要在家中停放三到五天不等，有的甚至要停放七天。依照当地的习俗，停尸期间，本寨或者临近村寨的青年男女都要不分早晚到丧家跳"戎洞妥"和"布滚歌"，丧家则要热情地予以接待。因为在当地人看来，到丧家跳舞的人越多，时间越长，说明丧家在当地的人脉与社会影响力越强。此外，如果村寨有人故去，寨中的人家无论贫富，都要前往丧家送礼凭吊。举办一场丧事，一般要杀好几头牛，很多贫穷人家因此而背上债务，有的甚至会倾家荡产。[②]

**黎族**

民国时期生活在海南岛的黎族，在殡葬活动上的花费也是不菲。根据1933年上海神州国光社出版的《海南岛志》可知，凡黎族人死后，一般停柩六七天方开始开奠。如果亡者有女婿，则其女婿必须要延请道士对逝者进行超度，且要"大设科仪"，"一二日夜方奠基，自死日至开奠期，富者费三、四百元，贫者亦须费百元"。在会葬之时，女婿还要设酒席招待亲朋故旧，名为"做营"，"所费亦需百数十元"。除去这

---

[①] 贵州省编辑组、《中国少数民族社会历史调查资料丛刊》修订编辑委员会：《布依族社会历史调查》，民族出版社，2009，第83~84页。
[②] 李景熠：《陇川县邦瓦寨景颇族的婚娶和丧葬》，转引自夏之乾《谈谈我国少数民族地区丧葬习俗的改革》，《民族研究》1985年第3期。

些花费，丧家还有一笔不菲的花销，那就是建筑坟墓。当地黎族在建筑坟墓上崇尚高大，即使是普通的"田舍翁"，"筑墓费有达千余元者"。[1]从开奠到埋葬，一场丧事下来，花费之巨可想而知。

### 瑶族

在广西都安县瑶族聚集地区，有着"开丧打斋"的习俗。开丧时间一般为一天一夜，富有之家则要三天三夜。一般人家要杀猪、羊和鸡作为祭品，富有人家还要宰杀牛

图7-5 瑶族的丧葬
资料来源：陈明芳著《中国悬棺葬》，彩页。

和马。一场丧事下来，起码要用肉100斤、酒300斤、玉米150斤。有的富裕之家，一场丧事能够用酒、肉和米各四五百斤。极为贫苦的人家，也要杀1只羊、几只鸡。[2]生活在广西田林县的蓝靛瑶，较富裕人家的老人故去，一般要牛两头（每头约100斤）、猪1头（约100斤），此外还要买鞭炮、蜡烛并提供酒饭等。生活在该县的盘古瑶，一般的殡葬费用也很高，计杀牛1头（100斤）、猪2头（各60斤），酒20斤，米200斤，布匹约50丈。[3]有的富裕之家，甚至会杀牛六七头。如广西南丹县大瑶寨何老元的母亲去世，因家庭比较富裕，竟杀了7头牛用来祭祀。如此之高的殡葬费用，对贫苦之家的压力是很大的。在民族习俗的影响下，即使极贫之家，也鲜有一头牛不杀的。逝者从五岁孩童到七八十岁的老人，都要杀牛祭祀。[4]为了办理丧事，有的家庭甚至会举债度日。[5]

生活在广西富川县的瑶族，在殡葬中的花费也相当之大。富川县的瑶族分为平地瑶和过山瑶两种。平地瑶的社会经济条件要明显好于过山瑶。这种差别，也体现在了殡葬花费上。据初步统计，平地瑶举办一场丧事，大概要消耗掉大米700多斤、酒100多斤、猪肉100余斤。而过山瑶在举办丧事中的花费则要少一些。一般而言，过

---

[1] 《海南岛志》，载丁世良、赵放主编《中国地方志民俗资料汇编·中南卷》（下），第1103页。
[2] 广西壮族自治区编辑组等：《广西瑶族社会历史调查》（5），第312页。
[3] 广西壮族自治区编辑组等：《广西瑶族社会历史调查》（5），第105页。
[4] 广西壮族自治区编辑组等：《广西瑶族社会历史调查》（1），第55页。
[5] 比如，据1950年代的调查，在广西上林县正万乡瑶族聚集地区，一场丧事要花掉4000块铜板。贫寒之家为了办理丧事，便向地主借债。因料理丧葬而负债的瑶族家庭，为数很多。参见广西壮族自治区编辑组等《广西瑶族社会历史调查》（5），第36页。

山瑶的一场丧事消耗大米与酒各 200 多斤、猪肉 100 来斤。如若考虑到当地的生产力发展水平,不能不说用于殡葬的花费已相当之大。①

**门巴族**

对于有着宗教信仰的少数民族来说,殡葬活动中的花费有相当一部分会被宗教组织拿走。比如,西藏地区的门巴族信仰藏传佛教。当有人故去时,在人死后的 21 天里,要念经 4 次。其间,逝者家中只能买肉,不能杀生。富裕之家以及有社会地位的人家要用火葬,从念经到火化的费用是相当大的,"耗费的粮食往往在 15~17 筐之多"。普通百姓,一般只念一两次经,也要消耗掉 5~10 筐粮食,"办一场丧事,往往要欠债,一两年之后才能还清"。除了丰盛的酒食之外,还要给喇嘛送财物,家庭富裕的,要送一头牛给念经的喇嘛,即使是贫穷的家庭,也要送上钱财或者家里比较贵重的铜镯等物品。②

**京族**

生活在广东湛江的京族,对父母和长辈的丧事很是注重。一般来说,当有长辈故去时,子女都要为逝者修斋作道,称之为"做功德"。做一次"功德",一般需要 1500 斤以上的谷子,富裕人家往往修斋三昼夜,称之为"做大功德",一般贫苦人家,只能做一次,因花费巨大,有的人家往往会变卖家产,甚至举债度日。③

**普米族**

西番,是普米族的旧称,为羌族的支系,世代生活在云南永宁一带。西番的殡葬习俗颇具民族特色,整场丧礼的花费也很大。因普米族信仰藏传佛教,整个殡葬程序主要由喇嘛主持。丧家要送礼于大喇嘛,礼物的轻重依丧家的经济条件而定,"富者送金若干两、银若干两、牛马若干头(匹)、猪若干口、茶盐布匹若干数,或以百计,或以十计,费至几千元,用其死人之遗产而超度其亡魂"。④一场丧礼下来,逝者的大部分财产进入了喇嘛寺之中。

综上所述,民国时期少数民族殡葬花费较高,多与各该民族较为典型的殡葬程式有密切的关系,比如相对较长的停丧习俗、砍牛祭祀习俗以及其宗教信仰等。此外,

---

① 广西壮族自治区编辑组等:《广西瑶族社会历史调查》(5),第 106 页。
② 西藏社会历史调查资料丛刊编辑组、《中国少数民族社会历史调查资料丛刊》修订编辑委员会:《门巴族社会历史调查》(1),民族出版社,2009,第 59 页。
③ 广东省民族研究所、《中国少数民族社会历史调查资料丛刊》修订编辑委员会:《广东海南少数民族社会历史调查资料汇编》,民族出版社,2009,第 253 页。
④ 云南省编辑组等:《纳西族社会历史调查》(2),第 164 页。

汉族殡葬观念也有相当重要的影响。而一些地区经济社会的发展，也使得少数民族地区相对较高的花费成为可能。

## 小　结

　　与传统社会相比，民国时期少数民族的殡葬习俗，在总体上依然未脱离其传统特征，不过在诸多方面也发生了程度不同的改变。一方面，其殡葬活动增益了诸多新的时代内涵与文化内容，呈现出了与传统相异的一面。另一方面，一些少数民族的殡葬传统，在时代大潮的冲击以及自身的调整下，也趋于简化甚至消亡。这种改变如果历史地看，有些是长期的民族经济文化交融、发展的结果，最终使之在民国时期得到了"显化"；有些则与剧烈的社会变动以及中西文化交融的时代背景密切相关。这些变化都成为民国时期中华民族殡葬文化的重要组成部分，并进而对共和国成立后的殡葬改革带来了较为深远的影响。

# 第八章
# 殡葬组织

无论是农村还是城市，殡葬对于一个家庭或家族而言，都是一件大事。举办殡葬事宜，需要置办必不可少的棺材、锡箔和坟地等，需要招待吊唁和送葬的亲朋好友，这些都要耗费大量的钱财，而这是一般的贫困农家所难以负担的。在城市里举办殡葬事宜，还需要占用一定规模的空间，而这又是生活空间狭窄的普通城市居民难以做到的。对于客居异乡者而言，一旦身故他乡，其殡葬事宜更是难以举办。对于富有者来说，则希望将丧事办得风风光光，以彰显家族实力和社会地位。这些不同处境下的殡葬事宜，在民国时期主要是通过各种殡葬组织而得以实施。本章将主要介绍民国时期的各种殡葬组织及其相关活动。

## 第一节　殡葬合作组织

对于民国时期的一般农民而言，一生中最重要的三件大事分别是结婚、殡葬和建房。[①]这三件大事都要耗费大量钱财，如果实在贫困乏力，建房、结婚尚在其次，而殡葬则是不可避免。在中国这样一个极其重视孝道的社会中，对于长辈的殡葬是否尽心尽力直接关系着后代子孙的社会声誉。在相信人死后会继续在阴间生活的信仰氛围中，人们认为，殡葬事宜会影响死者在阴间的地位和生活，进而影响生者的家族兴衰。因而，中国人无论贫富都会想方设法为亡者提供一个力所能及的安置。对于那些处于社会底层的普通农民而言，单凭一家一户之力，根本无法办理丧事，组织起来互

---

① 李纪如：《广西农村中固有合作的调查》，原载《新农村》1934 年 7 月 15 日、9 月 15 日，引自李文海主编《民国时期社会调查丛编（二编）·社会组织卷》，福建教育出版社，2014，第 59 页。

帮互助便成为民国时期农村社会举办殡葬事宜较为普遍的形式。

据学者研究，"民国时期几乎各省农村都有丧葬互助组织"。例如北京附近乡村的福寿会，"多则四五十人，少则十余人，凡父母健在者均可参加，会员每年出资5元，交与会首，转放生息，会员之家如有终老丧事发生，即由会费内支付居丧之家若干元，予以金钱之帮助"。山东济南一带农村的福寿会也是如此，"由商家组织者，会员入会，年纳会金10元，会员中有父母去世者，则可得会银120元为治丧费"。"如果丧事多，则由商家预付；如无丧事时，则由商家用款生息"。安徽宿县农村有三种形式的殡葬合作组织：一种是"喜忧会"，"会员平时定期缴纳定额货币，会员有喜丧时支用"；一种是"老人会"，"会员年交不定额货币，有丧事时，实行经济援助"；还有一种是"棺材会"，"每个会员交入会费3元，另年缴会费6元，购置棺材，以备老人去世时使用"。上海附近农村的"丧亲友社"，"社员为邻里相熟并有老人者，各出资2元，以为会费，存入可靠之处生息，有丧事之社员，可以支用"。江苏溧阳的长寿老人储蓄会"也是一种丧葬互助组织"，明确规定"所蓄之款，专为平民老人身故丧葬之费，不作别用"。[①] 广西农村中的益友会，"系由小康之家组织而成，人数不一定，欲加入者只须交纳会金，即可入会，股金5元、10元不等，将会员之股金放出生息，至若干年后，以所得之利息，轮流补助会员之遇有婚丧、建筑大事"。[②] 上述殡葬互助组织的共同特点是会员需要缴纳会金，殡葬组织利用会费放贷生息，然后由会金和利息支付会员的殡葬费用。这种殡葬互助组织的功能，实际上更类似于一个微型银行，为普通农民提供储蓄生息的服务。而参加这种殡葬组织的会员，大多应为"小康之家"，平时能够稍有结余以供储蓄。

更为典型的殡葬互助组织，一般是会员家中有丧事时，其他会员才出钱出物，甚至出力以助之。如河南开封一带的"忙会"，"遇有会员有丧事时，由其通知会首，会首再书面通知其它会员送面粉和银元相助"。[③] 陕西洛南地区的"孝义会"议定："一户有丧事，其余各户均送火纸一斤，大米四升，煤炭八十斤，豆腐十五斤"。[④] 广西农村的"老人会、援老会、十友会、八家会、保寿会、长寿会、长老会、寿老会、月三会、慈善会、

---

① 参见徐畅《近代中国农村的丧葬互助组织》，《民俗研究》1999年第2期。
② 李纪如：《广西农村中固有合作的调查》，李文海主编《民国时期社会调查丛编（二编）·社会组织卷》，第59页。
③ 中国农民银行、金陵大学农学院农业经济系：《豫鄂皖赣四省农村经济调查初报书》第19号，1936年12月，油印本，转引自徐畅《近代中国农村的丧葬互助组织》，政协陕西省洛南县委员会文史资料研究委员会，1986，第55页。《民俗研究》1999年第2期。
④ 参见樊自升《鱼池村的"孝义会"》，《洛南文史》第4辑，第55页。

老年会"等名称各异的殡葬互助组织,"人数方面普通是在10人以上,20人以下","并无什么首事及其他的职员,只不过在成立之初,由大家议定,当会员中某人的父亲或母亲死了的时候,其余的会员每人应助银1元、米30斤、柴1担(各项数量均由大家决定),与有葬事的会员","且在出殡的时候,其他会员,都要帮同料理一切"。[①]

以上是对全国各地农村殡葬组织的概述,下面将通过山东昌邑县农村的"孝帽子会",对农村殡葬合作组织的具体运作状况进行详细介绍。1932年,有调查者到山东省昌邑县调查农业经济状况,发现很多殡葬合作组织。这些组织名称各异,如"孝帽子会"、"白帽子会"和"白社"等,其来源大概都与子孙为父母披麻戴孝,而孝服丧冠都是用白粗布做成有关。根据调查,"孝帽子会"成立的原因出于两种客观需要:"(一)一般农民,遽遭大故,花费必多,需要金钱上的互助;(二)农村闲人很少,农忙时尤甚,一遇亲丧,雇人不易,需要劳力上的互助。"参加"孝帽子会"的都是"老亲在堂的成年男子","全是久居本乡的土著,大都务农为业","老街旧邻","彼此相知,有事很容易帮忙"。至于组织方法,是先由发起人做会首(或公举会首),再凑若干人为"会友"。每会的人数,通常20人至35人不等,正是一般农户办丧事时所需要的人工数。成立的那天,大家在会首家里聚齐,公议遇事摊款额和服务方法。"或写一会约,或一言为定,此后谁家遭遇亲丧,大家即如议奉行"。

显然,"孝帽子会"会友间的互助,既包括金钱上的互助,也包括劳力上的互助。"所谓金钱上的互助,是在开成立会时,议定每一会友(包括会首)出钱的额数,遇到会友丧亲,大家如数交纳。每一会友出钱的数额,通常情形由1吊至5吊(每吊合铜元50枚)。"交纳的手续则分:直接送给丧主和由会首转交两种,并且规定"致送会金,不许延期和拖欠"。"至于劳力上的互助,即是帮忙丧主办理丧主各事。如抬棺、掘坑以及其他杂务,会友全可以襄办。"该会还规定帮助劳力"不许片刻迟误"。这就是说,"凡在会者无论怎样的贫乏,接到会友的讣告,便须赶快的设法交钱",又"无论昼夜,无论忙闲,一闻丧讯,便立刻到丧主家帮忙"。调查者曾听说,"某人正在忙于割收小麦的时候,会友家来人报丧,便马上放下田场的工作,赶到丧主家服务",而这只是"很平常的情形"。因为"孝帽子会"的会友,"大都是些不甚宽裕的办家","无余力来招待其有互助关系的会友",所以"会友在丧主家帮忙,不许叨人饮食,万不得已时,只许饮水,绝对不准用饭"。

---

[①] 李纪如:《广西农村中固有合作的调查》,李文海主编《民国时期社会调查丛编(二编)·社会组织卷》,第58页。

参加"孝帽子会"的会员，虽然都是"老亲在堂"，但有的是"双亲健在"，有的则父或母仅存一人。为保证公平，"凡双亲健在的会友，只能限定父或母一人的殡葬享受这种被帮助的权利，须于入会时自行声明"。所以"椿萱并茂"的会友，常须加入两个"孝帽子会"。若全体会员均是双亲在堂，则其父母的殡葬均一律享受"孝帽子会"的权利，不过这种情况很少见。"如某家遭遇亲丧，正赶上某会友未在本乡，无从帮忙，必须由缺席的会友家另外找人替工。应该交的会金，也须照数完纳。""孝帽子会"成立以后，"必俟全体会友亲丧终了，才可以宣告解散"，因此"自成立至解散，并无一定的期限"，"因为会友的父母不一定什么时候死"，所以存在一二十年的"孝帽子会"是常有的事。由于在会时间很长，所以会友中途退会的情况难以避免，"如出走、迁移、死亡等，全是中途出会的重要理由"。如果遇到这种情况，有以下几种补救办法："（一）出走者由兄弟子侄来顶替，代负缴纳会金和帮助劳力的义务；（二）老亲健在，举家迁徙者，即断绝权利义务的关系；（三）如果已享受过亲丧被助的权利，尚未尽完义务而中途出会者，如无顶替之人，例须照约赔偿会金，宽免劳力的义务。"除此之外，视退会情形还有别的补偿办法。"关于会友中途出会的补救办法，在立会之初，多不讨论，大都临时议定。这因为经过的时期很长，人事的变化莫测，又兼同会者皆有乡谊的关系，相知素深，遇事自易商决，毋须预先讨论了。"[①]

从"孝帽子会"的运作状况，可以看出这种殡葬互助组织之所以能够在农村普遍推行，主要有两方面的原因：一是农村社会的普遍贫困，使得单个农户难以独自承受殡葬事宜带来的经济负担；二是农村社会基本上是一个熟人社会，人们"相知素深"，彼此之间有着足够的信任感，因此"孝帽子会"常常存在一二十年，而较后享受权利的会员也不必太担心其他会员不履行自己的义务。人们常常用"守望相助"一词来表达传统中国农村社会的互助精神，而"孝帽子会"所代表的农村殡葬互助组织正充分体现了农村社会"守望相助"的精神。

除了上述专门的殡葬合作组织之外，民国时期的农村社会还有大量的合作组织，既为迎娶婚嫁服务，也为殡葬事宜服务。如山西临城一带农村的"红白会"，如需花费，"必须是会员家因婚丧急需用款之际"方可使用。[②]广西农村的"赠钱会"，是"乡村中的农人为要预备他的儿子的婚娶计，或是为他们的父母百年打算"，因而成立的

---

[①] 王药雨：《山东昌邑县农村的"孝帽子会"——一种旧有的丧葬合作组织》，原载《益世报》1935年3月23日，引自李文海主编《民国时期社会调查丛编（二编）·社会组织卷》，第54~56页。
[②] 福生：《临城农村集会一瞥》，《农村经济》1935年6月1日，转引自徐畅《近代中国农村的丧葬互助组织》，《民俗研究》1999年第2期。

一种"互相赠送钱财的组织"。"此会的会员人数,并无一定,有的十数人,也有多至七八十人,外村的人,如果经过全体会员的许可,亦可参加。如某会员有婚娶事时,应于1个月前,发帖请酒,各会员在接到请帖后即行预备赠钱,一般在喜酒前的3天,各会员将赠钱送到受赠的家里;如系丧事时,应于事后5日送上。至于赠钱的数额,以钱为本,二千文、三千文不等,但现在以银为本位,普通2元至5元,每会员以得赠钱1次为限。如全体都得赠过以后,即为第一次结束。此时不愿继续参加者可退出,其余的会员即作第二次了。"与"赠钱会"相似的"十弟会",以十人为限,"互相信用,并且结兰","如何人有婚丧事情,其余9人不独赠钱,且前去照料一切"。①

还有一些合作组织,不仅为婚丧大事服务,也为建屋造房服务。如广西农村的"白米会","成立之目的,完全在扶助会员中之遇有婚丧建筑大事",方法是"赠以白米若干斤(30斤、40斤不等),并无利息","每人以轮流1次为限,直至会员轮流完毕,此会即告结束"。为减轻会员负担,"白米会"还规定"每年以帮助4人为限"。"同济会"的性质,与"白米会"类似。"同济会"又名"救急会","发起人多为乡中之有名望者,其进行手续,先由二三发起人,将组织之意见,向乡中之诚实可靠的人去说明,冀以得他们的同意","如乡中人认为自己将来有某种急需,亦可由人介绍加入"。达到一定人数后,"由发起人开成立大会,规定各项规约,如会金每次应交若干(5元、10元不等)、限定交纳时期、逾期如何处罚,至其他领会之轮流方法,亦由第一次大会决定之(指定法或抽签法)"。以后召集开会,均由各领会人负责,"为顾念会员之艰难计,每年只定规开会2次"。而会员领会,"非为婚姻,即为建筑或其最不得已之急需如丧葬等事",领款日期由领会者自己规定,"但必须于2个月以前发帖,通知各会员,届期由领会者之包办酒席,以款待各会员,而各会员亦将带来之会款交与领会者,并无利息"。当"同济会"结束时,各会员均轮流一次,"每人所出之款,仍可全数发回,虽无利息,但亦无丝毫损失,且是整取零付,能济其急","堪称自助互助之良策"。②

显然,上述合作组织就相当于零存整取的银行,只是不用支付利息。只不过,较前领会者相当于贷款,较后领会者相当于存款。相对而言,较后领会者更为不利,一方面是贷款者本应支付利息。而存款者本应获得利息。另一方面则还要考虑到通货膨

---

① 李纪如:《广西农村中固有合作的调查》,李文海主编《民国时期社会调查丛编(二编)·社会组织卷》,第58~60页。
② 李纪如:《广西农村中固有合作的调查》,李文海主编《民国时期社会调查丛编(二编)·社会组织卷》,第58~60页。

胀的因素，同样数量的钱财在不同时间段的购买力可能存在着较大的差异。有鉴于此，许多合作组织制定了更为公平合理的资金收入和分配办法。例如，假设资助金额定为100元，则每年每会员收出情形如表8-1。

表8-1　农村合作组织会成员年收出情形

单位：元

| 得会人 | 供会人 | 每会员应出金额 | 总数 |
| --- | --- | --- | --- |
| 首会 | 被邀5人 | 20 | 100 |
| 二会 | 首会 | 30 | 100 |
|  | 1、3、4、5、6各会员 | 17.5 |  |
| 三会 | 1、2各会员 | 30 | 100 |
|  | 4、5、6各会员 | 13.33 |  |
| 四会 | 1、2、3各会员 | 30 | 100 |
|  | 5、6各会员 | 5 |  |
| 五会 | 1、2、3、4各会员 | 26 | 100 |
|  | 6各会员 | — |  |
| 六会 | 2、3、4、5各会员 | 26 | 100 |
|  | 1各会员 | — |  |

资料来源：李纪如著《广西农村中固有合作的调查》，李文海主编《民国时期社会调查丛编（二编）·社会组织卷》，第60页。

事实上，这种合作组织又可称之为"合会"，是中国民间信用借贷的一种组织，"名称千差万别，如合会、钱会、赊会、认会、摊会、标会、轮会、摇会等等，但其运行机制大体相同"：首先是"邀会"，即会首"因某种原因需要现款或实物"，邀集亲友乡邻若干人即"会脚"，陈述组织合会的原因，"征求其同意入会"；其次是"圆会或齐会"，即召开合会成立大会，确定会名、会期、会额以及入会者责任，特别是"会款摊付方法"；然后是"转会"，即每隔一定时间转会一次，"一年、半年、每季、间月或每月不等"；接着是"得会"，即将每次"转会"所集会款，通过"坐次轮收、拈阄摇彩、投标竞争、抽签、议定"等方式，交给得会之人；最后是"满会"，亦称"终会"，即合会的最后一次集会，由最后一个得会者收得"终会"之集款，该次合会随即宣告解散。民国时期，合会遍及大部分农村地区。据实业部1934年的调查，"22省871县合会报告次数为1922次"，平均下来，"每县仅二个多合会"。实际情况远非如此，1930年代吴志铎对北通县第一区的调查结果表明，仅第五乡就有121个钱会，"每会人数最少5人，最多24人，若按每会5人计，共有605户入会，全乡900余户，入会户数占总户数的67%"。新中国成立初期对苏南金山县新泖乡水字宇东村全村52户调查，有48户加入合会，占总户数的92.3%。①可见，合会在农村地区是相当普遍的，大部分农户参加了合会。

正是由于各种各样合作组织的存在，特别是专门的殡葬合作组织，大部分农民家庭才能够顺利举办殡葬事宜。例如陕西洛南鱼池村的"孝义会"成立后，某位会员突然病故，只留下一个15岁的儿子，其茫然不知所措。"但有了孝义会送来的大米、豆腐和煤炭"，再加上其他会员以及左邻右舍的照料，"就妥善办理了丧事"。该会员之子因而感激地表示："得亏当年加入了孝义会，这次占了大家帮助的大光。"②另一位受惠者曾回忆说："我在一九三四年父病故，衣棺不全，粮食又短，告借无门，向钱庄贷款又无产品抵押，日夜发愁。时有邻人薛振茂、薛振江、薛步蝉等商议，约好九人成立孝义会，每人拿出大米十五斤、豆腐三十斤、煤炭一百斤、现钱十元，解决了我的愁肠。"他并感叹道："这真是一项助人的善举！"③可以说，民国时期的农村地区存在着大量的殡葬合作组织，而正是借助这种"守望相助"的传统精神，广大农村地区才能将重视殡葬的传统继续传承下去。

## 第二节　慈善类殡葬组织

本节所说的慈善类组织，主要是指善会、善堂、会馆、公所。这些组织兴起于明清时期，活动范围以城市为主。其中，善堂善会是比较纯粹的慈善组织，而对于善堂善会而言，用于殡葬方面的开支占有相当大的比重。夫马进根据上海同仁堂道光十一年（1831）的征信录计算得出，同仁堂在该年用于施棺和义冢的支出占全年总支出的36.5%，用于援助寡妇的支出占比是15.4%，用于援助老人的支出占比是18.5%。④宁波著名的"甬上三善堂"之一、创办于道光十四年的体仁局，主要活动就是"每年春冬两季收拾城乡无主暴露棺木及骸骨，迁葬于义山"，"并施送贫民棺木，有路殍者代为棺殓"。⑤明清时期类似的善堂善会组织还有很多，此处不再赘言。

---

① 参见徐畅《"合会"述论》，《近代史研究》1998年第2期。
② 参见樊自升《鱼池村的"孝义会"》，《洛南文史》第4辑，第55页。
③ 参见王培玉《景村的摇钱会及孝义会》，《洛南文史》第4辑，第54页。
④ 参见〔日〕夫马进《中国善会善堂史研究》，伍跃等译，商务印书馆，2005，第715页。
⑤ 参见孙善根《民国时期宁波慈善事业研究（1912~1936年）》，人民出版社，2007，第54、55页。

善堂善会组织一直延续到民国,并一直提供有关殡葬方面的服务。上海同仁堂后来与辅元堂合并为同仁辅元堂,号称上海善堂之首。进入民国后,同仁辅元堂依然很活跃。1937年八一三事变之际,该堂"为便利丧家临时厝棺起见",曾"租借虹桥路民田为临时寄厝之处"。抗战胜利后,同仁辅元堂于1947年9月"费去二亿余元之巨款,将厝棺二千余具全数移葬于北新泾自有空地"。此举引起附近居民不满,上海市参议会以"坟坑累累,有碍观瞻,既非公墓,又非义冢,不特有关卫生,抑且当临公路两旁,实足阻碍郊区市政建设"等为由,要求上海市政府取缔同仁辅元堂在北新泾的掩埋行为。上海慈善界的联合组织即上海慈善团驳斥道:"吾沪同仁辅元堂给棺收埋路毙尸体有百余年之历史,为死者安骨骸,即所以为生者重卫生";并指出:"此项尸棺均系有主之棺,掣给收据,执守在案,故仍编号造册,听候柩属领葬",且"棺木质料完好,掩埋亦甚得法,无暴露现象","于卫生并无妨碍"。上海市政府因而向市参议会表示:"该批棺柩既经土葬并于卫生无碍,似无庸再予掘迁或火化之必要。"[①]该案例充分表明,善堂组织在民国上海殡葬慈善事业方面的重要影响。

宁波的体仁局在民国年间依然发挥重要作用,仅1921年便"舍大材三十七具,每具工料费洋三元七角五分",并为一时无地安葬贫民设寄棺所三处。成立于民国之前而在民国年间仍然运转的宁波掩埋类善堂善会还有怀仁北局、同善会、恒德堂、四明公所、施仁公所、怀仁南局、协仁义会等,而在民国期间成立的掩埋类善堂善会也有不少,如成立于1921年的寿义善会,成立于1924年的永安社寄棺所,成立于1927年的辅善会,成立于1929年的永德施材公所,成立于1932年的鄞江四明公所等。[②]湖南在入民国后成立了首个统筹管理各慈善团体的机构——省城慈善事业总公所,其下属的省城保骼堂、同善堂作为专门的殓埋机构,主要工作就是"捐义山、施棺材、掩尸体"等。除了慈善总公所管辖的殓埋组织外,湖南省还有施棺会、恻隐堂、不忍堂、同仁会、筹备堂、万缘堂、济急堂、余德堂、余庆堂、棺木公、济生公等众多机构组织。不仅有许多善堂善会从明清时代一直延续到民国,而且民国时期另有许多新的善堂善会诞生,这体现了传统慈善组织在民国年间旺盛的生命力,以及传统殡葬观念在民国期间依然盛行,也从侧面反映了民国时期的民生凋敝。恰如有研究者所指出:"湘省居民历来俗重风水,稍有财力者,绝不会让亲属埋入义山,因此这类机构愈多,

---

① 《上海市参议会请市府取缔同仁辅元堂在诸翟镇区掩埋积柩卷》,上海档案馆藏,档案号:Q109-1-165。
② 参见孙善根《民国时期宁波慈善事业研究(1912~1936年)》,第55~62页。

愈反映出当时人民群众走投无路的窘况"。①

相对于善会善堂，会馆公所在殡葬方面的慈善活动主要面向客居他乡的移民。这与会馆公所的性质有关。会馆公所主要有地域性和行业性两种，而从事殡葬慈善活动的主要是地域性会馆公所。所谓地域性会馆公所，实际上就是移民的同乡会组织。对于传统时代的中国人而言，一向是安土重迁，不得已前往他乡寻求生存发展的机会，最大的担忧恐怕就是客死异乡。在传统时代，叶落归根是最理想的归宿。然而，运柩回籍不仅花费不赀，而且身在他乡无亲无故，又有谁肯担此重任？甚至可以说，如何解决客死异乡后的殡葬问题是移民首要关注的大事。因为当时人们的殡葬观是"事死如事生"，即相信人死后，在阴间还过着类似于阳间的生活。一旦客死异乡，尸骨无人照料，这恐怕是旅居外地者最不愿看到的一幕："首邱莫遂，旅榇迢遥，春野一蔬，秋田几粒，累累荒冢，宿草凄凉，过而览者能无呜咽。"②

可以说，各地商帮在异乡成立会馆公所，最初的目的大都与安置死者有关。比如，上海山东会馆的前身是山东商人在顺治年间购置的义地，后来重建时，该地已是"坟墓累累"。③肇端于嘉庆年间的徽宁会馆思恭堂，初建之时自称"徽宁两郡人作客是邑，置办义冢公所"，而其"堂中规条"，几乎都与棺柩的存放和处理有关。④洞庭东山会馆的前身莫厘三善堂，成立之前即"置肇嘉浜滨地为义冢，俾贫无力者葬焉"，又"价买原恁屋改造殡房，寄停旅榇"，而其规条也几乎都是围绕棺柩的处理而制定。⑤锡金公所自述缘起，起首便称："同治初元，粤逆平锡金，两邑迁居沪上暨向流寓生业者最数万人，其贫乏病故，苦无殓厝，即有力者亦猝无置柩地。于是，乡先辈声请有司设立崇谊局，筹资施棺并买地城西南为义冢，停积满数，运送回里，诚善举也。"⑥海昌公所在其"缘起"中也表示："辛丑之秋，时疫流行，沪地尤胜，各处丙舍厝寄充满，曾见同乡数家之柩，既乏运费，又无安寄之所，竟至惨然暴露，不可收拾，虽经集资携归，然触目惊心，耿耿不已。"⑦堪称上海会馆公所之首的四明公所，在嘉庆二年（1797）初创时，称之为"四明殡舍"，是旅沪之甬人"谋所以安旅榇者"。四明公所章程的第一条，即是"本公所以建丙舍、置义冢、归旅榇等诸善举

---

① 周秋光主编《中国近代慈善事业研究》，天津古籍出版社，2013，第725、726页。
② 《上海徽宁思恭堂序》，彭泽益主编《中国工商行会史料集》，中华书局，1995，第869页。
③ 《新建山东会馆记》，彭泽益主编《中国工商行会史料集》，第880页。
④ 《徽宁思恭堂序》、《公议堂中规条》，彭泽益主编《中国工商行会史料集》，第868~871页。
⑤ 《洞庭东山会馆记》、《三善堂旧订规条》，彭泽益主编《中国工商行会史料集》，第891、901页。
⑥ 《锡金公所缘起》，彭泽益主编《中国工商行会史料集》，第921、922页。
⑦ 《海昌公所缘起》，彭泽益主编《中国工商行会史料集》，第930、931页。

图8-1 四明公所

资料来源:《上海宁波公报》,二周年纪念特刊,1940。

为宗旨"。此外,章程对于"寄柩"、"赊材售材"都设有专章,进行详细规定。[1]会馆公所的其他功能,虽然在其发展过程中日渐丰富和重要,但安置死者长期都是其首要功能。

北京的会馆公所以试馆为主,主要功能是为各地进京赶考的士子服务,但这些会馆在发展过程中也逐渐设立义园、义冢,为死亡同乡服务。如位于虎坊路南下洼的福建泉郡会馆义地,据1937年统计,"明清两代迄今大小坟墓,计百余塚",而每逢清明及中元节,还有福建同乡亲临义冢致祭。[2]兴建于清乾隆年间的绩溪会馆,"原为本县会试及顺天乡试士人及同乡商人寄旅之所",其在1826年公议的《绩溪会馆规条》中,有四条与殡葬有关:

一、会馆义园契据及一切合议字约最为紧要,值年须收贮妥当,于交代时点验清交。如有遗失,值年经手者,公同议罚,并将遗失之件呈官存案。

一、义园必择诚实小心者看守,遇祭奠日备齐桌凳等件应用,不得有误,清明、七月十五,每次赏给京钱二吊,以为堆冢添土之费。其园内树木亦责令护守,毋得损伤,倘有不小心看守者,逐出另招。

---

[1]《上海四明公所大事记(一)》、《上海四明公所章程》,彭泽益主编《中国工商行会史料集》,第905、906、918、920、921页。
[2]《福建泉郡会馆记》,李金龙、孙兴亚主编《北京会馆资料集成》,学苑出版社,2007,第243页。

一、义园须按号埋葬，馆内设立号簿一本，同乡有病故者，先到值年处取具编号印票一张，看园长班凭印票收埋，俟清明、七月十五值年到园时，将新添几冢报明查验，倘有无印票而收埋者，查出即将长班送官究治，以防私盗寄埋等弊。

一、同乡有在都病死无力殓埋者，馆内给棺安葬。①

由上述规条可知，民国以前会馆公所对于义园、义冢的管理已经相当严密和规范。创建于清道光年间的关中湖广会馆甚至针对义园制定了专门的《湖广义园条规》，共13条，更是方方面面巨细靡遗。从规条中可知，关中湖广义园不仅仅提供安葬服务，还供停柩，乃至开吊、念经。义园专门建有号房以供停柩，"以三年为限，随时按号稽查"。只有当寄柩超过3年，仍无亲属运柩回籍者，才会下葬并立碑。此外，义园还建有"正院大厅厢房"，"专备春秋祭祀，乡人扶柩、住宿、开吊、念经之所"。②

按照惯例，会馆公所安置死者以同乡为范围，如上海徽宁会馆思恭堂曾明确规定："棺柩到堂，验明来票棺上姓名、号数，合符方准进堂。如无来票或注即埋之棺，一概不准进堂。倘有私将别郡棺木蒙混冒保进堂者，查出后，除先责成保人领出，并公同议罚。"③但也有例外，如成立于清末的上海海昌公所规定："公所后设殡房，原为同乡权厝起见，况所设殡房为数无多，万难兼寄客籍，以免喧宾夺主。然客籍有邀同乡关说，倘竟坚不允从，未免有拂来意。现定如有客籍必欲商寄，照同乡捐加六，即如元字号定捐洋三十元，亨字号二十元，利字号十元，概无通融，统房一概不寄客籍。倘有冒籍等情，查出者仍须向经报人更正补助，进出堂规一律加收六成。"海昌公所的经费主要来自捐款，似无常年固定经费，因此一直处于经费紧张的状况。海昌公所的殡房设有不同等级，上房为元字号，一间房停柩一具，每年捐洋12元；上房被格断，即为亨字号，停柩1具，每年捐洋8元；中房每间停柩3具，即为利字号，每年捐洋4元；统房即贞字号，概不收取寄费，以收票为凭。后来，"一概不寄客籍"的统房，也经"变通章程"，"暂行兼寄客籍"，"每年收寄费洋四元"。另外，还要收"进出堂规"，"上房全间每具钱一千二百文，上房格断者每具钱八百文，中房每具

---

① 《绩溪会馆规条》，李金龙、孙兴亚主编《北京会馆资料集成》，第27~29页。
② 《湖广义园条规》，（民国）关中湖广会馆编纂《关中湖广会馆纪略续编》，引自袁德宣等编纂《湖南会馆史料九种》，岳麓书社，2012，第466~468页。
③ 《公议堂中规条》，彭泽益主编《中国工商行会史料集》，第870页。

钱四百文，统房无论大小柩每具钱二百文"。由此可见，海昌公所的殡葬服务不再是纯粹的慈善性质，已经颇有商业经营的味道。①

对于经费比较有保障的会馆公所，如上海徽宁会馆思恭堂不但不收寄柩费用，而且"施棺送到扛力钱二百四十文，堂夫收殓杠抬进堂钱一千二百文，一概本堂给钱，一概不许自扛自抬，庶免冒领弊窦"。徽宁会馆之所以能做到这一点，是由于其经费来源比较有保障。其中，比较大头的有两项：一是"茶捐"，徽宁两郡客商约定"提红茶厘每箱二十文，绿茶厘每箱十二文"；二是会馆所置产业所收的"房租并小地租"。从同治十三年（1874）八月到光绪三年（1877）九月，茶捐共收到7138998文，房租并地租共收到14233030文，再加上不定期捐款等项收入，这一时期徽宁会馆的总收入是28071394文。②关中湖广义园则针对丧主的不同情况有着不同规定："有力者，酌给工资省钱壹串文，不准园丁勒索；无力者，由首事饬令园丁代葬，工资亦如之，不准浮厝塞责。起迁者，丧主给园丁工资省钱二串文。若丧主自行起迁，止赏园丁省钱壹串，或五百，亦不准园丁勒索，违者准丧主禀明首事究逐。会馆制备棺材，遇有穷困乡人病故，报明首事，令司事带同长班确切查明，实系湖广人，实系困穷无可依靠，即施棺材一副，并给抬埋工资省钱壹串四百文，饬园丁妥葬。"③对于这些会馆公所而言，其殡葬服务具有显而易见的慈善性质，尽管服务对象仅限于同乡。

上海的四明公所在经费方面也相当有保障，除了"旅沪之乡人各日输一钱"的"一文善愿"外，其置产也不少，各种租金收入也相当可观，但是在停柩方面，仍"以一年为期"，超过期限的就要收费："特等每具纳捐念四元，甲等每具纳捐廿元，乙等每具纳捐十二元，丙等每具纳捐五元，均以一年为期，期满展缓，得再纳捐转票，仍以一年为期。"逾期不纳捐者，"即由本公所运至甬厂，再停一年，若仍不领取，则移至义山安葬"。④于此可见四明公所的收费之举，主要是为了防止棺柩久停不葬。一般而言，会馆公所对于停柩时间都是有明确规定的。如徽宁会馆思恭堂在嘉道年间的规定是，大棺以"六年为期"，小棺则以一年为期，"过期不领者，照议掩

---

① 《上海创建海昌公所条规》、《续订贞字号寄柩条规》，彭泽益主编《中国工商行会史料集》，第934～937页。
② 《公议堂中规条》、《道光三十年庚戌十月公议增定章程》、《同治十三年八月起至光绪三年九月止收钱总数》，彭泽益主编《中国工商行会史料集》，第871、872、877页。
③ 《湖广义园条规》，（民国）关中湖广会馆编纂《关中湖广会馆纪略续编》，引自袁德宣等编纂《湖南会馆史料九种》，第466、467页。
④ 《上海四明公所章程》，彭泽益主编《中国工商行会史料集》，第920页。

埋"。如果遇到"薄板四块及松板棺",更是无论大小,"随到随埋,不准进堂"。此外,还规定堂中司年必须预先置办好石灰、石签等物,"每具给石灰一担,按号标立亡人石签"。①上海的山东会馆在清末制定的规章,规定停葬"限以二年,多至三年","过期则柩属无力领取者,即代为安葬义地",同时也规定"市棺有薄板四块,以及松板不堪耐久之柩,随到随埋,不得停寄"。②不仅上海的会馆公所有这些规定,其他地区的会馆公所也有类似规定,如前文所述关中湖广会馆义园的停柩以三年为期。显然,这些规定一方面是出于卫生考虑,另一方面则是因为空间毕竟有限,若棺柩长年累月地停放,势必导致积柩越来越多,可供停柩之处越来越少。

进入民国后,会馆公所在城市社会的殡葬服务方面仍然发挥着重要作用。北京吉安会馆所属的吉州十属旅京同乡会在1918年制定章程,明确指出"义园为在京身故同乡厝柩,或葬埋之所",而在经费支出方面列于首位的便是"修理各会馆及义园房屋坟墓,与其他一切设备之用"。③京都休宁会馆在1922年公立规约,第二十四条规定:"会员在京病故,无遗资并无人照料者,董事应代募恤金为之照料。其不足额得以本馆现款项下,公同议定数目补助之。出具收据须正会员四人以上证明。"休宁会馆附设了义园,该规约要求"值年每年应查视修理之"。④北京石棣会馆附设义园有三处茔地,该会馆在1939年制定的规章表示:"本馆每年收入提出百分之十,作为房屋义园之修理费",并对义园管理有详细规定:"凡有病故欲葬义园者,须由同乡有资望者出具证明条件,并持同卫生局执照,报告董事会,按照登记簿查明确实填给准可据,交由看坟人照董事会议定地段顺序埋葬,并将准可据缴馆存查。如家道殷实之户,遇有病故不愿另购坟地,亦愿厝葬义园者,须量力捐助相当之园费。收到此费后,应由董事会掣给收据,一面列入账簿,作为正款开支。"⑤北京江西同乡会在1943年更是专门制定了《江西义园管理规则》:

> 第一条:北京江西同乡会(下称本会)经管之江西义园,凡同乡欲领地葬坟,及寄停灵柩者,均按本规则办理。

---

① 《公议堂中规条》,彭泽益主编《中国工商行会史料集》,第870、871页。
② 《山东至道堂规章五十则》,彭泽益主编《中国工商行会史料集》,第886页。
③ 《吉州十属旅京同乡会章程》,李金龙、孙兴亚主编《北京会馆资料集成》,第810页。
④ 《京都休宁会馆公立规约》,李金龙、孙兴亚主编《北京会馆资料集成》,第89页。
⑤ 《石棣县会馆总登记表》、《北京石棣会馆董事会暂行规则》,李金龙、孙兴亚主编《北京会馆资料集成》,第68~70页。

第二条：江西义园所在地如左：

一、外四区右安门内（牛街南）樱桃园门牌十二号；二、外三区左安门内东城根迤北，潘家窑门牌二号（园内并建有停灵房）；三、外三区左安门内西城根迤北，白果树门牌二号。

第三条：凡欲在江西义园葬坟或停柩者，均以旅居北京之江西同乡为限，概不收取地价或房租，但外省人不得占用。

第四条：凡欲领地葬坟者，须有同乡二人之介绍，填具领地葬坟申请书（本会备妥候取），记明左列各事项，于安葬前三日送交本会审查（申请书式附）：

一、死者之姓名、籍贯、生前略历，及生、卒、葬年月日；二、遗族之姓名、职业、住址，及与死者之关系；三、申请人之姓名、籍贯、职业、住址，及与死者关系；四、介绍人之姓名、籍贯、职业、住址，及责任。

第五条：本会接到前项申请书后，查明确系同乡，应于安葬前一日，发给葬坟许可证，交由申请人持往义园，验明照章安葬（许可证式附）

第六条：葬地，每棺以宽四尺、长九尺为一塚，每一塚四周距离二尺（均市尺），挨排依号下葬，不得多占地基，亦不得任意择地，如两棺合葬者，得填申请书两份，领用葬地两塚，如有特别情形者，由本会酌量办理。

第七条：墓穴深度，以棺盖低于该地平面三尺为准，上面培土以高于该地平面四尺为准（均市尺），按长堆（锥）形划一修筑。

第八条：每棺开圹筑土，规定土工三人，每人工资随市作价，以修筑坚固为度，需费由葬坟人给与之，如愿加工修筑，或用灰砖等料者听，但不得更改式样，超过定限。

第九条：所葬之坟，应自备碑碣，镌刻死者姓名、籍贯、安葬年月日，及遗族姓名，竖立堆前，以资识别，其墓内愿藏墓志，或无力竖立碑碣者听。

第十条：葬后如欲移柩迁葬者，须由坟主邀同原介绍人，或相当保证人，填具理由书。叙明死者姓名、籍贯、生、卒、安葬年月日，及原申请人姓名、职业、住址，原介绍人或现在保证人姓名、籍贯、职业、住址，送交本会查对相符，发给迁葬许可证，交由坟主持往葬地，验明移柩迁葬，并须由坟主先行呈报主管官署备案（书证式临时规定）。

第十一条：凡欲寄停灵柩者，应填具寄停灵柩申请书（本会备妥候取，填法与第四条同），送经本会查明，确系同乡，如有余房可停，即发给停柩许可证，交由申请人持往，验明照章停柩（书及证式附）。

第十二条：寄停灵柩如有左列各款情事之一者，本会应劝告停柩关系人，速行安葬，或限期移出，或径行拒绝，倘劝告不理，或已无关系人在京者，本会得酌量情形，代为安葬：

一、棺木质料单薄，不耐停放者；二、棺木渗漏者；三、因传染病亡故者；四、寄停已逾五年者。

第十三条：寄停之柩，如欲在义园领地安葬，仍按第四条之规定办理，惟申请书内附记栏内，应声明灵柩于某年月日寄停某义园某号房内，如欲迁柩他往者，应按第十条迁葬手续办理之。

第十四条：凡葬坟停柩或迁葬迁柩，如无本会发给之各项许可证者，义园得拒绝之。如已领各项许可证，而事前遗失者，得由申请人邀同原介绍人，或相当保证人来函声明补发，并由本会将遗失许可证之号数，通知义园以后，发见即行作废。

第十五条：义园安葬之坟墓，或寄停之灵柩，本会均应将原送之申请书，编号保存，注册备查（册式附）。

第十六条：凡葬坟或停柩之遗族，如住址有迁移者，应函知本会，将原册更正，以备遇有事故便于通知。

第十七条：本规则如有未尽事宜，得随时提经本理事会议修改，并呈报主管官署备案。

第十八条：本规则自提经本会理事会议决通过，呈准主管官署备案之日施行。[1]

从以上管理规则中可以看出，这些义园义地的功能主要还是停柩和安葬，服务对象仍限定为同乡，除付给工人工资外，丧主不需支付地价或房租等费用，具有明显的慈善性质。就此而言，民国时期会馆公所附属义园义地的功能、性质和服务对象，与明清时期变化不大。相对而言，民国时期在墓穴、葬地、碑碣等方面的规定更为细致，在申请葬坟、停柩以及迁葬方面的规定更为规范，显然这是义园管理在历史长期发展过程中不断积累经验教训的结果。另外值得一提的是，入民国以来，作为组织机构的会馆公所逐渐向同乡会转变，因此不少义园义地的所有者成为同乡会，而会馆公

---

[1] 《江西义园管理规则》，李金龙、孙兴亚主编《北京会馆资料集成》，第 819~821 页。

所本身则作为房产建筑，也为同乡会所有。当然，也有大量会馆公所直到共和国成立时仍是各地同乡组织的代称。

需要指出的是，民国时期的会馆公所在提供殡葬服务时，并非全部是慈善性质。以上海的通海崇如会馆为例。该会馆寄柩章程规定："本会馆寄柩以通如崇海四邑同乡为限，外籍人寄柩须得本会职员之保证，或总务主任之许可"；同时又规定："寄柩时由该家属先向本会事务所报明姓氏、年岁、籍贯，及现住地点，愿寄何等殡舍，填具寄柩保证书，缴纳寄费，挚取执照、收条，然后由馆员指定号房以便寄厝"。殡舍分等，而且"缴纳寄费"后才能拿到寄柩执照。殡舍分3等，寄柩费相应也分3等：甲等每柩每年应纳寄费洋12元，外加进堂费洋1元2角；乙等每柩每年应纳寄费洋8元，外加进堂费洋8角；丙等每柩每年应纳寄费洋4元，外加进堂费洋4角。若寄柩同乡从前"未曾纳过特别捐款，或未曾入会为本会会员者，寄柩时须照所寄等级补纳临时会费"。"寄柩一年为限，若逾期不能迁葬者，得由家属携带原执照向本会事务所声请展期一年，补纳寄费，二年后不能领回者，由本会馆照义冢章程办理。"不仅如此，丧主若用会馆杠夫抬送，必须照章付费，且区域不同价格不同，如华界每名大洋4角，法界每名大洋4角5分，英界每名大洋5角，花旗界每名大洋6角等。此外，"扛夫着号衣抬送者每名另加大洋五分"，"着衣入殓，头二号每具工洋一元六角，三四号每具工洋八角（以衣棺丰俭为差别）"。如果丧家灵柩"用材罩者以八名为一班，用班半计十二名，扛力以每名计算；用龙头杠者以十六名为一班，用班半计念四名，扛力以每名计算"。[①] 分门别类如此细致，主要就是为了收费方便。该会馆提供的殡葬服务，显然更像是在经营商业营利性的杠房和寄柩所。

或许正是由于这种现象，在上海经营殡葬业的商家——主要是殡仪馆和寄柩所曾与会馆公所发生一次冲突。1943年，上海的殡仪馆寄柩所成立了殡仪寄柩业同业公会，部分会馆公所如平江公所、金庭会馆、安徽会馆等陆续加入其中，但大部分会馆公所没有加入。仅上海南市没有参加同业公会的会馆公所便有27家，它们是四明公所、浙绍永锡堂公所、集义公所、京江公所、水烟业公所、豆米业公所、台州公所、丽园公所、红坊公所、衣庄公所、温州公所、花衣公所、洞庭东山会馆、大浦会馆、湖北会馆、湖南会馆、徽宁会馆、定海会馆、江西会馆、通海崇如会馆、四川会馆、闽侨山庄、燕平山庄、潮惠山庄、浙金积善堂、义济善会、云南公所。[②] 这些会馆公所没

---

① 《通海崇如会馆寄柩章程》，上海档案馆藏，档案号：G117-19-31。
② 《同业公会历年会员名单》，上海档案馆藏，档案号：S440-1-12。

有加入同业公会，但依然承担着大量的殡仪寄柩业务，势必严重影响同业公会各会员的业务。为此，同业公会以"强化组织"为理由，决议"呈请经济局令饬同业及会馆公所社堂等入会"。①在呈请书中，同业公会认为"会馆公所及社堂等名义似为慈善，实际亦收费用，有经营殡仪寄柩业之性质"。②经济局在批示中表示："山庄、公所寄柩是否借以牟利，抑系慈善性质"，需要再"分别查明具复，以凭核办"。③同业公会调查后指出，会馆公所以往"只寄柩，不办殡殓"，而现在部分会馆公所如永锡堂、锡金公所等，"又附设殡殓，已有数月"。该会进一步表示，会馆公所"附设殡殓"的做法，将极大妨碍同业公会会员的营业，"不仅使已成之社会事业势将停业，即数千职工之生活更难维持"。在呈请书中，同业公会批评"会馆公所山庄等，往往以慈善为名，暗中牟利，而使热心人士创办之殡仪馆、寄柩所反无立足之余地"。为此同业公会联名请求有关当局"取缔会馆公所山庄等已附设殡殓者，即日停止，未设者不得效尤踵行，并令饬各会馆公所山庄等，一体加入本会为会员"。经济局为此批复道："查会馆公所乃由各地旅沪人士所办，其本旨原为便利同乡"，本属慈善性质，"与普通以营业为目的者不同，即使其间有以慈善为名而暗中牟利，此亦尽可任当事者之自行选择，似无强令必须经由该会会员同业办理不可之理"。经济局认为，同业公会会员"若果取费合理，服务周到，自易见信于人"，因此"所请碍难照准"。④

　　从殡仪寄柩业同业公会与会馆公所的这次冲突可以看出，民国时期的会馆公所虽然总体上保持了慈善性质，但不少会馆公所出现了向营利性组织转变的趋势。更值得注意的是，会馆公所提供的殡葬服务除了寄柩、义葬等传统职能之外，还有向殡仪、公墓等现代职能转变的趋势。除了前文提到的浙绍公所永锡堂、锡金公所"附设殡殓"外，上海四明公所也于1946年前后一再向市卫生局请求准许设立经济殡殓礼堂。四明公所的理由是，抗战以来宁波同乡"因家道中落经济拮据者颇多，每遇发生丧事无法举办"，而公所"虽有赊材及施材等福利事业"，但"殡殓一项尚付缺如，难免不草率从事，致妨害公共卫生"。因此，四明公所董事会决议在"公所南市日晖港丙舍办理经济（及免费）殡殓事宜，定名曰上海四明公所殡殓处，不特为同乡服务，抑且为社会造福"。卫生局经过调查，了解到"该所拟设置殡殓处之建筑物，计有经济

---

① 《上海市殡仪寄柩运葬商业同业公会历次理监事会议记录》，上海档案馆藏，档案号：S440-1-5-105。
② 《上海市殡仪寄柩运葬商业同业公会的文稿簿》，上海档案馆藏，档案号：S440-1-9。
③ 《同业公会历年会员名单》，上海档案馆藏，档案号：S440-1-12。
④ 《同业公会历年会员名单》，上海档案馆藏，档案号：S440-1-12。

小礼堂六间，大礼堂一间，设备方面仅有灵床、纱布、尸罩等件"，"至于办理殡殓规定上应有之条件，如施术室、消毒器皿、消毒药品种种设备尚付缺如"，因而要求等"施术室、消毒药械及防蝇设备完备后，再行呈候核夺"。①想提供殡殓服务，就必须置办相应的殡殓设备。政府对于殡葬业的管理越来越规范、越来越现代，某种程度上把传统的会馆公所挡在了殡殓服务的门外。

在从义冢向公墓转变的过程中，会馆公所自身的认知是一个很有意思的问题。浙绍公所永锡堂曾表示："本会所谓公墓，实即义冢"，但又指出"公墓与义葬，性质微有不同，界限自应分别"。"义葬一经葬毕，未必再有人过问"，而公墓则"每岁必有后嗣上坟"，"守墓工人，对于墓草之清除，墓道之整洁，必能相当注意"。②义葬与公墓之间的区别，涉及的是外来移民及其家族是否就此在城市定居扎根的问题。只有整个家族在城市扎根，才会有"每岁必有后嗣上坟"这种可能性。会馆公所附属的义冢不断向公墓转化，表明移民及其家庭正逐步在这个城市扎下根来。不过，也有同乡会组织的成员提出在家乡创办公墓，其理由是："现在沪上公墓虽多，然传统观念凤以归正首邱为重，故乡人葬沪者殊属寥寥。且商办公墓尽属营业性质，一旦墓穴售尽，收入全无，维持管理必致发生问题。驯至听其荒废，日久之后，蔓草一坯，碑碣莫辨。甚或墓地辗转盗卖，葬者等于牺牲"，而"湖社为永久机构，倘能自办公墓，则管理不成问题，万岁千秋，佳城永固"。③这个建议又指出了商办公墓与同乡会自办公墓之间可能会有的区别。民国时期城市社会异常复杂的殡葬状况也充分表明了，这是一个新旧并举、传统与现代并存的过渡时期。

在这个过渡时期，殡葬业正在从传统向现代转变，会馆公所等组织也在努力向现代转变。需要强调的是，会馆公所等同乡慈善组织依然具有强大的资源动员能力。以浙绍公所永锡堂筹款添设公墓为例。抗日战争期间，由于日本占领上海，导致交通不便，运费昂贵，许多本该运回家乡安葬的灵柩只能暂时寄柩于上海。到1943年时，浙绍公所永锡堂"南北两堂寄柩已达一万五千余具"，若"不谋疏通，后来之柩已无容纳之地"。经过调查统计，"孤贫之柩，约居三分之一"，浙绍公所永锡堂便准备在上海市创设公墓，对这些棺柩集中安葬。"业已置地六十余亩，葬费一项每具约以三百元计，平时赊材亦需大量增添，合计约需贰佰万元之谱。"公所为此在同乡中发

---

① 《上海市卫生局关于四明公所设立经济殡仪堂丙舍、寄柩、运柩》，上海档案馆藏，档案号：Q400-1-3977。
② 《浙绍永锡堂施赊棺木、安葬旅榇、添设公墓募捐委员会会议记录和有关函件》，上海档案馆藏，档案号：Q115-17-11。
③ 《建议创办湖社公墓节略》，上海档案馆藏，档案号：Q165-6-51-52。

起募捐，仅仅三个半月便收到捐款 391 万多元，几乎是目标款额的两倍。①募捐活动既展现了会馆公所对于旅沪同乡的号召力，也充分证明了会馆公所从事殡葬事业的慈善性质。

殡仪寄柩业同业公会针对会馆公所慈善性质的发难，主要是担心会馆公所的殡葬服务将使得营利性的殡仪馆、寄柩所"无立足之余地"，而这又正好说明会馆公所的殡葬事业对于城市社会的重要性。抗战结束之初，上海积柩达到 10 余万具，而各殡仪馆、寄柩所 1945 年底存柩为 48231 具②，这就意味着会馆公所善堂善会等传统慈善组织的存柩超过了 5 万具，占了上海存柩数量的半壁江山。这也从一个侧面展现了会馆公所善堂善会在上海城市殡葬事业中的地位。北京缺乏类似的数据统计，但从各省市在北京的会馆公所拥有的义园、义冢、公墓的数量也可见一斑。新中国成立初期，北京市对各省会馆的房地产等财产进行过统计，义园、义地等都相当可观。以江苏省为例，就有位于磁器口元宝市井南地方的苏属云间义地，占地 2.45 亩；位于左安门内潘家窑三号的苏属镇江馆义地，占地 23.5 亩；位于宣外南横街猪营的 4 处苏属扬州义园，共占地 11 亩多；位于模式口的江苏第一公墓，占地 50 亩；位于阜成门外西郊蔡公庄的江苏第二公墓，占地 15 亩；位于北京市第十一区分钟寺行政村的江苏武进义园，占地 6 亩；位于永定门外彭家庄二郎庙的苏属镇江第二公墓，占地 15 亩；位于西河沿一九一号的苏太谊园附产，有地 1.276 亩，并有房 33 间；位于南新华街三十二号的苏太谊园附产，有地 0.624 亩，并有房 24 间；位于五道庙二十号的苏太谊园附产，有地 0.499 亩，并有房 14 间；永定门外花椒树苏省谊园，有房 53 间、地 12.718 亩；永定门外石榴花苏太谊园，有房 11 间、地 35.363 亩。③江苏之外，安徽、福建、广东、广西、河北、河南、湖北、湖南、江西、山东、山西、陕西、四川、云南、浙江等省会馆公所都附设有多处义园、义冢、义地等。④以上史实不但说明了会馆公所附设义园的普遍性，也说明了民国时期城市移民的殡葬事务相当大的比重是由会馆公所等同乡慈善类组织承担的。再加上善堂善会对于城市底层普通民众殡葬事宜的救济，可以说，慈善类组织基本上承担了城市社会大部分普通民众的殡葬事宜。

---

① 《浙绍永锡堂施赊棺木、安葬旅榇、添设公墓募捐委员会会议记录和有关函件》，上海档案馆藏，档案号：Q115-17-11。
② 《上海市殡仪寄柩运葬商业同业公会会员灵柩报告表》，上海档案馆藏，档案号：S440-1-13。
③ 《江苏省会馆城区房地产、坐落地址门牌一览表》，李金龙、孙兴亚主编《北京会馆资料集成》，第 1391~1394 页。
④ 《会馆义园》，李金龙、孙兴亚主编《北京会馆资料集成》，第 1415~1429 页。

## 第三节　营利性殡葬组织

这里所说的营利性组织，既包括传统的杠房、寺庙等，也包括现代的殡仪馆、运柩所等。显然，这些营利性组织的活动范围也是以城市为主。

"旧社会，家中死了人，第一件事就是找杠房。"[1]所谓杠房，"即仪仗店，专办人家举殡之事者也"。[2]杠房以北京最为著名，"有多年的传统技术，抬起棺材来四平八稳，妥善安全"，因而在全国有"京杠房"的美誉。除了北京之外，"许多大城市如天津、上海、南京、沈阳等地，遇有特大丧事，专门派人来京，聘请北京杠业的杠夫携带租赁的工具，去给出殡"，"用主除付杠价外，还管路费食宿"。[3]天津因为离北京近，所以"天津的有钱人家、军阀政客等等，有白事都用京杠，例如张勋、小德张用的都是京杠"。[4]孙中山的奉安大典，北京日升杠房派往南京的杠夫有42名，"每人每日工价三元"。[5]后来天津的杠业日渐发达，一些上海的阔佬举办丧事，也会从天津杠房请人。例如盛宣怀出殡时的杠夫，便是向天津广春局雇来；[6]江西籍富商周扶九的出殡则由天津德兴杠房承办，"统计德兴杠房由津来沪人役三百零二人，费五千元"。[7]

据说，北京杠房的历史最早可以追溯到明永乐年间。明成祖朱棣在北京大兴土木，征召了很多兵工，其中以山西人居多。工程完工后，朝廷为了安置这批兵工，便创设了官营杠房，并开办木厂、桅厂代理官营杠房。清军入关后，明代官营杠房散伙，这些木厂、桅厂便正式开始了民间的杠房营业。这种说法是否可靠，尚待察考，但该说法透露出杠房来源于木厂，却是很有可能的。[8]从时间上来看，杠房业主要是在清代开始普及的，而杠房业最为兴盛的地方正是北京。乾隆朝《大清会典》中已正式载有关于不同品级官员出殡时杠夫人数的规定，如公侯伯及一、二品官员可用64人杠，三至五品官员可用48人杠，六至八品官员可用32人杠，九品及凡

---

[1] 于照熙：《老天津的杠房》，《天津文史资料选辑》1995年第1辑，第184页。
[2] 徐珂编撰《清稗类钞》，商务印书馆，1917，第60页。
[3] 张官鼎：《解放前北京的葬礼和杠房业》，《北京文史资料选编》第14辑，第215页。
[4] 于照熙：《老天津的杠房》，《天津文史资料选辑》1995年第1辑，第184页。
[5] 参见周吉平《北京殡葬史话》，第366、367页。
[6] 《盛杏荪出殡之盛况》，《申报》1917年11月19日。
[7] 《周扶九父子大出丧记》，《申报》1922年4月23日。
[8] 参见爱新觉罗·恒兰《北京的杠房与清内廷吉祥所》，载文安主编《清末杂相》，中国文史出版社，2004，第133页。

图8-2　孔令贻大殡时抬运灵柩的杠罩

资料来源：中国国家博物馆编《中国国家博物馆馆藏文物研究丛书·历史图片卷》，上海古籍出版社，2006，第148页。

有顶戴之官员可用24人杠，兵民最高可用16人杠。① 用杠人数多寡作为官员品级高低的一个标准，已经被载入《大清会典》，不难想象杠房在乾隆年间的普及程度。从各地的相关记载来看，杠房出现的时间主要在乾隆朝及其以后。如归绥的杠房开业是在乾隆年间，② 赤峰地区开始有杠房业是在道光、咸丰年间，③ 天津最早的杠房营业于咸丰元年（1851），④ 包头的杠房业是在清末兴起⑤ 等。这些有关杠房业的回忆和记载，主要是在北方地区，由此可见杠房业在北方地区更为普遍。很有可能的情况是，杠房先在北京兴起、流行，然后向全国各地推广开来。相对全国而言，北京及其周边地区的杠房业更为兴盛。

北京杠房有"两屋子半"之称，即有两个是专营杠房业的，一个是只售棺材，不管抬埋的。两个专营杠房业的，一个是山西人经营的，叫"山西屋子"，一个是北京、河北人经营的，叫"直隶屋子"。⑥ "山西屋子"以做满族人的生意为主，因而店铺十分讲究，但入民国以后，"山西屋子"便渐渐衰落了。代之而起的"直隶屋

---

① 乾隆《大清会典》卷54，第486、487页。
② 王庭秀口述，蒋滋印整理《单说永裕通杠房》，《呼和浩特文史资料》第7辑，政协呼和浩特市委员会文史资料研究委员会编印，1989，第156页。
③ 吴宇周：《赤峰的杠房业》，《红山文史》第4辑，政协赤峰市红山区文史资料研究委员会编印，1991，第111页。
④ 天津市地方志编修委员会编著《天津通志·民政志》，天津社会科学院出版社，2001，第416页。
⑤ 柴志坚等：《"鼓杠房"的兴起与没落》，《包头文史资料选编》第8辑，政协包头市委员会文史资料研究委员会编印，1986，第139页。
⑥ 爱新觉罗·恒兰：《北京的杠房与清内廷吉祥所》，载文安主编《清末杂相》，第133页。

子"不但经营满人生意，还经营汉人及南北各界人士的丧事，因而在民国时期十分兴旺，以至于有人称民国时期是"北京杠房业户数最多的时期"。这主要有两个原因。一是清朝时期，殡葬礼仪有严格的制度规定，"八旗满蒙汉各不相同，官吏按官职高低各异，老百姓也按地位和个人经济情况来办事，一律不能越过规定"，如前文所述不同品官对应不同的用杠人数。进入民国后，这套殡葬礼仪被废除，"官员百姓只要有钱，丧事想怎办就怎办，只要好看就可以，由杠房出主意，讲阔气，闹排场，走到街上，浩浩荡荡，而杠房本身也就出名得利了"。二是民国时期，军阀连年混战，特别是抗日战争时期，"乡下地主老财、小官僚携带财产迁入北京，北京的城市人口增加三四倍，死亡的人也增多了，而原有的杠房大有应接不暇之势，于是又开了好些户"。①

1923年上海文明书局出版的《北京便览》中，载有杠房38家。其中，位于北新桥东路北的义茂杠房以承办富商丧事出名；位于崇文门外石板胡同的天成杠房以承办回民丧事为主，"常备阿拉伯文的官罩及回民丧事之专用仪仗"；位于西长安街西口的日升杠房，以承办孙中山奉安大典出名，"为应此丧事专门准备了青天白日图案的官罩、大杠等行头，但只用过这一回"；位于宣武门内大街的同顺杠房，以承办段祺瑞的丧事出名，其经理田会岩曾担任北京杠房同业公会会长。最著名的是号称"杠王"的灯市口永利杠房，曾承办光绪皇帝及荣禄等皇亲国戚的丧事，其规矩是："不论路途远近，如何难走，棺柩绝无倾斜，柩上放一满碗水，在整个过程中如有一滴淌出，不取分文。"之所以如此，恐怕也是因为"杠王"曾经为帝王出殡，"要保证梓宫不能稍有倾斜，否则有杀头的危险"。②"京杠房"声名远播，为全国各地所推崇，正是在北京这种特殊的社会环境中形成的。外国人认为"京杠房"有特别技术训练，曾于1930年前后在北京西郊找杠房用大杠演习出殡，拍成影片，专门介绍中国的杠夫技术。

北京杠房业有句行话叫"三年不开张，开张吃三年"。这是因为杠房平时只有固定的三五人照顾店面，等候顾客，出租殡葬设备，所以开支不大。只有遇到大的丧事，才会召集杠夫、吹鼓手等，有时还要联合其他同行，"如寿材、棚彩、家伙、纸活，还有僧道各门"等。一些大主顾，"只要你能出主意，不问价钱大小，一概照办"，杠房因此大得其利。如"绣花软片均可现裁现用，随用主之所欲，东西用完

---

① 张官鼎：《解放前北京的葬礼和杠房业》，《北京文史资料选编》第14辑，第218页。
② 参见周吉平《北京殡葬史话》，第155、156页。

后全归杠房所有","这些材料设备杠房不知能出租多少年,收得多少利润"。[1]杠房平时靠出租殡葬设备为业,这些殡葬设备主要分为"软片"和"硬器"两种。软片是指用金线绒线绣上的各种花色的大红缎子,包括各种官罩、过棺罩片、绣花幡、座伞、日照伞、杠夫衣服等;"硬器则包括大小棍棒(杠)、四支、金墩、大锣鼓架、梆点二报、金执事等,均以大红银朱油漆成,还有金龙狮子等描金彩活"。此外,还有杠头用于发号施令的"响尺",和作为出殡前导的"引魂幡"。民国时期,为废除婚丧旧制,北京市公安局、社会局曾在1928年明令禁止使用部分殡葬设备,包括"日照伞、小拿盘、弓箭撒带、诰封黄亭、曲柄黄伞、黄牌、曲律、龙旗、刽子手、官幡、回避牌、肃静牌等"。由于屡禁不止,北京市公安局于1935年再予重申,"如有发现,则拿管段片警是问"。[2]

因为杠房业的这种经营性质,杠夫不是杠房的长期固定工,而是长期临时工。平常没事时,可以去干其他的活,有事则必须随叫随到。杠房不与杠夫直接联系,主要通过杠夫头目联系。头目分大头、二头,大头专门负责与杠房联系,准备各项用具;二头负责用人、发钱、干活及处理一切临时发生的事情。杠夫头目与普通杠夫是一种平等的关系,平时不向杠房领取丝毫报酬,但一旦有事,杠房只能找他承办一切事宜,不得另找他人。如果双方有意见,也只能等到年节才能解除雇用关系。[3]除了杠夫之外,杠房还要雇用打执事的,即举着旗锣伞扇等执事走在灵柩之前的人员。打执事的也有大小头目,大头目负责对外联络、分派差事和领取工资,小头目负责人员配备、行动指挥和物品保管。打执事的大多是十几岁的少年,或家境贫困,或是无依无靠的孤儿,也有五六十岁的老年人。他们打一次执事,所得工资要看打执事路程的远近和丧家的经济状况而定。一般情况是,丧家越富,要求走的路程就越远,以至于一直送到城外的坟地,因而挣的钱就越多。此外,还有吹鼓手和撒纸钱的。民国时期的北京城有一个撒纸钱的高手,绰号"一撮毛",专以撒纸钱为生。北京城凡有大出丧,杠房总会先问丧家是否要"一撮毛"来撒纸钱,而丧家也大多会答应,因为如果没有"一撮毛",大出丧就会减色不少。"一撮毛"身价很高,"每次非五块大洋不办",而且还有很多附属条件。不过,"一撮毛"的技术也的确高超,他能将一叠纸钱扔到数十米高空,再突然散开,形成铺天盖地的壮

---

[1] 参见张官鼎《解放前北京的葬礼和杠房业》,《北京文史资料选编》第14辑,第219页。
[2] 参见周吉平《北京殡葬史话》,第158~161页。
[3] 参见爱新觉罗·恒兰《北京的杠房与清内廷吉祥所》,载文安主编《清末杂相》,第134、135页。

观景象。"一撮毛"凭着一手绝技,生意自然十分兴隆。[1]

值得注意的是,不少地区的杠房并非专办丧事,而是兼办红白事。如包头的鼓杠房,除了备有抬棺材的"杠"和棺罩,还备有用来办"红事宴"的蓝轿、花轿和绿轿等,以备迎亲时新郎坐蓝轿,新娘坐花轿,伴郎坐绿轿。[2]赤峰的杠房用于迎亲的设备较简单,只有彩轿及一副旗锣扇伞。[3]西宁的杠房兼办红白事,同是一个铺子,叫法不一,办喜事叫"喜轿房子",办丧事叫"杠房铺",也叫"房子家"。每次红白事的工钱也有差异,红事最高银元十五六元,最低五六元;白事最高20余元,最低够杠夫的工钱就行,因为"总不能把死人放在家中,多少付点工钱即可送葬"。[4]另外,专办丧事的杠房业也有大包大揽的趋向,这主要兴起于天津。成立于1931年的"大事全"杠房,因其包办殡葬全部服务而闻名。大事全杠房的经理魏子文后来曾到北京开办"福寿大事全",接待办理大小丧事,"包括买棺材、寿衣、穿衣、入殓、搭棚、扎彩,布置灵堂,租用大鼓锣架,请僧道念经放焰口,安排各种纸活,包办丧礼宴席,送灵、雇车,请阴阳先生,修建碑盖、圹、月台等坟墓工程,撰写墓志等等"。大事全杠房的兴起,使得其他杠房纷纷效仿,将自己的名称改为"全"字号,如德寿全、益寿全等,而"这一点也说明了杠房在殡葬行业中的统治地位"。解放前夕,天津有杠房百余家。[5]1945年,包头的鼓杠房发展到13家,从业人员达到百余人。[6]北京的杠房更不用说,成立于日伪时期的北京婚丧用品公会,主要是由杠房和轿子铺组织而成,该组织一直延续到解放前夕。这些事实说明,以北京、天津为代表的北方区域,传统的杠房终民国之世都是为人们提供殡葬服务的主要机构。

寺庙起初主要提供停灵服务,尤其是在北京。如孙中山在京逝世后,停灵于碧云寺达4年之久;吴佩孚去世后,灵柩在拈花寺停厝更长达7年之久。段祺瑞的灵柩先是暂厝于卧佛寺,后由宋哲元等筹款在卧佛寺附近盖了几间房,作为段氏灵柩暂厝地,"这样,免去租赁庙殿停灵的费用"。直至28年后的1964年,才由段祺瑞故交章士钊出面,将其灵柩"悄悄葬于京西万安公墓的水字区"。[7]李大钊就义后,

---

[1] 参见周吉平《北京殡葬史话》,第164~170页。
[2] 参见柴志坚等《"鼓杠房"的兴起与没落》,《包头文史资料选编》第8辑,第140页。
[3] 参见吴宇周《赤峰的杠房业》,《红山文史》第4辑,第112页。
[4] 参见杨沛馨《西宁的杠房铺》,《西宁文史资料》第5辑,第84、86页。
[5] 参见天津市地方志编修委员会编著《天津通志·民政志》,第416页;周吉平《北京殡葬史话》,第171页。
[6] 参见柴志坚等《"鼓杠房"的兴起与没落》,《包头文史资料选编》第8辑,第139页。
[7] 参见《段祺瑞的葬礼》,秦虹编著《名人丧葬逸事多》,第82页。

其亲友曾打算将灵柩运回原籍安葬，但由于财力有限，"灵柩在浙寺一搁就是六年"，直到1933年才在中共地下党组织的安排下，葬于万安公墓。据1935年8月北京市社会局等的调查，当时北京接受停灵的寺庙有73处，长期停放的灵柩有2109具，准备运走的有663具，共计停灵2772具。到1949年时，北京寺庙停灵，据统计达3665具。

除了接受停灵服务外，北京的寺庙还提供一整套的殡葬服务。按照传统殡葬习俗，"病死在医院、暴死路途及其他非正常死亡，或者年龄太小的，他们的丧事是不宜在家里举行的"，还有一些因为"家里不宽敞，办事不方便的"，便把丧事放到庙里来办。北京寺庙提供殡葬服务的约有30家，其中业务较多、声名较著的有拈花寺、广化寺、广慈庵、龙泉寺、法源寺、长椿寺、柏林寺、大慈庵、贤良寺、兴隆寺等。最著名的是嘉兴寺，同时也是北京寺庙丧事活动最多的地方，"平均每天均有三五家办事"，以至于在门前挂一个黑漆牌子，分别写上："某宅接三北院"、"某宅伴宿东院"和"某宅开吊前院"等字样。因此，寺庙里的丧棚、花牌楼、大锣鼓架是常年不拆的，寺庙附近还有几家冥衣铺常年经营。

因为寺庙办理殡葬事务是不便宣传的，主要靠人介绍，所以这些寺庙都专门设有业务员性质的"管事"。管事必须交游广阔，"上至王公大臣，下至地痞流氓，都多少有一些往来"。嘉兴寺的殡葬业务之所以多，一方面是因为其民国时期的方丈方瑞、崇辉交际甚广，以及该庙管事高阔亭"门路极多"；另一方面则是因为高阔亭与"信成杠房"、"夏记棚铺"、"广合斋冥衣铺"和"郭记家伙座铺"等殡葬同行有固定合作关系，召之即来，能够统一应付全部的殡葬事务。"凡是开展这项业务的庙宇，都与同行有联系，庙宇如喇嘛庙、道观、尼姑庵等；世俗同行如棚铺、杠房、冥衣铺、家伙铺等。"一般情况下，庙宇管事需要对各类殡葬礼仪特别内行，因为丧家往往请管事做"提调"，筹划指挥全部的殡葬事务。高阔亭即常常担任提调，"他经办的丧事，丧主无不满意"。可以说，这些提供殡葬服务的北京寺庙，已经很接近现代的殡仪馆了。

事实上，北京寺庙殡葬服务的对象，"地不分南北东西，道不问信仰礼俗，一概来者不拒"，正是因为受到上海"几家著名的殡仪馆"的影响。而且，北京解放后，"曾有几个寺庙被政府批准正式成立为殡仪馆"。[①] 不仅寺庙如此，杠房也是如此，

---

① 参见周吉平《北京殡葬史话》，第383、206、207页。

如西宁的杠房铺在解放后被改成"西宁殡葬服务站",[①]包头的鼓杠房在解放后改成殡仪社,[②]等等。

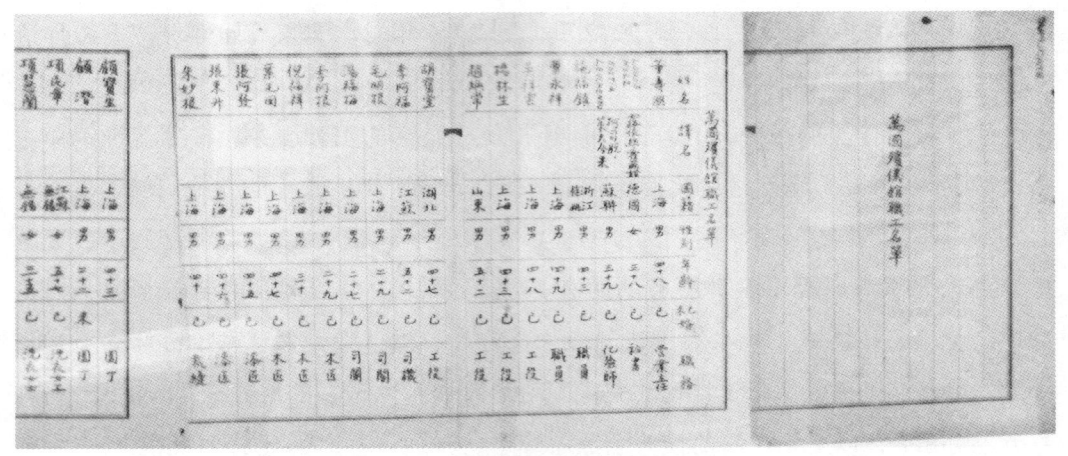

图8-3 万国殡仪馆职工名单

资料来源:上海殡葬博物馆。

民国时期的殡仪馆,同时也是一种现代营利性殡葬服务组织。[③]以上海最为著名的万国殡仪馆为例,其承担的殡葬服务,包括整理遗容、大殓、停灵、出租灵车以及出殡等多项内容。有的丧家需要全套服务,有的则仅需要其中某项服务,万国殡仪馆则根据丧家不同的需要提供相应的服务。这一点,从当时的殡仪馆广告中也可以看出来:

> 本所总承办公馆、住宅、会所、山庄殡仪事宜,专售中西寿器,租用灵柩花车,注射防腐,以及代办等事,莫不应有尽有。定价低廉,诚信无欺。如蒙惠顾,竭诚欢迎。
>
> 价目一览表:
>
> 甲等,壹百元;乙等,壹百贰拾元;丙等,壹百五十元;丁等,壹百八十元;戊等,二百二十元;己等,二百七十元;庚等,三百五十元。
>
> 以上价目包括寿器、灰包、炭屑、洗涤、整容、穿衣、大殓、柩车、杠力

---

① 参见杨沛馨《西宁的杠房铺》,《西宁文史资料》第5辑,第87页。
② 参见柴志坚等《"鼓杠房"的兴起与没落》,《包头文史资料选编》第8辑,第144页。
③ 关于民国时期殡仪馆的建设情形,参见本卷第六章相关内容。

等费一并在内。

　　花车大出丧，每次租洋贰拾伍元；花车送柩，每次租洋贰拾元。①

　　所谓"杠力"，主要是指灵柩无法用灵车载运之处，如从灵堂至灵车，以及从灵车至墓地之处，仍然是要用杠夫来抬。为了表示对死者的尊重，有时会由死者生前的同志、同事或同业亲自来抬，如孙中山1925年在北京的出殡，便是由国民党要员亲自来抬。

　　尤其值得注意的是，该则广告表示其"承办公馆、住宅、会所、山庄殡仪事宜"，"公馆、住宅"当是指个人，而"会所、山庄"则是指乡缘组织了。恰如前文所述，会馆公所以及山庄是帮助上海移民办理丧事最主要的组织团体，而现在殡仪馆直接面向"会所、山庄"招揽生意，表明上海殡葬服务的专业化和社会化趋势，已经开始动摇或取代以会馆公所为代表的同乡慈善性质的传统殡葬服务形式。当然，这个过程不可能一蹴而就，其间必然伴随着新旧折中和融合，如黄楚九、杜锡珪的灵柩都是运往永锡堂暂厝，而阮玲玉的灵柩则是运往联义山庄安葬。

　　抗日战争爆发后，由于大量人口移入上海租界，人多地狭的状况特别严重，民众在自己家里根本无法举办丧事，致使上海的殡仪馆和寄柩所纷纷成立。在殡仪馆方面，如1938年2月成立的国泰殡仪馆，1938年3月成立的万安殡仪馆，1938年4月成立的中华殡仪馆、世界殡仪馆，1938年6月成立的大众殡仪馆，1938年10月成立的乐园殡仪馆，1939年3月成立的大华殡仪馆，1940年9月成立的上天殡仪馆，1941年1月成立的南市殡仪馆，1942年1月成立的安乐殡仪馆，1942年7月成立的湖州殡仪馆等；在寄柩所方面，如1939年2月成立的大安寄柩所，1940年7月成立的普济寄柩所，1940年10月成立的福安寄柩所，1943年8月成立的安平和记寄柩所，1943年9月成立的安定寄柩所，1943年12月成立的沪扬寄柩所等。②殡仪馆和寄柩所数量的猛增，表明上海殡葬服务的社会化和专业化得到了极大发展；尤其是殡仪馆数量的剧增，更直接反映了上海社会在殡葬习俗方面向现代化的迅速转变，尽管这种转变是战争导致的特殊社会环境造成的。

---

① 《申报》1935年7月15日。
② 《上海特别市殡仪寄柩业同业公会会员名单》，上海档案馆藏，档案号S440-1-12。

抗战胜利后，在日据时期成立的同业公会被解散，1946年初重新成立的上海市殡仪寄柩运葬商业同业公会，增加了31家会员馆所，其中有17家是运柩所和代葬所，如永兴公水陆运输报关行运柩部、苏浙皖运柩所、长安新记运柩所、上南运柩所、春元水陆运柩公司、公益运柩代葬所、苏杭运柩所、林记运柩公司、许祥记运柩所、宁绍灵柩运输所、镇扬鸿记运柩所等；有3家是公墓，如家庭公墓、吉安公墓和中国公墓。[①] 运柩所与公墓在数量上的不成比例，说明"扶柩回籍"归葬仍然是当时上海移民的主流选择。

为集中办理运柩事宜，上海殡葬业同业公会曾发起成立联业运柩营葬公司。之所以会有此举，也与当时上海的社会环境有密切关系。自抗战以来，全上海仅同业公会的会员馆所，寄存尸柩便达数万具，且多系贫苦丧家，因财力不足，"大多数均系工料低廉之棺柩，一到夏季，难免不生意外，疫疠丛生"。这对于公共卫生和市民安全必然造成极大威胁，而要解决这个问题，一是推行火葬，二是将其陆续疏散至原籍。推行火葬，等于毁掉寄柩、运葬这两个行业，是同业公会绝对不会接受的，剩下的办法就只有把这些棺柩运回原籍安葬。

联业运柩营葬公司于1943年7月17日成立，股东主要包括同业公会理事会和监事会相关成员。运柩码头拟设在日晖港，同时准备在苏州设立运柩分站，而运柩路线大约分三条：常熟、江阴等线；常州、丹阳等线；沪杭路浙江线。运费价目如表8-2。

**表8-2 联业运柩营葬公司车运价目（民国三十二年八月十五日订）**
火车运价

| 目的地 | 苏州 | 无锡 | 常州 | 丹阳 | 镇江 | 南京 | 芜湖 | 滁县 | 明光 |
|---|---|---|---|---|---|---|---|---|---|
| 价格（国币：元） | 1700 | 1900 | 1000 | 2500 | 4200 | 4700 | 5700 | 5700 | 6500 |
| 目的地 | 蚌埠 | 宿县 | 徐州 | 开封 | 济南 | 德县 | 石门 | 天津 | 北京 |
| 价格（国币：元） | 7200 | 7700 | 8400 | 9600 | 9600 | 10000 | 11000 | 12000 | 13000 |
| 目的地 | 太原 | 青岛 | 怀庆 | 嘉庆 | 杭州 |||||
| 价格（国币：元） | 15000 | 13000 | 13000 | 2400 | 3000 |||||

---

① 《上海市殡仪寄柩运葬商业同业公会会员名单》，上海档案馆藏，档案号 S440-1-12。

**橡皮车运价**

| 目的地 | 大场 | 江湾 | 真如 | 南翔 | 嘉定 | 吴淞 | 宝山 | 浏河 | 罗店 |
|---|---|---|---|---|---|---|---|---|---|
| 价格（国币：元） | 250 | 250 | 250 | 450 | 580 | 580 | 550 | 550 | 550 |

| 目的地 | 北新泾 | 陈家桥 | 虹桥 | 漕河泾 | 龙华 | 闵行 |
|---|---|---|---|---|---|---|
| 价格（国币：元） | 300 | 300 | 300 | 300 | 300 | 550 |

附注：事务所：成都路四七〇号；码头：日晖港瞿真人路口

资料来源：《上海特别市殡仪寄柩业同业公会筹组联业运柩营葬公司的文书和会议记录》，上海档案馆藏，档案号：S440-1-18。

从表8-2可以看出，运柩范围相当之广，绝不限于上海及其周边地区，而是包括河南、山东、山西、天津、北京等北方省市。联业运柩营葬公司于1943年8月24日在《新闻报》刊登"联业运柩营葬公司开业通告"，正式向全社会宣告开业。[1] 但不知是因为定价太高，还是因为交通阻隔，抑或其他原因，联业运柩营葬公司运行一段时间后，似乎就销声匿迹了。抗战胜利后联业运柩公司再也没有重新成立过，因为战后重新组织的同业公会面临着更为严重的行业生存危机，他们需要用全部心力来应对，已经顾不上去垄断运柩业务了。

## 第四节　殡葬同业公会

民国时期，在不少地区，尤其是在一些大城市，殡葬业已经成为一种社会化服务行业。随着提供殡葬服务的经营性组织越来越多，相应的同业公会组织也应运而生，如上海的殡仪寄柩业同业公会、北京的婚丧用品公会等。由于上海的殡葬业同业公会是专门以殡葬业服务机构为成员的同业公会，不同于北京的同业公会还包括婚庆服务机构，而且组织更为完善，活动也更为频繁，留存的相关历史档案也更为丰富，因此本节主要以上海的殡葬业同业公会为探讨对象。

上海首个殡葬业同业公会组织，名曰"上海特别市殡仪寄柩业同业公会"，成立于1942年12月20日。[2] 该公会因为是在日据时期成立，因而在抗战胜利后"依法解散"，然后迅速重新组织成立，名曰"上海市殡仪寄柩运葬商业同业公会"，直

---

[1] 《上海特别市殡仪寄柩业同业公会筹组联业运柩营葬公司的文书和会议记录》，上海档案馆藏，档案号：S440-1-18。

[2] 《上海特别市殡仪寄柩业同业公会档案》，上海档案馆藏，档案号：S440-1-5-1。

至1949年上海解放。①单从同业公会的名字，便可以看出二者的区别：前者主要包括殡仪业和寄柩业；后者则除了殡仪业、寄柩业外，还包括运柩和安葬。这些行业对应的实体分别是：殡仪业是殡仪馆，寄柩业是寄柩所，运柩是运柩所，安葬则是公墓。实际上，它们的界限并不是那么泾渭分明，如不少殡仪馆除有殡仪业务外，一般也会附设丙舍，经营寄柩业。运柩业则是殡仪馆和寄柩所都有可能插手其中的，公墓亦是如此。

## 一　上海殡仪寄柩业同业公会

上海的殡葬从业者至少是在1942年年中便开始筹划成立上海殡葬业同业公会一事。此前，这些殡葬从业者"为注重卫生起见"发起组织了上海市殡葬防疫协会，获得公共租界警察本部的核准，并颁发了证书。至1942年6月，殡葬防疫协会认为同业公会组织不但能够"主持卫生事宜"，还能够为会员谋福利，因而决议将殡葬防疫协会改为同业公会。②殡葬同业为此成立了筹备委员会，共9人。1942年8月29日，组织上海殡仪寄柩业同业公会的申请得到"上海特别市社会运动指导委员会"的批准，并获颁"人民团体许可证书"。③随后，同业公会的第一次筹备会议于1942年9月24日在静安寺路96弄2号召开。筹备会即日开始办理会员登记手续，并在《申报》上发表通告，要求"本市殡仪馆寄柩所以及经营寄积尸柩之会馆公所"

**图8-4　同业公会人民团体许可证书及工商团体登记证书**

资料来源：上海殡葬博物馆。

---

① 《上海市殡仪寄柩运葬商业为重新发起组织该业发起人会议及成立大会记录》，上海档案馆藏，档案号S440-1-6-1。
② 《上海特别市殡仪寄柩业同业公会档案》，上海档案馆藏，档案号：S440-1-1。
③ 《上海市殡仪寄柩运葬业同业公会历次章程、公会调查表、许可、立案证书和加入市商会的会员证书》，上海档案馆藏，档案号：S440-1-3。

从速前来登记。①

经过两个多月的筹备,"上海特别市殡仪寄柩业同业公会"的成立大会在上海市商会顺利召开。出席会议者主要包括上海各殡仪馆、寄柩所的代表,"上海特别市社会运动指导委员会"、"上海特别市社会局"、"上海特别市商会"的代表也应邀参加。大会主要进行了两项议程,一是讨论、修正和通过了同业公会章程,二是选举了同业公会的领导层,即理事和监事。②理监事的选举是以殡仪馆、寄柩所为投票对象,结果是:乐园殡仪馆 22 票、万安殡仪馆 22 票、中华殡仪馆 20 票、中央殡仪馆 20 票、大众殡仪馆 20 票、上天殡仪馆 19 票、大陆殡仪馆 13 票、中国殡仪馆 13 票、大华殡仪馆 10 票,其代表人当选为理事;南市殡仪馆 10 票、世界殡仪馆 10 票,其代表人当选为候补理事;上海殡仪馆 10 票、国泰殡仪馆 7 票、斜桥殡仪馆 5 票,其代表当选为监事;国华殡仪馆 3 票,其代表人当选候补监事。③由票选结果可知,同业公会的主导者完全是殡仪馆。

这些理监事再次通过选举进行了职务分配:上天殡仪馆代表钱宗范、万安殡仪馆代表毛景安、中华殡仪馆代表殷楚兰、乐园殡仪馆代表杨镜水、中国殡仪馆代表华融海当选为常务理事,钱宗范并被公推为理事长。同时,公推杨镜水兼总务,大众殡仪馆代表张海兰兼组织,大陆殡仪馆代表周干如兼调查,大华殡仪馆代表王备五兼卫生,华融海兼运柩委员会主任委员,加聘乐园殡仪馆的另一位代表陈子祯为副主任委员,中央殡仪馆代表陈其芬兼防疫委员会主任委员,加聘上天殡仪馆的另一位代表张国荣为副主任委员。④上海殡仪寄柩业同业公会第一届理监事履历如表8-3。

表8-3　上海殡仪寄柩业同业公会第一届部分理监事履历

| 姓名 | 年龄 | 籍贯 | 职务 | 学历 | 经历 |
|------|------|------|------|------|------|
| 钱宗范 | 46 | 江苏 | 理事长 | 中学 | 沪西市民会康家桥分会主席 |
| 毛景安 | 41 | 江苏 | 常务理事 | 交通大学 | 建筑工程师 |
| 殷楚兰 | 46 | 江苏 | 常务理事 | 纽约大学 | 中国安步公司总经理 |
| 杨镜水 | 42 | 江苏 | 常务理事 | 中学 | 水顺轮船公司经理 |

---

① 《上海特别市殡仪寄柩业同业公会筹备会通告》,《申报》1942 年 9 月 29 日。
② 《中华民国三十一年十二月二十日成立大会》,上海档案馆藏,档案号:S440-1-5-1。
③ 《中华民国三十一年十二月二十日成立大会》,上海档案馆藏,档案号:S440-1-5-1。
④ 《上海特别市殡仪寄柩业同业公会第一次理监事联席会议》,上海档案馆藏,档案号:S440-1-5-1。

续表

| 姓名 | 年龄 | 籍贯 | 职务 | 学历 | 经历 |
|---|---|---|---|---|---|
| 华融海 | 38 | 江苏 | 常务理事 | 中学 | 殡仪业 |
| 张海兰 | 48 | 上海 | 理事 | 中学 | 兴隆饭店经理 |
| 王备五 | 52 | 上海 | 理事 | 中学 | 教育界 |
| 陈其芬 | 53 | 广东 | 理事 | 中学 | 广东旅沪同乡会常务理事 |
| 李文德 | 40 | 江苏 | 候补理事 | 中学 | 市土地局会计主任 |
| 蒋鸿奎 | 43 | 江苏 | 候补理事 | 中学 | 棉布业 |
| 张予权 | 63 | 浙江 | 监事 | 圣约翰大学 | 上海公墓经理 |
| 何绩铭 | 31 | 江苏 | 监事 | 中学 | 纱布业 |
| 张锡坤 | 28 | 江苏 | 监事 | 中学 | 万国储蓄会 |

资料来源：《上海特别市殡仪寄柩业同业公会理监事履历表》，上海档案馆藏，档案号：S440-1-4。

从这份履历表，可以明显地看出，同业公会大部分理监事是从其他行业转到殡仪馆业。这也表明，作为营利性质的殡葬业在上海兴起的时间并不是太早，基本上集中于20世纪三四十年代。上海殡仪寄柩业同业公会的成立，实际上宣告了殡葬业作为一个行业正式在上海城市社会立足。

同业公会成立后，其日常活动概括起来主要包括两大方面：一是增进同业之公共利益；二是协助当局实施经济政策。在增进同业利益方面，同业公会最重要的手段便是协同涨价，这一点在上海殡仪寄柩业同业公会身上表现得淋漓尽致。同业公会成立后召开的第一次理事会，第一项讨论事项便是"为物价昂贵、开支倍增，拟增加寄柩等费价目以维营业提请公决案"，并通过决议："自三十二年一月份起，照各会员殡仪寄柩等费原价，一律加五成。"[1]同时发布公告"更改价目"，并函告各会员。[2]不到半年，同业公会第九次理事会又做出决议，将殡仪寄柩"两项收费即日起照实价加五成"，并发布"更改价目通告"。同业公会的南市办事处也曾向同业公会申请涨价，表示"南市各会员所收寄柩费价目向极低廉，早应予以提高"，"且近年来物价飞涨，酌增寄费实为刻不容缓"。[3]

同业公会一再提价，也与当时物价不断上涨的现实状况密切相关。可以说，1940年代上海的殡葬费用，不但每年的价格不同，甚至每半年、每季度的价格都会

---

[1] 《上海特别市殡仪寄柩业同业公会第一次理事会》，上海档案馆藏，档案号：S440-1-5-1。
[2] 《上海市殡仪寄柩运葬商业同业公会历次理监事会议记录》，上海档案馆藏，档案号：S440-1-7-1。
[3] 《上海市殡仪寄柩运葬商业同业公会调整价格向经济局、卫生局报告文件》，上海档案馆藏，档案号：S440-1-15-1。

有差异。同业公会的成立,某种程度上使得上海的殡葬业在物价极度不稳定的1940年代,最大限度地保障了殡葬同业的利益。当时不同殡仪馆的殡仪和寄柩价格也是不同的,以中华殡仪馆和乐园殡仪馆为例:

表8-4 中华殡仪馆等级价目(1943年1月至10月15日)

| 等级 | 现在价目(元) | 全年平均价目(元) |
| --- | --- | --- |
| 出租礼堂一等(正厅) | 每天400 | 每天576.8 |
| 出租礼堂二等(西厅) | 每天265 | 每天335.41 |
| 出租礼堂三等(东厅) | 每天175 | 每天146.72 |
| 出租礼堂四等(经济) | 每天70 | 每天57.28 |
| 寄柩一等(福字丙舍) | 每半年2025 | 每半年1165.67 |
| 寄柩二等(禄字丙舍) | 每半年1012.5 | 每半年533.1 |
| 寄柩三等(寿字丙舍) | 每半年506.25 | 每半年244.5 |

资料来源:《同业公会历次寄柩等级价目表》,上海档案馆藏,档案号:S440-1-15-28。

表8-5 乐园礼堂殡舍等级价目(1943年11月)

| 礼堂等级 | 每次价格(元) | 寄柩等级 | 每月价格(元) |
| --- | --- | --- | --- |
| 大礼厅 | 1200 | 普 | 20 |
| 皇宫厅 | 400 | 头 | 36 |
| 西式厅 | 450 | 优 | 68 |
| 边厅 | 300 | 特 | 200 |
| 经济厅 | 90 | 超 | 300 |

资料来源:同表8-4。

为此,同业公会还曾专门召开理监事会议,"拟规定会员寄柩收费之基本计算,以资一律",并达成决议:"殡仪馆寄柩收费之规定,按照二十七年份前公共租界工部局卫生处之议,列以每一具棺柩平均占面积五十至六十方尺,每月每方尺国币贰角计算之(四尺润十二尺长)(或五尺至十二尺),普通等级用木架起置者,以三具为限,每具每月收费叁元;惟三具以上者,其收费应低于以上(三具)之规定。"房间收费,则根据各会员馆所的环境设备而定。"寄柩所之收费按照殡仪馆寄柩收费之半数为标准。"[①]

---

[①]《上海市殡仪寄柩运葬商业同业公会历次理监事会议记录》,上海档案馆藏,档案号:S440-1-5-105。

表8-6 上海殡仪寄柩业业同业公会寄柩等级价目（殡仪馆）

| 等级 | 每月价目（元） |
| --- | --- |
| 甲等 | 2000 |
| 乙等 | 1800 |
| 丙等 | 1600 |
| 丁等 | 1400 |
| 五等 | 1200 |
| 六等 | 1000 |
| 七等 | 800 |
| 八等 | 600 |
| 九等 | 400 |
| 末等 | 200 |

附注：殡仪馆之特等、超等由丧家面议。
资料来源：同表8-4。

  由于表8-6的制定时间无法确定，因此无法与各殡仪馆的寄柩价格进行比较。从常理判断，同业公会制定的价格只会更高。某种程度而言，同业公会使得殡葬业具有了垄断的性质。当时的新闻舆论称殡仪馆是暴利，恐怕正与这种垄断密切相关。[①]

  同业公会在垄断殡葬业务方面主要有两方面的动作，一是设法垄断运柩业务，二是请求市政当局强令会馆公所加入同业公会，并禁止会馆公所开设殡仪业务。有关同业公会与会馆公所的争端，在前面慈善组织一节已有叙述，此处不再赘言。在设法垄断运柩业务方面，同业公会一方面在运柩护照上做文章，另一方面联合同业成立联业运柩营葬公司。关于联业运柩营葬公司，前文已述，此处只介绍同业公会在垄断运柩护照上的努力。关于运柩业务，向来由殡仪馆、寄柩所、各同乡会馆公所以及船户，直接向警察局申领护照。同业公会以"统一步骤、健全组织"为理由，向警察局提出："嗣后凡欲请领运柩护照，均由属会汇集呈领转发"，并认为如此一来，不但可以使得同业公会的会员在手续上保持一致，还能因为"责有专归"，使得警察局在管理上更为便利，可谓"利官便商"；更认为，"运柩手续能改善一分"，则"丧家之幽灵亦可早日安葬"，"即不啻社会福利良善风俗维护一分"。然而，"上海特别市第二警察局"批示道："查本局填发运柩护照，旨在便利死者家属之易地移运，非若一般商品之可乘机居奇，倘使假手第三者之统筹办理，则不但市民手续倍

---

[①] 《死了，倒也干净！——静安公墓看火葬》（剪报），上海档案馆藏，档案号：S440-1-16。

增，抑且有借端牟利之嫌，所称各节，显系措词饶舌，居心垄断，殊属有违本局发照原旨，所请碍难照准，仰即知照。"①警察局以垄断为由，驳回了同业公会的请求，使得同业公会通过垄断运柩护照的方式来垄断运柩业的打算落空。

在协调行业内部事务方面，同业公会首先是将会员进行分等。不同等级的会员，入会费与月费均不同，关系到各殡仪馆、寄柩所切身利益，因此这对于同业公会而言是很重要的一件事情。成立大会上，会章修改了两条，其中有一条即是关于会员等级标准的。同业公会成立之后召开的第二次理监事联席会议，便对会员分等进行了决议：上天殡仪馆、万安殡仪馆、中华殡仪馆、乐园殡仪馆、大众殡仪馆、大陆殡仪馆、大华殡仪馆、中国殡仪馆、中央殡仪馆、上海殡仪馆、国泰寄柩所、斜桥殡仪馆、南市殡仪馆、世界殡仪馆、国华殡仪馆、江淮寄柩所、安平寄柩所、福安寄柩所、公平寄柩所、保安寄柩所、白宫殡仪馆、久安寄柩所、安全寄柩所、大安寄柩所、通海寄柩所、普安寄柩所等26家为甲等会员；沪南殡仪馆、南海殡仪馆、湖州殡仪馆、大同公所、泰山殡仪馆、苏州昌善堂、普济寄柩所等7家为乙等会员。②此后，部分馆所希望改变自身等级，而这必须交由理监事会讨论后才能决定。其次是成立同业公会南市办事处。为了推进会务，特别是为了便利处理南市事宜，同业公会在第十五次理监事联席会议上通过了设立南市办事处的决议，并推定南市殡仪馆的代表蒋鸿奎和斜桥殡仪馆的代表张锡坤分别为筹备委员会正副主任。在第十七次理监事会上，又通过决议，公推殷楚兰、华融海、王备五，会同蒋鸿奎、张锡坤研究南市办事处组织简则及办事细则。根据办事细则，南市办事处共分为事务股、财务股、调查股等机构，其中调查股主要有三项职责："办理南市同业之调查征询及其他有关事项"；"办理南市同业之统计及其他有关事项"；"办理南市同业之纠纷调处事项"。③其他同业之间如馆所业务转让、合作、纠纷乃至馆所出让，同业公会都会以管理者的身份进行协调处理。

同业公会职权范围相当广泛，还包括战争时向当局请求额外配给，请求当局释疑等。抗战后期，由于日军搜刮更为厉害，上海物资供应更为紧张，同业公会曾于1944年3月向"上海特别市第一区公署经济处"申请额外配给日用品："查本会会员殡仪馆寄柩所统计四十余家，职工有壹仟数百人，关于日用品如米、煤球、糖、油、

---

① 《同业公会为申请运柩护照事与第二警察局来往文书》，上海档案馆藏，档案号：S440-1-17-1。
② 《上海特别市殡仪寄柩业同业公会》，上海档案馆藏，档案号：S440-1-5-1。
③ 《上海特别市殡仪寄柩业同业公会档案》，上海档案馆藏，档案号：S440-1-1。

图8-5 同业公会南市办事处成立典礼
资料来源：上海殡葬博物馆。

火柴、肥皂、面粉、盐等每月消耗甚多。且殡仪馆营业与众不同，为便利丧家膳食，各馆内均设有厨房代客置办饭菜，则额外消耗为数更巨。并因注重卫生接尸，施行手术后，必须洗涤，肥皂一项其用尤广。今上项物品均已实行配给，致额外消耗无处购买。兹为维持营业必需计，拟请贵科仿照酒业馆业成例，逐月予以额外配给，由本会具领转发。"①不过，这一请求遭到拒绝。至于同业公会要求当局释疑一事，是因为同业公会有会员表示："兹有江浙水陆灵柩联合运输公司直接致函柩属，催促前往登记，以便疏散尸柩"。在同业公会看来，江浙水陆灵柩联合运输公司去兜揽生意，属经商之举，姑置勿论，但是其"直接致函柩属，殊为骇奇"。因为"各殡仪馆及寄柩所柩属之姓名住址，只有各该馆所登录簿册，外界绝不知悉"，此前只是为缴检查费，才将"柩属之姓名住址呈钧局在案"。同业公会认为，江浙水陆灵柩联合运输公司突然"竟能详悉各柩属之姓名住址，令人莫解"，而该公司的这种做法将极大损害会员营业，因此要求"上海特别市卫生局""查明真相，

---

① 《上海市殡仪寄柩运葬商业同业公会的文稿簿》，上海档案馆藏，档案号：S440-1-9。

以释群疑"。①

在协助当局实施经济政策方面，同业公会首先是在其要求下，对殡仪馆、寄枢所进行登记和调查。为了管理殡葬业，更为了收税，上海市政当局需要对各殡仪馆、寄枢所的情况进行调查和了解，而这一工作主要是通过同业公会来进行。同业公会会员表、理监事履历表等的制作实际上都来自市政当局对于同业公会的要求。事实上，关于会员馆所情况的调查远不止于馆所名称等，还包括馆所资本、占地面积、寄枢数、营业额等，如表8-7。

表8-7 上海殡仪寄枢业同业公会会员基本情况（1944年）

| 名称 | 资本（万元） | 占地面积（亩） | 设备估值（万元） | 寄枢数（具） | 全年殡殓次数（次） | 营业金额（万元） |
|---|---|---|---|---|---|---|
| 上天殡仪馆 | 2 | 约6~7 | 200 | 约1300 | 700余 | 约10 |
| 乐园殡仪馆 | 42 | 约7 | 300 | 2100 | 1000余 | 60 |
| 万安殡仪馆 | 10 | 约8 | 100 | 1400余 | 约300 | 约50 |
| 中国殡仪馆 | 3 | 3 | 150 | 200余 | 400余 | 40 |
| 国泰殡仪馆 | 12 | 4 | 80 | 1800 | 100余 | 50 |
| 大华殡仪馆 | 9 | 4 | 3 | 877 | 360 | 30 |
| 国泰殡仪馆 | 12 | 9 | 90 | 1700余 | 约100 | 28.2 |
| 大众殡仪馆 | 5 | 约10 | 4 | 2600余 | 372 | 约10 |
| 世界殡仪馆 | 4 | 约3 | 300 | 578 | 309 | 86 |
| 中央殡仪馆 | 10 | 2 | 1 | 300余 | 400 | 50 |
| 中华殡仪馆 | 10 | 2 | 1 | 300余 | 200余 | 约50 |
| 上海殡仪馆 | 8 | 3.7 | 500~600 | 150余 | 240余 | 约9 |
| 安乐殡仪馆 | 18 | 2.8 | 100 | 1028 | 1921 | 103 |
| 公平寄枢所 | 3.2 | 12.9 | 100 | 5297 | 停顿 | 38.8 |
| 白宫殡仪馆 | 6 | 约7 | 约20 | 800余 | 360余 | 50 |
| 湖州殡仪馆 | 2 | 约4 | 3 | 312 | 113 | 3.46 |
| 泰山殡仪馆 | 2 | 1 | 20 | 700余 | 停顿 | 30 |
| 南市殡仪馆 | 2 | 1 | 20 | 600余 | 2000 | 50 |
| 斜桥殡仪馆 | 20 | 2 | 30 | 500余 | 2000 | 50 |
| 沪南殡仪馆 | 10 | 2 | 25 | 400余 | 1500 | 40 |

① 《上海市殡仪寄枢运葬商业同业公会历次理监事会议记录》，上海档案馆藏，档案号：S440-1-7-1。

续表

| 名称 | 资本（万元） | 占地面积（亩） | 设备估值（万元） | 寄柩数（具） | 全年殡殓次数（次） | 营业金额（万元） |
|---|---|---|---|---|---|---|
| 南海殡仪馆 | 2 | 1 | 15 | 无 | 1400 | 30 |
| 永安殡仪馆 | 30 | 5 | 40 | 无 | 1000 | 20 |
| 泰山寄柩所 | 2.5 | 约2 | 10 | 655 | 无 | 8.5 |
| 苏州昌善堂 | 0.3 | 1.4 | 0.35 | 277 | 无 | 约7 |
| 安平寄柩所 | 50 | 6 | 35 | 2650 | 无 | 7.5 |
| 福安寄柩所 | 2.5 | 2.9 | 约15 | 790 | 无 | 约10 |
| 静安丙舍 | 1.2 | 约2 | 约1 | 1000 | 无 | 约10 |
| 安全寄柩所 | 0.6 | 2 | 0.5 | 3000 | 无 | 10 |
| 保安寄柩所 | 3 | 3 | 10 | 800余 | 无 | 6 |
| 通海寄柩所 | 10 | 4 | 20 | 3000余 | 无 | 20 |
| 大安寄柩所 | 6 | 2 | 10 | 1000 | 无 | 10 |
| 普济寄柩所 | 8 | 1 | 8 | 1600 | 无 | 15 |
| 安定寄柩所 | 1 | 4~5 | 5 | 400余 | 无 | 5 |
| 灵安寄柩所 | 20 | 5 | 4 | 500 | 无 | 4 |
| 普安寄柩所 | 10 | 1 | 30 | 1000 | 无 | 20 |

资料来源：《上海特别市殡仪寄柩业同业公会会员基本情况调查表》，上海档案馆藏，档案号 S440-1-13。

市政当局的登记调查总是伴随着征收捐税，如"财政部所得税处上海区征收局"为了征收所得税，同业公会要求各会员馆所将前数年度的"营业盈余若干详细列表送会，以凭汇办"。[①]同业公会曾在1943年3月22日发布公告：

> 关于财政局征收各会员房捐事统归本会办理，并通知各会员将三十一年份房屋间数及房捐数量详细开列送交本会汇办。
> 卫生局征收检查费事统归本会办理，并通知各会员将三十一年份八月至十二月所有灵柩总数及已收与未收检查费数量，限函到二日内详细列表附同已收检查费缴会，以便汇集办理。[②]

除了所得税、房捐、卫生费由同业公会代收外，其他如迷信捐、筵席捐和消费

---

[①] 《上海市殡仪寄柩运葬商业同业公会的文稿簿》，上海档案馆藏，档案号：S440-1-9。
[②] 《上海市殡仪寄柩运葬商业同业公会历次理监事会议记录》，上海档案馆藏，档案号：S440-1-7-1。

特税等也是由同业公会代征。[①]即便是社会福利部社会简易保险局为办理强制劳动保险，也致函同业公会，请其代为办理。

市政当局的管理包罗万象，同业各会要协助实施的政令也是各种各样。本来同业公会的成立，协调价格是一个非常重要的目的，但这样一个目的实际上也要受到市政当局的制约。如同业公会曾经决议从1944年1月1日起将"每月寄柩费予以增加，划分为十级计算，规定殡仪馆自贰佰元起至贰仟元止；寄柩所自伍拾元起至五百元止"。但该决议需要呈请"上海特别市经济局"批准，而其批示为"奉市政府为评定物价，应归物价评议委员会办理一、八两区，如有意见，尽可提出讨论，不得单独受理等因，奉此，除分令外，合行令仰该公会遵照此令"。同业公会不得不因此延缓提价。同年，"上海特别市经济局"为所谓"国府还都四周纪念"，命令同业公会通知各会员馆所在当天"一律举行廉价一天，以资纪念"。为了加强战时统制经济，市政当局要求同业公会对所属会员馆所严加监督："各会员如有经营违法买卖情事，应即取消其会员资格，并呈报主管官署，依法查办，以肃法纪。倘敢隐匿不报，各地主管官署一经查明，亦应斟酌轻重，将各该公会负责人员予以处分，借资惩戒。"

同业公会对于市政当局的命令并不是一味遵从，尤其是在涉及本业重大利益方面。1944年初，上海市政当局急欲推行火葬，"拟定龙华路七亩公地为火葬场，以二百五十万元得标承建，市府配给建筑材料"，"由殡仪寄柩业公会承办"。同业公会认为，一旦火葬推行开来，殡仪馆和寄柩所的寄柩业务就面临灭亡，因此他们在回复中表示："举办火葬场，实施遗体焚化，一变千年作风，恐一时俗习难改，须采缓进政策，先使人民思想转移，逐步推行，事半功倍，否则欲速难达"。对于由同业公会承办火葬场的命令，他们拒绝的理由却是："设立市火葬场决非贰佰伍拾万元所能举办，而本会会员只有三四十家，资金有限，恐力不能逮。"最后他们还提议，市政当局可以先"将前工部局火葬场即（第一区内静安公墓）先行收回试用，经费既省，举办亦易"。[②]所谓静安公墓火葬场，规模非常小，每日只能火葬两具尸体，对于殡葬业的大局根本无足轻重，这与7亩土地上建立的大规模火葬场根本不可同日而语。由于同业公会的抵触，更由于日军战败，这个火葬场的建筑计划并未实施。

---

① 《上海市殡仪寄柩运葬商业同业公会关于代征迷信捐、筵席捐、消费特税等与市财政局的来往文件》，上海档案馆藏，档案号：S440-1-24。
② 《上海市殡仪寄柩运葬商业同业公会的文稿簿》，上海档案馆藏，档案号：S440-1-9。

## 二　上海市殡仪寄柩运葬商业同业公会

抗战胜利后,原有的同业公会"依法解散"。殡葬同业重新发起和组织了新的同业公会组织——上海市殡仪寄柩运葬商业同业公会。与日伪时期相比,战后同业公会的会员增加了24家,而增加的会员馆所中有17家是运柩所和代葬所,有3家是公墓。这充分表明了同业公会名称上的前后差异,实际上代表了同业公会会员及其业务的前后差异。就其代表的社会内涵而言,运柩所的大量出现以及私人公墓的涌现,表明战后的上海社会面临着巨大的积柩清理任务。

重组后的同业公会领导层,虽然增加了许多新鲜血液,但领导权基本上仍掌握在重组前的一批理监事手中。重组后的同业公会,其日常工作与此前也基本上是一脉相承,如协调同业价格,特别是协调涨价;调解同业纠纷;为会员馆所领取运柩护照开具证明;统一向政府申请殡仪药品;对会员馆所情况进行调查登记;代为征收各种税捐;统一应付各种社会事业等。在此一时期,重要的不是日常工作,而是同业公会与政府关于清理积柩问题的博弈,因为这直接关系到众多殡仪馆、寄柩所和运柩所的生死存亡。

图8-6　上海市商会会员证书

资料来源:上海殡葬博物馆。

图8-7　殡仪寄柩运葬商业同业公会理监事留影

资料来源：上海市档案馆。

抗战期间，由于交通阻隔，棺柩大多无法运回原籍安葬，既催旺了殡仪馆、寄柩所的寄柩业务，同时也使得战后初期的上海积柩浮厝达10余万具。这不但严重影响了上海的市容市貌，更是成为疫疠滋生的源头，事实上也成为上海城市发展的一大顽疾。根据市政当局的命令，同业公会曾要求有寄柩业务的会员馆所报告1946年度棺柩进出堂及存柩状况，由此我们可以一窥战后初期上海的积柩情况（见表8-8）。

表8-8　殡仪馆寄柩所三十五年度存柩情况

单位：具

| 商号名称 | 1945年底存柩 | 1946年出堂 | 1946年进堂 | 1946年底存柩 |
| --- | --- | --- | --- | --- |
| 万安殡仪馆 | 1451 | 426 | 143 | 1168 |
| 万国殡仪馆 | 276 | 58 | 25 | 243 |
| 斜桥殡仪馆 | 1434 | 272 | 265 | 1427 |
| 大华殡仪馆 | 960 | 193 | 110 | 877 |

续表

| 商号名称 | 1945年底存柩 | 1946年出堂 | 1946年进堂 | 1946年底存柩 |
|---|---|---|---|---|
| 安乐殡仪馆 | 1218 | 307 | 161 | 1072 |
| 国泰殡仪馆 | 1805 | 404 | 93 | 1494 |
| 白宫殡仪馆 | 977 | 304 | 243 | 916 |
| 中央殡仪馆 | 353 | 651 | 612 | 314 |
| 上天殡仪馆 | 1749 | 303 | 347 | 1793 |
| 国际殡仪馆 | 1434 | 375 | 190 | 1249 |
| 大众殡仪馆 | 2401 | 703 | 478 | 2176 |
| 沪南殡仪馆 | 845 | 169 | 160 | 836 |
| 灵安殡舍 | 596 | 118 | 61 | 468 |
| 静安殡舍 | 1702 | 238 | 87 | 1554 |
| 乐园殡仪馆 | 2518 | 569 | 326 | 2275 |
| 安平寄柩所 | 2913 | 343 |  | 2570 |
| 福安寄柩所 | 1263 | 179 | 61 | 1145 |
| 江淮寄柩所 | 3143 | 143 | 147 | 3147 |
| 南海寄柩所 | 705 | 229 |  | 476 |
| 久安寄柩所 | 2948 | 357 | 262 | 2853 |
| 公平寄柩所 | 4521 | 1154 | 2 | 3369 |
| 上海殡仪馆 | 385 | 180 | 181 | 386 |
| 湖州殡仪馆 | 477 | 96 | 107 | 484 |
| 沪扬寄柩所 | 716 | 126 | 12 | 602 |
| 安全寄柩所 | 1411 | 160 | 7 | 932 |
| 淮扬公所 | 826 | 78 | 167 | 915 |
| 世界殡仪馆 | 387 | 117 | 154 | 424 |
| 丽园殡仪馆 | 521 | 204 | 518 | 835 |
| 南市殡仪馆 | 692 | 236 | 307 | 763 |
| 永安殡仪馆 | 113 | 211 | 237 | 139 |
| 沪东公所 | 3110 | 319 | 376 | 3167 |
| 大同寄柩所 | 3512 | 301 | 373 | 3584 |
| 国华殡仪馆 | 24 | 6 | 45 | 63 |
| 普安万年馆 | 845 |  |  | 789 |

资料来源：《上海市殡仪寄柩运葬商业同业公会会员灵柩报告表》，上海档案馆藏，档案号：S440-1-13。

据统计，仅表 8-8 所列殡仪馆、寄柩所 1945 年底存柩便达 48231 具，1946 年底存柩仍有 44505 具。这两个数据有很大的局限性：一是这些寄柩数据是各殡仪馆、寄柩所自行上报的，不能排除殡仪馆、寄柩所为减少压力，少报瞒报的情况；二是还有众多没有加入同业公会的会馆、公所和山庄，其最重要的职责之一便是寄柩，因而这些会馆、公所和山庄的积柩数字也必定是非常可观的；三是还有许多路边浮厝棺柩。正是这些浮厝积柩，严重挤压了上海的城市空间，客观上造成死人同活人争夺生存空间的状况。面对这种困境，上海市政府采取多种措施来清理积柩。面对市政当局的清理措施，站出来与之博弈的既不是浮厝棺柩的柩属，他们本属于弱势群体，又是分散的个人，不可能有力量与政府抗衡；也不是传统的会馆、公所和山庄，虽然他们是各地在沪的同乡会组织，有的会馆公所，人脉之广，力量之大，足以与市政当局周旋，但寄柩业务于会馆公所本来就是慈善性质，因而很难有足够的动力去与政府磋磨。只有同业公会，既关切身利益，又是市政当局和各社会团体公认的殡葬行业代表，掌握着殡葬业话语权，因而在清理积柩的过程中，主要是同业公会出面与市政当局博弈。

上海市政当局认为殡仪馆、寄柩所的寄柩业务是上海积柩问题严重的根源之一，因而希望通过立法限制市区的寄柩业务来解决这一问题。1946 年 5 月 31 日，上海市第 32 次市政会议决议通过了《上海市管理殡仪馆规则》和《上海市取缔丙舍规则》。针对这两个规则，同业公会均提出了针锋相对的修改意见。例如针对管理殡仪馆规则，同业公会专门上书上海市参议会，指出若按照卫生局拟定之《上海市管理殡仪馆规则》办法，则殡仪馆"势必全部停业"，而殡仪寄柩早已成为社会事业，"依此为生者，亦不下数万人"。同业公会认为市政当局制定的《上海市管理殡仪馆规则》，"均未顾及事实、体恤商艰"，存在种种问题，"碍难遵行"，并以欧美各国为例，要求市政当局对于有关管理人民的法令准则，应"从宽修订，以导诱复业为原则，以安定民生为依归"。最后，同业公会请求上海市参议会将这些意见"转咨市府采纳施行"。[①] 上海市参议会究竟有没有将该呈文转咨市府，并无下文。但直至上海解放，这些殡仪馆都没有按照规定要求搬迁到郊外，也没有失去寄柩业务。针对《上海市取缔丙舍规则》，同业公会的措施如出一辙。同业公会上书上海市参议会，指出若按照卫生局拟定之《上海取缔丙舍规则》办理，只有两种办法：一是将

---

① 《上海市殡仪寄柩运葬商业同业公会关于修改管理殡仪馆规则的有关文书》，上海档案馆藏，档案号：S440-1-17。

所有寄柩所一律迁移郊外,但这个办法"劳民伤财,事实难行";二是将所寄全部棺柩运回原籍埋葬,但由于各种原因,也是"窒碍难行"。因此,同业公会要求市政当局对已经设立之寄柩所既往不咎。寄柩所的结局也同殡仪馆一样,规则似乎不了了之,寄柩所则一直存在到上海解放。

既然这些积柩不能运回原籍埋葬,市政当局便准备将其一律火化。于是由清理积柩问题引出了火葬问题,造成了同业公会与市政当局的多次交锋。同业公会与市政当局关于火葬问题的首次交锋始于《申报》于1946年11月22日刊登的一则市府公告:

> 查本市积柩浮厝达十余万具,且多劣质棺木,原限本年底一律清除,兹展期至三十六年四月底止。由柩主自行迁埋,或运送回籍,逾期即作无主尸柩论,予以火化。除令饬卫生、警察、社会各局切实督导外,合亟布告周知,并仰各殡仪馆、寄柩所等通知各柩属,依限办理为要。①

针对这则公告,同业公会致函各会员准备于12月10日召开紧急会议,表示"事关切身利害,已至本业存废关头,务希亲自随带寄柩价目表出席,共策进行,万勿自误为要"。在会议上,全体理监事决议,一面向各市政党政机关申述,说明"奉令办理出清积柩困难情形暨不便一律火化理由",另一方面直接向社会呼吁,不能一律火化。此外,同业公会还聘任一位大律师为公会常年法律顾问。②

在申述公文中,同业公会表示殡仪馆、寄柩所和丙舍的诞生,是"环境造成之事实","十余年来,殡仪寄柩已成为社会事业,其寄存灵柩固有十余万具,但依此为生者,亦不下数万人"。同业公会对于"遗体火化",特别提出了两条反对理由。一是专门针对殡仪馆、寄柩所的寄存灵柩。同业公会指出:"殡仪馆对于卫生设备,向极重视,凡接到尸体,先经消毒,而后殡殓,且建造丙舍,均系遵照前工部局卫生处及工务处之规定造就,妥置灵柩,较之劣质棺木、路隅浮厝、臭气四闻者,有天壤之殊,真不可同日而语",因此对待路隅浮厝和殡仪馆、寄柩所等寄柩,不能不分青红皂白,一律火化。而且,"殡仪馆寄柩所等,寄存灵柩,均有柩主,凡寄柩者皆持有各馆所所出给之柩票,以资凭票取柩,有因柩主宦游他省,或从戎远地,

---

① 《上海市殡仪寄柩运葬商业同业公会文稿簿》,上海档案馆藏,档案号:S440-1-8。
② 《上海市殡仪寄柩运葬商业同业公会文稿簿》,上海档案馆藏,档案号:S440-1-8。

为国效劳，公而忘私，到沪日期，难以预定，抑有匪乱区域，交通阻塞，或暂无经济力量运葬者，如果逾期，即将其家属灵柩作无主论，予以火化，势必纠纷丛生"。总结起来，同业公会的反对理由即两点：一是殡仪馆、寄柩所的寄存灵柩较之路隅浮厝，显然更为安全卫生；二是殡仪馆、寄柩所的寄存灵柩，都是柩主付费寄存，取柩日期又不确定，若逾期即作无主灵柩而予以火化，必定造成许多经济上和法律上的纠纷。

同业公会的另一条反对理由，则是针对所有"遽而实施遗体火化"。同业公会认为："火葬固适合现代卫生，用意至善，惟我国人民狃于俗例，以婚丧为大事，每逢尊长亡故，必亲视含殓成服，寝苫枕块，遵礼饰终，筑墓殡葬，入土为安，借资纪念凭吊，春秋扫墓，以尽子孙追本穷源，孝思不忘，此乃千年之遗风，历朝迄今，相沿难改。今遽而实施遗体火化，一变千年人民重视陵寝坟墓之心，恐遐迩骇怪，驯至聚讼不休"。显然，这是以传统来反对遗体火化政策的突然实施。同业公会认为"火葬与中国固有道德不合，尤其集体火化，绝对不能采用"。

同业公会也提出了自己解决积柩问题的办法："一面加紧运柩出境，一面募集款项，购置义地，以资埋葬，而后家属认领"。同业公会因而表示，已催促各会员馆所"分别组织各运柩营葬代办所，逐步疏散积柩"，同时又要求市政当局"划地开辟义墓，以补疏散之不足，而免积柩之虞"。市政当局"必欲实施火化"，同业公会又提出"只可将下列三种先行推行：（1）市区路尸；（2）经切实查明，无主尸体棺木劣质者；（3）有主家属自愿火葬者"。总之，同业公会认为，火葬必须采取"缓进政策"，"先使人民思想转移"，逐步推行，才能事半功倍，否则欲速不达，反多纷扰。[①]

从这份申述公文中，可以明显看出同业公会的"近忧"和"远虑"。所谓"近忧"，就是市政当局的火化政策如果实施到殡仪馆和寄柩所所寄存的灵柩上，那么殡仪馆、寄柩所将直接面临着经济损失以及与柩主之间的法律纠纷等麻烦。所谓"远虑"，是指一旦火化政策逐渐推行开来，则殡仪馆、寄柩所的很多业务，至少寄柩业、运柩业将会消亡。对于"近忧"和"远虑"，同业公会当然希望都能回避掉，但实在不行，也只能顾全"近忧"。

事关行业生存，同业公会将申述公文不但上呈给上海市政府及卫生局、警察局、

---

[①] 《上海市殡仪寄柩运葬商业同业公会同业公会与市政府、卫生局、社会局关于出清积柩的有关文书》，上海档案馆藏，档案号：S440-1-19。

社会局，还上呈给上海市参议会、中国国民党上海特别市执行委员会等市政党政各机关。此外，同业公会还在新都酒楼招待上海市新闻界，以新闻发布会的形式向上海全社会解释出清积柩困难情形，"计到各报社记者数十人"。在发布会上，同业公会理事长毛景安认为，殡仪馆的建设已经充分考虑到公众卫生的要求，"均有消毒防腐之设备"，而附设丙舍也"建造精究"，"与路隅浮厝及慈善团体收葬者，截然不同"，因而认为市政当局并未充分研究实际情况，"以寄柩视若浮厝同一观感"，"一概限于明年四月底前一律迁离运回原籍，如逾期不遵照办理者，予以集中火化"，是非常不合理的。毛景安表示："如照当局公布明令期限实施"，则根本不可能完成，因为"寄柩家属穷苦者有之，地址不明通知困难者有之，营葬卜吉因而延缓者亦有之"。而一旦逾期即实施火化，则殡仪馆、寄柩所"势被寄柩家属责难"。毛景安由此慨叹，当局政令"诚使本业处于两难之地位"。对于火葬，毛景安一方面仍以传统进行诘责，另一方面更表示，集中火化实际上"于卫生上无多大裨益"。[①]毛景安对于新闻界的这番说辞，与申述公文并无太大差异，只是更多强调殡仪馆、寄柩所的两难境地。比较有新意的，则是认为集中火化并不见得卫生。

经过同业公会的鼓动，上海舆论界也开始热烈讨论火葬问题。有人认为"土葬、火葬均有问题"：根据1946年上海市卫生局的统计，"平均每月在一千人中死亡三人，如本市以四百万人口计算，则每月平均有一万二千人亡故"，同时上海市积柩在10万具以上，"而一般公墓多已额满，只虹桥公墓等尚有少许墓穴"。在这种情况下，上海市卫生局虽然"呈请市府要求拨给公地五百亩作为葬地之用"，但据估计每亩约可葬100人，则500亩可作埋葬5万人之用。如此一来，仅就新死亡的人口，则500亩公地在短期内就会不敷应用。可见，土葬对于上海市而言已经不堪重负。至于火葬，当时上海只有静安公墓拥有火葬设施，且每日只能火葬二三具，"则即使清除十万余具之积柩，亦需长时方能完毕"。由此亦可见，火葬对于当时的上海而言，条件也并不成熟。卫生局采用集体火化方式，可能正是出于上述原因。不过有人表示反对，认为"火葬而用集体，多少有点不大卫生"，"而且来日骨灰难觅，祖先亡魂不知何适，也不大好"；但也认为，火葬并不意味着"忘却祖先"，并以日本为例，指出日本是实行火葬的国家，"在神社里设了牌号，把骨灰存放在神龛里，年年祭祀，岁岁烟火"。总体而言，"中国目前提出的火葬办法，实在不见完满"。更有记者表示，反对火葬的

---

[①] 《上海市殡仪寄柩运葬商业同业公会同业公会与市政府、卫生局、社会局关于出清积柩的有关文书》，上海档案馆藏，档案号：S440-1-19。

呼声，是"寄柩业和殡葬业为了自身及别人的祖先计"召唤出来的。由此也足见，同业公会反对火葬的各种活动终究是造成了不小的影响。有媒体因此认为："火葬问题经此一阵反抗力"，只能"慢慢实施，静候命令再来"。①事实上也确实如此。不知是因为同业公会的反对，还是因为市政当局的准备不足，1947年4月底前清除积柩的政令被迫延期。

　　1947年9月16日，在上海市社会局的召集下，同业公会的理事长、常务理事与上海市卫生局的代表共同商讨加快清理积柩的办法，一致决定："各殡仪馆寄柩所寄柩在三年以上尚未迁葬者，应通知各寄柩户，于最短期内尽速迁葬，如因家境清寒无力偿付寄柩费用，以致延未迁葬之下列三种人员，各殡仪馆寄柩所应尽量减低欠费，疏散积柩。甲、军警公教人员经本部队机关学校证明家境清寒者；乙、市民经当地保甲长证明家境清寒者；丙、孤儿寡妇经当地保甲长证明者。"同业公会还向上海市社会局呈递了寄柩简则及收费价目表。从寄柩简则可以看出，同业公会在市政当局清理积柩压力下的一些妥协，或者说是自我免责条款，如第二条"劣质棺柩概不收寄"，第三条"寄柩如有妨碍卫生时，得嘱请柩属将灵柩立予迁出，若延不照办，馆所有权代为迁埋，以重卫生"，以及第四条"寄存之灵柩，对于天灾人祸及人力所不能挽回者，则各听天命"，显然都是为配合市政当局的清理积柩政策埋下的伏笔。当然，殡仪馆、寄柩所至此时仍能经营寄柩业务，也体现了市政当局的某种妥协。

　　针对社会局召集各方商讨而出的决议，上海市卫生局表示不满，认为原决议中的一些表述，"似与清除积柩办法略有不符，又尽量减低欠费一语，亦觉空洞，似应予以明白规定，以免纠纷"。卫生局认为应该将原决议改为："各殡仪馆寄柩所寄柩应通知各寄柩户，于最短期内尽速迁葬，如下列三种人员寄柩在三年以上确因家境清寒无力偿付寄柩费用者，寄柩所对其欠费应予八折至五折收取，以示优待，而利疏散。甲、军警公教人员经本部队机关学校证明家境清寒者；乙、市民经当地保甲长证明家境清寒者；丙、孤儿寡妇经当地保甲长证明者。"卫生局还表示："寄柩所寄柩价目，应俟丙舍区域划定，搬入丙舍区域内，再重行分级列表，呈由卫生、社会两局核定之。关于殡仪馆，照章不准寄柩，可无庸规定寄柩价目"。②显然，卫生局即便事实上还无法取消殡仪馆的寄柩业务，但在规则上仍不肯有丝毫让步。如此一来，

---

① 《上海市殡仪寄柩运葬商业同业公会同业公会关于火葬的相关文书及剪报》，上海档案馆藏，档案号：S440-1-16。
② 《上海市殡仪寄柩运葬商业同业公会同业公会与市政府、卫生局、社会局关于出清积柩的有关文书》，上海档案馆藏，档案号：S440-1-19。

殡仪馆的寄柩业务处于事实上仍在经营，但在法律上属于违法的尴尬境地。

上海市卫生局在1947年底为清理积柩再次发布公告：

> 查本市积柩浮厝棺数逾十万具，亟应妥为处置，以重卫生。前经一再展限，至卅六年十月底止，由柩主自行迁葬，或运送回籍，逾期即由本局集中火化。业经呈奉上海市政府核准，并布告周知，各在案。兹以限期届满，自应依照清除办法办理，除即日派员分赴各停柩处所调查，依类编号，俾便清除外，合将有关清除各殡仪馆寄柩所（丙舍）内积柩实施步骤抄附于后，布告各柩主周知，并仰各殡仪馆寄柩所（丙舍）等即日通知各柩属从速自行迁葬为荷。
>
> 此布。附抄清除各殡仪馆寄柩所（丙舍）积柩实施步骤。

### 清除各殡仪馆寄柩所（丙舍）积柩实施步骤

（一）先火化市区内丙舍殡仪馆之无主棺柩；（二）次火化郊区内丙舍殡仪馆之无主棺柩；（三）次火化市区内丙舍殡仪馆之破败有主棺柩；（四）次火化郊区内丙舍殡仪馆之破败或薄板有主棺柩；（五）次清除非丙舍区域内之丙舍寄柩；（六）最后清除殡仪馆内积柩。

前项有主棺柩，应以所停期间长短作为清除先后之标准。所谓丙舍，包括山庄、会馆及私人停寄棺柩场所。

卫生局的此次公告还附上了具体的实施步骤，相对于此前的公告，显然是有备而来。同业公会这一次的应对之举，主要是向上海市参议会提交申述公文，表达自己的意见。同业公会反对火葬的理由之一，仍然是传统；另一条理由则是卫生局在强制施行火化过程中的恶行："其洋泾事务所工作人员，竟敢抢劫有主尸棺，强制火化，且借此索诈人民，每具取资三、四十万元不等，登载于三十六年十一月二十七日《中央日报》。"同业公会认为，此类事件"指不胜屈"，只会使人民感到政令"苛烦厌苦"。同业公会特别强调："值此民主时代，行宪在即，凡百施政，应重民意，首要政策，在使人民安居乐业。今若执行遗体火化，非但有失民心，且使本会会员亦将受此影响而歇业，似此徒增社会失业分子，而背政府安民意愿"。当然，若政府"必欲实施遗体火化"，同业公会也提出先决条件，即"毁尸灭迹，法所不许，必先完成立法程序，方可实施"。①相对于此前的表述，同业公会此时的态度依然坚决，而其提出的反对理由更具有时代的色彩，即以"行宪在即"为根据，要求当局重视民意。同样，同业公会提出的火葬先决条件，更显现出法治精神。实际上，在挡不住火葬趋势的情况下，通过立法来推动火葬，也体现了殡仪馆、寄柩所希望借立法来为自身免除火葬有可能带来的各种法律纠纷的动机。事实上，可能是因为准备仍然不够充分，市政当局在1947年10月底清理积柩的计划仍不得不推迟进行。

1948年4月14日，《大公报》刊登了上海市卫生局的一则公告：

> 查清除本市各殡仪馆寄柩所（丙舍）内积柩实施办法，业于上年十一月以沪卫环（36）字第八一号公告在案。兹查列入第一批清除之市郊区内无主及破败或薄板有主棺柩，均经派员调查完毕，共计二一二五具，定五月一日起开始火化。恤灵郑重起见，特抄录名单登报公告，仰上列柩主务各从速分别领搬迁埋，逾期即行火化，决不再予延期，特此公告！②

公告后面还附录了沪扬寄柩所等殡仪馆、寄柩所将要被火化棺柩的名单。由此则公告来看，上海市政当局对于火化措施已经做好了充分准备。面对这种几乎不可能逆转的局面，同业公会于4月28日召开紧急会议，决议筹设义墓，安葬将要被当局火化的在各殡仪馆、寄柩所寄存的灵柩。5月1日，同业公会召开发起人会议，决议："（1）推定毛景安、谢宝华、华融海、蔡乐富、陈子祯、王备五、徐少棠、张锡坤、徐世勋、沈茂祯、张海兰、孙宝仁、张德余、毛永祥、朱介立等十五人负责办理；（2）定名为慈善义墓；（3）筹募经费二十亿元，每单位认募义葬费至少三千万元，多多益善；（4）限于五月六日前募足缴会；（5）凡有劣质灵柩安葬者，希即详细列表，来会洽办。"除此之外，同业公会还与会员中的安平、家庭两公墓谈好条件，"连运葬费每穴作米价三斗，先行安葬"，"以避火化"。③

为了募集慈善义墓的资金，同业公会专门拟就"劝募慈善义墓基金缘起"：

---

① 《上海市殡仪寄柩运葬商业同业公会同业公会与市政府、卫生局、社会局关于出清积柩的有关文书》，上海档案馆藏，档案号：S440-1-19。
② 《上海市殡仪寄柩运葬商业同业公会同业公会关于火葬的相关文书及剪报》，上海档案馆藏，档案号：S440-1-16。
③ 《上海市殡仪寄柩运葬商业同业公会同业公会组织慈善义墓的相关文件》，上海档案馆藏，档案号：S440-1-20。

窃念我国丧礼向以土葬为安，筑墓建碑，慎终追远，庶维家族系统，借表子孙孝思，沿历千年，迄如一日。兹因沪各地寄柩所暨丙舍迭奉上海市卫生局通令，饬将无主灵柩及劣质朽棺，予以分批火化，曾经一再吁请展缓，现以功令难违，无法再延，并据四月十四日本市《大公报》所载，卫生局沪卫环（37）字第二六号公告第一批，限于五月一日起，应行集中火化者计有二千一百二十五具。查此项寄柩多系兵燹时期之难民或伤亡将士，其家属或因辗转流离，或因无力安葬，今若未得柩主同意，任听火焚，势必引起将来纠纷，难卸仔肩。兹为求避免集中火化计，除已向本会会员公墓洽商安葬外，并拟于远离市郊地方购地若干亩，设立义墓，将上项二千余具之灵柩，悉数安葬，编号立标，雇工专管，以便各家属日后认领。惟兹事体大需费亦巨（约计总支需款二十亿元以上），同人等心余力薄乏术点金，既未便因噎而废食，拟亟谋集腋以成裘……慨解仁囊，襄兹义举，义田百亩，泽及千姓之魂，廉泉一勺，恩同万家之佛，是为谨启。

发起人：陈子祯、蔡乐富、毛景安、华融海、王备五、张锡坤、陈其芬、谢宝华、沈茂祯、徐世勋、何绩铭、钱贵生、冯同君、张海兰、毛永祥、张德余、孙枕天、徐少棠、周雪怀、韩顺刚、朱介立、顾大中、徐庆祥同启。[①]

同业公会举办慈善义墓，最主要的还是担心，那些即将被火化的灵柩并未得到柩主同意，"任听火焚，势必引起将来纠纷，难卸仔肩"。当然，在同业公会看来，火葬是不道德的，举办义墓，则可以"泽及千姓之魂"，"恩同万家之佛"，显然也是一件慈善之举，因而故定名为"慈善义墓"。据现有资料，慈善义墓基金至5月31日收到款项2亿元左右，比较大额的捐助者如安乐殡仪馆助2000万元、宁波万全公墓助1000万元、穆季湘助1000万元、谢宝华助1000万元、穆子湘助1500万元、穆铭三助1000万元、陈元康助1000万元、郑翊周助1000万元、史永龄助1000万元、毛静安助3000万元、大华殡仪馆助2000万元、久安寄柩所助3000万元等。[②]在葬务方面，至5月底家庭公墓安葬了久安寄柩所的60具即将被火化的棺柩，安平公墓安葬了福安寄柩所40具即将被火化的棺柩。这些被安葬的棺柩都注明

---

[①]《上海市殡仪寄柩运葬商业同业公会同业公会劝募慈善义墓基金》，上海档案馆藏，档案号：S440-1-20-8。
[②]《上海市殡仪寄柩运葬商业同业公会同业公会劝募慈善义墓基金》，上海档案馆藏，档案号：S440-1-20-8。

了柩号、姓名、性别、籍贯、年岁、柩属、原住地址等信息,以方便柩主认领。①

从档案资料来看,一直到上海解放,殡仪馆、寄柩所的寄柩业务仍然存在。这表明国民党当局在上海清理积柩和推行火葬进行得并不顺利,成效也不明显。之所以如此,一方面可能与国民党当局的执行力不强有关,另一方面也表明殡葬习俗的传统心理依然强大,很难在短期内有根本的改观。

## 小　结

民国时期的殡葬组织,从开创年代来看,既有从传统时代延续下来的善堂善会、会馆公所以及杠房,也有诞生于现代的殡仪馆、同业公会;从性质上来看,既有互助性组织的孝帽子会等,也有慈善类组织的善堂善会、会馆公所,还有经营性组织的杠房、殡仪馆,以及同业公会;从服务范围来看,既有专门服务于农村社会的殡葬组织,也有专门服务于城市社会的殡葬组织,还有既服务于农村社会也服务于城市社会的殡葬组织。相对而言,城市社会的殡葬组织,类型更为丰富,从传统到现代的变化也更为明显。随着城市人口的聚集,以及殡葬技术的进步,殡葬组织的专业化程度和社会化程度也越来越高,由此而来的是殡仪馆等现代殡葬组织逐渐取代杠房和会馆公所等传统殡葬组织的大势所趋。不可否认的是,传统殡葬组织又表现出了极为顽强的生命力,终民国之世,杠房、会馆、公所、善堂、善会以及各种殡葬互助组织等,无论是在农村社会还是城市社会都发挥了主导性作用。从这些殡葬组织的普及范围及其作用、影响也可以看出,民国时期的殡葬仍以传统为主,但已经开始了向现代殡葬的转型。

---

① 《上海市殡仪寄柩运葬商业同业公会同业公会组织慈善义墓的相关文件》,上海档案馆藏,档案号:S440-1-20。

# 结　语

在中国传统社会，殡葬活动是有着一套等级森严的制度相制约和规范的。如果某一社会阶层并未按照相应的制度和规范去办理丧事，便属于典型的违背礼制，是为整个社会所不容的。可以说，丧礼在维系并调整社会结构和社会秩序方面，具有非常重要的整合功能。然而，随着传统社会向现代社会的转型，旧有的等级制度在西方文明的猛烈冲击下，已不可避免地走上了下坡路，旧有的殡葬制度便也逐渐失去了赖以存在的依据。不过，由于新的社会结构和社会制度仍处于缓慢构建之中，现代的殡葬制度也处于探索阶段。就是在这种"旧的已破、新的未立"的时代背景下，民国时期的殡葬史呈现出了那色彩斑斓、光怪陆离的历史画面。

## 一　民国殡葬历史的基本特征

通过前面诸章的讨论，可以清晰地看到，民国时期的殡葬史呈现出了与传统社会不同的面貌，这一时期的殡葬活动，新与旧、中与西交互并存。一方面，传统的殡葬礼俗仍然占据着主导地位；另一方面，在现代西方文明的影响下，在沿海城市，一些文人、上层官僚、商人的丧礼已开始采用新式的殡葬礼仪。正是这种传统与现代的并存角力，构成了民国时期殡葬历史的基本特征。

其一，中西并存，新旧杂糅。

民国年间殡葬礼仪的中西并存、新旧杂糅，具有两层含义：一是在广大内陆地区，尤其是农村地区，传统的旧式礼仪仍然占据主导地位，而在沿海地区的大城市则出现了现代西式礼仪；二是同一葬礼中，既包括诸多传统的旧式礼仪，也包括许多现代的西式礼仪。如前所述，由于开追悼会、戴黑纱、奏哀乐、集体默哀、献花圈、脱帽鞠躬、车载灵柩、登载讣告等新式礼仪皆源自西方，相关礼仪更多是在与西方文明有着广泛接触的口岸城市中广泛流行。在这些城市之中，尽管并不乏完全按照西式丧礼来办丧事的个案，但显然在民国时期依然难以构成主流。大量资料显示，更多的情形是在传统殡葬礼仪中增加一些诸如追悼会、奏哀乐、缠黑纱等西方元素。由此一来，使得本来很繁琐的殡葬礼仪更加繁琐异常。特别是大城市达官贵人的葬礼之中，这种中西杂糅的殡葬礼仪尤为鲜明。如前文所提及的上海总商会会长朱葆三的葬礼，既有追悼会这一新的公祭仪式，同时也有路祭等传统的祭祀仪式。在追悼会上，还有公赠私谥这种颇具古风的举动。在出殡仪仗中，既有传统殡葬的旗幡伞盖，又有花圈、乐队以及英法巡队、马巡等西方殡葬活动中经常出现的仪仗。其灵柩不是用人抬，而是用车运载。凡此种种，可谓新旧杂糅葬礼的典型案例。其他诸如袁世凯等名人的葬礼亦是如此。民国殡葬礼俗的纷繁复杂，由此可见一斑。

其二，地区发展不一，区域差异明显。

民国时期殡葬历史的发展在区域上的差异，主要表现为城市和农村、沿海和内地的差异。如前所述，一方面在东南沿海地区，诸如上海、广州等大城市中，不仅出现了完整的西式殡葬礼仪，同时新旧杂糅的殡葬礼仪更是普遍。另一方面，从农村的情形来看，内地尤其是北方农村，基本上还在延续着传统的殡葬习俗。与明清时期相比，绝大多数农村地区的殡葬礼仪并无大的区别，在有人过世后，仍基本按照传统的殡葬礼仪进行。当然，相关仪礼也会因地区、民族与社会阶层的不同，在某些环节上存有差异，但大体上不会离此太远。

其三，隆丧厚葬普遍，大出丧盛行。

在根深蒂固的"事死如事生"观念影响下，厚葬传统在中国历史上可谓源远流长。到了民国时期，由于缺乏礼制的规范和制约，社会上的隆丧厚葬，达到了历史发展前所未有的程度。这一时期的大出丧，就是最好的证明。在操办丧事的过程中，丧主向社会展示的不仅是自己的孝心，同时竞相展示的更是财富、社会地位和家族势力。民国时期上海等大城市中的名人出丧，已俨然成为社会上的一道风景。无论出丧的规模与花费，均已奢侈非常。尤为令人惊异的是，讲排场、重规模的殡葬行为，并不限于政府与社会各界名流，即使是一般大众也概莫能外。[①]即便是在经济条件远远不如中原的边疆民族地区，人们在殡葬花费中的表现，也同样令人瞠目。大量资料表明，有太

---

① 参见徐吉军《中国丧葬史》，第542～544页。

多家庭为将丧事办得风光体面而举债度日，甚至陷入破产的境地。

风靡南北的大出丧现象，充分展示了民国时期殡葬礼俗的奢华风尚。这一隆丧厚葬的行为，显然与政府部门一直提倡的节俭、文明等倡导是相违背的。不过，作为一种历史事实，特别是作为一种社会现象，其背后潜在的社会心理与行为取向，则一直延续到中华人民共和国成立之后。

其四，国家意志凸显，政党色彩鲜明。

在中国传统社会，国家对于包括殡葬在内的生活习俗的关注和改造，从未如民国时期这般强烈。在传统社会，在国家权力所能达至的地区，只要相关习俗不是偏离儒家文化太远，政府一般就不会介入，更谈不上进行改造。到了民国时期，这种情形发生了根本性的改变。如前所述，在建设现代文明国家的多方追求下，包括殡葬习俗在内的传统习俗成了政府改造的对象。北洋政府、南京国民政府曾先后出台相关法律，对殡葬习俗予以干涉。比如，南京政府时期专门颁布了针对国家公务人员和一般百姓的葬礼法案。此外，蒋介石还曾在1930年代掀起新生活运动，希望通过国家的行政力量对包括殡葬在内的社会习俗进行一定程度的引导和改造。与传统时期多数情况下主要是家族或个人事务相比，民国政府已经将殡葬事务纳入了社会事务范畴进行管理，特别是在城市之中，国家的意志和影响力得到凸显。

在阶级与政党文化的影响下，民国时期的殡葬活动也有着相当浓烈的政党色彩。这主要体现在国民党和中国共产党所举办的大型殡葬活动中。正如前面章节所示，孙中山在1925年逝世后，国民党为其举行了盛大的出殡仪式，并借机为国民革命进行了最广泛的社会动员。1929年，南京国民政府复为孙中山举行了声势浩大的奉安大典。如同一个家族一样，一个执政党通过"大出丧"来展现自身在中国社会中独一无二的地位。此外，在中山陵的建造上，国民党的政治主张、政党标志、政党形象也都有着鲜活呈现。与国民党相比，中国共产党显然没有足够的实力通过殡葬活动来展示和宣传自己。不过，在共和国成立之前所建立的大型烈士设施过程中，中国共产党的政治主张、政党标志和政党形象，同样有着集中展现。显然，这与民国时期一般民众或者无党派人士的丧礼，是截然不同的。

## 二　民国殡葬史对当代殡葬改革的启示

民国时期的殡葬历史是丰富多彩的，这一时期有关政府部门在殡葬改革中的尝试也有可圈可点之处。正所谓"前事不忘，后事之师"，民国时期殡葬史的发展特别是有关政府部门在殡葬改革方面的系列举措，也为当代的殡葬改革提供了诸多借鉴。

第一，民国政府在推动殡葬习俗改良方面扮演了非常重要的角色。

无论北洋政府、南京国民政府还是中国共产党领导的革命根据地政府，都将淘汰传统的殡葬陋俗、构建合于时代文明的殡葬礼俗作为重要的工作内容，在移风易俗方面起到了不同程度的推动作用。从当时的实际情况来看，南京国民政府在殡葬礼俗改良中的措施更为多元，取得的效果也最为可观。比如，南京国民政府所着力推动的现代公墓建设，使得公墓这一与传统家族墓地迥然有异的殡葬形态为国人所熟悉。资料显示，上海、北京、南京、天津、广州、武汉等地，在民国时期都出现了为数甚多的现代公墓。特别是私营公墓，建设尤为突出。尽管存在着诸多不足，但是国民政府在现代公墓建设上的成绩是显见的。在国民政府的推动下，公墓这一现代形式甚至出现在了边疆地区。国民政府在推动殡葬文明方面所取得的成绩是应该肯定的。同时，其在殡葬设施建设方面的成就，也势必对后世的市政建设产生积极的影响。此外，国民政府提倡的追悼会、国葬等现代殡葬礼仪，都使民国时期的殡葬活动充满了新的时代内涵。从中国共产党领导的革命根据地建设的相关情形来看，也与国民政府所提倡的殡葬改革方向相一致。比如，用追悼会的形式来悼念为人民牺牲的革命烈士，相关活动在本质上并无多大区别。当然，如若说国共两党之间存在不同，那便是其殡葬活动有着相当深厚的各自政党文化印记。

所有这一切都表明，在殡葬改革和现代殡葬文明构建的过程中，政府部门应起到主导的作用。特别是在殡葬改革政策的制定上，尤其应在尊重传统习俗的基础上，积极借鉴西方现代文明，推动殡葬改革的深入有序进行。与此同时，创建具有时代精神与底蕴的殡葬礼仪体系，也应为政府部门所注重。民国时期的国葬、公祭等相关礼仪，不仅在社会动员和民族意识的凝聚等方面具有重要的作用，同时对于除旧布新、移风易俗也有着积极意义。在殡葬礼仪上"只破不立"甚或"一味简化"的态度和做法，是值得反思的。

第二，南京国民政府的相关管理措施，为后世提供了诸多可资借鉴的制度性参考。

南京国民政府在殡葬事务管理方面，为后世留下了很多值得深入思考的制度性资源。比如，关于公墓的社会属性问题。国民政府先后颁行的《公墓条例》和《公墓暂行条例》，对公墓的运营做了明确规定，要求公墓的建设必须兼顾社会公益属性。《公墓条例》规定，无论是国有还是私营公墓，必须划分收费区和免费区。收费区的面积，不得超过全墓地的1/3。收费区的地价应按照面积计算，数额由市县政府规定。国民政府的上述规定，使民国时期的公墓建设无一不具备相当程度的公益色彩。

再如，国民政府在殡葬事务上精细化的管理，也是一大特色。1936年颁行的《公墓暂行条例》，不仅要求"各市县应行设置公墓之数目及每一公墓的面积，应由各市县政府依辖境人口数量酌定比例，分期分地完成"，同时还要求"市县政府应于每年年终将辖境内公墓办理情形呈报省政府查核转咨内政部备案，院辖市政府径咨内政部"。显然，这样的一种举措，大大有利于国家中央部门对全国的公墓建设有清晰的总体把握。换句话说，国民政府在墓地建设和开办方面的措施比较精细化的，具有可资参考的历史价值。

再如，公墓的使用年限问题。国民政府在这方面是有着明确的规定的。1936年颁布的《公墓暂行条例》规定："设置公墓得依墓基等次征收租金，以后每隔二十年征收一次，但不得超过第一次金额的二十分之一。墓基租金数额应预为订定，呈经省政府核准，准咨内政部备案。团体或一姓宗族或个人设置的公墓征收墓基租金数额，应报由市县政府核转"。该条例不仅明确订立了公墓的租用期限，并且对租用期满后续租的费用也做了规定，这一制度设计还是颇为超前的，对今天仍有着借鉴意义。

再如，为了公墓的长远维护和永续发展考虑，民国时期实行的"公墓善后基金制度"，也是一项颇为现代的制度设计。公墓善后基金的设置，尤其凸显了墓地经营者的远见及良苦用心。当然，公墓善后基金的设置，也并非为某个地区所独创，在北京、上海、南京等地都有类似的规定，说明这一制度在民国时期的多数地区曾得到过推行。如若穷根溯源便会发现，这一制度仍是起源于西方国家。一直到今天，这一制度依然为欧美诸国所采用。

应当说，南京国民政府在现代殡葬业建设上是取得了一定成效的。这主要与其借鉴西方国家的经验做法，同时大力推行市场经济相关。1950年代以后，特别是经过公私合营与改造，公墓同其他行业一样被收归国有，与此相匹配的规章制度也被一并废止。这对殡葬改革来说，所产生的影响是相当深远的。在深化市场经济的今天，民国时期的相关殡葬管理制度也不无参考价值。

第三，推行殡葬改革任重道远，但是历史发展大势所趋。

民国时期是一个从传统向现代过渡的社会剧烈变革期。随着现代国家的建立，需要有一套现代文化价值系统与其相匹配。包括殡葬在内的一系列风俗习惯，也就势必要面临着改革或者再造的命运。无论是北洋政府、南京国民政府，还是中国共产党所

结　语

领导的革命根据地，在殡葬习俗上所进行的力所能及地变革均说明，淘汰传统的殡葬陋俗、构建新的与时代气息相吻合的现代殡葬文明，已成为现代国家义不容辞的责任，也是任何一个执政党的分内之事。如果将近代以来的殡葬改革放在一个相对较长的历史脉络中进行审视的话，便会发现，民国时期的殡葬改革，可以说是现代殡葬改革的一个开端。这一起始阶段取得了不可忽视的历史成绩，同时也面临着巨大的改革难题。民国时期的殡葬史鲜明地昭示着，在中国推行殡葬改革已成为大势所趋。

即以火葬为例，南京国民政府对于火葬的推行显然要晚很多，不过，对于火葬的时代价值，还是有着相当正面的认知的，至少在1930年代由国民党中央民众训练部制定的《倡导民间善良习俗实施办法》以及由行政院制定的《公墓暂行条例》中，已然能够看到当局积极提倡火葬的有关内容。只不过，由于国民政府对于火葬场建设知识的严重不足，并没能将火葬推行起来，火葬制度也没能在民间社会得到推广和确立。从民国历史来看，自愿进行火化的中国人实在有限。正如前面章节所显示，被火化的中国人多数是常年停厝的无主尸身。对于习惯于土葬的中国人来说，火葬还是一件非常恐惧并且非常陌生的新生事物。传统的入土为安的殡葬观念，依然在人们的头脑中根深蒂固。不过，对于大中城市来说，处理日益急迫的死者安葬问题，火葬是一个必需的选择。对于新成立的中华人民共和国政府来说，推行火葬也便成为顺理成章的事情。

再以殡葬禁忌对生产生活的影响为例。在科学与民主大潮之下，传统的殡葬礼俗受到了不小冲击。正如有学者曾指出的，与传统社会相比，民国时期的宗教迷信逐渐由盛转衰。[1]尽管如此，封建迷信对殡葬活动的影响依然不可小觑。即以传统的殡葬禁忌为例，其对人们的生产生活依然产生着不同程度的影响。这种禁忌，尤以少数民族地区为甚。比如，生活在怒江傈僳族自治州碧江县洛本卓区的勒墨人（白族的一支），凡是遇到村寨中有人办丧事，从报丧到安葬的几天中，同村或附近村子的人，不分家族、氏族甚至民族，都不得下地劳动、上山砍柴、撑山，甚至出远门。[2]同样，生活在云南福贡县的白族民众亦是如此，如若碰到村寨中有丧事发生，每户都得去丧家杀牲祭鬼，并停止生产劳动，普通人家会一天不干活，富裕农户则会三天不干活，逝者的亲属甚至会七天不干活。[3]在云南省西盟县生活的佤族，

---

[1] 参见徐吉军《中国丧葬史》，第535页。
[2] 云南省编辑组等：《白族社会历史调查》（3），第87页。
[3] 云南省编辑组、《中国少数民族社会历史调查资料丛刊》修订编辑委员会：《傈僳族、怒族、勒墨人（白族支系）社会历史调查》，民族出版社，2009，第99页。

在埋葬逝者的当天，除了上山砍柴外，全村寨的人都不得出门劳动，丧家禁忌更甚，不仅不能砍柴，而且也不能在家舂米。若是在埋葬的当天，逝者的遗体已经腐败，则整个村寨的人要再忌一天，丧家则要忌一个星期，方可生产劳动。一般而言，正常死亡的人，丧家隔十天忌两天，再隔十天忌一天。若逝者为凶死，一般会被埋葬在村寨外的荒地上，全村寨人一天不得从事生产，丧家要忌六天，每隔十天后忌三天，再隔十天忌两天，再隔十天忌一天。这对于当地的生产生活来说，都有不小的影响。[①]面对这些现象，任何一个新建立的政权都需要开启殡葬改革。

由于历史条件的限制，民国时期的殡葬变革不免存在着这样或那样的局限与不足。但是，进行殡葬改革的大趋势，并不会因为政权的更迭而发生逆转。从某种意义上讲，这是历史发展的逻辑必然，也是中国现代化发展的必然要求。当然，至于新政府采取何种路径来进行殡葬改革，那已经超出了本书讨论的范围。

总之，民国时期在现代西方文明的影响下，在大城市特别是沿海城市中，西式的殡葬礼仪得到了初步确立和发展，呈现出了与传统习俗杂糅、共存的鲜明特征。然而，内陆农村地区的殡葬礼俗仍以传统为主。与此同时，具有阶级、政党色彩的现代殡葬礼仪，也在逐步得到发展。总体来看，与明清时期相比，由于文明的日益发达、科学的进步，民国时期殡葬礼俗中的等级观念、迷信现象在逐渐越少，传统殡葬礼俗也呈现出了衰颓的迹象。显然，民国时期殡葬历史的这种传统与现代彼此共存、交错角力的状貌，也是共和国要面临的一大现实。这一现实，如若仔细加以审视，便会发现其中既有着现代殡葬文明发展的趋势，也有着诸多尚待破解的历史难题。其影响所及，即使到了现在，依然在产生着若明若暗、或显或隐的作用。

---

① 《民族问题五种丛书》云南省编辑委员会编、《中国少数民族社会历史调查资料丛刊》修订编辑委员会：《佤族社会历史调查》（2），民族出版社，2009，第104页。

# 参考文献

## 一　档案

**中国第二历史档案馆**

内政部档案，全宗号 12，目录号 6

**北京市档案馆**

北平社会局档案，全宗号 J002，目录号：007、008

**上海市档案馆**

上海市警察局档案，全宗号 Q131，目录号 4

上海市社会局档案，全宗号 Q6，目录号 1

上海市参议会档案，全宗号 Q109，目录号 1

上海市卫生局档案，全宗号 Q400，目录号 1

上海市同业公会档案，全宗号 S440，目录号 1

**辽宁省档案馆**

全宗号 JC010，目录号 01

**河北省档案馆**

全宗号 935，目录号 1

## 二　地方志

王钟撰、胡人凤续撰《法华乡志》，民国 11 年铅印本。

上海民政志编纂委员会编《上海民政志·殡葬管理》，上海社会科学院出版社，

2000。

天津市地方志编修委员会编著《天津通志·民政志》,天津社会科学院出版社,2001。

《志丹县志》编纂委员会编《志丹县志》,陕西人民出版社,1996。

《武汉民政(志稿):(1840~1985)》,武汉民政志编纂办公室,1987。

### 三 资料汇编

丁世良、赵放主编《中国地方志民俗资料汇编》,书目文献出版社,1989。

呼和浩特市政协文史资料委员会编《呼和浩特文史资料》第7辑(工商经济专辑),内蒙古供销社印刷厂,1989。

黑龙江省编辑组、《中国少数民族社会历史调查资料丛刊》修订编辑委员会:《赫哲族社会历史调查》,国家民委《民族问题五种丛书》之五·中国少数民族社会历史调查资料丛刊(修订本),民族出版社,2009。

甘肃省编辑组、《中国少数民族社会历史调查资料丛刊》修订编辑委员会:《裕固族东乡族保安族社会历史调查》,国家民委《民族问题五种丛书》之五·中国少数民族社会历史调查资料丛刊(修订本),民族出版社,2009。

广东省民族研究所、《中国少数民族社会历史调查资料丛刊》修订编辑委员会:《广东海南少数民族社会历史调查资料汇编》,民族出版社,2009。

广西壮族自治区编辑组:《广西大瑶山瑶族社会历史情况调查》,国家民委《民族问题五种丛书》之一·中国少数民族社会历史调查资料丛刊(修订本),民族出版社,2009。

李文海主编《民国时期社会调查丛编·宗教民俗卷》(下),福建教育出版社,2004。

李文海主编《民国时期社会调查丛编(二编)·社会组织卷》,福建教育出版社,2014。

民国时期文献保护中心、中国社会科学院近代史研究所编《民国文献类编·法律卷》,国家图书馆出版社,2015。

《民族问题五种丛书》贵州省编辑组、《中国少数民族社会历史调查资料丛刊》修订编辑委员会:《苗族社会历史调查》(1),国家民委《民族问题五种丛书》之五·中国少数民族社会历史调查资料丛刊(修订本),民族出版社,2009。

内政部总务司第二科编《内政法规汇编》第2辑,编者印行,1940。

内蒙古自治区编辑组、《中国少数民族社会历史调查资料丛刊》修订编辑委员会:《鄂伦春族社会历史调查》(2),国家民委《民族问题五种丛书》之五·中国少数民族社会历史调查资料丛刊(修订本),民族出版社,2009。

彭泽益主编《中国工商行会史料集》,中华书局,1995。

上海博物馆图书资料室编《上海碑刻资料选辑》,上海人民出版社,1980。

四川省编辑组编、《中国少数民族社会历史调查资料丛刊》修订编辑委员会:《四川省苗族傈僳族傣族白族满族社会历史调查》,国家民委《民族问题五种丛书》之五·中国少数民族社会历史调查资料丛刊(修订本),民族出版社,2009。

《水族简史》编写组:《水族简史》,国家民委《民族问题五种丛书》之二·中国少数民族简史丛书(修订本),民族出版社,2009。

西藏社会历史调查资料丛刊编辑组、《中国少数民族社会历史调查资料丛刊》修订编辑委员会编《门巴族社会历史调查》(1),民族出版社,2009。

云南省编辑组编、《中国少数民族社会历史调查资料丛刊》修订编辑委员会:《云南彝族社会历史调查》,国家民委《民族问题五种丛书》之五·中国少数民族社会历史调查资料丛刊(修订本),民族出版社,2009。

《中国少数民族社会历史调查资料丛刊》福建省编辑组编、《中国少数民族社会历史调查资料丛刊》修订编辑委员会:《畲族社会历史调查》,国家民委《民族问题五种丛书》之五·中国少数民族社会历史调查资料丛刊(修订本),民族出版社,2009。

《壮族简史》编写组、《壮族简史》修订本编写组:《壮族简史》,国家民委《民族问题五种丛书》之二·中国少数民族简史丛书(修订本),民族出版社,2009。

中国人民政治协商会议包头市委员会文史资料研究委员会编《包头文史资料选编》第8辑,编者印行,1986。

中国第二历史档案馆编《北洋政府档案》第157辑,中国档案出版社,2010。

徐柯辑《清稗类钞》,商务印书馆,1917。

## 四 文集日记

《胡适文存》(全12册),外文出版社,2013。

刘大鹏:《退想斋日记》,山西人民出版社,1990。

## 五　民国报刊

《广州民国日报》、《解放日报》、《民众周报》、《申报》、《圣公会报》、《益世报》、《大陆杂志》、《党员知识》、《东方杂志》、《革命的江苏》、《回浦潮》、《教讯》、《蒙古旬刊》、《血路旬刊》、《新青年》、《学艺》

## 六　今人著作

陈华文：《丧葬史》，上海文艺出版社，2007。

陈华林主编《足迹：1930～2011》，"纪念北京市万安公墓建立八十周年"内部资料，北京博纸艺通印刷技术有限公司，2011。

邓子琴：《中国风俗史》，巴蜀书社，1988。

邓卓明、邓力：《中国葬俗》，重庆出版社，1992。

〔日〕夫马进：《中国善会善堂史研究》，伍跃等译，商务印书馆，2005。

〔美〕费正清编《剑桥中华民国史》，杨品宗等译，中国社会科学出版社，1993。

国立礼乐馆编《北泉议礼录》，北碚私立北泉图书馆，1944。

顾卫民：《基督教与近代中国社会》，上海人民出版社，2010。

何彬：《江浙汉族丧葬文化》，中央民族大学出版社，1995。

霍巍、黄伟：《四川丧葬文化》，四川人民出版社，1992。

晋冀鲁豫烈士纪念馆编著《晋冀鲁豫英烈》，大众文艺出版社，2007。

晋冀鲁豫烈士陵园编《丰碑》，大众文艺出版社，2010。

季家珍（Joan Judge）：《印刷与政治：〈时报〉与晚清中国的改革文化》，王樊一婧译，广西师范大学出版社，2015。

李恭忠：《中山陵：一个现代政治符号的诞生》，社会科学文献出版社，2009。

林耀华：《金翼——一个中国家族的史记》，生活·读书·新知三联书店，2015。

罗开玉：《中国丧葬与文化》，海南人民出版社，1988。

罗检秋：《近代中国社会文化变迁录》第3卷，浙江人民出版社，1998。

毛泽东：《湖南农民运动考察报告》，《毛泽东选集》第1卷，人民出版社，1991。

潘谷西主编《中国建筑史》，中国建筑出版社，2015。

秦虹编著《名人丧葬逸事多》，河南大学出版社，2005。

孙善根：《民国时期宁波慈善事业研究（1912～1936年）》，人民出版社，2007。

孙果达:《民族工业大迁徙——抗日战争时期民营工业的内迁》,中国文史出版社,1991。

文安主编《清末杂相》,中国文史出版社,2004。

王燕谋:《中国水泥发展史》,中国建材工业出版社,2005。

王夫子:《殡葬文化学——死亡文化的全方位解读》,中国社会出版社,1998。

王计生主编《事死如生——殡葬伦理与中国文化》,百家出版社,2002。

夏之乾:《中国少数民族的丧葬》,"中华本土文化丛书",中国华侨出版公司,1991。

徐吉军、贺云翱:《中国丧葬礼俗》,浙江人民出版社,1991。

徐吉军:《中国丧葬史》,江西高校出版社,1998。

严昌洪:《中国近代社会风俗史》,浙江人民出版社,1992。

严昌洪:《20世纪中国社会生活变迁史》,人民出版社,2007。

邹依仁:《旧上海人口变迁的研究》,上海人民出版社,1980。

郑师渠总主编、黄兴涛分卷主编《中国文化通史·民国卷》,中共中央党校出版社,1999。

周吉平:《北京殡葬史话》,北京燕山出版社,2002。

周秋光主编《中国近代慈善事业研究》,天津古籍出版社,2013。

## 七 今人论文

艾萍:《双轨制下民国公墓的创建——以上海为个案》,《华中师范大学学报》2012年第3期。

安克强:《上海租界公墓研究(1844～1949年)》,《中国海洋大学(社会科学版)》2008年第5期。

陈明锋:《社会转型视野下民国新式丧葬礼俗的实施》,《贵州文史丛刊》2008年第1期。

陈蕴茜、吴敏:《殖民主义文化霸权与近代中国风俗变迁——以近代上海公墓为中心的考察》,《江海学刊》2007年第6期。

陈蕴茜:《纪念空间与社会记忆》,《学术月刊》2012年第7期。

陈蕴茜:《国民党中央党史史料陈列馆与辛亥革命史叙述》,《江海学刊》2013年第5期。

程杰:《民国时期中山陵园梅花风景的建设与演变》,《南京社会科学》2011 年第 2 期。

董江爱:《近代华北农村丧葬礼制的特点及成因》,《晋阳学刊》1997 年第 3 期。

邓红、陈善本:《民国时期皖北农村丧葬礼俗互动述论》,《河北大学学报》2006 年第 4 期。

傅建成:《民国时期乡村丧礼与变迁》,《党史研究资料》2002 年第 12 期。

冯玉辉:《南岳忠烈祠》,《抗日战争研究》1995 年第 2 期。

高冬琴、蔡世华:《国葬与国家民族认同——以孙中山遗体及其安葬为中心》,载《"孙中山与中华民族崛起"国际学术研讨会论文集》,天津人民出版社,2006。

葛玉红:《清末民初丧葬习俗的演变述论》,《学术交流》2004 年第 7 期。

李小尉:《1912~1937 年北京居民的工资收入与生活状况》,《史学月刊》2007 年第 4 期。

李恭忠:《"党葬"孙中山:现代中国的仪式与政治》,《清华大学学报》,2006 年第 3 期。

李恭忠:《建造中山陵:现代中国的工程政治》,《南京社会科学》2005 年第 6 期。

李恭忠:《开放的纪念性:中山陵建筑精神的表达与实践》,《南京大学学报》2004 年第 3 期。

李恭忠:《中山陵征地考》,《江苏社会科学》2004 年第 4 期。

李荣华:《杨杏佛崇廉筹建中山陵》,《人民论坛》1994 年 8 月号。

李纳森:《胡适与五四时期的丧葬礼仪改革》,《求索》1997 年第 3 期。

刘长林:《仪式与意义:1919~1928 年间为自杀殉国者举办的追悼会》,《学术月刊》2011 年第 3 期。

梁景和:《五四时期丧葬礼俗的变革》,《首都师范大学学报》1997 年第 4 期。

罗昌繁:《〈国故论衡·正赍送〉考述》,《黄山学院学报》2011 年第 2 期。

瞿骏:《辛亥革命时期的集会与城市公共空间——以追悼会为中心(1911~1912)》,《华东师范大学学报》2008 年第 2 期。

宋一飞:《警钟长鸣——中山陵建造始末》,《党史纵横》2000 年第 1 期。

田海林、李俊领:《仪式政治:国民党与南京国民政府对孙中山的祭祀典礼》,《史学月刊》2007 年第 4 期。

王丽:《近十年基督教在华活动研究综述》,《首都师范大学学报》2004 年增刊。

王楠、陈蕴茜:《烈士祠与民国时期辛亥革命记忆》,《民国档案》2011年第3期。

王先明、王琳:《亡灵"公共空间"的制度建构:近代天津公墓的历史考察》,《史林》2013年第3期。

夏之乾:《谈谈我国少数民族地区丧葬习俗的改革》,《民族研究》1985年第3期。

谢世诚、伍野春、华国梁:《民国时期公墓制的创建与演变》,《民国档案》1995年第2期。

徐斌:《建国前毛泽东撰写的祭文、挽词、唁电、碑文简介》,《政工学刊》2009年第12期。

徐畅:《近代中国农村的丧葬互助组织》,《民俗研究》1999年第2期。

徐畅:《"合会"述论》,《近代史研究》1998年第2期。

严善昌:《从薤露园到万国公墓》,《档案与史学》1995年第2期。

严昌洪:《民国时期丧葬礼俗的改革与演变》,《近代史研究》1998年第5期。

张学继:《民国时期的国葬制度》,《民国春秋》1998年第2期。

张志兰:《抗日陵园:南岳忠烈祠》,《古建园林技术》1995年第2期。

张忠民:《清代上海会馆公所及其在地方事务中的作用》,《史林》1999年第2期。

## 八　学位论文

艾萍:《变俗与变政——上海市政府民俗变革研究(1927~1937)》,华东师范大学博士学位论文,2007。

郭辉:《民国国家仪式研究》,华中师范大学博士学位论文,2012。

李俊领:《中国近代国家祭祀的历史考察》,山东师范大学硕士学位论文,2012。

李春雷:《民国山东丧葬习俗研究(1912~1937)》,山东师范大学硕士学位论文,2011。

龙耀华:《清至民国时期关中丧葬习俗研究》,陕西师范大学硕士学位论文,2007。

王林林:《清至民国时期陕北丧葬习俗研究》,延安大学硕士学位论文,2009。

# 索 引

## A

哀乐 51~53,56,58~61,67,71,97,98,111,133,134,136,137,143,144,146,147,149,151,152,156,175,201~204,209,277,356,357

## B

白花 33,39,48,95,114,115,129,146
报丧 15,67~69,97,98,102,184,292,307,361
报庙 99
《北泉议礼录》 13,61,62,68,69,71,73,95
碧云寺 135,139,199,200,202,328
殡仪馆 8,9,13~15,27,30~32,39,43,93~95,122~125,152,219~226,320,321,323,324,329~331,334~355
丙舍 8,94,219,221,223,224,313,314,321,322,334,337,338,342,347~355

## C

蔡锷 17,36,37,48,126,127,142,143,166,193,205
成服 64,65,69,70,97,98,102,104,144,292,349
成主 99,103,121,184,357
出殡 3,4,39,40,65,67,70,71,73,77,98,102,106,108~110,112,114~120,122,124,125,129,130,134,139,143,146~151,153,155,156,159~171,173,175,178~182,185,220,278,281,291,292,294,296,297,299,300,307,324,326,327,330,331,357,358
吹鼓手 97,98,326,327

## D

大出丧 3,4,12,118,119,121,149,150,159~172,174~182,324,327,331,357,358
大殓 39,65,66,99,100,102,123~125,

144，220，330

党葬　17，37，38，127，135，141，250

电唁　39，40

东北义园　234，240

段祺瑞　3，4，37，39，127，129，154，251，326，328

## E

二次葬　279，280，285

## F

发引　74～76，78，97～99，111，144，154，155，161，166，179，184

饭含　97，98

防腐　11，12，94，127，128，134，220，330，350

奉安大典　3，96，134～136，138～142，182，202，204，324，326，358

风水　14，21，87，88，102，103，106，237，277，280～283，312

风葬　278，286

《服制》　44，46～48，62，63，78，95，142，199，206

抚恤　79～83，95，211

讣告　12，40，69～71，101，123，127，154，155，160，175，179，292，307，357

福寿大事全　328

福田公墓　234

## G

高消费　293

杠房　4，108，113，118，139，172，320，324～330，355

杠夫　3，4，108，115，120，129，139，162，172，174，320，324～328，331

国民党　4，5，10，11，33，36～39，41，57，61，73，96，119，126～135，137～142，148，149，151，153～155，157，158，182，196，199～207，209～214，216，217，220，230，245～248，250，251，256，257，259，260，264，266，272，299，331，350，355，358，361

共产党　4，5，10，11，33，41～43，96，155～157，211，216，217，256，263，265，271～273，358～360

公祭　38～41，57～59，61，62，86，87，95，106，118，120，121，125，130，135～138，156，157，170，183，184，197～218，259，357，359

公所　86，118，161，163，220～222，230，231，273，311～317，319～323，331，334，338，339，346，347，355

公葬　14，30，36，39～41，43，48，57，58，61，62，95，124，151，155，183，211，220，264

《公墓条例》　88～90，231，232，234，238，359

《公墓暂行条例》　90，93，234，238，239，359～361

公墓善后基金　240，241，360

股份制　223

国葬　3，12～14，17，36～39，43，44，48～58，61，62，95，120，126～128，142，143，150～154，211，359

《国葬法》　13，36，37，38，48～51，53，55，57，58，126，142，143，151

·371·

国营公墓　231

国殇墓园　5，260，261，263

**H**

汉化　274，284

海昌公所　313，315，316

《海军丧礼条例》　74，77~79

黑纱　14，32，33，39，46~48，50，78，95，110~115，122，126，130~133，136，142，143，146，148~150，153，356，357

胡适　17，18，29，68，103~107

湖广义园　315，316

徽宁会馆思恭堂　313，315，316

火葬　9，12~15，25，30，32，43，91，92，126，128，142，219，225~230，275~280，284，285，290，303，332，338，343，348~355，361

火葬场　9，13，15，25，32，91，219，225~230，278，343，361

花圈　52，60，67，108~111，114，115，118，120，123，124，137，143，144，147~149，151，154~156，162，170，173，175，202~204，206~209，356，357

黄兴　9，10，17，36，37，48，126，127，142，143，205，209

会馆　120，210，220~222，230，231，242，273，311，313~317，319~323，331，334，338，347，352，355

**J**

积柩　226，227，312，317，323，344，345，347~353，355

基督教　26，27，38，43，128，134，286~289

祭天　183，191~193，195，197，218

祭文　58，59，67，71，106，111，113，117，119，126，131，133，136，137，143，144，148，149，156，157，170，220~204，207~211，213~217，263，265，292

寄柩所　8，217，220~223，320，321，323，331，334，335，337~355

绩溪会馆　314，315

家伙铺　329

家祭　105，106，121，184~188，192，213，217，282

《家礼》　102，104，144，184，187

家族墓　30，219，241，280，259

蒋介石　36，80，84，135，141，152，196，200，201~203，208，214，217，232，233，236，251，258，263，358

晋冀鲁豫烈士陵园　5，157，265，266，267，269，270，271，272

京杠房　324~326

鞠躬　14，41，45，51~53，56，58~61，64，67，68，71，95，106，111，113，115，120，124，126，127，130，131，133，134，136，137，142~144，146，148，149，152，153，184，196，198，199，201~204，206，208，210，211，213，214，357

**K**

开吊　97~99，101，102，120，121，315，329

科学　1，6，9~14，16，17，22，26，28~33，41，43，107，135，214，223，230，236，246，325，361，362

孔令贻　119

## L

黎元洪　39，113，119，120，125，139，172

《礼制》　13，44，45，48，62，63，95，142，199，206

《烈士附祠办法》　83，257

烈士陵园　5，157，158，260，263~267，269~272

隆丧厚葬　21，142，178，357，358

隆裕太后　113，145~147，172

龙头杠　168，320

鲁迅　17，20，39，41，103，122~125，236，267

路祭　98，99，118，162，170，171，174，185，357

## M

毛泽东　10，42，43，155~157，215，216，264，265，271

毛景安　211，335，350，353，354

迷信　9，10，13，14，21~24，30，44，66，68，71，87，88，95，103，106，150，154，231，280，342，343，361，362

冥衣铺　329

庙祭　186，187，193

默哀　51~53，60，71，131，133，134，136，152，153，156，203，356

墓祭　101，186~189，296

## N

年祭　99，186，189，190，350

拈花寺　174，226，328，329

## P

平等　1~4，10，31，34，45，47，66，73，95，133，192，201，211，228，327

棚铺　329

## Q

钱宗范　221，335

## S

撒纸钱　114，174，327

丧礼改革　13，103，104，107，153

《丧礼草案》　62，63，65，66，68，75，139，150，151，154

丧服　14，33，48，64，66~69，71~73，75，101，106，109，143

上海市卫生局　227，229，234，322，350~354

《上海市管理殡仪馆规则》　93~94，347

《上海市取缔丙舍规则》　347

祀孔　63，183，191~197，218

四明公所　118，312~314，316，320~322

私营公墓　234~235，238~239，241~245，273

杀牛献祭　297，298

善会　234，242，306，311~313，320，323，355

善堂　221~222，311~313，320，323，339，342，355

烧七　98

上天殡仪馆　8，221，331，335，339，341，346

生死观　19~21，28~30，32~36，41~43，128

事死如事生　20~21，313，357

盛宣怀　3，159~160，162~169，172，176~177，324

水葬　74~75，77，275，278

孙中山 2～5，17，34，37～38，44，56～57，61，79，83，96，126～135，138～142，148，151，158，182，191，197，199～207，212，214，236，245～246，248～251，261，324，326，328，331，358

## T

谭延闿 17，38，50，51，126，132，133，135，141，151～153，200

天葬 275，279，284，290

同仁辅元堂 312

通海崇如会馆 320

同业公会 8～9，221～223，227～228，320，321，332，326，331～355

土葬 14，25，30，32，227，229，275～281，283，285，287，312，350，354，361

## W

挽歌 39，125

挽联 39，67，101，105，111～112，114，120，124，131～133，143～144，148～149，155～157，161，170～171，173，178，206～207，209，263，271，292，299

挽幛 39，67，143，144，149，292

万安殡仪馆 8，221，331，335，339，341，345

万安公墓 234，235，237～243，328，329

万国殡仪馆 27，39，122～124，152，220，223，330，345

万国公墓 39，123～125，220，234～237，243

卫生 8～10，22，24，28，30～32，41，87～90，92～95，103，120，164，170，174，225～229，231，232，234～237，312，317，321，322，332，334～337，340，342，347～354

吴佩孚 3，120～122，125，154，155，172～174，328

五半堂 122，172～174

## X

新旧杂糅 1，96，107，111，112，116～120，125，126，144，147，148，158，162，356，357

新生活运动 10，153，196，358

下半旗 38，49～51，56，75，76，79，108，109，112，113，117，126，132，133，135，143，145，146，150，151，155

现代公寓 13，30，219，230～232，234，293，359

小殓 99，100，102

孝帽子会 307，308，355

孝义会 306，311

信成杠房 329

像赞 154，175，178

炫耀性消费 175，178，179，181，182

## Y

义地 99，219，237，241，242，244，273，313，314，317，319，323，349

义冢 231，311～315，320，322，323

遗嘱 23，34，56，60～62，123，130，131，133，134，200，214，246，261

仪仗队 114，115，154

一次葬 279，280

引魂幡 327

逾礼 178

运柩所 324，332，334，344

袁世凯 3，4，46，63，112～116，125，126，

133，166，191~195，197，199，209，217，251~256，357

袁林 197，199，251~256

圆坟 98，99，283

## Z

朝夕奠 64，98，102

浙绍公所永锡堂 321，322

招标 247，251

张浩 155，156

张思德 17，42，155，156

执绋 38，40，71，108，114，115，124，125，129，143，148，149，151，156，170，171，174

中山陵 11，17，134，139，140，199，202，204，245~251，256，261，358

忠烈祠 5，63，83~87，192，205，209，256~261，263

追悼会 5，14，15，17，36，40，59，61，62，95，110，111，117，118，125，130，131，133，134，143，145，148，156~158，211，256，257，356，357，359

奏乐 14，67，108，110，111，118，124，126，127，129，131，137，144，167，196，201，202，209，211，214

周扶九 4，118，119，160，167，177，324

朱葆三 117，118，125，159，357

# 后　记

　　本卷由马金生、冯志阳、姜海龙三位青年史学工作者共同撰写完成。具体分工为：导论（冯志阳、马金生）、第一章（姜海龙）、第二章（姜海龙）、第三章（冯志阳）、第四章（冯志阳）、第五章（姜海龙）、第六章（马金生）、第七章（马金生）、第八章（冯志阳）、结语（马金生、冯志阳）。此外，马金生负责书稿编撰大纲的拟订以及书稿的统稿工作。由于民国殡葬史研究仍相对薄弱，可资参考的系统性论著基本阙如，因此书稿的撰写过程颇为艰难。书稿经一审后，我们结合审定专家的宝贵意见，对书稿的大纲进行了部分调整，特别是对部分章节进行了大幅删改。其中，冯志阳所负责的部分修改力度尤其为大。可以说，对于这部书稿，我们已然尽力。毋庸讳言，这部书稿的从无到有，是我们的一大收获。尤其令人欣喜的是，我们在各自的撰写过程中均发现了一些颇具研究价值的议题，可供后续研究探讨。由于能力所限，书中肯定存有诸多不足以及尚待完善之处，敬祈学界方家批评指正。

　　在资料的收集、整理过程中，民政部一零一研究所的周传航、刘杨、王颖超、曾寒柳、刘娟诸同事付出不少辛劳，在此一并致谢！

著　者<br>
2016 年 6 月

# 图书在版编目（CIP）数据

中国殡葬史：全八卷 / 李伯森主编. -- 北京：社会科学文献出版社，2017.6
　　ISBN 978-7-5201-0190-5

　　Ⅰ.①中… Ⅱ.①李… Ⅲ.①殡葬业-历史-中国
Ⅳ.①F719.9-092

中国版本图书馆CIP数据核字（2017）第000088号

## 中国殡葬史（全八卷）

| 主　　编 / | 李伯森 |
|---|---|
| 出 版 人 / | 谢寿光 |
| 项目统筹 / | 宋荣欣 |
| 责任编辑 / | 赵　薇　宋　超　高世瑜　李期耀　等 |
| 出　　版 / | 社会科学文献出版社·近代史编辑室（010）59367256<br>地址：北京市北三环中路甲29号院华龙大厦　邮编：100029<br>网址：www.ssap.com.cn |
| 发　　行 / | 市场营销中心（010）59367081　59367018 |
| 印　　装 / | 三河市东方印刷有限公司 |
| 规　　格 / | 开　本：787mm×1092mm　1/16<br>印　张：208.5　字　数：3811千字 |
| 版　　次 / | 2017年6月第1版　2017年6月第1次印刷 |
| 书　　号 / | ISBN 978-7-5201-0190-5 |
| 定　　价 / | 1980.00元（全八卷） |

本书如有印装质量问题，请与读者服务中心（010-59367028）联系
版权所有　翻印必究